Edition

글로벌 사회와

리더십

안광현 지음

GLOBAL SOCIETY & LEADERSHIP

한빛아카데미
Hanbit Academy, Inc.

지은이 안광현

현재 유원대학교 교양융합학부 교수로 재직 중이며, San Francisco Theological Seminary MATS, 숭실대학교 행정학박사를 받았다. 주요 경력으로는 (사)공공자치학회 회장, 대통령직속 TFT 자치분권전략회의 위원, 서울시 공익사업평가위원회 분과위원장, (사)한국다문화협회 부회장을 역임하였고, 현재 지속가능연구원장, 지방자치아카데미원장을 맡고 있다.

주민의 자치, 세계화와 한국지방자치 등 17권의 저서와 「행정구역 통합과정의 비교 분석」, 「기초지방선거부패와 부패방지방안」, 「다문화가족 지원정책 기본계획에 관한 비판적 고찰」 등 다수의 논문이 있으며, 주요 연구 분야는 지방자치, 리더십, 다문화 및 통일(탈북민)정책이다.

글로벌 사회와 리더십 2판

초판발행 2023년 2월 28일

지은이 안광현 / **펴낸이** 전태호
펴낸곳 한빛아카데미(주) / **주소** 서울시 서대문구 연희로2길 62 한빛아카데미(주) 2층
전화 02-336-7112 / **팩스** 02-336-7199
등록 2013년 1월 14일 제2017-000063호 / **ISBN** 979-11-5664-645-7 93320

책임편집 김현용 / **기획** 권오상 / **편집** 권오상
디자인 표지 박정우 / **내지** 박정우 / **전산편집** 인투 / **제작** 박성우, 김정우
영업 김태진, 김성삼, 이정훈, 임현기, 이성훈, 김주성 / **영업기획** 길진철, 김호철, 심지연

이 책에 대한 의견이나 오탈자 및 잘못된 내용에 대한 수정 정보는 아래 이메일로 알려주십시오.
잘못된 책은 구입하신 서점에서 교환해 드립니다. 책값은 뒤표지에 표시되어 있습니다.
홈페이지 www.hanbit.co.kr / 이메일 question@hanbit.co.kr

글로벌 사회와

리더십

2판 머리말

리더는 사람이다. 리더십에서 가장 중요한 것도 사람이다. 좋은 리더는 사람을 가장 중요시하는 사람이기 때문이다.

글로벌 사회와 리더십을 내놓은 지 6년이 되었다. 그동안 지구촌에서는 자연재해와 전쟁, 테러, 수많은 사건과 일들이 발생했고, 엄청난 속도로 변화가 일어나고 있다. 많은 리더들이 나타나고 사라지기도 하였다. 그러나 이전이나 지금이나 존경받는 리더를 찾기가 어렵고 귀한 것은 별 차이가 없어 보인다.

우리는 진정한 리더는 별로 없고 보스만 있다고 하는 세상을 살고 있다. “진정한 리더는 ‘거울과 저울’ 같아야 한다. 거울이 흔들리면 분명하게 볼 수 없고, 저울이 흔들리면 바르게 잴 수 없다.”라는 한비자가 말하는 리더십의 지혜를 기억해야 할 시대이다. 진정한 리더는 자신의 분명한 가치관이나 정체성을 가지고, 매사에 흔들림이 없어야 한다는 말이다. 리더가 흔들리지 않아야 하는 것은 당연한 말이다. 정치인이 국민을 걱정해야 하는데, 언젠가부터 오히려 국민이 정치를 걱정해야 하는 시대를 살고 있다.

훌륭한 리더들은 스토리텔링을 가지고 있다. 세계적인 리더에게는 감동할 만한 이야기가 있다. 감동을 주는 사람들이 박수를 받고 있다. 우리가 알고 있는 에이브러햄 링컨, 테레사 수녀, 마틴 루서 킹, 마하트마 간디, 세종대왕, 이순신 장군이 그렇다.

외국에서 대한민국의 지도자나 정치인보다는 한류 문화 대표자라 할 수 있는 BTS, 강남스타일의 싸이, 축구선수 박지성과 손흥민, 피겨여왕 김연아를 더 많이 알고 있다. TV와 전자제품, 스마트폰을 세계화시킨 삼성(SAMSUNG)이란 브랜드와 갤럭시 스마트폰, 현대자동차를 많이 기억한다.

BTS(방탄소년단)는 세계인들과 공감하는 감성 능력을 가지고 있다. 세상의 젊은이들에게 꿈과 희망을 노래한다. 외로움과 두려움, 소외된 약자들도 이해하며 공감하는 가사를 안무에 담아 세계인들과 함께한다. 농아인들을 위해 수어로 안무를 하며 노래하기도 한다. 그러기에 많은 사람에게 사랑받는 가수가 되었다.

사랑받고 존경받는 세계적인 리더들은 비전과 목표를 분명히 가지고, 타인의 소리를 경청하고 공감하면서 그들에게 영감을 주며, 그들의 삶에 만족과 희망을 나누며, 자신과 관계된 사람들을 소중하게 여기며, 자연과 친화적인 생활을 할 줄 아는 사람이었다. 세계적인 리더들은 공통적으로 EQ라고 부르는 정서지능이 높다. 그들은 사람의 마음을 끌어당기고 내 편으로 만드는 능력이 있으며, 자신의 감정을 잘 다스리고, 소통과 공감의 능력이 있고, 정보를 적절하게 사용하며, 타인에게 영감을 주며, 미래상을 제시하는 비전을 통해 상대방이 자발적으로 행동에 동참하도록 한다.

모든 상황에서 모든 사람이 좋은 리더가 되고, 리더십을 계발하는 완전한 이론이나 이상적인 방법은 존재하지 않는다. 자신이 처한 상황에서 자신의 장단점을 인식하고 자신의 가치를 이해하는 것에서 리더십 계발은 시작되고, 자신과 관계를 맺고 있는 인간관계의 그물망을 통해 리더십은 성장하게 된다.

이번 개정판에서는 리더십을 한 학기 강의 일정에 맞게 14장으로 구성하였다. 기존의 윤리적 리더십과 서번트 리더십을 한 장으로 묶었다. 장마다 읽을거리를 앞부분으로 옮겨서 독자들이 쉽고 재미있게 먼저 읽고 공부를 시작할 수 있도록 하였다.

각 장의 마지막 부분에는 리더십 사례 탐구를 추가하여 독자들의 이해를 돕도록 하였으며, 토론 문제를 제시하여 장마다 관련 내용과 주제를 토론하고 정리할 수 있도록 하였다.

이 책을 읽는 모든 독자가 성공하는 리더로 성장하는 데 조금이나마 유익함이 있기를 소망하며 고마운 마음을 전한다. 글로벌 사회와 리더십 개정판을 위해 애쓰신 한빛아카데미 출판사 대표님과 직원들께 감사드린다. 늘 따뜻한 마음으로 함께 살고 있는 사랑하는 모든 가족에게 진심으로 감사드린다. 글로벌 사회와 리더십이 출간되고 6년 만에 새롭게 개정판이 나올 수 있도록 도우신 하나님의 은혜에 감사드린다.

2023년 2월

저자 안광현 드림

머리말

최근 대한민국 사회를 송두리째 뒤흔든 민간인 국정농단사건으로 온 국민이 분노를 금하지 못하고 소위 멘붕(멘탈붕괴) 상태에 빠졌다. 그 원인은 무엇일까? 제도적 문제점으로 제왕적 대통령제로 인한 지나친 중앙집권제도 때문이라고 한다. 그래서 개헌을 통한 제도적 변화를 정치권에서 주장하고 있다. 그러나 정말 중요한 것은 리더십의 문제 때문에 발생한 사건이다. 국민의 소리에 대한 진정한 경청과 공감과 소통이 없는 리더, 극히 소수의 비선 실세에 의한 독단적이고 불법적인 의사결정과 인사정책 등으로 발생한 것이다. 결국은 사람이 문제이다. 이번 사건은 리더와 팔로워의 커뮤니케이션의 단절과 리더의 독단적 행태와 리더십의 부재로 인해 발생한 불행한 사건이다.

아프리카 속담에 "빨리 가려면 혼자 가고, 멀리 가려면 함께 가라!"는 말이 있다. 인생은 긴 마라톤이며 사람들과 함께 더불어 사는 곳이 세상이다. 다양한 공동체나 조직에 소속되어 구성원들과 함께 더불어 살려면 소통이 잘되고 공동체의 목표를 위해 마음이 하나가 되는 어울림이 있어야 한다. 세상에서 인간관계가 형성되면 누군가는 그 관계를 리드하고 누군가는 그 관계를 따르는 형식이 생긴다. 이때 리더와 팔로워가 자연스럽게 만들어지게 된다.

인간은 태어나면서 자신의 의지와는 상관없이 가족이라는 조직에 속한다. 조금 자라면 학교라는 조직, 또래나 친구 조직, 동아리 조직, 더 자라 성인이 되면 직장이라는 조직, 취미나 여가를 위한 친목 조직, 결혼하면 가정이라는 조직이 새롭게 만들어진다. 이처럼 인간은 태어나면서부터 죽을 때까지 조직이라는 공동체에서 존재하고, 그 조직 속에서 꿈과 희망을 펼치며 살아간다. 그러므로 조직이 얼마나 중요한지, 조직에서 리더와 팔로워가 무엇인지는 반드시 알아야 할 필요가 있다.

조직문화 속에서 살아가는 구성원들은 리더(leader)와 팔로워(follower)라는 이름으로 공동체를 형성하고 조직의 목표달성을 위해 존재하게 된다. 이때 리더가 수행하는 역할과 기능을 리더십(leadership)이라 하는데 주어진 상황에서 목표를 달성하려는 방향으로 사람들에게 영향을 미치기 위한 능력이다. 팔로워(부하)가 수행하는 역할과 기능을 팔로워십(followership)이라고 한다.

어떤 리더가 좋은 리더인가?

삼류 리더는 자기의 힘을 사용하고, 이류 리더는 타인의 힘을 사용하며, 일류 리더는 타인의 지혜를 활용한다고 한다. 세상을 움직이는 것은 사람이다. 그러므로 사람을 움직이면 조직이 바뀌고, 조직이 바뀌면 세상을 바꿀 수 있게 된다. 그러므로 진정한 리더는 사람의 마음을 움직이는 사람이다.

그러면 바람직한 리더의 태도는 무엇인가? 다산 정약용 선생의 가르침에 귀를 기울일 필요가 있다. "내가 하는 대로 남이 나를 대접한다. 남이 내게 함부로 굴거든 남을 탓하지 말고 스스로를 반성하라." 사람은 참으로 다양하다. 그러기에 서로가 다름을 인정해야 한다. 남을 리드하려고 하기 전에 남을 먼저 인정하고 자기 자신의 리더가 되어야 한다.

토머스 칼라일은 리더십이 지향하는 방향을 다음과 같이 지적했다. "길을 가다가 장애물이 나타나면 패배하는 사람은 그것을 걸림돌이라 하고, 승리하는 사람은 그것을 디딤돌이라고 한다. 파격의 인간미를 갖추고 섬과 섬을, 육지와 섬을 잇는 가교 같은 리더, 그것이 리더십이 지향하는 방향이다."

리더십의 생명은 감동이다. 생명의 본질은 감동이다. 감(感)은 Feel이며, 동(動)은 Move이다. 그러므로 가장 좋은 리더십은 느끼게 하여(feel) 움직이도록(move) 하는 것이다. 즉, 스스로 느껴서 스스로 움직이게 하는 것이 가장 바람직한 리더십이다.

또한 리더십은 예술이다. 오케스트라 리더인 지휘자를 한번 살펴보자. 오케스트라는 많은 악기로 구성되어 있다. 만일 지휘자 없이 각 악기가 각자의 소리를 내다 보면 화음이 맞을 리 없다. 지휘자의 지휘 방향에 따라 연주가 이루어지고 단원들이 하나의 마음이 되어야 훌륭한 연주가 된다. 여기서 중요한 것이 리더와 팔로워의 커뮤니케이션과 하나 됨이라고 할 수 있다.

이 책에서는 리더와 리더십을 이해하기 쉽도록 다음과 같은 순서로 구성하였으며, 장마다 읽을거리를 마지막 부분에 넣어 독자들이 책을 재미있게 읽고 내용을 이해하는 데 도움이 되도록 구성하였다.

1장은 리더와 리더십에 대한 본질로서 누가 리더인가? 누가 팔로워인가? 리더십의 정의와 기능, 리더십 구성 요소와 리더십 주요 이론에 관하여 기술하였다.

2장은 전통적 리더십 이론 Ⅰ: 특성이론과 행동이론에 대하여 설명하였다.

3장은 전통적 리더십 이론 Ⅱ: 상황이론으로 상황이론의 개념 및 피들러의 상황적합이론, 허시와 블랜차드의 삼차원적 모형, 하우스의 경로-목표 이론(Path- Goal Theory)에 대하여 설명하였다.

4장은 거래적 리더십과 변혁적 리더십으로 두 리더십의 의의와 특징, 구성 요인에 대하여 설명하였다.

5장은 카리스마 리더십으로 카리스마의 유래와 정의, 카리스마 리더십의 역사와 의의에 대하여 설명하였다.

6장은 감성 리더십으로 감성과 감성지능, 감성조절, 감성능력, 감성 리더십의 개념과 구성 요소에 대하여 설명하였다.

7장은 윤리적 리더십으로 윤리와 윤리경영, 윤리적 리더십의 의의와 구성 요소에 대하여 설명하였다.

8장은 서번트 리더십으로 서번트 리더십의 개념과 속성, 특성과 구성 요소, 타 리더십 이론과의 비교에 대하여 설명하였다.

9장은 셀프 리더십과 슈퍼 리더십으로 셀프 리더십의 유래와 자기 관리, 원리와 전략, 슈퍼 리더십의 의의와 구성 요소, 전통적 리더십과 슈퍼 리더의 실천과제에 대하여 설명하였다.

10장은 팔로워십과 글로벌 리더로서 팔로워십의 의의와 유형, 글로벌 리더의 의의, 글로벌 리더십의 의의와 구성 요소에 대하여 설명하였다.

11장은 임파워링 리더십으로 임파워먼트의 의의와 구성 요소, 임파워먼트의 목적과 주요 모델, 실행과 효과적 방안에 대하여 설명하였다.

12장은 리더십과 커뮤니케이션으로 커뮤니케이션의 이해와 기능, 커뮤니케이션의 유형과 활용에 대하여 설명하였다.

13장은 리더십과 인간관계로 인간관계의 개념과 중요성, 인간관계의 기능과 특징, 인간관계의 유형과 장애 요인에 대하여 설명하였다.

14장은 리더십과 동기부여로서 인간의 욕구와 동기부여, 내용이론, 과정이론에 대하여 설명하였다.

15장은 자기주도적 리더십 계발로서 리더십 계발의 의의와 트렌드, 리더십 계발전략에 대하여 기술하였다.

마지막으로 부록에는 자신의 리더십 유형 진단으로 "Enneagram 성격분석을 통한 9개 리더십 유형 진단"으로 구성하였다.

진정한 리더란 어떤 사람인가? 리더십(leadership)이란 무엇이며, 글로벌 사회에 필요한 리더십은 무엇인가? 라는 질문과 대답에 고민을 많이 하다가 우리 대학생들과 젊은이들에게 필요한 리더십의 이론과 실제에 대한 내용을 정리하여 글로벌 사회와 리더십이란 책을 집필하게 되었다.

모쪼록 이 책을 읽는 독자들이 리더십을 이해하는 데 조금이나마 도움이 되길 바라며, 이 책을 통해 리더십에 대한 관련 지식이 넓어지고 리더로서의 자질이 높아지는 분들이 많아지길 두 손 모아 기도한다.

이 책이 마무리되어 출간되기까지 자료정리와 수정작업에 성심성의껏 도와준 김준식 연구원에게 고마운 마음을 전한다. 평생을 품어주시다가 지금은 하늘나라에서 지켜보실 늘 그리운 부모님, 늘 따뜻한 보금자리를 만들어가는 삶의 동반자인 아내와 딸과 아들, 항상 내 편이 되어주시는 사랑하는 모든 가족에게 진심으로 감사드린다. 아울러 이 책을 읽는 모든 독자에게도 감사드린다.

2017년 3월

저자 안광현 드림

akh@u1.ac.kr

차례

CHAPTER 02 전통적 리더십 이론 I : 특성이론과 행동이론

CHAPTER 03 전통적 리더십 이론 II : 상황이론

CHAPTER 04 거래적 리더십과 변혁적 리더십

CHAPTER 05 카리스마 리더십

CHAPTER 06 감성 리더십

CHAPTER 07 윤리적 리더십과 서번트 리더십

CHAPTER 09 팔로워십과 글로벌 리더십

CHAPTER 10 임파워링 리더십

CHAPTER 11 리더십과 커뮤니케이션

CHAPTER 12 리더십과 인간관계

CHAPTER 13 리더십과 동기부여

CHAPTER 14 자기주도적 리더십 계발

부록(Enneagram)

CHAPTER 01

리더와 리더십

I. 리더의 본질

II. 리더십의 본질

III. 리더십의 주요 이론

Leadership Story

기러기의 아름다운 비행

철새인 기러기가 무리를 지어 날아가는 이유는 무엇일까? 우선 먼 거리를 이동할 때 안전을 위해서이며, 혼자 날아가는 것보다 V자 대형으로 날아갈 때 효율이 71% 높아지기 때문이라고 한다. 이때 기러기마다 날개의 모양이 다 다르다는 것을 주의 깊게 살펴보아야 한다. 기러기들의 날개 위치가 다른 이유는 효율을 극대화하기 위한 본능이다.

맨 앞의 기러기가 바람을 일으키면 뒤따르는 기러기에게 전달되어서 힘들이지 않고 훨씬 쉽게 부상하게 되는데 이를 부상력(up-lifting power)이라고 한다. 결국 맨 뒤의 기러기는 힘들이지 않고 가장 쉽게 날아갈 수 있게 된다.

이때 맨 앞의 선두 기러기는 가장 힘이 드는 바람막이 또는 리더라 할 수 있다. 그러다 체력의 한계로 힘이 들어 앞장서는 역할을 못 하게 되면 뒤로 처지게 된다. 그러면 뒤에 있던 기러기가 알아서 그 자리를 채워주며 포지션 변경을 하고 리더의 역할을 대신 수행하게 되는 것이다. 결국 돌아가면서 리더로서의 역할을 수행하며 만만치 않고 힘든 일을 자청해서 하는 것이다. 나머지 기러기들도 힘의 차이에 따라 스스로 위치를 변경한다.

이때 리더의 역할은 가장 힘든 맞바람을 맞으며 최초의 Up-lifting power를 생성하는 일이다. 우리의 인간조직과 리더를 비교해보자. 누가 과연 조직이 위기에 빠지거나 힘이 들 때 스스로 리더가 되어 고생을 자초할 것인가?

기러기들은 이 기나긴 여정에서 구성원 전체가 안전하게 목적지까지 도착하는 것을 최고의 목표로 삼는다. 도중에 만일 총상이나 부상 등으로 인해 한 마리의 기러기가 대열에서 이탈하게 되면 누가 시키지 않아도 두 마리가 따라붙어서 지켜준다. 다 나으면 함께 다음 대열에 합류하거나, 시간이 오래 걸리지 않았을 경우 본 대열에 합류한다. 인간의 조직에서는 이 상황이 되면 대부분 구성원을 버리고 가는 경우가 많다. 그러나 동물은 인간처럼 그렇게 비정하지 않다. 낙오한 조직구성원을 버리고 성공과 이익만을 추구하는 리더나 조직에 이제는 이런 말을 써야 한다. "에이, 기러기만도 못한 놈!"

조직에서 가장 중요한 것은 서로를 존중하고 아끼는 것이며, 명확한 목표의 공유가 가장 중요하다.

먼 여정에서 기러기들은 어떻게 의사소통을 할까? 기러기 우는 소리는 우리에게는 '끼룩끼룩' 등의 형태로 들리나 외국인들은 'Honk'로 표현한다. 이 단어를 사전에서 찾아보면 '기러기 우는 소리', '경적을 울리다', '땍땍거리다' 등의 뜻이 있다. 기러기들은 긴 여행에서 서로에게 'Honk' 'Honk' 하면서 서로를 격려한다. 빨리 가, 너 때문에 늦잖아, 넌 빠져 등의 부정적 피드백은 없으며 '힘내자, 파이팅, 잘하고 있어'라는 격려의 소리라고 한다.

과연 우리가 속해있는 인간의 조직과 공동체는 어떤가?

서로서로 믿고 격려하며 구성원들이 신바람 나게 만드는 조직인가?

조직의 진정한 힘은 서로의 힘이 긍정적인 방향으로 모이고 자발적인 격려 때문에 더욱 커지고 시너지 효과를 창출하게 된다.

리더의 역할을 스스로가 설정하고 수행하는 기러기의 리더십은 교육을 통해서 나타난 것인가? 아니다. 기러기의 본능이다.

그렇다면 우리 인간의 본능은 어떤가?

같은 목표를 위해서 사람이 모이고 조직이 만들어졌는데 시간이 조금만 지나면 갈등과 반목이 생긴다. 조직의 공동목표를 공유하기보다는 자신의 이익을 먼저 챙긴다. 힘든 일을 맡아 책임지는 것을 회피하며, 마지못해서 하게 될 때는 진정한 희생정신 없이 일하게 된다.

당신은 갑자기 힘든 자리, 고생의 자리가 비었을 때 기러기처럼 스스로 앞장설 것인가?

당신은 공동체 구성원들을 위해 차디찬 겨울의 찬바람을 온몸으로 막아내는 바람막이가 되고자 맨 앞으로 나설 수 있는 용기를 가지고 있는가?

조조와 유비의 Leadership

※ 아래 내용은 나관중이 지은 삼국지연의의 관점에서 조조와 유비를 평가한 것이다.

삼국지를 보면 조조(曹操)와 유비(劉備)라는 두 영웅이 등장하는데 서로 대비되는 리더십을 나타낸다. 조조는 부하를 하나의 도구로 생각하고 대가(비용)를 지불함으로써 부하의 충성심을 얻고자 했으나 결과는 실패했다. 유비는 자애를 바탕으로 한 인간 본위의 리더십을 발휘하여 사후에도 가신(家臣)들의 충성을 받았다.

조조와 유비의 리더십을 비교하면 조조는 어부(漁父)와 같이 주어진 도구들을 가지고 어떻게 어획량을 늘릴 수 있을까 고민하는 어부형 Management이다. 유비는 정원사가 과실수에 열매를 맺을 때까지 돌봄으로써 과실을 얻듯이 부하들을 사랑하고 뒷바라지함으로써 성공으로 이끄는 정원사형 Management이다.

조조의 리더십(어부형 리더십)

조조의 리더십 유형이 가지는 의미는 주어진 도구(비용)를 사용하여 얼마나 많은 고기를 낚을 것인가(富의 획득)의 목적만을 추구하는 리더십이다.

조조의 리더십 특징은 수단과 비용을 중시하고 위선적인 이중 척도를 활용할 뿐만 아니라 부하의 충성을 경시함으로써 단기적인 경영성과를 내는 장점은 있으나, 상하 간에 진정한 신뢰 관계가 성립되지 않아 지속적인 경영성과를 얻기에는 한계가 있는 유형이다.

조조의 리더십은 수단과 비용을 중시한다. 관우를 손에 넣은 조조가 그의 무예(수단)를 중시하여 장군에 봉하고 금은보화와 적토마(비용)를 주었음에도 결국 신뢰를 중시하는 관우의 마음을 얻지 못하였다. 또한 부하의 충성을 경시하였다. 순욱(荀彧, 조조 전성기의 최고 공신)은 조조가 위왕이 되려 했을 때 이를 만류하고, 천자(天子)를 위왕으로 봉하여 국가 일등 공신이 되기를 권유하였지만 성급하고 포악한 조조가 이를 받아들이지 않자 순욱은 군사전략 서류 모두를 태워버리고 자결하였다.

또한 위선적 이중 척도를 활용했다. 조조는 실행력을 높이는 수단으로 모든 군사전략에 법치주의를 도입하였다. 그러나 종종 자신의 명령에 불복하는 신하라도 이용 가치가 있으면 활용하는 이중적인 인재 관리를 하였다.

조조의 리더십(어부형 리더십) 결과는 인간을 자본 또는 비용으로만 생각하기 때문에 부하의 진정한 충성심을 얻을 수 없었다.

유비의 리더십(정원사형 리더십)

유비의 리더십 유형의 의미는 자애를 통한 인본주의를 바탕으로 조직구성원들의 성장을 통해 부(富)를 창조하는 리더십이다.

유비의 리더십 특징은 신의를 중시하고, 인본주의를 실현하며, 일관된 자애를 통한 조직관리를 기본으로 하였다. 신의를 중시한 것은 유비는 조조가 효심이 깊은 서서(徐庶, 유비의 뛰어난 부하로 뛰어난 전략가)를 손에 넣고자 문서를 위조하여 어머니가 계시는 자신의 영지로 오게끔 꾀한다는 사실을 알면서도 신의를 존중하여 서서를 낙향시켰다. 다음은 인본주의 리더십이었다. 유비가 서서를 보낸 까닭은 만약 서서를 보내지 않으면 포악한 조조가 서서의 어머니를 살해할 것이 당연하고 이를 대신하여 자신이 서서를 부하로 활용하는 것이 되니 이는 부모와 자식의 인연을 끊을 뿐 아니라 도의, 의리, 인정에 어긋나기 때문이었다.

유비는 일관된 자애를 통한 조직관리를 하였는데 관우, 장비와 함께 연회를 열고 도원결의(桃園結義)를 통해 이 두 사람으로부터 영원한 충성을 얻었다. 또한 삼고초려를 통해 제갈량(제갈공명)을 영입, 그를 신의와 극진함으로 대하였다. 제갈량의 입장에서는 "훌륭한 짐승은 나무를 택해서 보금자리를 짓고 훌륭한 신하는 군주를 택해서 섬긴다."를 실현한 것이다.

유비의 리더십(정원사형 리더십) 결과는 유비의 가신들로부터 그의 생전뿐만 아니라 사후에도 유비 일가의 성공을 위해 헌신적인 충성을 받았다. 유비가 부하들에게 무대의 주인공 자리를 주고 대신 그들의 성장을 지켜보고, 후원하는 자애의 인본주의 리더십을 일관되게 발휘했기 때문이다.

조조(어부형 리더십)와 유비(정원사형 리더십)의 시사점

최근의 경향은 기업의 사회적 책임이 중시되고 있는 가운데 기업인이 사회로부터 존경받고, 종업원의 충성을 바탕으로 지속적인 경영 성공을 이루어가기 위해서는 정원사형 리더십의 실천이 중요해졌다. 바람직한 기업경영의 목적을 위해 경영자는 정원사처럼 기업과 종업원을 가꾸고 육성하여, 지속적인 과실을 맺도록 노력하는 것이 중요하다. 바람직한 리더십은 부하직원들을 주어진 도구로만 인식하기보다는 동등한 인격체로서 대하며, 서로 간의 신뢰와 존중의 관계를 맺는 것이 필요한 사회가 되었다.

가장 중요한 승부처는 사람에게서 나온다.
손자병법에 보면 장수와 군주의 관계를 설명한다. 훌륭한 장수는 나라와 군주를 보좌하는 기둥이다. 장수와 군주의 관계는 마치 덧방나무와 수레바퀴처럼 매우 긴밀한 관계이다. 장수가 군주를 보좌하면서 틈이 없으면 국가는 반드시 강대해질 것이고 서로 의심하여 틈이 벌어지면 국가는 반드시 약해진다.
보는 양쪽 수레바퀴의 굴대를 버티는 덧방나무이다. 여기서는 나라를 수레에 비유하고, 군주를 굴대, 군대를 수레바퀴, 장군을 보로 비유했다. 덧방나무가 단단히 안정되어 수레바퀴의 굴대가 튼튼하면 나라는 그만큼 강건한 것이다. 이 말은 지휘관과 군주가 조화를 이루면 군인과 수레바퀴가 원활하게 돌아간다는 뜻이다. 또 보와 수레바퀴의 굴대 사이에 틈이 생겨서 덜컹거리면 그 수레, 즉 나라는 반드시 약해진다. 병력인 수레바퀴가 원활하게 돌아가지 않기 때문이다.

출처: 손무(손자병법), 박남우(현재경제연구원), 신동운(손자병법 삼십육계). 마음을 움직이는 승부사 제갈량

I 리더의 본질

1 누가 리더인가?

1. 리더의 정의

"리더(leader)는 누구인가? 그리고 일류 리더는 어떤 사람인가?"라는 질문을 한다.
이에 대한 대답은 "삼류 리더는 자기의 힘을 사용하고, 이류 리더는 타인의 힘을 사용하며, 일류 리더는 타인의 지혜를 활용한다."라고 할 수 있다.
그러면 "어떤 리더가 좋은 리더인가?"라는 질문을 또 하게 된다. 이에 대한 대답은 "진정한 리더는 사람의 마음을 움직이는 사람이다."라고 응답할 수 있다. 다산 정약용 선생의 가르침에 귀를 기울일 필요가 있다. "내가 하는 대로 남이 나를 대접한다. 남이 내게 함부로 굴거든 남을 탓하지 말고 자신 스스로 반성하라."
아프리카 속담에 "빨리 가려면 혼자 가고, 멀리 가려면 함께 가라!"는 말이 있다. 훌륭한 리더는 공동체 구성원과 함께 희생하며 뚜벅뚜벅 걸어가는 사람이다. 구성원의 말에 경청하고, 공감하고, 공동체와 함께 동반자로서 희생하며 나아가는 용기 있는 사람이 진정한 리더가 아닐까?

사람은 참으로 다양하다. 그러므로 당연히 리더 또한 다양하다. 그러기에 사람들은 서로가 다름을 인정해야 한다. 남을 리드하려고 하기 전에 남을 먼저 인정하고 자기 스스로 자신의 리더가 되어보는 자세를 가져야 한다.

리더는 누구인가? 이 질문에 대통령, 기업의 상사 또는 사장, 군대의 지휘관, 오케스트라의 지휘자 등의 다양한 리더를 떠올릴 수 있다.

리더는 조직이나 단체 등에서 부분 또는 전체를 이끌어가는 위치에 있는 사람을 말한다. 즉, 어떤 조직이나 단체의 목표를 달성하기 위해 이를 이끌어가는 중심적인 위치에 있는 사람이라고 말한다.

학자들은 리더를 다음과 같이 정의하고 있다.

① 리차드 울프(Richard Wolff)의 리더 – 안내자

어떤 일을 먼저 행하여 길을 알기에 다른 사람들이 자신을 따라오도록 인도할 수 있는 사람, 즉 안내자의 역할을 하는 사람이다.

② 테드 엥스트롬(Ted W. Engstrom)의 리더 – 타인의 모범

기대하는 행동을 일으키기 위해 솔선수범하여 다른 사람의 행동을 이끌어주는 사람이다.

③ 이반 스타이너(Ivan D. Steiner)의 리더 – 선택받은 자

다른 구성원들에 의해 높은 위치로 선택되어 다른 구성원들이 그의 의견과 통솔력이 수렴되고 순응하게 하는 사람이다.

④ 구드윈 2세(Bennie E. Goodwin Ⅱ)의 리더 – 조력자

적합한 시기와 장소에서 적합한 사람이 어떤 일을 성취하도록 돕는 사람이다.

2. 관리자와 리더의 구분

관리자와 리더의 차이를 구분하지 않고 비슷한 의미로 사용하는 경우가 많은데 이것은 바람직한 것이 아니다. 관리자와 리더는 역할과 태도에서 유사한 부분이 있지만, 이 둘은 매우 큰 차이가 있다. 관리자와 리더의 차이를 다음과 같이 간략하게 설명할 수 있다.

첫째, 관리자와 리더는 목표에 대해 서로 다른 태도를 보인다. 관리자의 목표는 자신의 욕구보다는 조직의 필요성에 의해 발생하며, 관리자는 기존 질서를 유지하고 이를 통해 보상을 받으려고 한다. 이에 비해 리더는 목표에 대해 적극적인 태도를 보이며, 잠재적 기회를 찾아내고 이를 통해 보상을 받는다. 구성원들이나 동료들 간의 관계도 긴밀하게 유지하고 부하직원을 격려하여 업무에 적극적으로 임할 수 있도록 만들고, 열정을 쏟아 창조성을 높일 수 있게 만든다.

둘째, 혼란과 질서를 어떻게 생각하느냐에 따라 리더와 관리자는 다르게 반응한다. 리더는 조직에 중요한 문제가 발생했을 때 성급하게 그 상황을 해결하기보다는 혼란과 갈등이 있더라도 조직이 자연스럽게 문제해결의 대안을 찾아낼 수 있도록 노력하지만, 관리자는 조직에 중요한 문제가 발생했을 때 급하게 그 상황을 해결하려고 한다.

셋째, 업무처리에서도 서로 다른 모습을 보인다. 관리자는 업무활동이나 의사결정 과정에서 규정된 역할에 충실하지만, 리더는 아이디어에 관심을 두고 직관적인 방법을 선호한다.

넷째, 인간관계에서의 태도도 다르다. 관리자는 함께 일하기를 좋아하고 독단적인 행동을 피한다. 그 이유는 단독 행동에 대한 불안감 때문이며, 상대방과 깊은 관계보다는 감정적 관계 수준을 낮게 설정하게 된다. 그러나 리더는 풍부한 감정의 소유자로서 강한 동질감과 이질감의 감정을 끌어낸다. 이는 나쁜 영향을 미칠 수도 있지만, 오히려 조직 내에 강한 동기를 자극하게 되어 뜻밖의 좋은 결과를 가져올 수도 있다.

표 1-1 나누스(B. Nanus)의 훌륭한 리더와 단순한 관리자[1]

분류	리더	관리자
변화	혁신 추구	현상 유지
가치	사람 중심	체제와 구조 중심
관리	신뢰	통제
관점	장기적	단기적
절차	과정 중심	결과 중심

3. 리더의 세 가지 유형

리더의 유형은 학자마다 또는 분류기준의 상황마다 다양하게 설명할 수 있지만 본 장에서는 리더의 의사결정 방법에 따른 권위적 리더, 민주적 리더, 방임적 리더 세 가지 유형만 먼저 간략하게 설명하고 자세한 내용은 다른 장에서 설명하려고 한다.

① 권위적 리더: 집단행위와 관련된 거의 모든 의사결정을 리더가 혼자서 결정하는 유형이다.

② 민주적 리더: 의사결정의 권한을 조직구성원들에게 대폭 이양하고 위임하는 유형이다.

③ 방임적 리더: 개인은 개인으로 남고 리더는 리더로서 해야 할 역할을 포기한 형태로써 조직구성원과 리더 간의 상호작용 관계가 독립적이며 자율적 의사결정을 하는 유형이다.

2 리더와 팔로워

누가 리더이고 누가 팔로워인가?

리더와 팔로워의 개념은 절대적인 개념과 상대적인 개념으로 이해할 수 있다. 먼저 회사의 경우 회사의 대표인 사장은 회사라는 조직 내에서 절대적인 리더의 위치에 있다고 볼 수 있다. 그러나 부장, 팀장 등과 같은 중간관리자는 사장의 입장에서 바라볼 때는 팔로워, 즉 부하의 개념으로 바라볼 수 있지만, 부서 직원 또는 팀원의 입장에서 바라볼 때는 리더라 할 수 있다.

팔로워(Follower)는 누구인가? 국어사전에서 팔로워는 부하 또는 추종자 등을 말하는 것으로 사전적 의미로 조직이나 단체 등의 구성원을 팔로워라고 한다. 그 예로 회사의 직원, 군대의 군인, 오케스트라의 단원 등을 팔로워, 즉 부하라고 한다.

아울러 리더와 팔로워의 어원을 살펴보면 좀 더 리더와 팔로워의 의미를 깊이 있게 이해할 수 있다.

독일의 고어에서 리더(leader)의 뜻은 '참다', '견디다'라는 뜻이다. 팔로워(follower)는 독일의 고어인 'follaziohan'에서 유래한 말로 '돕다', '후원하다', '공헌하다' 등의 의미를 내포한다. 원래 어원대로 엄격하게 정의하면 팔로워란 리더에게 없으면 안 되는 돕는 존재라 할 수 있다. 두 단어 사이의 관계는 원래 평등했다.

즉, 팔로워가 리더를 일방적으로 돕는 것이 아니라 전체의 목표를 달성하기 위해서 팔로워는 리더를 돕기 위한 존재로, 리더는 팔로워의 도움이 필요한 자로 설명할 수 있다. 리더와 팔로워는 단방향의 일방적인 수직관계가 아닌 서로 도우며 발전하는 공생의 관계로 봐야 할 것이다.

그렇다면 좋은 팔로워는 어떤 사람이고 어떤 자질을 가져야 하는가?

첫째, 헌신(commitment)하는 자세를 가져야 한다. 한 개인에게 충성하는 것보다 사명과 비전에 헌신하는 자세가 바람직하다.

둘째, 전문성과 집중력(competence & focus)을 가져야 한다. 각자에게 주어진 임무를 완수할 수 있는 능력과 전문성이 없다면 그 헌신은 아무런 힘이 없게 된다.

셋째, 용기(courage)와 패기가 필요하다. 단순하게 맹목적 순종만을 필요로 하는 것이 아니다.

넷째, 정직하고 현명한 평가능력(honest & wise evaluation)을 가지고 있어야 한다. 팔로워는 끊임없이 자신을 평가할 뿐만 아니라 리더의 리더십이 제대로 가고 있는지를 평가할 수 있어야 한다.

3 성공하는 리더 & 실패하는 리더

그렇다면 성공하는 리더와 실패하는 리더는 어떤 특성을 지니고 있을까?

1. 성공하는 리더의 10가지 특성

토머스 네프와 제임스 시트린은 빌 게이츠(Bill Gates), 잭 웰치(Jack Welch)를 포함한 성공한 미국 최고의 리더들을 대상으로 성공하는 리더들의 10가지 특성을 제시하였다(Thomas J. Neff and James M. Citrin, 2001).[2]

① **열정**(passion): 자신이 하는 일에 대한 사랑과 최선의 노력

② **지적 능력**(intelligence): 높은 지적 능력(선천적 능력 + 후천적 노력)

③ **의사소통 능력**(communication skill): 구성원의 의견을 모으며 목표를 공유

④ **왕성한 에너지**(high energy): 시공간을 뛰어넘는 노력(주 65시간 / 장거리 출장)

⑤ **겸손**(controlled ego): 자신의 성공에 대한 겸손

⑥ **내적 평안**(inner peace): 집중 및 차분함(스트레스 및 분노 조절)

⑦ **성장배경 활용**(defining background): 성장기 경험 활용(위기 극복)

⑧ **강한 가족 유대감**(strong family life): 안정적인 가족관계

⑨ **긍정적 자세**(positive attitude): 위기와 실수를 성공의 기회로 여김

⑩ **올바른 처리**(focus on "doing the right things right"): 결과와 과정을 모두 고려

2. 실패하는 리더의 5가지 특성

성공하는 리더의 특성과 달리 실패하는 리더의 차이점에 관한 연구를 중심으로 실패하는 리더의 특성을 정리하면 다음과 같다(주간경제 793, LG경제연구원).[3]

① **독불장군 및 권위주의**: 무시 및 지나친 비판적 판단

② **변화에 둔감**: 현실 안주 및 환경변화에 부적응

③ **실천 및 실행력의 부족**: 창의적 도전 미흡, 현실 안주

④ **필벌(必罰) 중심의 사고**: 칭찬에는 인색하고 질타와 책임 추궁

⑤ **희생 강요**: 강제적 충성심 요구

Ⅱ 리더십의 본질

리더십(Leadership)이란 무엇인가? 이 질문에 독자는 어떤 이미지가 떠오르는가?

토머스 칼라일은 리더십이 지향하는 방향을 다음과 같이 지적했다. “길을 가다가 장애물이 나타나면 패배하는 사람은 그것을 걸림돌이라 하고, 승리하는 사람은 그것을 디딤돌이라고 한다. 파격의 인간미를 갖추고 섬과 섬을 잇고, 육지와 섬을 잇는 가교 같은 리더, 그것이 리더십이 지향하는 방향이다.”

리더십의 가장 중요한 생명은 감동이다. 생명의 본질은 바로 감동이기 때문이다. 감(感)은 ‘Feel’이며, 동(動)은 ‘Move’이다. 그러므로 가장 좋은 리더십은 조직구성원과 추종자들이 느끼게 하여(feel) 움직이도록(move) 하는 것이다. 즉, 공동체 구성원들이 스스로 느끼고 움직일 수 있도록 하는 것이 가장 바람직한 리더십이다.

또한 리더십은 예술이다. 오케스트라 리더인 지휘자를 한번 살펴보자. 오케스트라는 많은 악기로 구성되어 있다. 만일 지휘자 없이 각 악기가 각자의 소리를 낸다면 화음이 맞을 리 없다. 지휘자의 지휘 방향에 따라 연주가 이루어지고 단원들이 하나의 마음이 되어야 훌륭한 연주가 된다. 잘못된 오케스트라는 없다. 다만 무능한 지휘자가 있을 뿐이다.

그러므로 리더십이란 주어진 상황에서 목표달성을 위한 개인 또는 집단의 행동에 영향을 미치는 과정이므로 리더십은 사람들이 목표를 달성하기 위한 방향으로 갈 수 있도록 영향을 미치는 능력이라고 설명할 수 있다.

1 리더십 연구의 발달

리더십은 오랫동안 많은 사람의 깊은 관심을 끌어온 연구 분야로 최근 경영학·정치학·행정학·교육학·사회심리학 등 다양한 분야에서 활발히 연구되고 있다. 그런데도 지금까지 리더십을 한마디로 정의하기란 쉽지 않은 일이다. 왜냐하면 사람에 따라 혹은 상황에 따라 다양하기 때문이다.

리더십은 학술적으로 만들어진 개념이 아니라, 사람들의 일상에서 사용하던 어휘가 학문 분야로 넘어오고 이후에 연구되어 왔기 때문에 리더십을 연구한 학자들만큼이나 다양하게 정의되고 있다.

특히 리더십은 시대의 변화에 따라 개인이 지닌 특성에 초점을 둔 특성이론, 개인의 행동에서 나타나는 특징에 초점을 둔 행동이론, 개인의 특성보다 환경에 초점을 둔 상황이론 등 다양한 측면에서 연구되고 있다.

리더십 이론의 대표적인 학자들은 리더십에 대해서 다음과 같이 정의하고 있다.

1. 에치오니(A. Etzioni, 1965)

리더십이란 광범위한 문제를 해결하기 위해 지도자의 개인적 자질에 근거하여 추종자(부하)의 자발적 동의를 이끌어내는 능력이다.

2. 스토그딜(Stogdill, 1974)[4]

리더십이란 집단 내의 상호교류 속에서 구성원들이 특정 목표를 지향하게 하고 그 목표를 달성하기 위해서 영향력을 행사하는 것이다.

3. 카츠 & 칸(Katz and Kahn, 1978)[5]

리더십이란 기계적으로 조직의 일상적 명령을 수행하는 것을 뛰어넘을 수 있게 하는 영향력이다.

4. 자고(A. G. Jago, 1982)[6]

리더십이란 구성원들에게 목표달성 방향을 제시하고 활동 과정에 강제성을 띠지 않으면서도 조정하는 영향력을 성공적으로 행사하는 과정이다.

5. 유클(G. Yukl, 1989)[7]

리더십이란 구성원에게 무엇을 해야 하며 이를 어떻게 하는 것이 효과적인가를 이해시키고 동의하도록 영향력을 행사하며, 조직에 공유된 목표를 효과적으로 달성할 수 있도록 개인과 집단의 노력을 촉진하는 일련의 과정이다.

표 1-2 리더십의 정의

구분	리더십의 정의
Stogdill(1948, 1974)	집단 내의 상호교류 속에서 구성원들이 특정 목표를 지향하게 하고 그 목표를 달성하기 위해서 영향력을 행사하는 것
Hemphill & Coons(1957)	공동의 목표를 향하여 집단의 활동을 지휘하는 개인의 행동
Tannenbaum(1959)	주어진 상황에서 효과적인 의사소통 및 관계를 통해 조직의 목표를 달성하기 위해 사용되는 대인 관계적인 영향력
Janda(1960)	권력관계 유형 중 하나로서 조직의 한 구성원이 자신의 행동 패턴을 다른 구성원이 규정할 권리를 갖는다고 자각, 즉 깨달을 때 발생하는 것
Tannenbaum(1961)	의사소통을 통한 개인과 개인 간의 영향력
Tannebaum, Weshler & Massarik(1961)	주어진 환경에서 구체적인 목표달성을 위해 행사되는 구성원 간의 영향력으로서 커뮤니케이션 과정을 통해서 행사됨
Etzioni(1965)	광범위한 문제를 해결하기 위해 지도자의 개인적 자질에 근거하여 추종자(부하)의 자발적 동의를 이끌어내는 능력
Fiedler(1967)	조직의 성공과 실패를 좌우하는 유일하고 결정적인 요인
Katz and Kahn(1978)	기계적으로 조직의 일상적 명령을 수행하는 것을 뛰어넘을 수 있게 하는 영향력
Jago(1982)	구성원들에게 목표달성 방향을 제시하고 활동 과정에 강제성을 띠지 않으면서도 조정하는 영향력을 성공적으로 행사하는 과정
Bryman(1986)	어떤 사람이 공식적으로 리더의 직위에 임명되었을 때 발생함
Bass(1990)	상황이나 집단 구성원들의 인식과 기대를 구조화 또는 재구조화하기 위해서 구성원들 간 교류하는 과정
Kouzes & Posner(1991)	리더가 달성하고자 하는 목표를 구성원들이 스스로 원하게 하여 리더가 원하는 대로 행동하게 하는 기술
Schein(1992)	순응적이고 획기적인 변화의 프로세스를 시작하도록 문화의 외부로 나아갈 수 있는 능력
Robins(1996)	조직의 목표달성을 목표로 리더가 집단에 영향을 미치는 능력
Hooper & Potter(1997)	통제 대신에 영감과 잠재력을 강조하며, 종업원들이 긍정적인 감정을 창조하도록 하는 것
Hall(1998)	지도자의 개인적 자질에 근거하여 광범위한 문제에서 추종자의 자발적 동의를 이끌어내는 능력
House et al.(1999)	조직의 유효성과 성공을 위해 공헌할 수 있도록 다른 사람들에게 영향을 미치고, 사기를 진작시키며, 권한을 부여하는 개인의 능력

Northouse(2004)	공동목표를 달성하기 위하여 한 개인이 집단의 구성원들에게 영향을 미치는 과정

백기복(2005)[8]의 자료를 수정 및 보완함

2 리더십의 정의

'Leader' + 'ship'

앞서 리더(leader)를 '어떤 조직이나 단체의 목표를 달성하기 위해 이를 이끌어가는 중심적인 위치에 있는 사람(지휘자, 지도자, 통치자 등)'이라고 정의하였다. 이러한 리더의 의미에 상태나 특징을 나타내는 'ship'을 확장시켜 생성된 리더십(leader + ship)은 지도자로서의 지위나 지도자로서 갖추어야 할 덕목·특성·행동으로 해석할 수 있다.

리더십의 정의를 몇 가지 살펴보면 다음과 같다.

첫째, 리더십이란 주어진 상황에서 목표달성을 위한 개인 또는 집단의 행동에 영향을 미치는 과정이다.

둘째, 리더십이란 목표를 달성하려는 방향으로 사람들에게 영향을 미치는 능력이다.

셋째, 리더십이란 바라는 바의 목표를 달성할 수 있도록 개인과 집단의 행동을 방향 짓고 생기를 불어넣으며 영향을 미치는 능력이다.

넷째, 리더십은 임무를 달성하기 위하여 목표와 방향, 방법 그리고 동기를 부여함으로써 남들에게 영향을 미치는 과정이다.

즉, 리더십의 사전적 의미와 학자들의 정의를 종합하면, 리더십이란 '조직의 목표달성에 도움이 되는 개인이나 집단의 행동들을 유발 및 촉진시켜 구성원이 바람직한 조직목표에 자발적으로 협조하도록 함과 동시에 급변하는 환경에 능동적으로 적응하게 하여 조직의 바람직한 목표달성을 성공하게 하는 리더(지도자)의 능력 및 영향력'이라 정의할 수 있다.

3 리더십의 기능

조직의 목표달성과 조직의 발전에 큰 영향을 미치는 리더십은 리더십의 기본적 기능인 구성원의 동기유발뿐만 아니라, 조직의 환경 적응력, 조직구성원의 재사회화, 조직의 공식적 구조와 설계의 미비점 보완 등 다양한 기능을 살펴볼 수 있다.

1. 카츠와 칸의 리더십 기능

① **조직의 목표설정 및 구체화**: 구성원의 입장과 상황을 고려하여 달성하고자 하는 조직의 목표설정과 이를 구체화한다.

② **인적·물적자원의 동원, 이동, 관리**: 목표달성에 사용되는 자원의 자발적·헌신적 동기부여 및 효율적인 운영을 한다.

③ **조직의 안정성과 통일성 유지**: 외부환경과 긴밀한 관계 속에서 부서나 구성원 간의 갈등을 관리한다.

④ **위기 대응**: 예기치 못한 상황에 직면하였을 때 이를 대응 및 적응하며 대안을 제시한다.

2. 계층별 기능

리더십에 관한 대부분의 연구는 리더십이 조직에 영향을 미치며, 조직의 목표달성 및 발전에 긍정적인 영향을 미친다는 사실을 인정한다. 그러나 리더십의 기능을 어느 계층의 입장에서 바라보느냐에 따라 리더십의 핵심 기능에 차이가 있다. 이뿐만 아니라 리더십은 어느 한 계층수준에서 긍정적 기능의 리더십이 다른 계층수준에서는 부적절한 영향을 미치기도 한다.
리더십의 계층별 기능을 살펴보면 다음과 같다.

1) 최고관리층

셀즈닉(Selznick)[9]의 최고관리자 리더십 4가지 기능은 다음과 같다.
① 장기적 안목을 바탕으로 명백한 목표설정과 조직관리 이념 확립
② 유능한 인재 발굴 및 육성
③ 위기 관리적 의사결정
④ 외부 환경의 관계 형성

2) 중간관리층

라이드(Laird, D. A.)와 라이드(Laird, E. C.)[10]의 중간관리자 리더십 5가지 기능은 다음과 같다.
① 조직의 목표에 구성원들의 의견과 요구 반영
② 조직의 목표달성에 구성원들의 참여 지원 및 통제
③ 구성원들의 상호 협조 지도

④ 구성원들의 조직 및 집단에 적응 및 공동체감 부여
⑤ 인간적인 정을 나눔

3. 리더십의 7가지 기능

첫째, 리더십은 조직의 목표설정에 있어 구성원들의 의견을 반영하고, 설정된 목표에 적합한 구성원의 역할과 임무를 명확하게 하며, 조직 내에 적절한 의사 전달체계를 구축하여 원활한 의사소통을 가능하게 한다.

둘째, 리더십은 경직화되기 쉬운 조직 속에서 당당한 조직구성원으로서 자신감과 성장 욕구를 북돋아 주는 동기유발과 조직의 목표달성을 위한 업무수행능력을 발전시키는 재사회화 기능을 한다.

셋째, 사회는 끊임없이 변화하며 조직도 이러한 변화에 발 빠르게 맞춰가야 한다. 변화에 능동적이며 창의적 혁신의 리더십은 끊임없이 변화하는 환경에 능동적으로 적응하게 한다.

넷째, 조직의 공식적 구조와 같이 예측이 가능한 상황에서 대응책을 더 효과적으로 활용할 수 있게 해줄 뿐만 아니라 비공식적 구조, 즉 예측하지 못한 상황에서의 문제들도 대응할 수 있게 한다.

다섯째, 리더십은 조직 내 부서 간의 목표에 대한 인식 차이나 갈등을 조정하여 조직 내부의 조화와 안정을 유지시킨다.

여섯째, 리더십은 구성원이 서로 협력하고 서로를 신뢰할 수 있는 환경을 제공하여 조직의 응집력을 강화시켜준다.

일곱째, 리더십은 조직의 목표달성을 위한 자원과 관련된 기능으로 리더십은 목표달성 과정에 필요한 인적·물적자원뿐만 아니라 지위, 정보, 시간 등의 자원들을 효과적으로 활용할 수 있게 한다.

4. 리더십과 관리

리더십과 관리를 비교해보면 관리는 과학, 리더십은 아트(art)로 접근할 수 있을 것이다. 과학계 접근방법은 주로 관리적 활동이며, 아트계 접근방법은 리더십 활동에 관한 것이다. 두 영역의 접근방법과 운영기술에서 원천과 속성 그리고 내용은 다르지만 두 영역이 융합하면 시너지 효과가 발생하게 된다.

표 1-3 관리와 리더십의 접근방법

구분	관리–과학(science)	리더십–아트(art)
접근 분야 및 역할	• 기획 및 계획/예산책정 • 조직설계 – 조직구조를 설계 – 책임과 권한 규정 – 평가, 보수 시스템 등 • 지휘, 명령 – 목표 부여 – 진행 상황 관리 – 평가와 상벌	• 꿈과 비전 제시, 사람의 마음을 모음 • 유연한 인적 네트워크 형성 – 우호적 비공식적 관계 – 긍정적 인간관계 – 인간적 매력과 자발적 헌신 • 의사소통 – 계몽 – 협조 부탁 – 활기
특성	Hard / Formal	Soft / Informal
실행자	관리하는 사람	리드하는 사람

4 리더십의 구성 요소

리더십 현상의 중심이 되는 4가지 요소들은 다음과 같다.[11]

1. 과정으로서 리더십

리더십은 리더의 특성과 성격으로만 구성되는 것이 아니라 리더와 구성원 사이의 거래적 사건으로 구성된다. 즉, 리더와 구성원 사이의 상호작용을 통해 리더십이 발휘된다.

2. 영향으로서 리더십

리더십은 리더가 구성원에게 어떠한 영향을 미치는가로 구성된다. 그리고 이러한 영향은 대체로 리더가 구성원에게 영향을 주지만 반대로 구성원이 리더에게 영향을 주기도 한다. 이러한 과정은 단방향으로도 나타나지만, 양방향 즉 상호작용으로도 나타난다.

3. 집단상황에서 리더십

리더십은 혼자 있을 때 구현되지 않는다. 즉, 리더와 구성원이라는 집단 안에서 리더십이 나타난다. 그리고 이러한 집단의 규모에 따라 리더십의 영향력이 결정되기도 한다.

4. 목표달성으로서 리더십

리더십은 조직의 목표달성을 위한 과정으로 구성원들이 공동의 목표를 더욱더 효율적으로 달성하도록 기여하는 데 그 목적이 있다. 따라서 리더와 구성원은 일방적으로 영향을 주고 영향을 받기보다 함께 노력해야 할 필요가 있다.

5 리더십은 왜 필요한가?

20세기 리더십에 관한 체계적인 연구를 시작으로 최근 리더십에 관한 연구와 이론은 그 수를 헤아리기 힘들 정도로 매우 광범위하고 깊이는 점점 더 깊어지고 있다. 그렇다면 리더십이 왜 이렇게 중요하게 여겨지고 많은 관심을 받고 있는지 그 이유를 살펴보면 다음과 같다.

1. 급변하는 환경

21세기 급변하는 현시대는 더욱 효과적으로 조직의 목표를 달성하고 무엇보다 지속 가능한 발전을 요구하는 시대이다. 따라서 시시각각 변화하고 있는 조직 내·외부환경을 통찰력 있게 분석하고 이를 조직에 적용하기 위해 리더십의 중요성은 더욱 강조되고 있다.

2. 불확실한 조직설계

조직의 목표설정에서 달성까지 일련의 과정을 완벽하게 설계하는 것은 불가능하다. 따라서 조직과 구성원들의 요구를 반영하고 바람직한 방향으로 구성원을 이끌어가는 리더십은 조직의 목표달성에 있어 핵심 역할을 담당한다.

3. 조직의 안정성과 통합

조직의 크기와 유형에 따라 조직들은 다양한 특성을 보이기에 조직운영에 있어서 내부와 외부의 의견을 하나로 모으는 것은 쉬운 일이 아니며, 심각한 갈등이 발생하면 조직의 존폐를 결정하기도 한다. 따라서 다양한 조직구성원들의 의견을 하나로 모아서 조직의 응집력을 향상시키고 구성원의 갈등을 해소시켜 조직의 안정성을 유지시켜주는 리더십은 조직을 통합하고 조직을 효율적으로 이끌어가는 데 매우 중요한 기능을 한다.

6 성공하는 리더십의 주요 특징

훌륭한 리더들의 삶을 살펴보는 연구를 종합해본 결과 성공하는 리더십의 특징들을 다음과 같이 살펴볼 수 있다.[12]

1. 비전

비전(vision)은 상상력, 직감력, 통찰력 등을 토대로 미래를 전망하는 능력으로 리더는 자신이 원하고 이루고자 하는 것에 대한 명확한 비전을 가지고 있다. 따라서 비전을 이루는 데 있어서 나타나는 난관과 실패를 당연히 여기며 이를 극복하기 위해서 최선을 다한다.

2. 열정

열정(passion)은 어떤 일에 대한 열렬한 애정을 가지고 열중하는 마음으로 리더는 자신의 삶뿐만 아니라 자신이 맡은 일과 조직에 대한 열정이 있다. 따라서 자신이 하는 일에 대해서 깊은 애정을 가지고 열중하기 때문에 부하와 구성원 등 다른 사람들에게도 열정을 가지게 하며, 나아가 훌륭한 모델로서 희망과 영감을 불러일으킨다.

3. 성실

성실(integrity)은 인간의 기본적 특성 중 하나로 정성스럽고 참되게 변함없는 것을 말한다. 성실은 지기(자신을 알며)와 솔직함(거짓을 부끄러워하며)이 포함된 특성으로 리더는 자신의 장단점을 정확하게 파악하며, 이를 토대로 스스로 계발하고 단점을 최소화하는 노력을 한다.

4. 신뢰성

신뢰성(trust)은 타인이 굳게 믿고 의지하게 하는 것으로 믿음을 주는 것을 말한다. 신뢰성은 리더 혼자서 얻을 수 있는 것이 아니라 구성원들로부터 받는 것으로 성공적인 리더십의 핵심 요소인 신뢰성이 없는 리더는 리더십을 제대로 발휘할 수 없을 뿐만 아니라, 오히려 조직 갈등의 원인이 되기도 한다.

5. 용기

용기(daring)는 불가능의 상태에도 좌절하거나 포기하지 않는 것을 말한다. 또한 모든 일에 궁금증을 가지며, 위험을 부담하려는 의지와 새로운 일을 시도하려는 의지로 성공적인 리더들은 이 용기를 가지고 있어 실패를 두려워하지 않으며 실패 또한 자신이 배울 수 있는 경험이라고 생각한다.

6. 지능

지능(intelligence)은 지적 능력으로 리더가 소속한 분야의 전문성뿐만 아니라 해당 분야에서 유능한 리더로서 조직의 목표를 달성하는 데 도움이 되는 언어 능력, 지각 능력, 수리 능력 등의 지적 능력을 말한다.

7. 결단력

결단력(determination)은 리더가 선택하는 데 결정적인 판단을 하거나 단정을 내릴 수 있는 능력으로 단순한 결정 능력이 아니라 효과적이고 성공적인 결정을 하는 데 해당 문제가 당면하고 있는 내·외부적 환경과 선택 후 발생할 미래를 예측하여 판단 및 결정하는 능력을 말한다. 이 결단력은 진취성, 지속성, 지배성, 추진력 등과 같은 특성과 연계된다.

8. 자신감

자신감(self-confidence)이란 어떠한 것을 할 수 있다는 확신으로 성공적인 리더의 핵심 요소 중 하나이다. 이러한 자신감은 자신의 능력에 대한 신뢰를 바탕으로 무모한 패기가 아닌, 자신의 능력을 파악하고 이를 토대로 과업을 추진할 때 리더의 시도가 옳았다는 것을 확신하게 만드는 것으로 조직구성원들에게 안정감을 주는 리더십 특성이다.

9. 사교성

사교성(sociability)이란 조직이나 단체 내에서 사회적 관계를 형성하는 리더의 성향으로 사교성이 있는 리더는 친절하고 개방적이며 이를 통해 구성원들과 원만한 관계를 형성하고 이는 조직의 목표를 달성하는 데 추진력이 되는 리더십 특성이다.

10. 경청

경청(listen)은 리더가 구성원의 의견과 행동에 관심을 가지고 집중하여 구성원의 의견을 진지하게 듣는 것으로 구성원에 대한 존중과 수용적 태도를 말한다. 즉, 단순히 듣기만 하는 것이 아니라 구성원의 이야기를 충분히 이해하면서 구성원의 마음을 헤아리는 리더십 특성이다. 경청은 섬기는 리더의 모습을 보여주는 것이 특징이며, 상대방의 이야기를 듣는 것뿐만 아니라 구성원의 의도나 욕구, 내면의 감정까지도 이해하려는 적극적인 자세이다.

11. 공감

공감(empathize)은 리더와 구성원들과의 관계에서 나타나는 것으로 리더가 구성원의 입장에서 먼저 이해하고 노력하는 행위를 말한다. 즉, 구성원의 노력이나 결과가 성공적이지 않더라도 구성원을 한 인간으로서 대우하며 인격적으로 존중하는 리더십의 특성을 말한다. 겸손한 리더는 조직구성원의 행동이 선의에 기초할 것이라는 믿음에서 출발해 그 사람의 입장이 되어 그의 행동을 진심으로 이해하려는 마음으로 상대방과 느낌을 공유하고 공감하려는 자세를 가지게 된다.

Ⅲ 리더십의 주요 이론

1 리더십 이론의 역사

리더십 이론은 사회, 경제, 경영, 행정 등의 다양한 학문 분야와 학자들에 의해서 오랜 시간 동안 연구되어 옴에 따라 이를 시대와 이론으로 다음과 같이 구분할 수 있다.

리더십 이론의 시기별 분류에 대해서는 학자마다 입장을 조금씩 달리하고 있지만, 일반적으로 20세기 초부터 1980년대 초반까지의 리더십 이론을 전통적 리더십 이론(Classical Leadership Theory)이라 하고, 1980년대부터 현재까지 리더십 이론을 새로운 리더십 이론(New Leadership Theory)이라고 구분하고 있다.

표 1-4 리더십 이론의 시대별 연구

주요 접근 이론		기간	중심 주제
탄생이론		20세기 초~1920년대	훌륭한 리더 자체로 태어남
육성 이론	특성이론	1930년대~1940년대	리더들이 지닌 특성에 따라 성공적인 리더십이 발휘됨
	행위이론	1950년대~1960년대	리더들의 행동에 따라 성공적인 리더십이 발휘됨
	상황이론	1970년대	리더들이 처한 상황에 따라 성공적인 리더가 결정됨
	새로운 리더십 이론	1980년대~현대	리더들이 처한 환경은 변화하기 때문에 이 변화를 효과적으로 이끌어가는 리더가 성공적인 리더가 됨

1. 20세기 초~1940년대

전통적 리더십 이론 이전에 리더십 연구는 성공적이며 훌륭한 리더는 타고나는 것으로 생각하였다. 그러나 리더십에 관한 본격적인 연구가 시작된 20세기 초부터 1940년대까지 초기의 전통적 리더십 이론 연구는 리더의 성공적인 특징을 중심으로 연구하는 특성이론(Traits Theory)에 근거한 연구가 중심을 이루었다. 특히 리더의 특성, 자질, 지능, 성격, 신체 등의 요인들을 중요하게 여김에 따라 연구자들은 역사상 위대한 인물들을 중심으로 연구하여 각각의 위대한 인물들이 어떠한 특성 또는 자질이 있는지 파악하려고 하였고, 이를 토대로 리더들이 가지고 있는 공통적 특성을 규명하려고 하였다.

그러나 이러한 접근은 각각의 리더가 처한 환경 및 상황을 고려하지 않고 개인의 특성에 주로 초점을 맞추게 되어 보다 효과적인 리더십 형성 과정을 설명하지 못한다는 한계가 나타났다.

2. 1950년대~1960년대

초기 전통적 리더십 이론 연구는 주로 성공적인 리더의 개인적 특성을 파악하는 데 중점을 두었지만, 1940년대의 리더십 연구는 리더의 특성이 아닌 행위에 초점을 맞추기 시작하였다. 즉, 성공적인 리더들이 하는 행위에 관심을 가지고 그 행위에 어떠한 특별한 점이 있는지를 연구하기 시작하였다. 리더들이 실제로 조직을 이끌어가고 과업을 추진할 때 어떠한 행동을 하며, 이 행동이 어떠한 효과가 있는지 파악하는 행동이론 또는 행위이론(Behavior Theory)에 근거한 연구가 중심을 이루었다.

그 결과 리더들의 행동 유형을 독재적 리더, 민주적 리더, 자유방임형 리더, 구조주도형 리더, 배려중심형 리더, 성과지향형 리더, 인간관계 지향형 리더 등으로 분류하였다. 따라서 리더들의 특성이 아닌 행위를 연구함에 따라 성공적인 리더들의 주요 행위를 밝혀 이들의 행위를 토대로 효과적인 리더를 양성하는 데 크게 이바지하였다. 그러나 리더 양육을 위한 교육 과정에서 모든 환경과 상황 속에서도 성공적인 리더로 거듭나는 보편적인 리더의 행위를 발견하지는 못하였다.

3. 1970년대

1970년대 이후의 리더십 이론에 관한 연구는 특성이론과 행동이론의 한계점을 극복하고자 성공적인 리더들의 특성이나 행동이 아니라 리더가 처한 상황, 즉 리더와 팔로워의 관계, 리더에게 주어진 과업, 리더가 속한 조직의 구조 등 상황에 따라서 결정된다는 상황이론(Contingency Theory)에 근거한 연구가 주를 이루었다.

따라서 리더들이 처한 다양한 상황들을 체계적으로 연구하여 어느 상황에서나 성공할 수 있는 유일 최선의 리더십은 없기에, 리더가 처한 환경과 상황을 보다 체계적이고 분석적으로 파악하여 적합한 리더십을 발휘할 때 효과적인 리더십을 발휘할 수 있으며, 특히 성공적인 리더십을 위해서는 리더, 부하, 상황이라는 3가지 요소의 관계를 파악해야 한다고 주장하였다.

그러나 리더가 당면하고 있는 상황변수의 선택과 적용의 어려움, 리더, 부하, 상황 이외의 변수들에 대한 고려의 미흡으로 상황이론도 리더십에 관한 모든 의문점을 명쾌하게 풀어주지는 못하였다.

4. 1980년대~현재

1980년대 리더십 이론은 리더의 자질, 특성, 행위, 상황 등 리더가 처한 모든 환경을 파악하고 이를 통제하기는 어렵다고 지적하였다. 따라서 리더십을 일반화하기 어려우므로 거래적 리더십 이론(Transactional Leadership Theory), 카리스마적 리더십 이론(Charismatic Leadership Theory), 변혁적 리더십 이론(Transformational Leadership Theory), 비전적 리더십 이론(Visionary Leadership Theory), 문화적 리더십 이론(Cultural Leadership Theory), 서번트 리더십 이론(Servant Leadership Theory) 등 리더십을 개별적으로 이해하자는 접근방법으로 연구하였다.

즉, 새로운 리더십 이론에 관한 연구들은 리더십의 이론을 유일무이하게 통합화하는 것이 어려우므로 리더십의 핵심을 '변화'로 보며, 각 조직에 있는 리더가 조직의 목표달성을 위해서 다양한 영향을 미치는 일련의 과정에 대한 접근으로 바라보았다. 따라서 최근 리더십 이론은 매우 다양하면서도 창의적으로 연구되고 있는 추세이다.

2 전통적 리더십 이론과 새로운 리더십 이론의 비교

20세기 초반인 초기 전통적 리더십 이론이 태동하던 시절에는 리더들의 "나를 따르라"라는 지시에 팔로워들은 적극적으로 순응하였던 관료주의자형 리더들이 많았다. 그러나 점차 조직이 당면하고 있는 내·외적 환경 변화와 새로운 시대적 요구에 따라 권위적이고 경쟁적이며, 개인적인 특성이 있는 전통적 리더십 이론과 새로운 리더십 이론은 다음과 같은 차별적 특성으로 구별되었다.[13]

1. 안정 or 변화

전통적 리더십 이론에서는 변화와 혁신보다는 안정적인 조직운영에 관심을 두었기 때문에 주로 조직 및 단체의 안정성을 위해 현상유지 및 목표달성을 위한 성과달성에 영향을 미치는 리더십에 초점을 두었다. 하지만 새로운 리더십 이론에서는 구성원들의 동기부여, 즉 열정을 불러일으킴으로써 구성원이 궁극적으로 지향해야 할 비전을 창출하고 이를 구성원에게 구체화함으로써 구성원의 변화와 혁신을 추구하였다.

2. 실질적 기능 or 상징적 기능

전통적 리더십 이론에서는 리더십을 통해 목표달성에 얼마나 이바지하였는지, 조직운영에 얼마나 기여하였는지 등의 실질적 기능에만 초점을 둠에 따라 리더십의 상징적 기능과 의미 창출에는 별다른 관심이 없었다. 그러나 새로운 리더십 이론에서는 리더들의 상징적 행동과 하위자, 즉 리더가 영향을 미치는 구성원에 대한 의미를 부여하고 이를 설명하는 데 많은 노력을 보였다.

3. 수직적 관계 or 수평적 관계

전통적 리더십 이론은 리더십의 적용을 상사와 부하, 즉 리더와 구성원 간의 수직적 관계에서 적용된다고 전제하였다. 따라서 수직적 상호관계에 초점을 두고 연구를 하였지만, 새로운 리더십 이론은 리더뿐만 아니라 팔로워, 즉 구성원 자체에 대해서도 관심을 가지고 연구를 하였기 때문에 리더와 팔로워를 동등한 위치에서 바라보는 수평적 상호관계에 초점을 두고 연구를 하였다. 그뿐만 아니라 리더가 구성원에게 미치는 직접적인 영향뿐만 아니라 중간관리자 위치인 리더의 경우 상위 리더에게 미치는 영향까지 연구하였으며, 나아가 조직 전반에 미치는 영향뿐만 아니라 외부 환경에 미치는 영향까지 연구가 확장되었다.

4. 폐쇄적 환경 or 개방적 환경

전통적 리더십 이론은 대체로 환경의 변화를 고려하지 않고 환경은 주어진 것이며, 리더와 구성원 간의 관계에 주로 초점을 두고 연구를 하였기 때문에 환경의 변화에 따른 리더십의 유효성에 대한 판단을 다루지 못하였다. 그러나 새로운 리더십 이론은 리더들이 처한 환경의 변화뿐만 아니라 조직과 집단이 당면하고 있는 환경의 변화도 고려하여 연구하였으며, 자아 개념, 혁신 행동, 자발적 행동 등 다양한 변수도 함께 연구함으로써 리더십 연구 분야의 양적·질적 발전을 추구하였다.

3 리더십 이론의 미래

최근 리더십 이론은 특성이론, 행위이론, 상황이론 등의 전통적 리더십 이론(Classical Leadership Theory)을 지나 카리스마 리더십 이론, 변혁적 리더십 이론, 거래적 리더십 이론 등의 새로운 리더십 이론(New Leadership Theory)뿐만 아니라 리더십이 활용되고 있는 분야를 개별적 리더십으로 인정하여 셀프 리더십 이론, 감성 리더십 이론, 여성 리더십 이론 등의 새로운 장르의 리더십 이론(New Genre of Leadership Theory)으로 연구되고 있다.

물론 아직도 특정 위인이나 인물의 성공사례로 리더십을 분석하려는 시도가 있는 것은 사실이지만, 리더가 조직의 성패를 좌우하는 중요한 핵심 요인으로 바라봄으로써 리더, 팔로워, 조직, 환경 등 다양한 변수를 함께 고려하여 새로운 리더십을 찾고 리더십의 교육을 통해 지속 가능한 사회 발전에 이바지하고자 하는 노력이 계속되고 있다.

전통적 리더십 이론, 현재 연구되는 이론, 새로운 추세의 리더십 이론을 정리하면 표 1-5와 같다.

표 1-5 리더십 연구의 변화와 새로운 추세

전통적 리더십 이론	현재 연구되는 이론	새로운 추세
특성이론	Vroom/Jago 이론	Team Leadership
귀인이론	LMX 이론	Virtual Leadership
행위론(OSU 연구)	카리스마 리더십 이론	E-Leadership
관리격자이론	변혁적 리더십 이론	Shared Leadership
PM 이론	전략적 리더십 이론	Cross-Cultural Leadership
Fiedler의 상황이론	셀프 리더십 이론	Issue Leadership
H & B의 상황이론	Followership	Servant Leadership
경로목표이론	자기 희생적 리더십	Service Leadership
Vroom/Yetton 이론		Super Leadership
리더십 대체론		Maximum Leadership
리더십 낭만화		

자료: 김성수(2002), 글로벌 리더십론, 기업경영종합연구원, p. 13.

리더십 사례 탐구

성공한 리더십과 실패한 리더십

고려 말 공민왕과 정도전은 당시 역사 인물 중 최악의 리더, 최고의 리더로 비교된다. 고려의 마지막 왕인 공민왕을 쫒아내고 이성계를 왕으로 세우며 조선을 설계한 정도전은 공민왕에게는 없었던 구체성과 공감을 이끌어낼 수 있는 에너지가 있었다.

올바른 정치란 무엇인가에 대한 정도전의 고민은 조선 500년의 역사 시발점이 되었고, 고려사회의 모순을 해결할 수 있는 각종 방책을 준비하여 안정적인 사회를 만드는 초석이 되었다.

정도전은 문제의식이 강한 탓에 주변에 많은 정적을 두고 있었지만 이에 굴하지 않고 '역성혁명'에 대한 부푼 꿈을 안고 비전을 구체화하여 마침내 조선을 건국할 수 있었다.

이에 비해, 공민왕은 측근 정치의 폐단으로 반란이 일어나 믿었던 신하로부터 죽음을 맞이하게 되었다. 공민왕은 화려한 리더십을 가졌고 뛰어난 정치적 승부사이었지만 근본적인 변화에 대한 계획이 부족했기 때문에 혼란기에 나라를 지켜내지 못했다.

육도삼략 병서 중 강태공은 리더의 참모습에 대해 이야기했다. 주나라 무왕이 강태공에게 물었다. "어떻게 하면 병사들이 퇴각 신호를 들으면 화를 내고, 진격 신호를 들으면 기뻐하겠느냐?" 그러자 강태공은 이렇게 답했다고 한다. "장수와 병사가 똑같이 힘들다면, 병사들은 목숨도 바칠 것입니다."

진정한 리더는 "가라!"라고 명령하기보다는 "가자!"라고 한다. 그렇게 앞장설 때 부하와 모두로부터 인정받게 된다. 즉, 장수가 병사들과 함께할 때 비로소 진정한 리더십이 발휘되는 것이다.

토론 문제

01 독일의 고어에서 리더(leader)의 뜻은 '참다', '견디다'라는 뜻이다. 철새인 기러기의 리더십을 사례로 리더의 역할이 무엇이며, 어떤 자세를 가져야 하는지 설명해보자.

02 나는 리더에 가까운가? 팔로워에 가까운가? 자신이 가지고 있는 성향과 특성들을 각각 이야기하고 설명해보자.

03 성공하는 리더가 반드시 가져야 할 덕목은 무엇이라고 생각하는가? 그러한 덕목이 왜 필요한지 그 이유를 설명해보자.

04 내 주위에서 실패하는 리더라고 생각되는 사람들이 있는가? 있다면 그들이 어떤 특성과 행동으로 인해 실패하는 리더가 되었는지 이야기해보자.

CHAPTER 02

전통적 리더십 이론 Ⅰ: 특성이론과 행동이론

Ⅰ. 특성이론

Ⅱ. 행동이론

Leadership Story

손자의 리더십

손자병법의 총론격인 시계(始計)에서는 경제면에서부터 시작하고 있다. 싸우기 전에 먼저 경제적 계산을 면밀하게 하여 승산이 있을 때만이 전쟁을 개시할 것을 강조하고 있다. 손자는 전쟁은 한 국가의 대사이기 때문에 신중한 검토가 필요하고 다섯 가지 기본조건을 강조하면서 일곱 가지 기준을 비교 계산할 것을 병법 서두에서 내세운다.

전력의 다섯 가지 조건이란, 즉 5사라 하여 도 · 천 · 지 · 장 · 법(道 · 天 · 地 · 將 · 法)을 말한다.

첫째, 도(道)는 국민과 지도자의 일치된 도리로서 생사를 같이 할 수 있으며, 어떤 위협에도 두려워하지 않는 올바른 정치를 강조하고 있다.

둘째, 천(天)은 음양의 이치이며, 자연조건, 즉 기상과 계절의 변화에 따른 영향을 말한다. 옛날 전쟁에서는 기상 조건의 영향을 현대전보다 더 많이 받았기 때문이다.

셋째, 지(地)는 지리적인 특성, 즉 지형이 미치는 영향을 말한다. 전쟁은 땅을 빼앗는 데 승패가 좌우되므로 지형지물에 대한 중요성은 옛날 전쟁이나 현대전 다 같이 중요한 고려 요소가 된다.

넷째, 장(將)은 장군 또는 장수, 즉 병졸을 거느리는 지휘관을 말한다. 강한 장수 밑에 약한 병졸이 없다는 이치를 강조하며 장수의 구비조건으로 지 · 신 · 인 · 용 · 엄(智 · 信 · 仁 · 勇 · 嚴)을 강조하고 있다.

다섯째, 법(法)은 법으로서 조직의 기강을 바로 세워야 한다는 이치이다. 손자는 특히 규율의 중요성을 지적하면서 군의 편성, 장비까지 포함하는 군사 조직의 질서정연함을 강조한다.

이상 다섯 가지의 조건은 장수 된 자가 항상 알고 있어야만 전쟁에 대비할 수 있다고 하였다. 또한 손자는 이 이치를 아는 장수는 승리할 수 있으며, 알지 못하는 장수는 승리하지 못한다고 지적하고 있다. 중국의 병서에 나타나는 장 또는 장수는 꼭 장군을 지칭하는 것이 아니고 일반적인 개념으로서의 지휘관 또는 리더로 이해하면 된다.

손자가 여기서 특히 강조하는 것은 다섯 가지의 조건 가운데 네 번째의 '장'에서 장수, 즉 장군이나 지휘관의 구비조건을 강조하고 있다는 것이다. 오랜 세월이 지난 오늘날에 있어서 하나도 손색없는 이상적 지휘관의 원형을 제시하고 있다.

손자병법에서 리더(장수)는 5가지 덕목을 갖추라고 하고 있다. 바로 智(지), 信(신), 仁(인), 勇(용), 嚴(엄)이다.

첫째, 지(智), 즉 지혜란 무엇인가? 지혜란 자신의 머리보다는 타인을 인정하고 존중함으로 생긴다. 내가 잘하는 것도 중요하지만 상대방이 만족하는 것이 바로 지혜다.

둘째, 신(信)은 신뢰다. 리더가 솔선수범함으로 만들어진다. '병사들이 앉기 전에 먼저 앉지 말고, 병사들이 먹기 전에 먼저 먹지 말고, 병사들의 막사에 불이 켜지기 전에 네 막사에 불을 켜지 말고, 겨울에는 외투를 여름에는 부채를 쓰지 마라. 그러면 병사들은 너를 위해 전력을 다해 싸울 것이다.'라는 말이 있듯이 신뢰는 말이 아니라 행동이다.

셋째, 인(仁)은 정성이다. 이순신 장군의 무패 신화는 전략의 우수성도 있지만, 부하에 대한 정성이 전투력으로 승화된 것이다. 훌륭한 장수가 훌륭한 부하를 둔다고 하는 말이 바로 장수의 인(仁)을 이야기한다.

넷째, 勇(용)은 용기다. 남북전쟁을 승리로 이끈 미국 대통령 링컨, 제1차 세계대전을 마무리한 프랑스 총리 클레망소, 제2차 세계대전 승리의 주역 영국 총리 처칠, 독립전쟁을 지휘한 이스라엘 총리 벤구리온 등 네 명의 위대한 전시 지도자의 리더십을 탐구한 미국 존스홉킨스대 교수 엘리엇 코언은 '이들 각자가 자신의 주장을 굽히지 않고 계속 매진해나갈 수 있었던 원동력은 용기였다'라고 한다.

다섯째, 엄(嚴)은 리더 스스로 엄격하게 다스려야 한다는 뜻이다. 다른 사람에게는 엄하고 자신에게는 관대하면 안 되는 것이다. 최근 지신인용엄(智信仁勇嚴) 5가지 중에서 嚴(엄)의 필요성이 더욱 중요해졌다. 대통령을 비롯하여 정치인이나 고위공직자 중 많은 이들이 바로 엄을 지키지 않고 있기에 국민에게 질타를 받고 있다.

손자병법이 만들어지고 수천 년이 흐른 지금도 리더가 갖춰야 할 이 다섯 가지 덕목은 유효하다. 아시아의 '워런 버핏'으로 불리는 손정의 일본 소프트뱅크 회장은 중요한 결단의 순간에 '지신인용엄'을 되새기며 결정을 내린다고 한다.

손자는 적과 아군, 즉 피아간을 비교 · 분석하기 위한 일곱 가지 기준을 병법 앞부분에서 강조하고 있는데 그 일곱 가지를 7계(七計)라 한다. 손자는 이 7계를 승패 예측 기준으로 삼았다.

첫째, 어느 편의 정치 지도자가 더 정치를 잘하는가?

둘째, 장수, 즉 지휘관은 어느 편이 더 유능한가?

셋째, 기후와 지형 조건은 어느 편이 더 유리한가?

넷째, 군법 및 법규가 어느 편이 더 잘 시행되는가?

다섯째, 병력이 많고 적은 것과 어느 편이 잘 편성되었는가?

여섯째, 병졸, 즉 사병의 훈련은 어느 편이 잘 되었는가?

일곱째, 신상필벌(信賞必罰)의 이행 상태는 어느 편이 더 엄정한가?

손자병법 가운데 리더십과 관계되는 매우 중요한 내용이 있다. 손자는 장수가 꼭 알아야 할 조건 중 장수의 다섯 가지 위기를 기록하고 있는데 그 내용은 다음과 같다.

첫째, 필사가살야(必死可殺也): 필사적으로 싸우는 자는 죽는다.

둘째, 필생가로야(必生可虜也): 기어코 살겠다는 자는 포로가 된다.

셋째, 분속모야(忿速侮也): 성미가 급한 자는 기만을 당한다.

넷째, 염결가욕야(廉潔可辱也): 청렴하고 결백하면 모함을 당한다.

다섯째, 애민가번야(愛民可煩也): 사람을 사랑하면 번민을 하게 된다.

손자는 이 다섯 가지 위기를 설명하면서 "대체로 이 다섯 가지는 장수의 과실이요, 전쟁에 있어 재난이 된다. 군대를 멸망시키고 장수를 죽게 하는 것은 반드시 이 다섯 가지의 위험에서 비롯되는 것이니 경계하지 않으면 안 된다."라고 말한다.

손자의 리더십(leadership)에 관한 금언들을 살펴보면 다음과 같다.

"병사 보기를 아이들 보듯이 하라. 그러면 그들은 기꺼이 아주 깊은 골짜기까지 따라올 것이다. 그들 보기를 사랑하는 너의 아들 보듯이 하라. 그러면 그들은 죽을 때까지 너의 편을 들을 것이다."

"장수가 적군의 힘을 헤아리지 못하고, 적은 병력으로 많은 병력을 공격하게 하고, 약한 부대로 강한 부대를 치게 하며, 가려 뽑은 병사들을 선봉에 배치하지 않으면 그 결과는 패배이다."

"전쟁의 요체는 속도이다. 적군이 준비가 안 되어있으면, 그러한 상황을 잘 활용하라. 적이 예상하지 않은 길을 따라가고 경비가 소홀한 지점을 치라."

"장군은 조용하면서 속을 알 수 없어야 하고, 또한 반듯하고 의연해야 한다. 그는 장교와 병사들이 자신의 계획을 모르게 할 수 있어야 한다."

현대사회에서 손자를 통해 배울 수 있는 기업경영자가 갖추어야 할 리더십의 덕목들은 다음과 같다.

첫째, 적을 알고 나를 아는 능력이다.

둘째, 상황에 따라 적당한 인재를 선발하고 배치하는 능력이다.

셋째, 지나친 명예심, 연민의 정에서 자유롭고, 무모하거나 감정에 치우친 결정을 내리지 않을 수 있는 힘이다.

넷째, 부하들의 역량개발에 충분히 투자하겠다는 마음이다.

다섯째, 조직 내부의 규율을 엄격히 유지하고 부하들이 자신의 명령을 따르도록 하는 힘이다.

여섯째, 권위의 확보이다.

손자병법에서 말하는 리더십은 병사들의 마음(人心)을 얻는 일이며 그 마음을 얻기 위해서는 상황을 정확히 판단하는 것이다.

출처: 손자병법, 구창환의 마케팅 손자병법, 손자병법 삼십육계

I 특성이론

1 주요 내용

리더십 특성이론(Trait Theory)은 1940년대까지의 전통적 리더십 이론의 주류를 이끌었던 이론으로 초기 전통적 리더십 이론의 전제인 "리더는 그대로 탄생한다(Leaders are born)." 에서 출발하였다.

따라서 훌륭한 위인 또는 성공적인 리더들에게는 다른 사람들과 다른 지능적·육체적·성격적·사회적 측면에서 구별되는 특성과 자질이 있다고 바라봄으로써 리더의 지능, 신체, 성격, 사회성 등의 특성을 연구하는 데 초점을 두고 성공적인 리더들이 가진 공통적 특징을 파악하려고 하였다.

이 공통적인 특성을 파악함으로써 지능, 지식, 자신감, 독립성, 독창력, 책임감, 사교성, 조직관리능력 등의 성공적인 리더들의 다양한 특성을 발견하였으며, 이러한 특성을 토대로 미래의 성공적인 리더를 발견할 수 있다고 주장하였다. 그리고 이러한 특성이 있는 사람은 그가 처해 있는 상황이나 환경과 관계없이 항상 성공적인 리더가 된다고 하는 주장과 함께, 이러한 특징을 함양하지 못하면 훌륭한 리더가 되지 못한다고 하는 연구 결과를 제시하곤 하였다.

즉, 리더십 이론 연구의 체계적 접근을 시도한 특성이론은 인간이 지닌 다양한 특성이 리더십에 영향을 미친다는 접근을 함으로써 리더십 연구의 시작을 열었으며, 성공하고 훌륭한 리더가 되기 위해서 갖춰야 할 특성이 무엇인가를 알게 해주었다는 것만으로도 그 학문적·실질적 연구의 가치가 매우 크다.

한마디로 특성이론은 타인과 구별되는 독특한 특성(기질)이 있는 리더십 스타일 탐구라고 할 수 있다. 그러나 특성이론에서 규명 및 제시된 모든 특성이 있는 인물이 과연 존재하는지, 모든 상황과 환경 속에서도 성공하는 유일무이한 리더의 특성이 있는지는 끝내 발견하지 못하였다.

2 주요 연구

1. 미국 심리학협회

특성이론에서는 성공적인 리더가 "훌륭한 리더로서 타고난 특성과 자질이 있다"라고 가정하였다. 이 이론을 바탕으로 미국 심리학협회는 '육군선발시험(Army Alpha Test of

Intelligence)'이라는 기법을 개발하여 미 육군의 선발심사업무를 지원하였고, 전쟁이 끝난 후에는 산업 부문에 이 기법을 적용 및 발전시켰다.

2. 테드와 바나드

테드(O. Tead)[1]는 특성이론의 대표적인 학자로 리더가 구비해야 할 10가지 대표 특성, 즉 육체 및 정신적 힘, 목표의식과 지도 능력, 정열, 친근감, 품성, 기술적 우월성, 결단력, 지능, 교육 능력, 신념을 제시하였다.

그리고 바나드(C. I. Barnard)[2]는 리더의 특성을 크게 육체적 부분과 정신적 측면으로 구분하였는데, 육체적 특징으로는 체력, 기술, 지식, 기억력을 제시하였고, 정신적 특징으로는 지구력, 인내력, 용기를 제시하였다.

3. 스토그딜

스토그딜(Stogdill)[3]은 전통적 리더십 이론의 주 연구자로 1940년 후반까지의 리더십 연구를 총체적으로 분석 및 검토하여 리더의 주요 특성을 종합 및 분류하였다. 또한 리더와 비리더를 구분 짓게 해주는 특성에 관해서 연구자마다 상이한 결과가 나왔다고 주장하였다. 그리고 리더가 되기 위해 필요한 특성 중 일부는 매우 중요하지만, 리더의 특성들은 상황에 따라 다른 효과가 나타나며 무엇보다 성공적인 리더들의 특성 조건들을 충족한다고 해서 반드시 성공적인 리더가 되는 것은 아니라는 결론을 도출하였다.

즉, 스토그딜은 성공적인 리더들이 지닌 특성들이 어떠한 상황에서는 효과적일 수 있지만, 다른 상황에서는 오히려 비효율적으로 작용할 수도 있다고 주장하였다. 그러므로 유사한 특성이 있는 리더가 모두 성공하는 것도 아니며, 상이한 특성이 있는 리더가 오히려 똑같이 효과적인 리더십을 발휘할 수도 있다고 주장함으로써, 특성이론의 한계점을 지적함에 따라 다음 시대의 리더십 이론인 행동이론으로 패러다임 전환을 시키는 계기를 제공하였다.

표 2-1 스토그딜의 리더의 중요 특성

구분	내용
신체적 특성	나이, 체중, 신장, 외모
사회적 배경	교육 정도, 사회적 지위, 가정 배경
지능	능력, 판단력, 결단력, 설득력

성격	독립심, 지배력, 자신감, 적극성
과업 수행 특성	성취욕구, 책임욕구, 과업지향성
사회적 특성	감독능력, 통합력, 협동성, 대인관계

3 특성이론의 의의

20세기 초부터 1940년대 후반까지 리더십 특성이론은 역사란 소수의 뛰어난 사람들에 의해 만들어지며, 이 뛰어난 사람은 보통 사람들과 다른 특성을 타고난다는 전제 하에 심리학의 발달과 연계되어 활발히 연구되었으며, 다음과 같은 성과를 산출하였다.

1. 리더의 특성 발견

특성이론에 관한 접근이 이루어지기 전이었던 20세기 이전의 리더십에 관한 연구는 리더들은 훌륭한 영웅 그 자체로 태어난다고 판단하여 리더들의 업적을 평가하는 데 그쳤었다. 그러나 특성이론에 관한 접근이 시작된 이후에는 훌륭한 리더들의 특성을 파악하고 이를 통해 리더의 양육에 접목시키려는 노력을 통해 성공한 리더들의 신체적(신장, 나이, 외모)·정신적(인내, 성실, 열정)·사회적(배려, 양보) 특성을 발견하였다. 그리고 스토그딜은 특성이론에서 발견한 리더들의 중요한 특성 요인을 신체적 특성, 사회적 배경, 지능, 성격, 과업 수행 특성, 사회적 특성의 6가지 기준으로 구별하였다.

2. 특성 요인의 효과성 파악

리더의 특성 요인에 관한 연구들은 단순히 성공한 리더들의 특성을 파악하는 데 그치지 않고 각각의 요인들이 지닌 효과성에 관한 연구도 함께 진행되었다. 물론 모든 요인에 대한 효과성의 정도가 일관성 있게 나타난 것은 아니었지만, 각 특성 요인들의 영향력을 파악하고 이러한 리더의 특성 요인들의 실제 교육을 통해 리더십이 향상되는 것을 확인하였다.

3. 산업 발달에 기여

리더십 특성이론에 관한 연구는 훌륭한 리더의 특성 요인을 파악한 후 이를 산업 분야에 적용하여 20세기 후반 산업의 발달에 크게 기여하였다.

특히 특성 요인에서 발견된 정신적·사회적 특성들은 일부 리더십 교육에 활용되어 20세기 후반 산업 분야 중 대규모 계층에서 일하는 관리자들의 유효한 관리능력을 향상시키고, 리더들에게 전문적 기술과 대인관계 기술 그리고 개념적 기술을 조직의 유형과 분위기에 맞게 적용하는 데 큰 도움이 되었다.

4. 리더십 이론의 패러다임 전환

리더의 특성에 착안하여 시도된 많은 연구는 리더들의 특성 요인을 파악하고 이를 각 분야에 적용하는 데 크게 이바지하였음에도 모든 조직에 도움이 되는 리더의 특성 요인을 발견하지는 못하였다. 그러나 이러한 연구의 실적과 한계점이 노출됨에 따라 리더십 이론의 후속 연구인 행위이론과 상황이론 연구의 시작을 마련하였다는 데 그 의의가 있다.

4 특성이론의 한계

전통적 리더십 이론의 선구자인 특성이론은 이후 리더의 속성에 관한 연구의 종합 및 평가를 통해 스토그딜, 깁(Gibb), 만(Mann), 젠킨스(Jenkins) 등에 의해서 다음과 같은 한계점이 지적되었다.

1. 리더십 이론적 연구 미흡

특성이론의 경우 성공한 리더들의 주요 특징을 발견하는 데 집중한 나머지 리더의 특성 요인 발견에 관한 연구는 양적으로나 질적으로 매우 많은 시도가 있었지만, 이러한 경험 연구를 뒷받침하고 이를 종합해줄 이론적 연구가 미흡하였다.

2. 이상형 리더

특성이론 연구에서 발견된 다양한 리더의 특성들을 모두 지닌 최고의 리더가 과연 존재하는가에 대한 의문점을 해결하지 못하였다. 그뿐만 아니라 훌륭한 리더의 모든 특성 요인을 지닌 인물이 있다고 하더라고 실제로 이러한 인물을 찾는 방법에 대한 연구가 미흡하였기 때문에 모든 면에서 우수한 리더는 상상 속의 리더로만 존재하였다.

3. 행동과 상황의 한계

이후 행동이론과 상황이론의 발판으로 지적된 특성이론의 한계로는 선별된 리더의 특성 요인을 지니고 있다 하더라도 실제로 리더가 그대로 행동을 하는지, 어떠한 상황 속에서 같은 행동을 하는지에 대한 확신이 없었다. 그뿐만 아니라 실제로 상황에 따라 리더들이 다른 선택과 행동을 하는 것이 확인됨으로써 특성이론의 리더의 특성 요인을 가지고 있더라도 효과적인 리더십을 구사하지 못하는 것이 확인되었다.

4. 핵심 특성 요인의 부재

리더십 특성이론은 성공하는 리더들의 공통적인 특성 요인을 발견하고자 하는 데 가장 많은 노력을 기울였음에도 불구하고 학자와 연구자마다 핵심 특성 요인을 다르게 규명하였다. 그뿐만 아니라 각 요인 간의 중요성을 비교하는 데도 객관적인 기준이 미흡하였다. 결과적으로 모든 상황과 환경 속에서 적용될 일관성 있는 특성 요인을 발견하지는 못하였다.

5. 특성 요인 파악 기법의 미흡

특성이론 연구자들은 훌륭한 인물들의 비교와 리더들이 지닌 특성 요인을 발견하기 위해 다양한 측정과 검사기법을 활용하였지만 연구하는 학자마다 다른 결과가 나옴에 따라 측정과 검사기법에 대한 신뢰도가 낮았다.

6. 리더십 교육의 활용 미흡

특성이론에서 발견된 성공한 리더들의 특성의 경우 외모, 신장, 나이 등의 신체적 특성과 성격을 포함하는 일부 정신적 특성의 경우 이를 리더십 교육에 활용할 수 없다는 한계가 나타났다.

5 새로운 특성이론

리더의 특성 요인 연구에 한계점을 느낀 많은 연구자는 행동이론과 상황이론으로 전향하여 리더십 이론을 계속해서 발전시키고자 하였다. 그러나 일부 특성이론에 관한 연구자들은 끝까지 특성이론의 미흡한 점을 보완하거나 새로운 시도를 통해 1970년대 이후 새로운 특성이론으로 리더십 이론을 발전시키는 데 이바지하였다.[4]

1. 옹호와 보완

새로운 특성이론의 연구자들은 기존의 특성이론의 가치가 매우 낮게 평가되었다는 주장과 함께 특성이론이 리더십 교육에 있어서 크게 도움이 되지 못한다는 주장들을 반론하였다.

즉, 새로운 특성이론 연구자들은 특성이론에서 발견된 리더의 특성 요인들을 더욱더 구체적이고 명확하게 파악할 수 있는 과학적 기법을 연구 및 제시하였으며, 리더십 교육에서 활용되고 있는 리더의 요소들은 그 근원이 특성이론에서 시작되었음을 증명하였다.

2. 새로운 특성이론들의 등장

특성이론에 대한 재조명과 관심 아래 특성이론 연구자들은 기존의 특성이론을 발전시켜 성취동기이론, 리더의 융통성에 관한 이론, 사회적 영향동기에 관한 이론, 리더의 동기척도에 관한 이론, 위광적 리더십 이론 등 특성이론의 후속 이론들을 제시하였다.

본 장에서는 새로운 특성이론들을 간략하게 소개하고 자세한 설명은 이후 새로운 리더십 이론에서 다루기로 한다.

표 2-2 새로운 특성이론

성취동기이론(Achievement Motivation Theory)
성취동기이론은 리더십의 효율성 결정 요인을 설명하는 데 사용되는 이론으로 리더의 강한 성취동기가 과업지향적 조직 또는 집단에 리더십 향상에 도움이 된다는 이론이다. 즉, 기존의 특성이론에서 제시된 리더의 과업지향성, 적극성 등의 특성이 조직의 효율성 및 효과성에 도움이 됨을 증명하였다.
리더의 융통성에 관한 이론(Leader Flexibility Theory)
리더의 융통성에 관한 이론은 리더의 융통성과 사회적 감수성이 리더의 효율성을 높이는 요인이라고 주장한 이론으로, 기존의 특성이론에서 제시한 리더의 사회적 특성 요인 중 감수성과 융통성이 조직의 목표달성에 효과적으로 기여하고 있음을 증명하였다.
사회적 영향동기에 관한 이론(Social Influence Motivation Theory)
사회적 영향동기에 관한 이론은 리더의 권력동기, 영향력 행사에 대한 욕구 등의 사회적 영향동기가 리더로 하여금 조직을 효율적이면서도 성공적으로 관리하게 함을 증명함으로써 특성이론의 리더의 성취욕구와 대인관계능력 등의 특성 요인이 조직에 영향을 미치고 있음을 보여준다.
리더의 동기척도에 관한 이론(Leader Motive Profile Theory: LPM Theory)
리더의 동기척도에 관한 이론은 세 가지, 즉 높은 권력동기, 권력의 도덕적 행사에 대한 높은 관심, 친화동기보다 큰 권력동기의 조합이 리더십의 효율성에 기여한다는 이론으로, 특성이론의 리더의 권력욕구와 도덕성 등의 요인이 조직에 미치는 영향을 증명하였다.

위광적 리더십 이론(Theory of Charismatic Leadership)

위광적 이론은 리더들이 특별히 높은 자신감, 영향력에 대한 욕구, 신념의 도덕적 정당성 등에 대한 강한 확신이 있으며, 이러한 특성이 리더십의 효율성을 향상시키는 데 도움이 된다는 이론으로, 특성이론의 자신감, 확신 등의 요인이 조직의 목표달성 및 구성원 통솔에 도움이 되고 있음을 증명하였다.

Ⅱ 행동이론

1 주요 내용

행동이론(Behavioral Theories of Leadership)은 행태이론이라고도 불리며 리더십의 성패를 좌우하는 것은 리더가 지닌 특성이 아니라 효과적인 리더들이 하는 어떤 행동 또는 패턴에 있다고 바라봄으로써 특성이론의 한계를 극복하고 리더십 연구를 발전시키고자 1950년부터 1960년대까지 주로 연구된 접근방법이다.

특히 행동이론은 이전의 특성이론에서 주로 다루었던 관찰이 어려운 개념들에는 관심을 보이지 않으며, 관찰 가능한 행동들을 중심으로 리더십을 연구하려고 하였다.

따라서 행동이론은 눈에 보이지 않는 리더들의 특성(특성이론의 정신적·사회적 특성)보다 리더들이 실제로 조직 및 단체생활에서 어떠한 행동을 하는가에 연구의 초점을 두고 리더의 행동과 구성원들이 보이는 행태적·감정적 사이의 관계를 규명하려고 하였다.

한마디로 행동이론은 리더의 행위와 성과 간의 관계를 기준으로 유형을 구분하여 가장 바람직한 유형을 제시하는 것이다.

행동이론의 접근방법은 주로 효율적인 리더의 행동을 발견하기 위해 리더십 행동의 유형론을 개발하고 리더십 행동이 구성원들의 업무성과와 만족에 미치는 영향에 대한 가설을 설정하여 이를 조사표를 통해 설문하고 이를 분석 및 검증하였다. 대표적인 연구로 오하이오 연구, 미시간 연구, 하버드 연구가 있다.

이처럼 행동이론은 리더들의 행동 측면을 통해 리더십 연구를 한 단계 발전시키는 데 그 의의가 있었지만, 특성이론과 마찬가지로 리더들이 마주하고 있는 상황에 대한 고려가 미흡하였고, 유일무이한 성공하는 리더들의 행동을 찾지 못하는 한계가 있었다. 이후 상황이론의 발전을 유도하는 계기를 마련하였다.

표 2-3 **행동이론의 특징**

A. 연구의 초점	리더의 행동(행태)
B. 유형화	과업지향적 행동[5] 또는 관계지향적 행동[6]
C. 훈련	유형에 따른 분류 후 추가 훈련 가능
D. 한계	특정 상황에서 적용되지 못함

2 행동이론의 연구

행동이론의 연구는 아이오와, 오하이오, 미시간, 하버드, 관리그리드 연구 외에도 대단히 많으나 그중 대표적이고 중요한 다섯 개의 연구를 본 책에서 소개하고자 한다.

1. 아이오와 연구(Lewin, Lippit and Whit's Study of Leadership Styles)

레빈, 리핏, 화이트 등이 중심이 된 아이오와대학교 연구에서는 리더들의 다양한 리더십 행동을 독재형, 민주형, 자유방임형 3가지로 유형화하였다.[7]

표 2-4 **행동이론의 특징**

기준	독재형	민주형	방임형
리더와 구성원의 관계	긴장·반감·적대	존경·의지	외면 · 무시
업무성과의 양	많음	많음	적음
업무성과의 질	낮음	높음	낮음
의사소통	제한적	원활	극소 또는 없음
구성원 간 관계	경쟁·갈등	협력·원만	독립행동
연대감	형식적	강력함	없음
조직문화	위계적	자발적	무질서

먼저, 독재형 리더십(Autocratic Leadership)은 리더가 권한 및 의사결정권을 독점하고 있기에 리더는 구성원들에게 필요한 지시 또는 명령만 내리며, 구성원들은 실질적인 의사결정권한이 없이 시키는 대로만 행하기 때문에 구성원들은 리더와 조직에 대한 긴장과 적대심을 갖게 되고 구성원들의 만족도는 낮은 편이다.

다음으로 민주형 리더십(Democratic Leadership)은 조직관리에 있어서 리더가 구성원들과 권한을 나누어 가지며 의사결정을 하는 데 있어서 구성원들과 협의하며, 구성원들이 의사결정에 대한 권한이 있으므로 이에 대한 책임도 부여받아 리더와 구성원은 하나의 사회 단위로 행동하며 구성원들의 만족도가 높은 편이다.

끝으로 자유방임형 리더십(Laissez-faire Leadership)은 구성원이 목표설정을 하고 스스로 문제를 해결하는 리더십이다. 리더는 구성원들이 있는 조직의 최소한의 울타리 역할만 할 뿐 구성원들이 모든 것을 알아서 해야 하므로 집단 규율의 일관성을 유지하기 곤란해지는 경우도 나타난다.

그림 2-1 리더십 행동 유형에 따른 의사결정 구조(아이오와 연구)

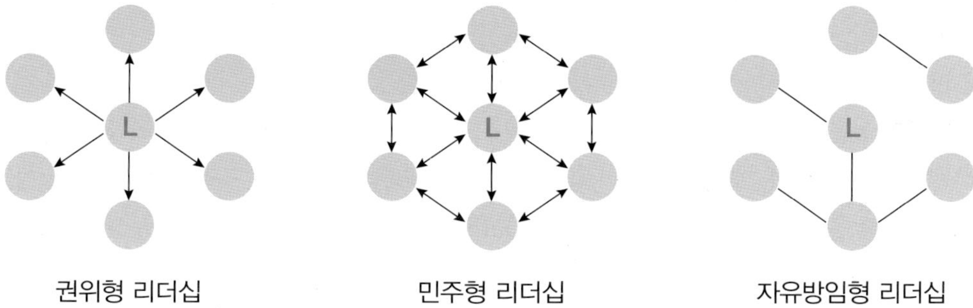

2. 오하이오 연구(Bureau of Business Research, Ohio State University)

헴필(J. K. Hemphill)을 비롯한 오하이오 주립대학교 연구팀은 리더십 행동 유형을 구조화(initiating structure)와 배려(consideration)로 구분하고 이 두 가지 기준으로 4가지 국면을 만들고 이를 토대로 조직 성과와 구성원들의 만족 간의 관계를 밝힘으로써 효과적인 리더십 행동을 찾으려고 하였다.

표 2-5 구조화와 배려 리더십

구조화 리더십	구성원의 과업환경을 엄격하게 구조화시켜, 과업 및 목표지향성을 띤 지시적 성격의 리더십
배려 리더십	구성원의 관계를 중요시하고 리더와 구성원, 구성원들 간의 신뢰와 상호존중 등 인간관계 중심의 지원적 리더십

그림 2-2 오하이오 주립대학교의 리더십 행동 유형

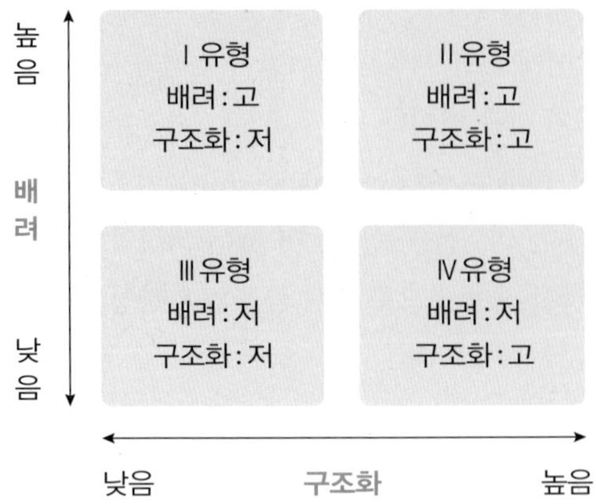

오하이오 주립대학교의 연구 결과는 다음과 같다.

- Ⅰ유형: 높은 배려와 낮은 구조화의 경우 업무성과는 낮았지만, 불평이 적고 이직률이 낮은 것으로 나타났으며, 배려 높은 리더십으로 인해 구성원들의 만족감은 높은 것으로 나타났다.
- Ⅱ유형: 높은 배려와 높은 구조화로 불평과 이직률은 낮게 나타났으면서도 업무성과는 높게 나타나 리더와 구성원, 그리고 조직이 만족하는 가장 이상적인 유형으로 제시되었다.
- Ⅲ유형: 낮은 배려와 낮은 구조화로 업무성과가 낮았을 뿐만 아니라 불평과 이직률이 높게 나타났다.
- Ⅳ유형: 낮은 배려와 높은 구조화로 비교적 업무성과는 높았지만, 구성원들의 불평과 이직률이 높게 나타났다.

요약하면, 오하이오 주립대학교의 실험을 통해 첫째, 구조화수준과 배려수준이 항상 비례하게 나타나지 않음을 확인하였다. 둘째, 대체로 구조화가 높은 리더십의 구성원들은 리더에게 반감이나 무관심이 나오지만, 배려수준이 높은 리더십의 구성원들은 리더에게 친밀감과 만족이라는 관계성을 확인할 수 있었다.

표 2-6 구조화와 배려

I 유형 리더	엄격한 통제보다 화기애애한 업무환경을 제공하는 리더
II 유형 리더	목표달성을 위해 열심히 지도하며 동시에 배려하는 리더
III 유형 리더	부하를 관리하지 않고 인간관계도 무관심한 리더
IV 유형 리더	엄격한 통제로 부하들의 불만을 듣지 않는 배려 없는 리더

3. 미시간 연구(Survey Research Center, University of Michigan)

리커트(R. Likert)를 중심으로 미시간대학교의 연구자들은 집단의 성과를 높이는 리더의 유형을 규명하기 위해 여러 집단과 조직의 리더와 구성원들을 대상으로 면담을 하였고, 여기에서 얻은 자료를 분석하여 효과적인 리더(책임자)와 비효과적인 리더(책임자)는 어떻게 다른지 파악하고자 하였다. 그리고 면담의 분석 결과를 토대로 구성원지향형(employee-oriented)과 생산지향형(production-oriented)으로 리더십 행동을 유형화하였고 효율성의 지표와 리더십 유형이 어떻게 연관되어 있는지를 규명하였다.

표 2-7 구성원지향형과 생산지향형 리더십

구성원지향형 리더십	구성원의 관심, 요구, 만족을 중시하며, 구성원들을 인간적으로 친근하게 대함
생산지향형 리더십	생산의 방법 및 절차 등을 중시하며, 리더에게 주어진 공식적 권한으로 구성원들을 엄격하게 통제함

연구 결과, 높은 생산기록을 보인 리더들의 경우 주로 구성원지향형 리더십이었으며 인간관계의 측면을 중요하게 여겼다. 낮은 생산기록을 보인 리더들의 경우 업무성과에 집중하는 생산지향형 리더십으로 업무처리 과정 및 방법 등 임무수행에 더 큰 노력을 기울이고 있음을 확인하였다.

즉, 구성원지향형 리더십의 집단이 생산지향형 리더십 집단보다 생산성을 높이는 데 있어서 우월하다는 결론을 산출하였다. 그리고 업무성과에 있어서 리더들의 감시·감독도 유의미한 영향을 미치는 것을 확인하였다. 꼼꼼하고 면밀한 감독을 당하는 조직의 경우 비교적 업무성과가 낮지만, 일반적인 감독으로 조직구성원들을 믿는 리더의 감시가 있는 조직의 경우에 비교적 높은 업무성과가 산출됨을 발견하였다. 끝으로 조직의 통제 수단으로 강압적 권력보다 보상적 권력이 더 높은 업무성과를 이끌어내고 있음을 확인하였다.

4. 하버드 연구

하버드대학교의 리더십 연구는 과업형 리더와 사회정서형 리더로 구분하여 연구하였다. 효과적인 리더십을 발휘하기 위해서는 명령지향적인 과업형 리더십보다 사회정서형 리더십으로 창조적 아이디어와 구성원으로부터의 좋은 평판과 협력으로 높은 업무수행능력을 이끌어낼 수 있다고 주장하였다.

표 2-8 과업형 리더와 사회정서형 리더

과업형 리더	명령지향적으로 리더의 의견을 앞세우되, 구성원이 과업수행을 위한 제안은 허용함
사회정서형 리더	의사 표현의 기회를 더 많이 허용하고 구성원의 의견을 반영하여 업무처리

5. 관리그리드 모형

블레이크(R. B. Blake)와 모튼(Jane S. Mouton)은 관리그리드(관리격자) 모형을 통해 리더십의 유형을 생산에 대한 관심(concern for production)과 인간에 대한 관심(concern for people)이라는 두 가지 차원으로 이해하고 이를 관리격자(managerial grid)의 두 축에 인간중심의 리더십 유형과 생산중심의 리더십 유형을 위치시킴으로써 리더십 유형을 연구하였다.

인간에 대한 관심과 생산에 대한 관심은 그림 2-3과 같이 1부터 9까지의 척도가 있으며, 1은 가장 낮은 관심이며, 9는 가장 높은 관심을 말한다. 그리고 그림에 표기된 5가지 대표적 리더의 행동 유형은 다음과 같다.

첫째, 무관심형(impoverished management)으로 생산에 대한 관심과 인간에 대한 관심이 모두 낮은(리더십 격자 1.1) 리더십 유형이다. 따라서 리더가 인간과 생산에 대한 관심을 최소한으로 가지며, 자신의 직분을 유지하기 위한 최소한의 노력만을 수행하는 무사안일주의자이다. 이러한 리더는 일하는 시늉만 할 뿐 실제로는 어떠한 일에도 관심을 두지 않으며 주로 방관한다.

둘째, 친목형(country club management)으로 생산에 대한 관심이 낮지만, 인간에 대한 관심은 높은(리더십 격자 1.9) 리더십 유형이다. 즉, 리더는 구성원들의 욕구와 만족에만 관심을 두기 때문에 리더는 구성원들이 원만한 분위기 속에서 생산 작업을 할 수 있는 편안함과 화기애애한 분위기를 조성하는 데 최선을 다하며 구성원들로부터 인기가 좋다.

셋째, 과업형(task management)으로 인간에 대한 관심이 낮고 작업에 대한 관심만 높은(리더십 격자 9.1) 리더십 유형이기 때문에 부하들의 사기 및 인간관계 등의 동기부여는 관심이 없고 오직 능률성 중심의 생산에만 관심이 있다. 따라서 구성원들을 목표달성의 수단으로 바라보며 강력한 통제와 관리로 구성원들을 대한다.

넷째, 타협형(middle of the road management)으로 생산에 대한 관심과 인간에 대한 관심이 모두 중간(리더십 격자 5.5)이기 때문에 생산과 인간적 요소를 절충하여 리더는 갈등을 피하고 원만한 수준의 인간관계를 유지한다. 따라서 적당주의 또는 편의주의자라고도 불리며 의견의 불일치가 발생할 경우 신념이 부족하여 결정을 어려워한다.

다섯째, 팀형(team management)으로 생산에 대한 관심과 인간에 대한 관심이 모두 높기(리더십 격자 9.9) 때문에 작업의 성취도가 높고 구성원들로부터의 신뢰와 존경을 받으며, 조직목표달성을 위해 구성원들에게 공동체 의식을 갖도록 독려한다.

그림 2-3 관리그리드 리더십 행동 유형

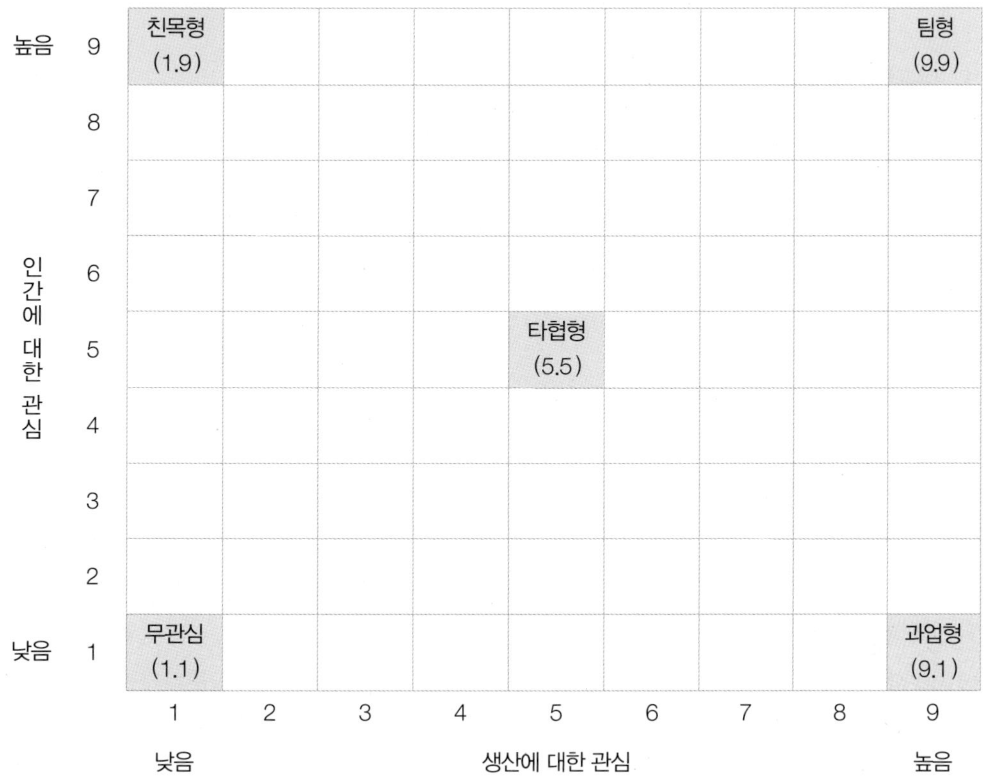

블레이크와 모튼은 관리자 개발 프로그램(management development program)을 통해 관리그리드 리더십 행동 유형을 설명하면서 생산에 대한 관심과 인간에 대한 관심이 모두 높은(리더십 격자 9.9) 팀형 리더를 최적의 리더라고 제시하였다. 그러나 블레이크와 모튼 역시 다른 행동이론 학자들과 같이 리더가 당면하고 있는 환경을 고려하지 못하였다는 한계를 극복하지는 못하였다.

3 행동이론의 한계

특성이론의 한계점을 극복하고 리더십 이론의 새로운 도전으로 등장한 행동이론은 리더들의 독특한 행동 유형은 타고나기보다는 학습의 결과라고 바라보면서 리더들의 행동 연구를 통해 리더십을 한 단계 발전시키는 데 큰 기여를 하였음에도 불구하고 다음과 같은 한계점을 극복하지 못하였다.

1. 보편성 추구

행동이론 또한 특성이론과 마찬가지로 성공한 리더들의 공통적인 행동을 발견함으로써 유일무이하며 보편타당한 리더의 행동을 찾고자 하였다. 그러나 특성이론에서 제시한 리더들의 신체적·정신적·사회적 특성이 다를 뿐만 아니라 상황과 환경에 따라 다른 행동을 하는 리더들의 행태에서 보편타당한 행동을 찾는 것은 현실적으로 불가능하였다. 즉, 행동은 리더십의 효율성을 결정하는 핵심 요인이기는 하지만 유일한 요인은 아니라는 결론에 봉착하였다.

2. 조사 설계의 미흡

행동이론의 대표 실험의 경우 주로 특정 대상을 집중적으로 조사하였기 때문에 연구 분석 결과가 지니는 대표성에 대한 의혹이 많아 신뢰성이 비교적 낮았다. 특히 조사대상들의 경우 주로 하위 리더들이 중심이었으며, 고급관리자들을 대상으로 하는 연구가 매우 미흡하였을 뿐만 아니라, 보수적이고 현상 유지적인 리더들을 대상으로 연구함으로써 리더십의 고유 속성 중 하나인 혁신과 변화라는 측면을 고려하지 못해 연구의 완성도가 높지 못하다는 한계를 지니고 있다.

3. 한정적 연구 분야

행동이론의 경우 주요 포커스를 리더의 행동에만 집중하였기 때문에 리더의 행태 이외에 리더의 구체적인 역할, 리더와 구성원들 사이의 관계성, 내·외부 환경분석 등 리더십의 효율성에 영향을 미치는 다른 요인들에 대한 고찰이 매우 부족하였다. 따라서 민주적 리더십이 독재적 리더십보다 구성원들의 만족도와 생산성이 높고 효과적이지만, 조직이 위기에 처했을 때는 오히려 민주적 리더십이 독재적 리더십보다 비효과적이고 독재적 리더십이 생산성과 구성원의 만족도가 모두 높게 나타나는 현상을 설명하지는 못하였다.

4. 정태적 상관관계분석

행동이론에서 수행된 연구의 경우 대부분 리더의 행동과 조직의 성과 또는 생산을 동시에 파악하여 이들을 상관관계분석으로 살펴보았다. 따라서 행동과 업무성과 중 어느 것이 선행 요인인지에 대한 인과관계 분석은 명확하게 이루어지지 않았다. 또한 리더의 행동 이외에 다른 변수가 어떠한 영향을 미쳤을지에 대한 영향을 통제할 수 없었다.

4 행동이론의 리더십 설문지

행동이론은 리커트(Likert)의 5-Point Scale(5점 척도)을 이용하여 리더들의 행동 유형을 과업 행동과 관계성 행동으로 측정한 설문지는 다음과 같다.

1. 채점 방법

홀수 문항은 과업 행동 점수이며, 짝수 문항은 관계성 행동 점수로 홀수와 짝수 문항의 값들을 각각 합산한다.

2. 해석 방법

합산 점수를 아래의 등급표로 해석한다.

표 2-9 행동이론 리더십 설문지 해석표

20~24	매우 낮은 범주	35~39	중간 정도의 높은 범주
25~29	낮은 범주	40~44	높은 범주
30~34	중간 정도의 낮은 범주	45~50	매우 높은 범주

표 2-10 행동이론 리더십 설문지

	질문	5점 척도
1.	구성원(부하)에게 그들이 해야 할 일이 무엇인지 구체적으로 말해준다.	1 2 3 4 5
2.	구성원(부하)들을 친절하게 대한다.	1 2 3 4 5
3.	구성원들에게 달성목표를 설정해준다.	1 2 3 4 5
4.	다른 사람들을 도와 집단 내에서 만족을 느끼도록 한다.	1 2 3 4 5

5.	문제해결을 위해 제안을 한다.	1 2 3 4 5
6.	다른 사람들의 제안에 대해 호응한다.	1 2 3 4 5
7.	자신의 생각이나 관점을 다른 사람에게 분명히 제시한다.	1 2 3 4 5
8.	다른 사람들을 대할 때 공정하게 대한다.	1 2 3 4 5
9.	자신이 직접 집단과 조직을 위해 행동계획을 작성한다.	1 2 3 4 5
10.	구성원들이 예측 가능하게 행동한다.	1 2 3 4 5
11.	구성원들이 각자에게 역할 책임을 명확하게 준다.	1 2 3 4 5
12.	구성원들과 중요한 의견을 함께 결정한다.	1 2 3 4 5
13.	구성원들이 자신의 역할이 무엇인지 분명히 안다.	1 2 3 4 5
14.	다른 사람들의 개인적 복지에 관심을 갖는다.	1 2 3 4 5
15.	작업의 수행 방법에 대한 계획을 세운다.	1 2 3 4 5
16.	의사결정에서 융통성을 보인다.	1 2 3 4 5
17.	집단의 업적 기대치나 업적 기준을 설정해준다.	1 2 3 4 5
18.	구성원들에게 자신의 생각이나 감정을 털어놓는다.	1 2 3 4 5
19.	구성원들이 작업의 질을 높이도록 격려한다.	1 2 3 4 5
20.	구성원들이 사이좋게 지내도록 도와준다.	1 2 3 4 5

※ 5점 척도

1=전혀 그렇지 않다 / 2=조금 그렇지 않다 / 3=보통이다 / 4=자주 그렇다 / 5=항상 그렇다

리더십 사례 탐구

손정의 소프트뱅크 회장

소프트뱅크는 30여 년 전 PC 태동기에 소프트웨어 유통으로 시작해 PC 인터넷 시대에는 일본 1위 인터넷 포털사이트인 야후 재팬에 주력했다. 이동통신 인터넷 시대가 올 조짐을 보이자 이동통신 사업을 인수하였고, '정보혁명'의 길목을 선점해 사업을 확장하고, 될성부른 투자처에 미리 투자해 거액을 벌었다. 2000년 중국 알리바바에 200억 원을 출자해 이후 500배의 지분평가이익을 얻은 것은 유명하다.

이 외에도 미국, 중국, 인도 등의 유망한 스타트업에 대거 투자해왔으며, 2015년에는 한국 전자상거래 업체 쿠팡에도 1조 원을 투자했다. 소프트뱅크의 미래 30년에 대한 손 회장의 비전은 IoT(Internet of Things)다. 인터넷이 이동통신뿐만 아니라 모든 사물과 연결되는 시대에 맞춰 사업을 재편하겠다는 것이다. 이를 위해 손 회장은 IoT 시대 핵심 반도체 기업인 영국 ARM(스마트폰 두뇌인 AP(Application Processor) 원천 설계의 95%를 점유하고 있는 4차 산업 핵심 기업)을 3조 3,000억 엔(35조 원)을 주고 사들였다. 최근에는 IoT와 AI 등에 투자하는 100조 원짜리 비전펀드를 공격적으로 운용하고 있다.

손정의 회장에게서 배우는 리더십의 특징은 다음과 같다.

첫째, 뒤는 돌아보지 않고 앞을 보고 달리는 것이다. 그는 지난 성공 신화에 대한 비결에 대해서는 "부끄럽다"라고 한다. 과거 성공무용담에는 전혀 관심이 없고, 오직 30년 후 싱귤래리티(Singularity, 인공지능(AI)이 진화하다가 인류의 지능을 초월하는 기점)에 대비해 기업을 어떻게 바꾸고 미래를 어떻게 준비할 것인지에 골몰해 있다. 손정의 회장은 혁신에 에너지를 공급하는 데 가장 뛰어난 인물이다. 비전만 제시하는 것이 아니라 실제로 혁신에 가장 큰 돈줄(비전펀드) 역할을 하는 존재이기 때문이다.

둘째, 용기와 실행이다. 손 회장은 싱귤래리티가 반드시 온다고 확신하고 사회의 모든 것이 재정의될 것이라 한다. 이런 생각은 전문가들이나 미래학자들도 하였지만, 실제 사업으로 옮긴 것이 결정적 차이이다. 얼마나 용감하게 결단하고 실행했는지는 매출 1조 4,000억 원의 ARM 같은 회사를 35조 원에 사들이고, 1,000억 달러짜리 비전펀드를 조성하고, 소프트뱅크를 이동통신 인터넷회사에서 IoT 회사로 업태를 1년 만에 송두리째 바꾼 것을 보면 알 수 있다.

셋째, 꿈을 현실로 바꾸는 마법이다. 손 회장은 스마트폰 이후의 시대로 모든 관심이 향해 있다. 스마트폰 시대에 당장 사업 기회를 찾는 것이 아니라, 스마트폰 다음의 시대에 어떻게 사업을 선점하고 키워나갈 것인지에 대한 관심이다. 꿈을 현실과 돈으로 만들고, 세상을 바꾸려 하는 사람들이 세상을 이끌어나간다. 소프트뱅크의 손정의 회장이 바로 그러한 사람이다.

토론 문제

01 특성이론은 성공적인 리더들은 고유한 특징들이 있다고 주장하는 이론이다. 여러 학자는 성공한 리더에게 어떤 특성들이 있다고 설명하고 있으며, 그 한계는 무엇인가?

02 행동이론의 미시간 연구(Survey Research Center, University of Michigan)에서는 구성원지향형과 생산지향형으로 리더십 행동을 유형화하였는데, 효율성과 리더십 유형이 어떻게 연관되어 있는지를 설명해보자.

03 손정의(소프트뱅크 회장)의 경영 방법과 리더십을 통해 배운 점이 있다면 자세히 이야기해보자.

04 손자병법의 총론격인 시계(始計)에서 전쟁은 신중해야 하므로 다섯 가지 기본조건 5사(도道 · 천天 · 지地 · 장將 · 법法)를 검토해야 한다고 했다. 5사가 무엇인지 설명해보자.

CHAPTER 03

전통적 리더십 이론 Ⅱ : 상황이론

Ⅰ. 상황이론의 개념 및 피들러의 상황적합이론

Ⅱ. 허시와 블랜차드의 삼차원적 모형

Ⅲ. 하우스의 경로 – 목표이론

Leadership Story

한비자(韓非子)

최근 한 온라인 커뮤니티 게시판에는 2300년 전 한비자가 말하는 '나라가 망하는 징조 10가지'란 제목의 글이 게재되면서 누리꾼들의 이목이 쏠리고 있다. 이 같은 내용의 글은 누리꾼들의 공감을 이끌어내고 있으며, 많은 국민의 가슴에 정말 와닿는 내용이다.

한비자의 나라가 망하는 10가지 징조

1. 법(法)을 소홀히 하고 음모와 계략에만 힘쓰며 국내정치는 어지럽게 두면서 나라 밖 외세(外勢)만을 의지한다면 그 나라는 망한다.
2. 선비들은 논쟁만 즐기고 상인들은 나라 밖에 재물을 쌓아두고 대신들은 개인적인 이권만을 취탁하면 그 나라는 망한다.
3. 군주가 누각이나 연못을 좋아하여 대형 토목공사를 일으켜 국고를 탕진(蕩盡)하면 그 나라는 망한다.
4. 간연(間然)하는 자의 벼슬 높고 낮은 것에 근거하여 의견(意見)을 듣고 여러 사람 말을 견주어 판단하지 않으며 듣기 좋은 말만 하는 사람 의견만을 받아들여 참고(參考)로 삼으면 그 나라는 망한다.
5. 군주가 고집이 센 성격으로 간언은 듣지 않고 승부에 집착하여 제멋대로 자신이 좋아하는 일만 하면 그 나라는 망한다.
6. 다른 나라와의 동맹(同盟)만 믿고 이웃 적을 가볍게 생각하고 행동하면 그 나라는 망할 것이다.
7. 나라 안의 인재(人才)는 쓰지 않고 나라 밖에서 온 사람을 등용(登用)하여 오랫동안 낮은 벼슬을 참고 봉사한 사람 위에 세우면 그 나라는 망한다.
8. 군주가 대범하여 뉘우침이 없고 나라가 혼란해도 자신은 재능(才能)이 많다고 여기며, 나라 안 상황에 어두우면서 이웃 적국을 경계하지 않아 반역세력(反逆勢力)이 강성하여 밖으로 적국(敵國)의 힘을 빌려 백성들을 착취하는데도 처벌하지 못하면 그 나라는 망한다.
9. 세력가의 천거(薦居)를 받은 사람은 등용되고, 나라에 공을 세운 지사(志士)는 내쫓아 국가에 대한 공헌(公憲)은 무시되고 아는 사람만 등용되면 그 나라는 반드시 망한다.
10. 나라의 창고는 텅 비어 빚더미에 있는데 권세자의 창고는 가득 차고, 백성들은 가난한데 상공업에 종사하는 사람들은 서로 짜고 이득을 얻어 반역(反逆)도가 득세하여 권력을 잡으면 그 나라는 반드시 망한다.

한비자가 말하는 리더십의 지혜는 또 있다.

"삼류 리더는 자신의 힘을 이용하고, 이류 리더는 남의 힘을 이용하며, 일류 리더는 남의 지혜를 이용한다." 또 "진정한 리더는 '거울과 저울' 같아야 한다. 거울이 흔들리면 분명하게 볼 수 없고, 저울이 흔들리면 바르게 젤 수 없다."

모두 한비자에 나오는 말로서 음미해볼 만한 대목이다. 진정한 리더는 '거울이나 저울' 같아야 한다는 말은 자신의 분명한 가치관이나 정체성을 갖고, 매사에 흔들림이 없어야 한다는 말이다. 리더가 흔들리지 않아야 하는 것은 당연한 말이다. 정치인이 국민을 걱정해야 하는데, 요즘은 오히려 국민이 정치를 걱정해야 하는 시대이다.

강철왕 카네기의 묘비에 "여기 자신보다 더 훌륭한 인재를 다루는 방법을 아는 사람이 잠들다."라고 새겨져 있다. 기업경영을 포함한 모든 인간의 생활에서도 이와 같아야 할 것이다. 조직이 번성하려면 조직원의 머리, 즉 지혜를 잘 활용해야 한다. 상대의 지혜를 활용하려면 어떻게 해야 할까?

지혜라는 영어의 뜻인 'Wisdom'에서 조직원의 지혜를 얻는 방법을 찾는다.

W(Willingness of Giving): 기꺼이 베풀어라.

I(Interest & Motivation): 흥미를 유발하고 동기부여를 하라.

S(Smile & Service): 밝은 낯으로 봉사하라.

D(Donation of Belief): 신뢰를 주어라.

O(Optimistic Thinking): 긍정적이고 낙관적인 사고를 해라.

M(Managing Yourself): 자신을 적절히 다루어라.

한비자(기원전 약 280~233년)는 5000년 중국을 이끌어온 50인의 모략가 중 한 명으로 전국시대 말 한왕(韓王) 안(安)의 서자로 출생했다. 그의 어머니는 신분이 낮은 출신이었기 때문에 그가 비록 왕족이었지만 왕실에서 대우받지 못하는 불운한 처지였다. 이 같은 불행한 소년기를 가졌기에 일찍부터 학문연구에 눈을 돌렸다.

그가 태어난 한나라는 전국 7웅(秦, 楚, 燕, 齊, 韓, 魏, 趙) 중의 하나로 문화 수준이 가장 낮은 소국이었다. 한비(韓非: 한비자의 본명)는 당대의 석학인 순자에게 배우기 위해 제나라의 수도 임치로 그를 찾아갔다. 순자는 조나라 출신으로 이곳에 와서 학자의 우두머리인 제주에 초빙되어 있었다.

한비는 순자에게서 학문을 배우는 동안 후일 진나라의 재상이 된 이사는 물론, 이곳에서 유가, 도가, 명가, 법가, 묵가 등 여러 학파의 학문을 두루 흡수, 비판하면서 부국강병의 학설을 체계화했다. 그의 학설을 현실정치에 적용하려면 국왕의 인정을 받아야 하는데, 그는 말재주가 없어 자신의 뛰어난 문장에 의존할 수밖에 없었다. 그의 문장을 모은 저서 〈한비자〉는 55편이다.

그의 문장을 사마천의 〈사기〉에 의하면 이 한비자의 저서 중 〈고분〉과 〈오두〉를 우연히 진시황이 보게 되어 "이 책이야말로 내가 기다리던 것이다. 내가 이 사람을 만날 수만 있다면 죽어도 한이 없다"라고 감탄했다고 한다. 이때 이사가 진시황에게 "한비를 얻고 싶으면 한나라를 공격하라, 그러면 반드시 한비를 사신으로 보내올 것이다"라고 건의하자 예상대로 한나라는 한비를 사신으로 보내 화친을 빌었다. 이때 한비는 진시황을 움직여 위험에 빠진 한나라를 구할 기회를 보고 있었다.

한편 이사는 진시황이 한비를 중용할 것을 두려워하여 왕에게 모함했으나, 진시황은 그의 인물됨을 아껴 투옥시키는 데 그쳤다. 그러나 옥에 갇힌 한비에게 이사는 독약을 보내 자살할 것을 강요하자, 한비는 그의 결백을 입증하기 위해 진시황을 만나볼 기회를 간청했으나 받아들여지지 않았다. 진시황이 자기의 잘못을 깨닫고 그에게 석방 명령을 내렸을 때는 이미 그가 자살한 후였다. 이처럼 한비자는 전국시대 말기에 태어나 조국의 멸망을 바로 눈앞에 두고 죽어간 사상가로서, 중앙집권적 봉건 전제 정치체제의 확립을 위해 '형명(刑名)'과 '법술(法術)' 이론을 집대성한 자이다.

한비자는 법(法)과 술(術)과 세(勢)를 중시했다. 이는 한비자가 최후의 법가이자 동시에 법가를 집대성한 법가의 거두로 불리는 이유이다. 한비자 이전의 법가에는 크게 3가지 계통이 있었다. 첫째로 신도의 계통을 꼽을 수 있는데 이들은 세를 중시했다. 둘째로 신불해의 계통을 꼽을 수 있는데 이들은 술을 중시했다. 셋째는 상앙의 계통인데 이들은 법을 중시했다. 한비자는 어느 하나라도 빼놓을 수 없다고 여겼다.

첫째, 세(勢)는 군주에게 있어서 밑천이다. 일찍이 신도가 두 신하와 한 군주가 세력의 균형을 이루고 있을 때를 언급했다. 임금은 두 신하 중 하나를 쳐서 세력의 절대 우위를 점하라는 충신의 간언을 무시하였다가 한 명의 신하가 다른 신하를 쳐서 세력을 흡수하자 열세에 놓여 당하고 말았다. 이처럼 세는 군주에게 있어서 기본적인 밑천이다.

둘째, 술(術)은 군주가 신하를 부리는 술수이다. 군주는 적절한 신하를 뽑아 임용해야 하며 신하의 실적에 따라 상벌을 명확히 해야 한다. 군주가 신하를 제대로 부리지 못하면 국정은 온전히 운영될 수 없다.

셋째, 법(法)은 신하가 백성을 다스리는 규칙이다. 법이 엄정하지 못하면 나라가 어지럽다. 세, 술, 법을 적절히 병용하는 것이 치국의 요체이다. 법과 술은 군주의 수단이며 세가 없으면 수단을 부릴 힘이 없다. 한비자의 많은 부분은 술에 할애되어 있다.

한비자 속의 리더십의 요결 7가지를 정리하면 다음과 같다.

첫째, 리더는 용의 등에 올라탄다. 이 말은 권력의 심장부를 장악하거나 권력의 핵심을 설득하지 못하고는 근본적인 개혁을 만들어낼 수 없다는 뜻이다.

둘째, 리더는 상황을 탓하지 않는다. 좋은 리더는 수많은 변명 뒤에 숨지 않는다는 뜻이다.

셋째, 리더는 부하의 충성에 의존하지 않는다. 유가의 처세론이 충성론에 치중한다면, 한비자의 리더십은 재능론에 접근한다. 즉, 훌륭한 리더는 충성을 요구하는 대신 문제를 풀어낼 재능을 가진 사람을 등용한다는 것이다. 재능을 가진 자가 그 재능을 십분 활용할 수 있도록 지원하고 격려하는 리더가 좋은 리더라는 것이다.

넷째, 리더는 자신과 싸워 이긴다. 리더는 감정에 좌우되지 않는다. 원수와도 웃으며 악수를 할 수 있어야 한다. 자기 통제에 능해야 한다.

다섯째, 리더는 세상의 모든 지혜를 빌린다. 리더는 자신의 머리와 지혜만 믿어서는 안 된다. 자신의 좁은 한계를 벗어나 열린 마음으로 자신을 확장할 수 있는 사람이라는 뜻이다.

여섯째, 리더는 암흑 속에서도 길을 잃지 않는다. 리더는 앞이 보이지 않는 불확실한 상황 속에서 길을 제시하는 능력을 갖추고 있어야 한다. 길을 개척하는 사람, 그 사람이 바로 리더다.

일곱째, 리더는 마지막까지 책임을 진다. 리더가 되는 길은 점점 더 고독해지는 길이다. 오랜 과정에서 동지도 얻고 믿을 수 있는 부하와 추종자도 얻지만 리더의 책임은 본질적으로 고독한 것이라는 뜻이다.

출처: 한비자, 나무위키 참조

I 상황이론의 개념 및 피들러의 상황적합이론

1 상황이론의 개념

상황이론(Situational Contingency Theory)은 성공한 리더의 특별한 특성이 리더십을 결정짓는 특성이론과 리더의 행동을 통해 리더십이 결정되는 행동이론의 한계점이었던 '환경 및 상황'을 고려하여 리더십 과정에 있어서 상황변수에 초점을 두고 상황에 따른 효과적인 리더의 특성 및 행동을 파악하고자 하였다.

상황이론에서의 훌륭한 리더는 타고나는 특성 또는 행동만으로 형성될 수 없으며, 그 인물이 처한 상황에서 적합한 리더의 특성을 지니고 행동하였기 때문이라는 전제로 연구를 수행하였다.

즉, 상황이론에서는 훌륭한 리더는 리더, 부하, 상황이라고 하는 3가지 변수를 고려하여 조직의 목표달성을 위해 효과적인 리더십을 발휘하는 자로 바라보았다. 한마디로 상황이론은 상황에 따라 적절한 리더십을 나타내는 유연성의 발휘라고 설명할 수 있다.

초기 상황이론은 행동이론의 한계를 극복하고자 하는 연구들에서 시작되어 리더의 행태를 리더가 당면하고 있는 상황별로 가장 효율적인 행태를 파악하고자 하였다. 그러나 근래에는 특성이론으로부터 출발한 연구들도 상황변수를 리더의 특성과 함께 연구함에 따라 오늘날의 상황이론은 상황 요인만을 고려하여 연구하는 것이 아니라 리더의 특성과 행동을 함께 관심을 가지고 통합연구로써 그 맥을 이어가고 있다.

이러한 상황이론의 대표적 이론으로는 피들러의 상황이론, 허시(P. Hersey)와 블랜차드(K. H. Blanchard)의 상황이론 및 삼차원적 모형, 하우스(R. J. House)의 경로-목표이론, 커(S. Kerr)와 저미어(Jemier)의 대체이론 등이 있다.

손자병법에서 리더십은 상황을 정확히 판단하는 것으로 설명하고 있다. 삼국지의 조조, 유비, 손권과 같은 주인공들은 우리나라 DJ, YS, JP다. 산동(山東)의 조조는 의리, 사천(四川)의 유비는 너그러움, 상해(上海)의 손권은 치밀함의 리더십을 발휘한다. 삼국지가 재미있는 것은 지역감정과 독특한 캐릭터를 가진 주인공들의 리더십 차이에서 오는 재미다. 산동성에 가서 조조를 간웅(奸雄)이라고 욕하면 사업이고 무역이고 그 자리에서 끝이다. 호남에 가서 DJ를 욕한 것과 다름없기 때문이다.

리더십은 지역과 조직원의 특성, 현재 상황과 미래의 방향에 따라 가변(可變)하는 것이며 고정된 리더십이란 생명력이 없다. 손자는 조직을 끌고 가는 리더의 힘은 다양한 변칙과 파격으로 더욱 커진다고 한다. 원칙에 충실하면서 상황에 따른 변칙을 적절히 운용할 때 리더십은 시너지효과를 기대할 수 있다고 기정론(奇正論)에서 지적하고 있다.

상황이론에서 리더십은 때에 따라 다르다는 것이 핵심이다. 최고의 리더십 유형은 상황에 달려 있으며, 어떤 상황에서 유용했던 리더십이 다른 상황에서는 반드시 효과적이지 않을 수 있다는 것이다.

2 피들러의 상황적합이론

프레드 피들러(Fred Fiedler)는 리더십 분야의 오랜 연구 경험을 토대로 리더십의 유형을 인간관계 중심적 리더십과 과업 지향적 리더십으로 구분하였으며, 세 가지 상황 요인(contingent condition)인 ① 리더와 구성원의 관계, ② 업무구조, ③ 지위 권력을 리더십 유형과 결부시켜 리더의 특성과 상황변수를 함께 고찰할 수 있는 상황적합이론을 제시하였다. 즉, 리더가 지닌 고유 특성 또는 특유의 행동으로만 리더십을 설명할 수 없으며 세 가지 상황 요인과 적합한가 적합하지 않은가가 효과적이고 성공적인 리더십을 결정한다고 바라보았다.

1. 상황변수

피들러는 리더십의 효율성에 영향을 미치는 세 가지 상황변수에 따라 리더가 구성원들에게 미치는 영향뿐만 아니라 조직의 목표달성에도 영향을 미친다고 바라보았다.

1) 리더와 구성원의 관계

리더와 구성원의 관계(leader-member relationship)는 조직 및 집단의 분위기, 상호 간 신뢰성, 구성원의 리더에 대한 충성도 및 존경 등을 말하는 것으로 리더가 구성원들로부터 얼마나 지지(support)와 충성(loyalty)을 받고 있는지, 리더와 구성원이 얼마나 친밀(friendly)하며, 상호 협동적(cooperative)인지를 측정하는 변수이다.

즉, 리더의 직위가 높지 않더라도 구성원이 리더를 좋아하고 리더와 친밀하다면 리더의 권한 행사가 순조로우며 궁극적으로 조직이 하나가 되어 조직의 목표를 달성하는데 용이할 것이다. 또한 구성원들의 존경과 충성은 리더가 구성원들을 애정으로 대하고 구성원들의 요구와 동기를 충족시켜 업무성과도 증진시키게 된다.

2) 업무구조

업무구조(task structure)는 리더와 구성원이 소속되어 있는 조직 및 집단의 업무가 얼마나 명확하고 상세하게 규정되어 있는지를 파악하는 변수로 ① 업무를 수행하기 위한 표준화된 절차가 있는지, ② 제품의 완성 및 완료를 얼마나 분명하고 상세하게 규정하고 있는지, ③ 업무 달성이 제대로 되었는지를 파악하는 기준이 있는지 등을 통해 측정한다.

실제로 리더와 구성원에게 주어진 업무는 명확하고 구체적으로 제시되는 경우도 있지만 모호하거나 명확하지 않은 경우도 있다. 즉, 리더와 구성원이 수행해야 할 업무가 모호하게 규정되어 있으면 리더와 구성원 모두가 업무의 성격이나 수행기준을 분명하게 알지 못해 효과적인 리더십을 발휘하지 못할 뿐만 아니라, 조직의 목표달성을 어렵게 하는 문제를 초래할 수 있다.

3) 지위 권력

지위 권력(position power)은 리더의 지위에 부여된 공식적이고 합법적인 정당한 권력으로 구성원 업무수행의 성과 평가에 따른 보상(rewards) 및 처벌(punishments) 등의 권한을 말한다. 리더의 지위 권력이 커질수록 효과적인 리더십을 발휘하기에 용이하다.

2. 주요 내용

피들러의 상황적합이론은 세 가지 상환변수, 즉 ① 리더와 구성원의 관계, ② 업무구조, ③ 지위 권력을 조합하여 만든 이론으로 그림 3-1과 같이 여덟 가지 유형으로 구성된다.

즉, 리더와 구성원의 관계가 좋으며, 업무구조가 명확하고, 리더의 지위 권력이 강할 때 리더십이 가장 효율적으로 발휘되지만 반대로 리더와 구성원의 관계가 좋지 않으며, 업무구조가 불

명확하고, 리더의 지위 권력이 약할 때 리더십은 위기를 맞이하게 된다.

피들러는 여덟 가지의 상황마다 가장 적합한 리더십 유형이 어떤 것인지를 알아보기 위해 LPC(Least Preferred Co-worker) 척도 설문지를 통해 리더의 행동 특성을 평가하고 이를 토대로 리더를 유형화하였다.

그림 3-1 피들러의 상황적합이론

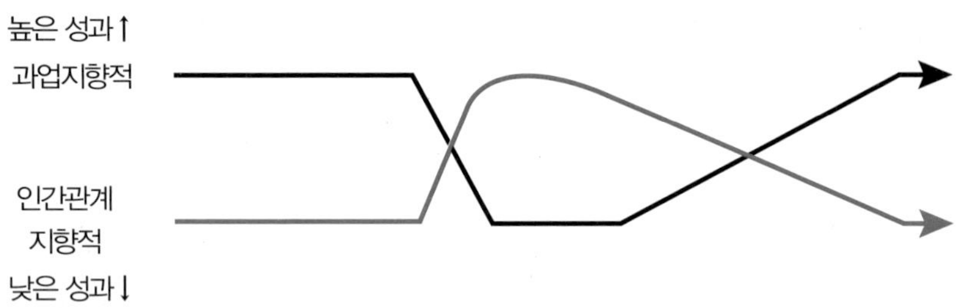

상황	Ⅰ	Ⅱ	Ⅲ	Ⅳ	Ⅴ	Ⅵ	Ⅶ	Ⅷ
리더-구성원 관계	좋음	좋음	좋음	좋음	나쁨	나쁨	나쁨	나쁨
업무구조	구조적	구조적	비구조적	비구조적	구조적	구조적	비구조적	비구조적
지위 권한	강	약	강	약	강	약	강	약
상황의 확실성	확실			중간			불확실	
리더의 입장	유리			중간			불리	

또한 상황적합이론의 발전을 위해 500여 개의 집단에서 수집한 자료를 분석하여 리더십과 업무성과의 관계를 살펴본 결과 상황 유형이 매우 불리하거나 매우 유리할 때는 과업지향적인 리더십이 효율적이며, 상황 유형이 중간 정도일 때는 인간관계중심적 리더십이 효율적이라는 연구 결과를 제시하였다.

아울러 피들러는 인간관계중심적 리더가 매우 불리한 상황에 부닥치게 될 때는 구성원들과 함께 더욱 많은 시간을 보내고 과업을 구조화하기 위해 업무의 과정 및 규정들을 명확하게 하는 노력이 필요하다고 언급하였다.

이처럼 피들러는 상황적합이론의 접근방법을 통해 이전의 특성이론이나 행동이론에서 간과하였던 상황변수를 연계시켜보았다는 데 그 의의가 있다. 그럼에도 피들러는 리더십 유형의 경우 인간관계중심적 리더십과 과업지향적 리더십으로 이원화하고, 다양한 상황 요인이 있음에도 상황적 변수를 세 가지로 국한시켰다는 것이 한계로 지적되었다.

3. LPC 척도 설문지

LPC 척도는 그림 3-2와 같이 1단계에서 8단계까지 총 8등급이 있으며 이 중 하나를 선택하면 된다. 이때 주의해야 할 점은 각 문항당 한 개만 표시해야 한다.

그림 3-2 LPC 척도 설문지 체크 방법

	8	7	6	5	4	3	2	1	
친절한 사람	매우 친절함	상당히 친절함	어느 정도 친절함	약간 친절함	약간 불친절함	어느 정도 불친절함	상당히 불친절함	매우 불친절함	불친절한 사람

그리고 LPC 점수 18개의 척도상에 있는 점수를 모두 합하여 표 3-1로 해석한다.

표 3-1 LPC 척도 설문지 해석표

57점 이하	낮은 LPC	과업지향적 리더
58~63점	중간 LPC	중립 및 독립적 리더
64점 이상	높은 LPC	인간관계 지향적 리더

표 3-3 LPC 척도 설문지

LPC 척도									
쾌활한 사람	8	7	6	5	4	3	2	1	쾌활하지 않은 사람
다정한 사람	8	7	6	5	4	3	2	1	다정하지 않은 사람
거부적인 사람	1	2	3	4	5	6	7	8	수용적인 사람
긴장하고 있는 사람	1	2	3	4	5	6	7	8	여유 있는 사람
거리를 두는 사람	1	2	3	4	5	6	7	8	친근한 사람
냉담한 사람	1	2	3	4	5	6	7	8	다정한 사람
지원하는 사람	8	7	6	5	4	3	2	1	적대적인 사람
따분해하는 사람	1	2	3	4	5	6	7	8	흥미가 있어 하는 사람
싸우기를 좋아하는 사람	1	2	3	4	5	6	7	8	화목하고 조화되는 사람
우울한 사람	1	2	3	4	5	6	7	8	즐거워하는 사람

서슴지 않고 개방적인 사람	8	7	6	5	4	3	2	1	주저하고 폐쇄적인 사람
험담을 잘하는 사람	1	2	3	4	5	6	7	8	너그럽고 관대한 사람
신뢰할 수 없는 사람	1	2	3	4	5	6	7	8	신뢰할 만한 사람
사려 깊은 사람	8	7	6	5	4	3	2	1	사려 깊지 못한 사람
심술궂고 비열한 사람	1	2	3	4	5	6	7	8	점잖고 신사적인 사람
마음에 맞는 사람	8	7	6	5	4	3	2	1	마음에 맞지 않는 사람
성실하지 않은 사람	1	2	3	4	5	6	7	8	성실한 사람
친절한 사람	8	7	6	5	4	3	2	1	불친절한 사람
								총점	

Ⅱ 허시와 블랜차드의 삼차원적 모형

허시(Paul. Hersey)와 블랜차드(Kenneth Blanchard)는 리더십 유형 분류기준을 피들러의 연구를 보완하여 리더십 유형을 인간관계지향적 리더십과 과업지향적 리더십을 동일선상에서 바라보지 않고 별개의 축으로 바라봄과 동시에 여기에 효율성이라는 축을 추가하여 삼차원적 모형(Tri-dimensional Leader Effectiveness Model)으로 리더십을 연구하였다.

그림 3-4 허시와 블랜차드의 삼차원적 모형

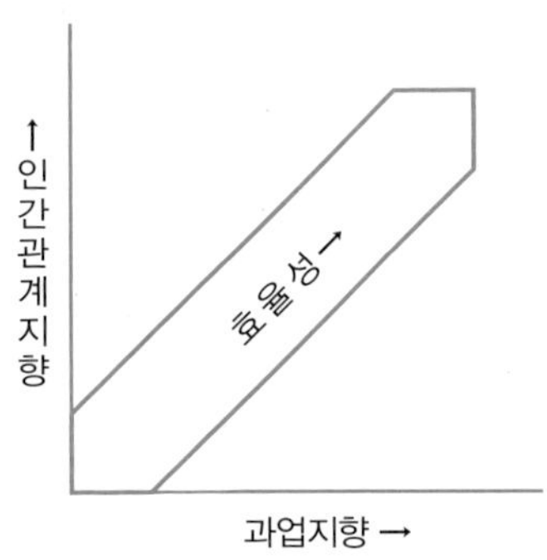

이를 위해 허시와 블랜차드는 먼저 원활한 의사소통과 정서적 친밀감 등을 강조하는 인간관계(relationship)지향적 리더십과 업무수행 절차와 방법 등을 강조하는 과업(task)지향적 리더십의 영향력을 기준으로 리더의 기본적인 리더십 유형을 다음과 같이 4가지로 나누었다.

• Ⅰ유형) 인간관계 중심적인 경향은 강하지만 과업지향적 경향은 약한 리더십
• Ⅱ유형) 인간관계 중심적인 경향과 과업지향적 경향이 모두 약한 리더십
• Ⅲ유형) 인간관계 중심적인 경향과 과업지향적 경향이 모두 강한 리더십
• Ⅳ유형) 인간관계 중심적인 경향은 약하지만, 과업지향적 경향이 강한 리더십

즉, 리더십 유형이 상황과 환경에 따라 어떻게 연관되는지를 파악하기 위해서 그림 3-5와 같이 효율성 국면(Effectiveness Dimension)을 결부시켜 4가지 유형 중 모든 상황과 환경 속에서 적용되는 이상적인 리더십 유형은 없다라는 전제하에 가장 이상적인 최고의 리더십 행동을 찾기보다 상황에 따른 리더십 행동을 연구하였다.

그림 3-5 허시와 블랜차드의 리더십 유형

Ⅰ 유형 인간관계지향: 강함 과업지향: 약함	Ⅲ 유형 인간관계지향: 강함 과업지향: 강함
Ⅱ 유형 인간관계지향: 약함 과업지향: 약함	Ⅳ 유형 인간관계지향: 약함 과업지향: 강함

그리고 리더십 유형을 단순히 한순간의 정태적 현상이 아니라 연속되는 현상으로 설명한다. 각각의 상황마다 인간관계지향적 리더십, 과업지향적 리더십, 효율성 국면을 지속적으로 고려하여 적용할 때 바람직한 리더십이라고 바라보면서 리더십의 효율성을 평가하고 개선하기 위해서는 리더와 리더를 둘러싼 환경변수를 끊임없이 분석하고 적용해야 한다고 주장하였다.

Ⅲ 하우스의 경로 – 목표이론

로버트 하우스(Robert House, 1971)는 리더의 행동에 미치는 상황변수를 연구하여 리더의 행동이 조직구성원들의 동기부여, 조직만족, 업적(성과)에 어떠한 영향을 미치는지를 탐구하였다. 리더가 직업목표, 개인목표, 목표달성 경로에 대한 구성원의 인지에 어떻게 영향을 줄 것인가에 대한 연구로 리더가 조직구성원에게 보상을 제공함으로써 유효한 리더가 될 수 있다고 주장하였다.

즉, 경로-목표이론(Path-Goal Theory)이란 리더가 조직구성원들의 요구와 구성원들의 업무 상황에 가장 적합한 리더의 행동을 선택하고, 조직구성원들이 목표달성의 경로를 잘 따라갈 수 있는 방안을 위해 설계된 이론이다.

따라서 경로-목표이론은 리더의 리더십 행동과 조직구성원의 업무환경 및 구성원 각각의 특성을 고려한 리더십 행동을 통하여 부하직원의 직무몰입 동기를 자극하고 구성원들의 노력에 따른 업무수행 성과의 보상을 두게 함으로써 조직구성원들이 더욱더 많은 노력과 집중을 하도록 유도하고 나아가 높은 직무만족과 성과를 얻게 한다는 것이다.

구체적으로 하우스의 경로-목표이론은 리더의 행동을 다음과 같이 분류하였다.

첫째, 리더의 행동 유형(Leadership Styles)을 4가지 유형(지시적, 지원적, 참여적, 성취지향적)으로 구분하였다.

둘째, 상황변수로는 3가지의 구성원 특성변수(구성원의 능력, 욕구, 업무경험)와 3가지의 업무환경변수(조직구조화, 업무 과제, 작업 그룹)로 정의하였다. 그리고 이러한 리더의 행동 유형이 다양한 상황변수의 영향을 받아 구성원의 직무수행에 미치는 영향을 확인하고자 하였다.

경로-목표이론에서 구분하고 있는 4가지 리더의 리더십 유형을 살펴보면 다음과 같다(이창순, 2009).

첫째, 지시적 리더십이다. 지시적 리더십은 구성원의 역할 모호성이 높은 조직 또는 환경에서 효과적인 리더십 유형이다. 업무수행에 대한 조직구성원들의 경험 및 지식이 부족하고 공식화된 절차나 방법이 체계화되지 못하였을 때, 구성원들의 만족이나 동기부여에 조직구성원들의 활동을 계획, 통제, 조정하는 리더십으로 이러한 상황에서 조직구성원들의 참여는 비교적 적으며 리더가 세부적인 것까지 참여하여 조직을 이끌어가는 리더십 유형이다.

둘째, 지원적 리더십이다. 지원적 리더십은 조직구성원들이 단조롭고 지루한 업무를 반복적으로 수행하거나 스트레스를 많이 받는 조직에 효과적인 리더십이다. 리더는 조직구성원들이 처해있는 작업환경의 부정적인 측면을 최소화함으로써 구성원이 스트레스를 덜 받고 맡은 업무를 원활하게 할 수 있도록 지원해주는 리더십 유형이다.

셋째, 참여적 리더십이다. 참여적 리더십은 구성원들이 구조화되어 있지 않은 과업을 수행할 때 효과적인 리더십이다. 즉, 구성원이 과업목표, 계획, 절차, 방법 등에 관한 의사결정에 참여함으로써 구성원들에 대한 역할기대를 학습하고 이러한 학습을 통해 구성원들의 역량을 발전시키는 리더십 유형이다.

넷째, 성취지향적 리더십이다. 성취지향적 리더십은 조직구성원들의 목표가 정해지지 않고 주어진 일에만 수동적으로 수행하는 조직에 효과적인 리더십이다. 조직구성원에게 도전적인 목표를 설정하여주고, 구성원에게 높은 성과를 달성할 수 있다는 확신을 보여 줌으로써 구성원이 목표달성을 추구하는데 자신감을 불어 넣어주는 리더십 유형이다.

결론적으로 경로–목표이론 모형은 상황적 요소에 따라 이에 요구되는 효과적인 리더의 행동이 달라진다는 이론이다. 리더는 구성원들의 특성 및 과업의 환경적 요소들과 상호작용을 하면서 구성원들의 목표달성 추구에 영감 및 자신감을 불어 넣어주고 이들에게 동기를 부여함으로써 구성원들의 노력, 그리고 성과와 만족감에 영향을 미치는 리더십에 관한 연구이다.

그러나 경로–목표이론 모형은 본 모형에서 제시하는 변수들의 경우 이를 명확하게 파악하기 어렵기 때문에 연구 결과의 타당성과 신뢰도 검증에도 어려움이 따른다. 또한 리더가 매번 상황에 맞게 자신의 스타일을 변화한다는 가정도 비현실적 가정이라는 비판이 제기되었다.

그럼에도 불구하고 경로–목표이론 모형은 리더십의 스타일이 환경의 변화에 영향을 받으며, 리더십의 스타일이 환경에 따라 어떻게 효과적으로 발휘될 수 있는지를 관찰하였다는 점에서 연구의 유용성을 확인할 수 있다.

그림 3-5 경로–목표이론의 모형(House & Mitchell, 1974)

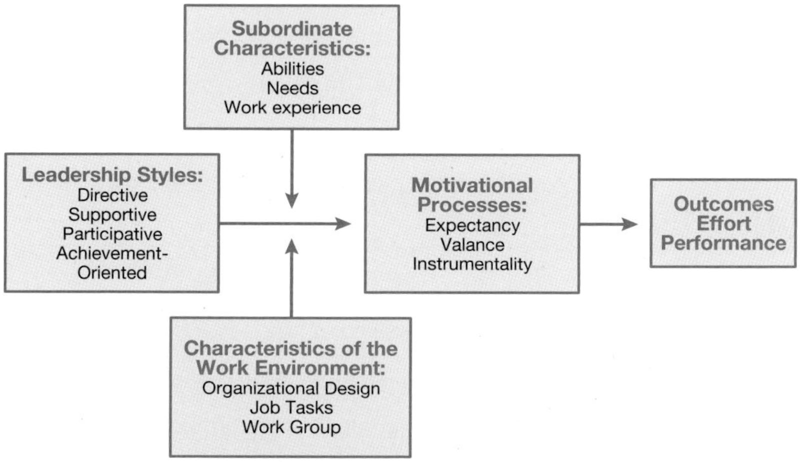

리더십 사례 탐구

상황적 리더십(Situational Leadership)

스포츠팀을 지휘하는 감독의 리더십 스타일을 통해 설명해보자. 상황이론에 따르면 리더십을 발휘할 때 상황에 맞는 리더십을 발휘해야 한다는 것이다. 이때 제일 중요한 고려변수는 바로 "조직원의 성숙도"라고 할 수 있다. 조직구성원들 상태에 따라 어떻게 리더십을 발휘해야 하는가를 지시형, 설득형, 참여형, 위임형 4가지로 구분한다.

첫 번째, 지시형(Telling)으로 조직원의 성숙도가 낮고 의지도 낮은 상황이다.

두 번째, 설득형(Selling)으로 무능하지만 의지가 있는 조직구성원들에게 보여줘야 하는 리더십으로 지시 중심이다.

세 번째, 참여형(participating)으로 같이 고민하고 의사결정도 같이 하는 인간관계 중심의 리더십이다. 조직원들이 능력은 있으나 약간 의지가 떨어졌을 때 적용하는 형태이다. 감독은 선수들과 같이 이야기 나누고 함께 행동한다. 월드컵 선수단이 모두 메시나 호날두 수준으로 구성되어 있다면 좋다.

네 번째, 위임형 리더십으로 조직원구성들이 너무 뛰어나고 의지도 넘쳐날 때 사용하는 리더십이다. 자율적으로 알아서 하고 위임하는 것으로 선수들의 능력이 워낙 출중하고 스스로 잘하는 경우이다.

2002년 월드컵 대한민국 축구 국가대표팀 히딩크 감독의 경우 선수들에게 말을 놓고 자유롭게 대화를 나누라고 했는데 그것은 조직원들의 서열을 깨부수기 위한 것이었다. 선배 말은 하늘같이 따르면서 외국인 감독 말은 듣지 않는 문화를 타파하고 지연과 학연 등 파벌을 정리한 것이다.

처음에 기초적인 체력훈련부터 다시 시켰던 히딩크 감독은 한국 선수들의 형편없는 체력과 실력이 문제라고 판단하고 지시형 리더십을 발휘했다. 시키는 것만 하고, 운동장이나 뛰라는 식이었다. 공을 차보지도 못한 선수들은 의아해했지만, 히딩크 감독의 전략은 적중했다. 체력훈련의 효과가 나타났고, 할 수 있다는 의지가 넘쳐났다. 초기에는 지시적, 설득적 리더십을 보여 주었고, 이후에는 참여형으로 변화를 준 사례이다. 처음부터 위임과 자율적 리더십으로 메시와 호날두 선수를 대하듯 했다면 방임으로 가고 결국 월드컵 4강은 이루어지지 못했을 가능성이 컸을 것이다.

토론 문제

01 현재 대한민국의 위기 상황에서 한비자가 주는 교훈을 어떻게 적용할 수 있을 것인지 진지하게 이야기해보자.

02 피들러의 상황이론에서 리더와 구성원의 관계가 좋으며, 업무구조가 명확하고, 리더의 지위 권력이 강할 때 리더십이 가장 효율적으로 발휘되지만 반대로 리더와 구성원의 관계가 좋지 않으며, 업무구조가 불명확하고, 리더의 지위 권력이 약할 때 리더십은 위기를 맞이하게 된다는 내용을 쉬운 예를 들어 설명해보자.

03 LPC 척도 설문지를 체크해보고, 18개의 척도상에 있는 점수를 모두 합하여 자신의 리더십 유형을 해석해보자.

04 박항서 감독이 베트남의 축구 국가대표팀을 맡아서 큰 성공을 거두고 베트남의 국민적 영웅으로 평가받고 있는데 그가 활용했던 리더십은 어떤 것이었는지 설명하고 토론해보자.

CHAPTER 04

거래적 리더십과 변혁적 리더십

I. 거래적 리더십

II. 변혁적 리더십

Leadership Story

월드컵 4강과 히딩크 감독의 리더십

2002년 월드컵 축구대회에서 우리나라 국민의 소원인 16강을 넘어서 4강 진입이라는 놀라운 쾌거를 이룬 것은 히딩크 감독의 리더십이 절대적이었다. 한마디로 히딩크 리더십은 『HI-FIVE』로 압축된다. 히딩크 감독의 성공 요인을 정리하면 다음과 같다.

HI는 원칙(Principles)을 의미하며 꿋꿋함과 소신(Hardiness), 공정성(Impartiality)을 말한다. FIVE는 전략(Strategies)을 의미하는 것으로 기본 강조(Fundamentals), 혁신 추구(Innovation), 가치 공유(Value Sharing), 전문지식 활용(Expertise)을 말한다.

Hardiness(꿋꿋함과 소신) 흔들림 없이 중심 잡힌 상태를 유지하고 자신의 경력, 경험, 정확한 판단에 근거한 소신을 통해 선수들에게 자신감 부여, 이는 곧 일관성과 소신을 뜻한다. 훈련의 성과가 상당 기간 가시화되지 않았음에도 자신의 축구 철학에 대한 자신감을 바탕으로 '흔들림 없이 중심 잡힌 상태'를 유지했다. 언론에 의해 좌지우지되면 자신의 축구 철학이 흔들리고 전술적인 완성도가 방해받을 수 있다고 하면서 마이웨이(My way)를 고집했다. "수십 년간 실패한 프로그램으로는 16강에 갈 수 없다. 결코 쉬운 길로 가지 않겠다. 강인한 체력이 곧 실력이다."라는 말은 자신감에 근거한 소신 있는 표현으로 볼 수 있다.

Impartiality(공정성) 선발에 관한 전권을 위임받는다는 확약을 받고 연고, 파벌, 외풍을 배제한 후 자신이 추구하는 스타일에 적합한 인재 발굴이다. 히딩크 감독의 성공 요인 중 중요한 것으로 명성이나 인기가 아닌 '실력과 현재 컨디션에 근거한 선수 선발'이라는 데는 이론이 없는 것으로 보인다. 특히, 대표팀 박항서 코치는 "히딩크 감독이 외국인이기 때문에 학맥 혹은 인맥과 무관하게 객관적으로 선수를 선발한다는 점이 모든 선수를 분발하게 했다"라고 말했다. 연고나 파벌 혹은 여론에 상관없이 선수를 선발한다는 것은 내국인 감독에게는 극복하기 쉽지 않은 장애물이었다. 결국 경기장에서 뛰는 것은 선수들로서 선수 선발이 성적의 상당 부분을 좌우한다고 생각하고 있던 히딩크 감독은 공정한 선수 선발에 매우 큰 비중을 두었다. 축구대표팀 23명의 최종 엔트리 선발을 위해 1년 반 동안 63명이 대표팀을 거쳐 갔다.

Fundamentals(기본 강조) 히딩크 감독은 원칙과 규율을 강조하여 소프트 측면의 펀더멘탈을 강화하고, 스피드와 체력을 중시하여 하드 측면의 펀더멘탈 보강을 위해 많은 노력을 투입했다. 우선 자율적인 분위기를 강조하는 가운데서도 엄격한 원칙과 규율을 고수했는데, 단체행동 때 정해진 규칙을 지키면 나머지 시간은 별도의 통제나 지시 없이 자율을 부여하는 방식으로 선수들을 이끌었다.

"선수단이 전체적으로 움직일 때는 복장을 통일해야 하고, 식사 시간은 전 선수가 같이 시작해서 같이 끝내며, 단체가 모였을 때 휴대폰이 울려서는 안 된다"라는 등의 규칙을 엄격하게 적용했으며 "규율을 지키고 강조해 온 것이 지금의 나를 있게 했다"라고 원칙과 규율에 대한 자신의 신념을 피력하기도 했다.

지옥 훈련으로 불리는 체계적인 체력강화 프로그램을 통해 자신이 지향하는 축구 스타일에 필요한 스피드와 체력 등 하드 측면의 펀더멘탈을 보강한 것도 중요한 성공 요인 중 하나다.

Innovation(혁신 추구) 재임 기간 중 끊임없이 혁신을 추구한 히딩크 감독은 틀에 박힌 포메이션의 파괴, 멀티플레이어의 육성 등을 통해 끊임없이 변형이 일어나는 창의적인 축구를 강조했다.

포메이션은 기본적인 폼(form)으로서 경기하는 동안 끊임없이 달라지며, 상황에 따라 신축적으로 운영해야 한다고 말하면서 한 포지션에서 붙박이로 플레이하는 선수보다는 다양한 포지션을 이해하고 소화할 수 있는 멀티플레이어를 선호했다. 또, 경기 중에는 반말로 의사소통할 것을 요구하는 등 수평적 팀 문화의 조성을 위해 노력했다. 감독 자신도 언어가 통하지 않는 단점을 선수들과 함께 몸을 부딪치면서 극복하기도 했다.

포지션별로 2~3명을 선발해놓고 선수들 간의 끊임없는 내부 경쟁을 유도하여 긴장감을 유지하고, 일부 선수의 부상으로 인해 전력에 차질이 생기는 것을 방지한 것도 한국팀 전력 강화와 안정화에 큰 보탬이 됐다.

Value Sharing(가치 공유) 명확한 비전의 제시, 선수들과 공통된 가치의 공유를 중시한 히딩크 감독은 취임 초기부터 자신이 추구하는 축구의 스타일을 명확히 제시하면서 모든 선수가 이를 이해하고 공유하도록 유도하였다. 틀에 박힌 훈련과 순종적 문화에서 야기된 단조로운 축구를 타파하고 선수들의 창의성에 근거한 생각하는 축구로 유도하기 위해 노력을 집중했다.

한편, 선수들이 각 포지션의 역할과 전술을 명확히 이해하도록 하여 조직력을 향상시키기도 하였다. 또 외국인임에도 특유의 카리스마와 친화력으로 국내 코치 · 선수들과 우호적인 관계를 유지했으며, 특정 선수를 비난하지 않는 한편 칭찬을 아끼지 않아서 선수들의 신뢰를 확보했다.

"나는 선수들에게 칭찬은 하지만 비난하지는 않는다. 잘못을 지적하고 야단치는 것은 우리 팀 내부에서만 한다. 그것이 나와 선수들의 약속이고 신의"라는 히딩크 감독의 말은 기업의 CEO 혹은 관리자들이 곱씹어볼 대목이다.

Expertise(전문지식 활용) 감독 자신이 선진 축구의 본고장인 유럽에서 풍부한 경험을 가진 전문가로서 국제 기준을 도입하여 한국 축구의 눈높이를 한 차원 높였다.

세계 최고 수준의 유럽 무대에서 네덜란드 국가대표, 에인트호번, 레알 마드리드 등의 팀을 이끌며 정상에 올렸던 경험과 노하우를 보유한 히딩크 감독은 체력측정 전문가, 비디오 분석관 등 전문화된 스태프를 효과적으로 이용하여 시너지를 발휘하도록 했다.

또한 전술 · 기술 · 체력 · 정신력 등 4가지 승리 요소의 균형 있는 향상을 위해 체계적인 프로그램을 도입했으며, 선수 개개인의 컨디션 지수와 체력 측정치 등을 데이터베이스화하여 관리하는 '과학 축구'를 도입했다.

히딩크식 리더십의 비밀 10가지

1. 솔선수범
2. 냉철한 선수 선발
3. 나이보다 커뮤니케이션
4. 公(공)은 公, 私(사)는 私
5. 열정의 승부사
6. 과학적인 훈련과 심리전
7. 치밀한 장기전략
8. 농담 유머 장난기
9. 얼음같이 냉정하게
10. 기본이 중요하다

히딩크 리더십의 교훈

1. 기초부터 튼튼히 다져라
2. 수직의 권위보다 수평의 情(정)을 나누어라
3. 대화를 통한 인간관계를 향상하라
4. 강인한 체력과 정신력을 바탕으로 자신감을 가져라
5. 목표달성까지는 흔들리지 마라

히딩크 리더십의 기업경영 시사점

1. 글로벌 리더십의 확보－능력주의, 기본중시, 투명경영 등 글로벌 경영표준을 수용하고 이를 경영시스템에 체화하기 위해서는 먼저 글로벌 리더십이 확립되어야 한다. 글로벌 리더십 강화를 위해 국적을 초월해서 능력 있는 CEO를 영입하는 현상이 보편화되었다. 편협한 애국심 및 애국주의를 바탕으로 한 순혈주의를 버리고 기업경제 및 국경을 넘어 널리 인재를 찾아야 한다.
2. Over-Extension(과잉 확장)을 통한 역량 극대화－현재의 역량보다 높은 목표치를 설정함으로써 임직원들의 잠재역량이 한 단계 높은 수준에서 발휘되도록 유도해야 한다. 목표가 무리해 보일지라도 조직원들에게 할 수 있다는 투지를 강력하게 주입한다면 목표의 현실화가 가능(법칙의 한계를 벗어날 수 있는 자연과학과는 달리, 사회현상에서는 인간의 의지와 노력을 통해 한계의 초월이 가능)하다.
3. 구조조정을 통한 활로 개척－리더십을 포함한 모든 것을 원점에서 재점검한다. 경영 전 부문에 걸쳐 성역을 두지 않는 전폭적인 구조조정을 추진하고 투명한 내부 경쟁과 시장원리에 의해 수행되는 구조조정을 통해 기업의 바람직한 방향으로 역량 극대화를 달성한다.
4. 신뢰가 기반 된 자율적 리더십 확립－조직의 잠재력을 최대한 발휘하도록 하기 위해서는 조직원

각자에게 최대한의 자율성을 부여하는 것이 중요하다. 임직원들이 과업에 대해 전적인 권한과 책임을 지니도록 함으로써 열정(Passion)을 가지고 '고뇌에 찬 결단'을 하도록 유도해야 한다. 조직 내부의 문제점은 CEO 주변에 있는 것이 아니라 현장에 있으며 이 같은 문제점을 가장 잘 알고 있는 것도 현장 인력이다. 주주(이사회)는 CEO를 신임하고 CEO는 임직원들을 신뢰함으로써 불신에 따르는 비용과 비효율을 제거해야 한다.

5. 지도자 육성을 위해 지속적인 노력 – 기업을 포함하여 사회 전 부문이 훌륭한 일꾼을 육성하는 데 그쳐서는 곤란하며 훌륭한 지도자를 육성하는 데 주력해야 한다. 지도적 인재의 역할이 두드러지는 시대에 체계적으로 지도자를 선발, 육성, 유지해야만 국가 · 기업의 경쟁력을 높일 수 있다. 특히 기업은 훌륭한 CEO를 배출할 수 있는 안정적인 프로세스를 확보해야 하며, 더 장기적인 안목에서 체계적인 CEO 확보 및 육성 프로세스를 확립해야 한다.

출처: 삼성경제연구소, 히딩크 리더십 성공 요인, 네이버 등

I 거래적 리더십

거래적 리더십은 조직구성원들을 대상으로 한 리더의 보상과 처벌이 구성원들의 동기부여에 영향을 미친다는 전제하에 할당된 업무를 효과적으로 수행할 수 있도록 직원들의 욕구를 파악해서 구성원들이 적절한 수준의 노력과 성과를 보일 때 그에 따른 보상을 하고 그렇지 못할 때는 처벌을 부여하여 조직을 운영하는 리더십 유형이다.

표 4-1 거래적 리더십의 가정

1. 조직구성원은 보상과 처벌로 동기부여를 받는다.
2. 사회체계는 명확한 지휘계통이 있을 때 효과적으로 유지된다.
3. 리더가 권한을 부여하면 구성원은 권한에 따른 책임을 진다.
4. 하위계급 및 구성원들은 리더가 지시하는 일에 순종해야 한다.

거래적 리더십이란 리더가 어떤 가치가 있는 것을 직원과 교환하려는 목적, 즉 조건적 보상을 근거로 하여 조직구성원에게 영향력을 행사하는 리더십을 말한다. 거래적 리더십은 1947년 베버(Max Weber)에 의해 처음 설명되었고, 1978년 번즈(Burns), 1985년 배스(Bass)에 의해 점차 체계적으로 연구되었다.

1 번즈

번즈[1]는 거래적 리더십이란 교환을 토대로 리더의 합리적 권한을 강조함으로써 직원들의 복종과 협력을 어떻게 얻을 수 있을까에 초점을 맞추며, 조직의 효과적인 운영, 즉 조직의 목표달성을 위해서 리더가 구성원들에게 적절한 보상과 처벌을 사용해야 한다고 제시하였다.

2 배스

배스[2]는 번즈의 주장을 토대로 거래적 리더십이란 부하직원과의 관계, 교환 또는 협상을 토대로 거래한 노력 혹은 협상된 노력을 발휘하도록 동기부여를 시키는 것이라고 정의하였다. 따라서 배스가 정의하는 거래의 의미는 조직발전 및 목표달성을 추구하는 리더는 원하는 것을 얻기 위해서 직원들이 원하는 것을 제공해야 함으로써 상호 간에 이루어지는 협상이다.

이러한 의미에서 배스는 조직구성원의 성과에 영향을 미칠 수 있는 요소를 긍정적인 요소와 부정적인 요소로 구분하였다. 먼저, 긍정적인 요소로는 급여인상, 인센티브, 승진 등을 제시하였고, 부정적인 요소로는 처벌, 징계, 해고를 제시하였다.

따라서 리더들은 조직 내에서 구성원들이 목표를 달성할 수 있도록 보상과 처벌에 대해서 구성원들에게 지속적으로 교육하며, 목표를 달성하였을 때는 그것에 맞게 보상을 제공하며 그렇지 않았을 때 처벌을 한다.

표 4-2 Bass의 거래적 리더십의 구성 요인

	구성 요인	내용
거래적 리더십	상황적 보상	• 노력과 보상에 대한 합의된 약속 • 협의된 목표를 달성하면 보상을 제공 • 성취한 결과에 대한 인정 및 보상 • 보상의 종류: 급여, 승진, 보너스, 칭찬 등
	예외에 의한 관리	• 업무기준에 부합되지 못할 경우 리더가 개입 • 적극적 예외관리: 사전 관리 감독 • 소극적 예외관리: 성과기준에서 명백한 이탈 시 개입

Bass는 거래적 리더십의 구성 요인을 위의 표 4-2와 같이 상황적 보상과 예외에 의한 관리로 제시하였다.

1. 상황적 보상

상황적 보상(contingent reward)은 조건적 보상이라고도 하며, 구성원들이 보상을 받기 위해서 해야 하는 행동과 그와 반대로 처벌 또는 제재를 받지 않기 위해서 해야 하는 행동들을 조직구성원들에게 명확하게 제시하는 것을 말한다.

배스는 보상과 처벌이 개인행동의 책임을 증가시키기 때문에 성과에 대한 보상 가치가 높을수록 높은 성과가 나타날 수 있으며, 높은 성과를 나타내는 구성원에게 높은 보상을 해야 한다. 리더의 상황적 보상이 효과적으로 발휘되기 위해서는 리더가 많은 권한을 보유하고 있고, 구성원들의 성과를 정확하게 측정하여 상황적 보상이 이루어져야 한다고 제시하였다.

2. 예외에 의한 관리

예외에 의한 관리(management by exception)는 조직구성원이 업무기준에서 이탈하고 합의한 성과에도 미치지 못하였을 때 리더가 개입하는 것을 말한다. 따라서 예외에 의한 관리는 통제적이면서도 합리적이지만 구성원들을 제재하고 부정적 보상이 제시되기 때문에 리더의 부정적 피드백으로 유형화되기도 한다. 그러나 부정적 피드백의 경우 조직구성원들이 비난과 처벌로 업무에 다시 집중하기보다 오히려 업무를 포기하게 되는 역효과가 나타날 수 있으므로 예외에 의한 관리는 반드시 업무에 국한되어야 한다. 리더는 구성원의 잘못을 정확하게 진단하고 구성원이 다시금 업무를 성공적으로 담당할 수 있도록 이끌어야 한다.

리더십 사례 탐구

빌 게이츠(Bill Gates)

거래적 리더십을 예를 들어 설명하면, 슈퍼마켓 체인 회사의 이사는 한 달에 한 번 각 팀원과 만나 회사의 월별 보너스 목표를 달성하고 초과할 방법에 대해 논의한다. 지구에서 가장 높은 수익을 올린 5명의 회원은 각각 금전적 보상을 받게 되는 경우이다.

실제 사례로는 빌 게이츠가 마이크로 소프트(Microsoft) 기업의 진화 과정에서 행하였던 거래 리더십은 조직의 놀라운 성장에 기여한 것이다. 빌 게이츠는 1955년 시애틀에서 태어나서 10대 초반에 레이크사이드 스쿨(Lakeside School)에서 폴 앨런(Paul Allen)을 만나 취미로 컴퓨터 프로그램을 개발했다. 게이츠가 하버드(Harvard)에 갔을 때 앨런은 보스턴(Boston)의 허니웰(Honeywell)에서 프로그래머로 일했다.

1975년에 그들은 마이크로 소프트를 시작했고, 1978년에 게이츠가 23살이 되었을 때 250만 달러를 벌어들였다. 1985년 마이크로 소프트는 Windows를 출시했고, 빌 게이츠는 세계에서 가장 부유한 사람 중 한 명이 되었다. 거래적 리더로서 그는 새 제품팀을 방문하여 팀이 목표를 이해하고 있다는 사실에 만족할 때까지 어려운 질문을 하였었다.

빌 게이츠는 "비즈니스에서 사용되는 모든 기술의 첫 번째 규칙은 효율적인 운영에 적용된 자동화가 효율성을 확대한다는 것이다. 두 번째는 비효율적인 운영에 적용된 자동화가 비효율성을 확대한다는 것이다."라고 한다.

Ⅱ 변혁적 리더십

1 변혁적 리더십의 의의

정치, 경제, 문화, 교육 등 21세기 사회는 급격하게 변화하며, 이러한 시대적 흐름에 따라 기존의 리더십 이론은 급변하는 사회에서 리더들의 역할을 설명하기에 한계가 나타나기 시작함에 따라 새로운 리더십을 요구하게 되었다. 이에 등장한 리더십이 변혁적 리더십이다. 1977년 번즈(James MacGregor Burns)가 처음으로 변혁적 리더십을 이론적으로 제안하였고, 이후 변화하는 글로벌 환경 속에서 중요한 리더십 개념으로 강조되어가며 리더의 변화 추구 및 혁신을 중심으로 다수의 학자에 의해 꾸준히 연구되어 가고 있다.

표 4-3 거래적 리더십과 변혁적 리더십 1

거래적 리더십은 부하는 리더에게 순응하고 이에 대한 대가로서 리더는 구성원에게 보상을 제공한다. 따라서 리더와 구성원의 관계는 교환관계에 초점을 두고 상황에 따른 보상과 처벌을 통해 구성원들이 과업의 목표를 달성할 수 있도록 동기를 부여한다. 그러나 변혁적 리더십은 리더와 구성원 모두를 대상으로 동기부여를 한다.

특히 급변하는 사회환경 변화에 적응하며 구성원들의 동기부여와 요구에 주의를 기울이며, 구성원들의 잠재력을 향상시켜준다는 점에서 차이가 있다.

변혁적 리더십은 팀 목표를 전달하고 모든 팀원에게 강한 영감을 줄 수 있는 리더십 유형이라 할 수 있다. 변혁적 리더십은 사람들이 스스로 혁신하도록 격려하고 영감을 주어 조직과 비즈니스의 성장과 성공에 기여하는 것이 특징이다. 변혁적 리더는 직장에서 강한 조직(기업) 문화, 주인의식 및 자율성을 구축하는 데 중점을 둔다.

단순히 조직의 최고경영층에 국한되는 것이 아니라 직위와 직급을 초월하여 언제, 어디서, 누구나, 어느 부서에서든지 변화를 주도하려는 사람에게 나타나는 변혁적 리더십은 다양한 시각과 관점에서 연구를 가능하게 한다. 변혁적 리더십에 대해서 학자마다 다양하게 정의하고 있다.

표 4-4 거래적 리더십과 변혁적 리더십 2[3]

구분	거래적 리더십	변혁적 리더십
현상	현상 유지를 위해 노력	현상 변화를 위한 노력
목표 지향성	현상과 너무 괴리되지 않는 목표지향	보통 현상보다 매우 높은 이상적 목표지향
시간	단기적 조망, 기본적 · 가시적 보상에 의한 동기부여	장기적 조망, 장기목표를 위해 노력을 유도하는 동기부여
동기부여 전략	저차적 욕구충족 중심의 외재적 보상 위주의 동기부여	고차적 욕구, 내재적 욕구충족주의 개인목표 설정 권장에 의한 동기부여
행동표준	구성원들에게 규칙과 관행에 따른 관리 표준 설정	변혁적, 창의적으로 새로운 시도에 도전하도록 구성원을 격려
문제해결	문제해결 위주의 해답을 찾을 수 있는 곳을 알려줌	구성원들이 스스로 해결책을 찾도록 격려, 코칭함
특징	1. 보상 • 노력에 대한 보상의 교환을 계약함 • 업적이 높으면 많은 보상을 약속함 • 업적수행을 인정함	1. 카리스마 • 비전과 사명감을 제공함 • 자부심을 주입 • 존경과 신뢰를 얻음
특징	2. 관리 • 규정과 표준에 따라 격차를 달아내고 수정 행동을 함 3. 예외관리 • 표준에 맞지 않을 때만 개입함 4. 자유방임 • 의사결정을 회피함	2. 고무 • 높은 기대를 의사소통함(알려줌) • 노력에 초점을 두는 상징을 활용함 • 단순한 방법으로 주요한 목적을 표현함 3. 지적 자극 • 지식, 합리성 및 문제해결 능력을 증진함 4. 개별적 배려 • 개인에 관심을 둠 • 각자를 개인적으로 상대하고 지도, 충고함

1. 번즈(Burns, 1978)

번즈는 그의 저서 'Leadership'에서 "변혁적 리더십이란 조직을 변화시킴으로써 사회까지 변화시킬 수 있다"라는 전제 아래 조직 전체의 변화를 주도해나가는 리더는 지휘와 부서를 벗어나 누구든지 리더가 될 수 있다고 했으며, 리더와 구성원의 일체감을 강조하였다.

2. 배스(Bass, 1985)

배스는 변혁적 리더십을 조직구성원들에게 기대하고 있는 요구 이상의 목표를 달성할 수 있도록 리더가 조직구성원들을 동기부여 하는 리더십이라고 정의하였다. 즉, 변혁적 리더란 조직의 목표와 비전을 명확하게 인식하고 조직구성원들을 인정하고, 조직구성원들의 자아실현 및 성취와 같은 상위욕구를 자극함으로써 조직구성원들에게 기대되었던 성과를 그 이상 달성할 수 있도록 독려하고 격려하는 것을 핵심으로 보았다.

표 4-5 **번즈와 배스의 변혁적 리더십**

Burns(1978)와 Bass(1985)의 변혁적 리더십[4]
Burns와 Bass는 정치적 리더십 개념을 현대 경영조직에 적용하여 변혁적 리더십의 연구를 진일보시켰다. 그리고 Bass의 변혁적 리더십도 Burns의 변혁적 리더십 이론에 기초를 두고 있으나, 다음과 같은 차이가 있다.
첫째, Burns는 변혁적 리더십에서 리더와 구성원의 일체감을 강조하지만, Bass는 구성원의 욕구(needs)와 필요를 강조하였다.
둘째, Burns는 공공의 선을 리더의 핵심 역할로 바라봤지만, Bass는 공공의 선을 실천하는 리더 이외의 부도덕하고 야만적인 리더도 변혁적 리더에 포함시켰다.
셋째, Burns는 변혁적 리더십과 거래적 리더십을 차원상 반대 개념으로 바라봤지만, Bass는 상호 배타적이지 않으며, 동일한 리더에게서 나타날 수 있는 리더십으로 바라보았다.

3. 티쉬(Tichy) & 울리치(Urlich, 1984)[5]

변혁적 리더란 구성원들 앞에서 리더로서 모범을 보이며, 조직구성원의 잠재력을 향상시키고, 구성원 개개인의 특성에 맞게 과업을 분담시키고 구성원들이 필요한 정보를 제공함으로써 조직구성원이 더 긍정적으로 사고하고 행동할 수 있도록 독려하는 리더이다.

4. 서지오바니(Sergiovanni, 1990)[6]

변혁적 리더란 "개인의 역량과 잠재력을 개발하고 조직구성원들의 동기를 유발하는 리더십을 발휘하는 리더"라고 정의하면서 변혁적 리더의 주요 역할 및 특징으로 비전설정, 목표달성 지원, 자유 재량권 허용 및 도덕적 가치 중시 등을 제시하였다.

5. 코제스(Kouzes) & 포스너(Posner, 1995)[7]

변혁적 리더란 "추종자들, 즉 구성원들의 행동을 고취시키며 조직구성원 및 조직이 당면하고 있는 문제를 해결할 수 있는 방법을 제시하고, 긍정적인 감정을 자극하여 조직구성원의 동기부여를 자극하는 리더"라고 정의하였다.

6. 최연인(2005)[8]

변혁적 리더란 "기대하였던 부하직원들의 행동이 수준 이상으로 수행될 수 있도록 부하직원들을 동시화시키는 것으로, 조직이 변할 수 있는 주변환경과 변화에 필요한 사안에 대하여 근본적으로 변화시켜 이를 이끌어나갈 수 있는 능력"이라고 정의하였다.

2 변혁적 리더십의 특징

변혁적 리더십의 다양한 학자들의 정의를 토대로 변혁적 리더십의 주요 특징을 다음과 같이 5가지로 정리할 수 있다(노종희, 1996).

첫째, 변혁적 리더는 질투, 욕심, 공포 등의 천박한 정서가 아니라 자유, 정의, 인도주의와 같은 보다 높은 이상과 도덕적 가치를 추구함으로써 구성원들의 의식을 고취시킨다.

둘째, 변혁적 리더는 직위의 고하와 관계없이 발휘될 수 있으며, 이는 자신, 다른 부서의 리더와 구성원들 모두에게 영향을 끼칠 수 있다.

셋째, 변혁적 리더는 조직구성원을 기본적 욕구만을 위한 개인이 아닌, 상위수준의 욕구를 가진 전인적 인간으로 대우하며, 이들의 욕구(needs)를 충족시키는 데 관심을 둔다.

넷째, 변혁적 리더는 구간별 특정 행위가 아니라 과정 전반에 걸쳐 구성원들과 상호작용하는 전반적 차원의 상호관련성 관계를 중요시한다.

다섯째, 변혁적 리더는 개인 간의 영향과 사회와의 영향 등 미시와 거시적 수준을 모두 고려한다.

3 변혁적 리더십의 구성 요인

변혁적 리더십의 구성 요인에 대한 국내·외 학자들의 선행연구를 종합한 Bass의 주장을 중심으로 살펴보면 다음과 같다.

Bass(1985)[9]는 변혁적 리더십의 구성 요인을 카리스마, 영감적 동기부여, 개별적 배려, 지적 자극의 4가지 요인을 제시하였다.

1. 카리스마

카리스마란 자신이 가진 개인적 능력이며 구성원들에게 커다란 영향을 미칠 수 있는 리더의 근거로, 변혁적 리더의 요소인 카리스마는 부하로부터 신뢰와 존경을 받는 것을 포함하여 기존의 조직 내 질서를 변화시킬 수 있는 능력이다. 또한 카리스마는 리더와 구성원 간의 깊은 정서적 유대감을 유발시키며, 구성원들이 리더를 자신들의 역할 모델의 표상으로 삼게 만든다.

따라서 카리스마를 이상적 영향력이라고도 부르며, 카리스마 리더는 매우 높은 도덕적·윤리적 행동기준을 가지고 있다. 구성원들의 강한 신뢰감을 가지고 있으므로 구성원들에게 직무에 몰입하게 만들고 조직에 충성심을 갖게 만든다.

2. 영감적 동기부여

영감적 동기부여란 리더가 비전을 제시하고 구성원들이 각자의 업무에 몰두하는 데 도움이 되며, 자신들의 업무에서 의미를 찾게 만드는 변혁적 리더의 능력이다. 또한 영감적 동기부여는 구성원들에게 목표를 달성할 수 있다는 열정을 불러일으키며, 목표달성을 위한 에너지를 북돋게 해준다.

그리고 영감적 동기부여는 카리스마와 밀접한 관계가 있으므로 일부 학자들은 영감적 동기부여를 카리스마의 하위 요인으로 간주하기도 한다.

3. 개별적 배려

개별적 배려란 리더가 구성원들에게 개별적인 관심을 가지고 구성원들의 삶을 살펴보며, 구성원들을 신뢰하고 존중하며 육성하는 변혁적 리더의 능력을 말한다. 개별적 배려는 구성원들의 다양하고 독특한 욕구(needs)를 이해하고, 인정하여 개별적인 입장에서 구성원들이 가지고 있는 욕구수준을 보다 높은 수준으로 끌어올리며, 부하들이 높은 성과를 발휘할 수 있도록 구성원들의 잠재력을 끌어 올려준다.

따라서 개별적 배려는 리더의 개별적인 영향력 및 상사와 구성원들의 관계가 대등하며, 장래의 유능한 예비 리더의 발굴에 관심이 높다.

4. 지적 자극

지적 자극은 조직구성원들이 업무수행에 있어서 새로운 방식으로 독립적 사고를 하며 새로운 환경을 구성해주는 변혁적 리더의 역할 중 하나로 구성원들이 더 창의적인 사고를 할 수 있도록 구성원들에게 새로운 아이디어를 제공하고 도전의식을 느낄 수 있도록 자극하는 리더의 능력이다.

그리고 이 밖에도 리즈우드(Leithwood)와 쟌츠(Jantzi, 1999)[10]는 카리스마, 영감, 비전 목적합의, 개인적 배려, 지적 자극, 모범, 성과기대, 문화형성, 구조화, 일시적 보상을 하위 요인으로 제시하였다.

국내에서 노종희(1996)[11]는 변혁적 리더십의 구성 요인을 비전 설정 및 공유, 인간존중, 지적 자극, 높은 성과 기대, 솔선수범, 목표 수용, 학교문화 창조, 집단참여 허용 등을 제시하였으며, 신재흡(2000)[12]은 카리스마, 개인적 배려, 지적 자극을 구성 요인으로 제시하였다.

최연인(2005)[13]은 개별적 배려와 지적 자극 2가지를 변혁적 리더십의 구성 요인으로 정의하였으며, 이정로와 박세훈(2006)[14]은 감화동기, 지적 자극, 개별 배려를 변혁적 구성 요인으로 정의하였다.

표 4-6 학자별 변혁적 리더십의 구성 요인

학자	구성 요인
Bass(1985)	① 카리스마, ② 영감적 동기부여, ③ 개별적 배려, ④ 지적 자극
Leithwood(1996)	① 카리스마, ② 영감, ③ 비전 목적합의, ④ 개인적 배려, ⑤ 지적 자극, ⑥ 모범, ⑦ 성과기대, ⑧ 문화형성, ⑨ 구조화, ⑩ 일시적 보상
노종희(1996)	① 비전 설정 및 공유, ② 인간존중, ③ 지적 자극, ④ 높은 성과기대, ⑤ 솔선수범, ⑥ 목표 수용, ⑦ 학교문화 창조, ⑧ 집단참여 허용
신재흡(2002)	① 카리스마, ② 개인적 배려, ③ 지적 자극
최연인(2005)	① 개별적 배려, ② 지적 자극
이정로.박세훈(2006)	① 감화동기, ② 지적 자극, ③ 개별 배려

리더십 사례 탐구

마틴 루터 킹 주니어와 오프라 윈프리

변혁적 리더십 사례는 인권운동의 마틴 루터 킹 주니어(Martin Luther King Jr. 1929~1968)를 들 수 있다. 그는 위대한 미국 흑인 인권운동가였으며 그의 공헌으로 인해 세계 많은 사람에게 소중히 기억되고 있다. 마틴 루터 킹은 역사상 가장 유명한 변혁적 지도자 중 한 명이다. 그는 1964년 35세의 나이로 최연소 노벨 평화상을 수상하기도 했다. 수상 당시 상금 54,123달러 모두를 인권운동 발전을 위해 사용했다. 1963년에 마틴 루터 킹은 모든 인종의 사람들이 평등하게 사는 미국을 상상하면서 "나에게는 꿈이 있습니다(I have a dream)."라는 유명한 연설을 했다.

> "나에게는 꿈이 있습니다. 나의 네 자식들이 이 나라에 살면서 피부색으로 평가되지 않고 인격으로 평가받게 되는 날이 오는 꿈입니다. 어둠으로 어둠을 몰아낼 수는 없습니다. 오직 빛으로만 할 수 있습니다. 증오로 증오를 몰아낼 수는 없습니다. 오직 사랑만이 그것을 할 수 있습니다."

미디어 산업의 변혁적 리더십 사례로는 오프라 윈프리(Oprah Gail Winfrey, 1954~)를 들 수 있다. 많은 사람은 오프라 윈프리를 "모든 미디어의 여왕"이라고 부른다. 그녀는 1986년부터 2011년까지 오프라 윈프리 쇼를 주최했는데 그것은 역사상 가장 높은 평가를 받은 토크쇼였다.

고난을 딛고 성공한 자신의 인생 역정을 통해 청중을 압도하며, 따뜻한 인간미로 대표되는 이미지 관리로 브랜드화하여 1986년 하포 사(Harpo, Inc.)를 설립하였다. 1988년 Harpo Production(제작 스튜디오) 법인을 설립하여 흑인 여성 최초로 미디어 기업을 소유하였다.

그녀는 꾸밈없이 자신을 있는 그대로 인정하기를 잘했다. 불우했던 어린 시절의 경험이나, 언제나 극복하려고 노력하는 비만 등에 대해서도 스스럼없이 시청자나 독자들과 의견을 나누며 자신의 사생활을 열어 보였다. 팬들과 다른 삶을 사는 연예인이 아니라 현명하고 인심 좋은 이웃집 아줌마 이미지를 지향하였다. 그녀는 삶과 사업에서 자신의 직관을 따르는 전략으로 일관했는데, 시청자는 완벽하게 포장된 Media Show를 원하는 게 아니라, 자신의 따뜻하고 자연스러운 인간미를 높이 산다고 믿었다. "내가 전하려는 메시지는 단순하다. 당신의 삶을 주관하는 사람은 바로 당신 자신이라는 메시지이다."(포춘 지와의 인터뷰 내용 중)

윈프리는 20세기의 아프리카계 미국인 최고 부자가 되었고, 타임지는 그녀를 2004~2009년에 가장 영향력 있는 인물 중 한 명으로 선정했었다. 2010년 XNUMX월의 Forbes 기사는 윈프리가 대중의 호소력을 유지하면서 자신의 비전을 성취하도록 직원들에게 영감을 줄 수 있었기 때문에 변혁적 리더로 인정하였다.

토론 문제

01 거래적 리더십이라고 생각되었던 상황이나 경험이 있었다면 예를 들어 설명해보자.

02 2002년 월드컵대회 당시, 대한민국 축구 국가대표팀 거스 히딩크 감독 리더십의 『HI-FIVE』 전략이 무엇인지 설명해보자.

03 삼성경제연구소가 말하는 히딩크 리더십 성공 요인에서 기업경영에 적용하거나 본받을만한 것에 대하여 설명하고 이야기해보자.

04 마틴 루터 킹 주니어(Martin Luther King Jr. 1929~1968)와 오프라 윈프리(Oprah Gail Winfrey)의 삶을 통해 배우거나 깨달은 것이 있다면 서로 이야기해보자.

CHAPTER 05

카리스마 리더십

I. 카리스마

II. 카리스마 리더십

Leadership Story

현대그룹의 신화 정주영

전 세계의 기업인들과 어깨를 나란히 견줄 만한 경영자를 한국에서 찾는다면 현대그룹의 고 정주영 명예회장을 손꼽을 수 있다. 지금은 북한 땅인 강원도 빈농의 아들로 태어나 소학교를 겨우 마친 그가 현대그룹이란 거대한 기업체를 일구기까지의 창업 과정은 하나의 신화에 견줄만하다.

"마지막까지 최선을 다하고 말하라!"

정주영 회장의 수많은 성공담은 그의 끈질긴 노력에서 비롯된 것이다. 일례로 현대의 역사적 작품 가운데 하나인 경부고속도로 공사는 430억 원의 최저 공사비로 전장 428km의 고속도로를 3년 안에 건설한다는 계획이었다. 사실 잘못하다간 손해와 위험을 안게 되는 골칫덩어리 공사인 셈이었다. 그렇다고 대충 부실 공사를 할 수도 없는 노릇이었다.

정주영 회장은 공사 기간을 앞당기기 위해 그 당시로서는 천문학적이라 할 수 있는 800만 달러의 중장비를 구입하고 900만 명에 달하는 인원을 동원했다. 많은 어려움이 있었지만 결국 1970년 6월 27일, 최대 난제였던 당제 터널 공사를 끝내고 예정대로 경부고속도로 준공식을 치르게 되었다. 정주영 회장이 집요하리만큼 노력을 기하는 자세는 천성이라고 표현할 수밖에 없다. 어떤 분야이건 일단 뛰어들면 모든 장비와 엄청난 투자를 아끼지 않았다.

"명확한 비전을 제시하는 경영인!"

기업체를 설립하고 성장시키기는 쉽지만, 끊임없이 새로운 변화를 모색하며 발전해 나간다는 것은 생각처럼 간단치 않다. 그런 점에서 정주영 회장은 늘 새로운 일들을 꿈꾸고 계획하는 전략가이다. 예로, 현대의 반도체사업, 서울올림픽 유치, 금강산개발사업 등은 창업주에 기반을 둔 정주영 회장만의 미래 청사진이다. 정주영 회장은 많은 미래의 아이디어를 어디에서 찾는 것일까? 그는 많은 시간을 들여 문제를 집중적으로 생각하는 한편 각 개인의 태도를 예의주시한다고 한다. 항상 새로운 각도에서 문제를 바라보는 것, 이것이 아이디어를 얻는 비결이다.

"저돌적으로 나가라!"

현대가 조선업에 뛰어들 때만 해도 주위의 비웃음을 한 몸에 받았다. 1970년대 건설에서 탄탄히 기반을 다지고 소형 차량을 생산하는 데 성공했지만 어떻게 큰 선박을 만들어낼 수 있겠느냐는 것이 국내의 전반적인 평가였다.

한동안 정주영 회장이 불도저로 불린 적이 있다. 사업 추진력을 빗대어 붙여진 별명이다. 일단 해보겠다는 목적의식이 들면 뛰어드는 것을 주저하지 않는다는 게 주변의 평가이다. 주베일 산업항 건설공사 역시 특유의 저돌성을 엿볼 수 있는 대목이다. 당시 한국 예산의 50%에 해당하는 주베일 프로젝트는 해안에서 7마일 떨어진 바다 한가운데에 4척의 초대형 유조선 정박 터널을 건설하는 공사였다.

물론 현대가 이러한 시설을 설계한 경험은 전혀 없었다. 그러나 정주영 회장은 1979년 2월 주베일 항구를 완공한다.

이처럼 모험을 즐길 수 있는 것은 상식에 얽매인 고정관념 속에 갇혀 있지 않았기 때문에 가능했다. 스스로 '하고자 하는 굳센 의지'에서 비롯되는 인간의 무한한 잠재능력과 창의성을 중요하게 여겼다.

"현장에서 살고 현장에서 죽는다!"

흔히 정주영 회장을 '현장주의자'라고 말한다. 하루도 거르지 않고 산업현장을 직접 찾는 정주영 회장이 어느 순간 불시에 나타날지 몰라 현장의 직원들은 항상 긴장과 초조의 날들을 보냈다. 기업이란 냉정한 현실이고, 행동함으로써 성장해나가는 만큼 경영자가 똑똑한 머리만 굴려서는 성공할 수 없으며 몸소 행동해야 기업을 키울 수 있다고 역설하였다. 어쭙잖은 이론보다는 현장에서 직접 체험한 지식과 경험이 기업에 더 절실하다는 얘기다. 현대라는 기업을 세운 이후 모든 시간을 현장에 투자했기에 경영자의 위치에서도 세세한 부분까지 파악하고 지휘할 수 있는 사령탑 역할을 충분히 해낼 수 있었다.

지칠 줄 모르는 승부 근성과 믿을 수 없을 만큼의 대담성, 명확한 비전제시 등 경영자로서 최고의 지략을 지닌 정주영 회장은 그의 리더십을 바탕으로 한국경제 발전사의 핵심을 꿰뚫는 기업인이자 건설, 자동차, 조선, 석유화학 등 산업근대화의 중추적인 역할을 이뤄냈다.

I 카리스마

1 카리스마의 유래

카리스마(Charisma)는 다른 사람을 매료시키고 타인의 사고 및 행동에 영향을 주는 능력으로 '신의 축복', '신의 은총'을 뜻하는 그리스어의 'Kharisma'로부터 유래하였다. 긍정적으로 작용하면 조직구성원들로부터 관심 및 존경을 받지만, 부정적으로 작용하면 혐오감을 초래하는 특성으로 인격이나 외모 등 두 가지 측면 모두에 적용된다.

카리스마는 1947년 베버(Max Weber)가 최초로 사용한 용어로 지배의 유형을 세 가지로 분류하였다.

첫째, 카리스마적 지배이다. 카리스마는 평범하지 않은 인물의 자질이며, 카리스마가 있는 인물은 평범한 인물들과는 구분되는 역량이나 특성으로 인하여 대체로 리더로 평가된다. 따라서 카리스마적 지배는 리더가 다른 사람들과 구분되는 자질이나 능력, 영웅성 등 그의 개인적인 특질로 인하여 리더를 따르는 구성원들로부터 지배의 정당성을 인정받는 것을 말한다. 그러나 카리스마적 지배 체제를 유지하기 위해서는 리더가 자신의 권위의 근간인 카리스마를 지속적으로 구성원들에게 입증시켜주어야 하는 딜레마에 빠지게 되며, 카리스마를 입증하지 못하면 카리스마적 지배의 약화로 이어지게 되어 결국 카리스마적 지배가 무너지게 된다.

둘째, 전통적 지배이다. 전통적 지배는 리더의 정당성이 리더 개인의 능력이나 집단구성원의 지지로 인정받는 것이 아니라 전통적 믿음이나 규율에 따라 보장되는 것이다. 즉, 군주체제와 같은 승계체제에서와 같이 세습을 통해 지배의 정당성을 인정받게 된다. 그리고 전통적 지배는 리더를 지지하는 권력 집단의 존재 여부에 따라 구분한다. 리더를 지지하는 권력 집단이 있는 전통적 지배와 리더를 지지하는 권력 집단이 존재하지 않는 전통적 지배로 구분된다.

셋째, 합리적 지배이다. 합리적 지배는 리더가 선거 또는 투표 등의 합법적인 절차를 통해 지배의 정당성을 확보하기 때문에 합법적 지배라고도 정의된다. 즉, 리더는 지배의 정당성을 확보해주는 법률, 규칙, 규제, 그리고 선거 등에 의해서만 정당화된다. 그리고 합리적 지배 구조에서 리더는 자신의 정당성이 합법적인 절차를 통해 확보하였기 때문에 자신의 통제에 있는 구성원들에게 업무를 수행하게 하는 것도 합법적인 권한으로 판단한다.

2 카리스마의 정의

카리스마는 베버를 시작으로 리더십 이론 학자인 하우스, 콘거와 카눈고, 배스에 의해서도 연구되었다.

베버(Max Weber, 1947)[1]는 카리스마를 평범한 사람들로 구분되는 어떤 초자연적이거나 초인간적인 아니면 특별한 힘이나 능력을 지닌 개인의 특성 또는 자질이라고 정의하였다.

에치오니(Ezioni, 1961)[2]는 조직론적 입장에서 카리스마를 연구함으로써 카리스마를 하위자, 즉 구성원들의 규범적 지향에 대하여 깊은 영향력을 행사할 수 있는 리더의 능력이라고 정의하였다.

하우스(House, 1977)[3]는 카리스마를 리더와 구성원들 사이의 관계성에 집중하여 강한 권력욕구, 확신, 솔선수범, 비전제시, 동기부여 등 리더의 특성들이 위기적 상황에서 카리스마를 형성하여 카리스마 리더십의 성과를 나타낸다고 제시하였다.

콘거와 카눈고(Conger & Kanungo, 1987)[4]는 카리스마를 리더십 측면으로 접근하여 리더가 카리스마 속성을 가지고 있다고 하더라도 어떠한 관점에서 살펴보는가에 따라 개인적 카리스마로 볼 수 있고, 사회적 교환관계 속의 카리스마로 볼 수 있는 것처럼 상황에 따라 카리스마가 다르게 인식된다고 주장하였다.

배스(Bass, 1990)[5]는 카리스마를 구성원들에게는 사명감을 불어 넣어주고, 리더를 향하여 존경과 신뢰하게 하는 리더의 특성이라고 정의하였다.

이처럼 카리스마의 다양한 정의를 토대로 브리만(Bryman, 1992)은 카리스마의 특성을 다음과 같이 정리하였다.

첫째, 초자연적인 능력의 카리스마이다. 대표적인 학자는 베버(Weber)로 카리스마는 리더가 구성원들에게 기적이나 어떤 표시, 천부의 능력을 보여 주고 구성원들은 이를 신뢰하며 리더에게 복종하는 것으로 리더의 강력한 능력의 예시에 따라 리더에 대한 믿음은 더욱 굳건해진다. 그러나 반대로 리더가 천부적인 능력을 잃게 되면 구성원들의 믿음과 복종은 사라진다.

둘째, 카리스마는 특정 사람뿐만 아니라 집단이나 사물에서 나타나는 신성한 속성이라고도 정의하였다. 따라서 니스벳(Nisbet, 1992)은 리더의 일생에서 어떤 중대한 사건 속에 마주하게 되는 바위, 사막, 바다 등에도 카리스마가 있다고 바라보았다. 그 예로 안중근 의사의 혈서를 들 수 있다.

셋째, 카리스마는 특별한 상황 속에서 특별한 능력뿐만 아니라 일상적이고 세속적인 의미에서 리더의 개성적 자질을 의미하기도 한다. 즉, 초자연적 속성에서 벗어나 현실적 속성으로 연구되어 매력적이고 정치적인 개인적 자질로서의 특성을 의미하기도 한다.

아울러 카리스마는 다음과 같은 긍정적인 기능과 부정적인 기능이 있다. 먼저, 이타적이고 도덕적 카리스마는 조직구성원들의 핵심태도, 가치, 신뢰를 변화시킴으로써 조직의 비전을 구성원들에게 내면화시키고, 적절한 권한 부여를 통해서 개인적인 차원에서는 자기 계발, 조직적 차원에서는 조직의 성취, 사회적 차원에서는 제도적 권력 변화라는 긍정적 변화를 이루어낸다. 반면 이기적이고 비도덕적인 카리스마는 리더의 사상을 구성원들에게 강요하며, 절대적인 복종 및 구성원의 자율성을 약화시키고 강력한 통제를 통해 개인과 조직 나아가 사회적 차원의 변화를 고려하지 않으며 단지 개인의 권력 성취 및 개인의 능력개발 등에만 관심을 갖는다.

Ⅱ 카리스마 리더십

1 카리스마 리더십의 역사

글로벌 환경 속에서 리더십의 연구는 이전의 전통적 이론인 특성이론, 행동이론, 상황이론에서 발전하여 1990년대에는 카리스마 리더십이 대두되었다. 초기 카리스마 리더십은 프로이드의 초기 연구인 개인이 타인에게 미치는 히스테리의 영향에서 출발하였는데, 프로이드는 히스테리의 시작은 타인에 대한 관심 및 사랑, 즉 타인과의 유대감이 카리스마와 연관되어 있다고 주장하였다.

카리스마 리더십에 관한 주요 연구들은 카리스마 리더십이 성과와 높은 상관관계가 있음을 증명하였고, 카리스마 리더십의 주요 행위 중 하나인 비전제시와 조직 및 구성원 혁신이 시대적 요구에 부응함에 따라 카리스마 리더십에 관한 연구는 21세기 리더십 이론 중 주요한 부분을 차지하였다.

아울러 창조적 파괴와 새로운 비전을 추구하는 카리스마 리더십의 특성은 20세기 말 기업 및 조직경영의 핵심 패러다임인 '조직혁신운동'과 맞물려 조직운영에서 카리스마 리더십에 관한 연구가 한층 더 깊이 연구되는 원동력이 되었다.

특히 조직운영의 효율성을 제고하며 조직구성원들의 목표달성에 영향을 미치는 카리스마 리더십은 특성이론에도 영향을 주어, 1995년에 House[6]는 여러 가지 다양한 환경 속에서도 탁월하게 적용되는 리더십 행동을 다시금 강조하였으며, 1997년에 Bass[7]는 다문화권과 다양한 환경에서 카리스마 리더십을 포함하여 변혁적 리더십의 타당성과 유효성을 강조하였다.

2 카리스마 리더십의 의의

카리스마 리더십의 개념은 학자마다 다르게 정의됐지만 카리스마적 리더십이 발휘되는 상황과 카리스마의 대상이 되는 구성원들이 있을 때 구현된다. 현대의 리더십 이론 연구를 통해 밝혀진 바에 의하면 카리스마적 리더십은 구성원의 동기부여와 직무 성과에 영향을 미치는 리더의 능력으로 구성원들에게 자신감을 심어주고 커다란 감성적 반응을 일으켜 기대 이상의 조직성과를 창출하는 리더십이다.

카리스마 리더와 비카리스마 리더의 행동은 다음과 같이 구분된다.

첫째, 카리스마 리더는 현상을 바꾸기 위해 노력하지만, 비카리스마 리더는 현상에 동의하고 현재를 유지시키기 위해 노력한다.

둘째, 카리스마 리더는 공유하는 비전과 이상화된 목표의식 등 호감이 가고 존경할만한 인물이지만, 비카리스마 리더는 평범하며 구성원들에게 호감이 갈만한 특성을 지니고 있지 않다.

셋째, 카리스마 리더는 미래에 대한 명확한 목표의식과 동기부여가 강하지만, 비카리스마 리더는 미래에 대한 명확한 목표의식보다는 현상 유지의 성향이 강하다.

따라서 카리스마 리더는 주로 변혁가, 엘리트, 기업가 등으로 사람들을 변화시키는 성향이 강하지만, 비카리스마 리더는 평등주의와 현상유지주의자들로 변화보다 유지의 성향이 강하다. 그리고 카리스마 리더의 긍정성과 부정성에 따라 열정적이고, 미래지향적이며, 솔선수범 등 긍정적인 특성과 독선적이고 강압적이며 칭찬에 인색하고 타인을 무시하는 부정적인 특성이 있다.

긍정적인 카리스마 리더와 부정적인 카리스마 리더를 비교하면 표 5-1과 같다.

표 5-1 긍정적인 카리스마 리더와 부정적 카리스마 리더의 특성 비교

긍정적인 카리스마 리더의 특성	부정적인 카리스마 리더의 특성
• 진취적이며 열정적임 • 미래지향적이며 비전을 제시함 • 신속한 판단과 통찰력을 보유함 • 솔선수범 • 효율적 업무배분 및 효율적 조직통제 • 성취지향적인 사고 • 사교적이며 분위기를 주도함 • 완벽 추구	• 강압적이고 독선적임 • 이기적이며 화를 잘냄 • 타인을 무시함 • 정치적인 성향이 강함 • 칭찬에 인색함 • 통제 및 관리에 집중 • 부정적 가치 및 사고 • 강제 중심의 성과창출

3 House의 카리스마 리더십

House(1977)는 리더란 특정한 행동 유형을 가지며, 초월적인 목표를 정형화시키고 강한 자신감을 토대로 구성원들이 자기 생각을 신뢰하게 하고 자신을 더욱 깊이 믿게 하는 일련의 과정을 통해 리더가 더 강력한 카리스마를 갖게 된다고 주장하였다. 따라서 House는 카리스마 리더의 특성 및 행동이 구성원들에게 미치는 카리스마의 효과에 관한 연구를 통해 카리스마적 행동의 특성을 강조하였다.

House의 카리스마적 리더십 모델은 카리스마 리더의 행동방식, 카리스마 리더의 특성과 기술, 카리스마 리더가 출현할 가능성이 가장 좋은 조건, 그리고 카리스마 효과와의 관계를 그림 5-1과 같이 연구하였다.[8]

그림 5-1 House의 카리스마 리더십 모델

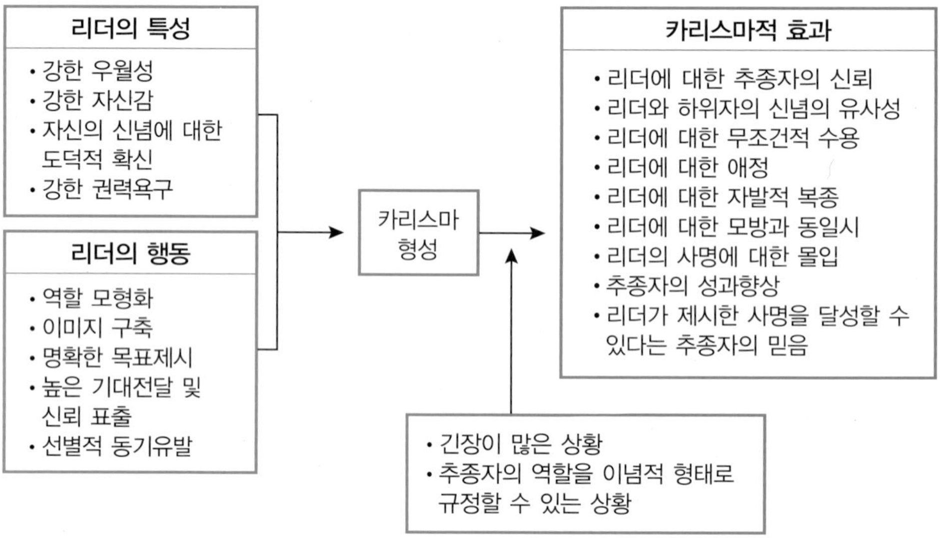

즉, 카리스마 리더는 리더의 특성적인 차원에서 자신에 대한 강한 자신감 및 우월성을 지니고 있으며, 자신의 신념에 대한 도덕적 확신과 권력에 대한 강력한 욕구를 지니고 있다. 그리고 리더의 행동적 차원에서 카리스마 리더는 조직구성원들에게 명확한 목표를 제시하고 높은 기대전달 및 신뢰를 표출하며 구성원의 개별성을 고려하여 동기를 부여하고 역할이 모호한 조직 및 구성원들에게는 명확한 역할을 제시해준다.

그리고 이러한 특성과 행동을 토대로 카리스마 리더는 긴장이 많고 구성원들의 역할이 명확하게 규정되지 않는 불확실한 상황 속에서 더욱 효과적으로 발휘되어 리더에 대한 구성원들의 신뢰확보, 리더를 향한 믿음과 애정, 리더에 대한 자발적 복종, 리더가 제시한 사명을 달성할 수 있다는 구성원들의 믿음 등 다양한 카리스마적 효과를 이끌어낸다.

그러나 House의 카리스마 리더십 이론은 카리스마적 리더십 효과를 발생시키는 리더의 특성 및 행동에서 다양한 독립변수를 제시하였지만 실제로 독립변수인 리더의 특성 및 행동이 종속변수의 카리스마 효과에 어떻게 영향을 미치는지, 그리고 상황변수가 본 이론 모델에서 어떻게 적용되는지는 구체적으로 설명하고 있지 못하는 한계를 지니고 있다.

4 Conger와 Kanungo의 카리스마 귀인이론

Conger와 Kanungo(1987)는 카리스마를 조직구성원들이 특정한 상황에서 리더의 행동을 관찰하여 리더를 카리스마라고 귀인하는 결과가 나타나는 현상이라고 정의하였다. 즉, Conger와 Kanungo의 카리스마 귀인이론은 특성이론적 관점에서 카리스마 또는 리더의 타고난 특성을 강조하기보다는 카리스마를 발휘될 수 있는 행위적 선행조건을 통해 카리스마 리더가 될 수 있다고 강조하였다. 따라서 카리스마는 제한적인 사람들만 발휘될 수 있는 초인적 리더십이 아닌 과정을 통해 형성되는 리더십이라고 정의하였다.

그리고 Conger와 Kanungo는 카리스마 리더십을 함양할 수 있는 카리스마 리더십의 단계를 4단계로 규명하였다.

첫 번째 단계는 기회포착과 비전설정 단계이다. 즉, 리더는 끊임없이 환경과 구성원들을 평가하고 정확하게 인식하고 있어야 하며, 미래에 대한 비전을 설정하고 이를 구현할 기회를 포착해야 한다.

두 번째 단계는 비전전파, 결의, 명확화 단계이다. 이 단계에서 리더는 구성원들에게 비전을 전파하고 다양한 수단과 방법을 통해 구성원들이 비전을 명확히 파악할 수 있도록 도와야 한다.

세 번째 단계는 신뢰구축 단계이다. 이 단계에서 리더는 위험을 감수하고 솔선수범하여 구성원들로부터 신뢰를 구축해야 한다. 특히 적절한 신뢰와 위임에 바탕을 두고 관리를 실천하는 단계이다.

네 번째 단계는 비전성취 및 방법제시 단계이다. 이 단계에서 리더는 구성원들이 목표를 성취할 수 있다는 믿음을 심어주기 위해 칭찬과 격려를 아끼지 않으며 목표를 달성할 수 있는 다양한 방법을 제시하여 주는 단계이다.

그림 5-2 Conger와 Kanungo의 카리스마 리더십의 4단계

1단계	⇨	2단계	⇨	3단계	⇨	4단계
• 기회포착 • 비전설정		• 비전전파 • 결의 • 명확화		• 신뢰구축		• 비전성취 • 방법제시

5 사미르(Shamir)의 카리스마 자아개념이론

카리스마 자아개념이론이란 리더가 부하들에게 심리적으로 영향을 주는 것에 초점을 맞춘 것으로 Shamir는 인간의 동기에 대한 새로운 변수들의 발견과 리더가 조직구성원에게 미치는 영향에 관한 연구를 통해 1977년 House의 카리스마 이론을 한 단계 더 발전시켰다.

특히 카리스마 자아개념이론은 이전 카리스마 리더십 모형에서 제시하였던 리더의 행동범주를 더 확대하였으며, 구성원들의 자아개념에 입각한 카리스마 리더의 영향력 행사 과정 그리고 구성원들의 동기유발 기제 및 효과의 관계를 자세하게 설명하였다.

그림 5-3 Shamir의 카리스마 자아개념

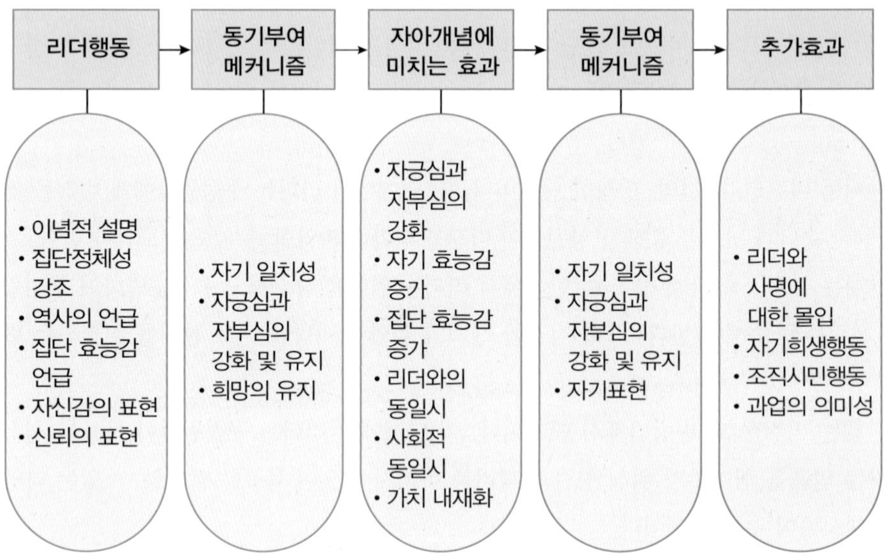

출처: B. R. Shamir, R. J. House, and M. Arthur(1993). "The motivational effects of charismatic leadership : A self-concept based theory." Organization Science. 4(4), pp. 577~594.

그리고 리더의 행동 유형, 구성원의 자아개념에 기초한 카리스마 리더의 영향력 행사, 구성원의 동기를 유발하는 방법 등을 중요시한다.

사미르가 중요시하는 자아개념이란 다양한 자아개념 중 리더와 부하 간의 관계에서 영향을 받는 자아개념을 강조한 것이다.

표 5-2 학자별 자아개념의 정의

연구자	내용
Triands(1989)	사적 자아, 공적 자아, 집합적 자아 등의 여러 자아 중 하나
Brewer & Gardner(1996)	자아개념은 개인적 자아, 개인 간 자아, 집합적 자아로 구분함 1) 개인적 자아: 타인과 구별되는 자아로서 개별화된 자아개념 2) 개인 간 자아: 상호의존적 자아개념으로서 타인과의 구체적인 역할 관계에 의하여 정의되는 자아개념으로 리더와 구성원 간의 관계로 설명할 수 있음 3) 집합적 자아: 자아의 사회적 확장으로서 자신과 집단 내 구성원들 사이의 유사성을 강조함으로써 개인의 번영보다 집합적 번영을 중요하게 여김
James(1980)	물질적 자아, 사회적 자아, 정신적 자아
N. H. Leonard. et al.(1995)	지각된 자아, 이상적 자아, 사회정체성, 자긍심
Schlenker(1985), Stryker(1980)	다양한 정체성으로 구성
Rogers(1997)	실제 자아, 이상적 자아
M. B. Brewer(1996)	개인적 자아, 관계적 자아, 집합적 자아
Shamir(1993)의 동기부여적 자아개념	자긍심, 자부심, 자기효능감, 집단적 효능감, 리더와 동일시, 사회적 동일시, 가치 내재화
Shamir 등(1998)의 동기부여적 자아개념	리더와 동일시 및 신뢰, 동기 및 희생의지, 집단과의 동일시, 집단애착, 자기효능감

리더십 사례 탐구

중국의 조조

많은 사람이 즐겨 읽었던 소설에 가까운 나관중의 〈삼국지연의〉가 아닌 진수의 〈정사 삼국지〉는 역사책의 관점에서 조조를 평가한 것이다. 조조는 매우 재능이 풍부한 영웅으로 한나라 조정이 부패하여 탐관오리들이 농민들에게 과도한 세금을 매기고 농민들은 자신의 경제적 기반인 농토를 버리고 유랑민이 되고, 가뭄과 홍수 등의 자연재해가 빈발하여 굶어 죽은 시체가 사방에 널려있을 때 새로운 지배체제를 이룩하고 둔전제(식량자급자족제도)를 실시하여 굶주림으로부터 해방시켰다.

첫째, 조조는 오로지 능력 있는 인재를 구했다.

관우를 생포할 때 볼모로 잡은 유비의 가족을 미끼로 사용하지만, 인정을 베풀고 호의를 보였다.

원소가 수십만 대군을 이끌고 남하했을 때 조조도 전군을 일으켜 관도대전이 시작되었다. 오랜 전투에 조조군은 수적 열세와 식량부족에 시달렸고, 원소군은 대군이었기에 짜임새와 집중력이 부족했다. 피로감이 쌓인 병사들의 불만이 늘어가면서 내부에 균열이 생길 때 원소의 모사 허유가 조조에게 귀순해 와서 원소의 군량미 창고가 있는데 경비가 허술하다고 알려줬다. 조조는 본진을 조홍에게 맡기고 자신은 기병대를 거느리고 잠입하여 원소군의 군량미를 불태웠다. 결국 식량 보급이 끊긴 원소군은 순식간에 허물어졌다.

전쟁이 끝나고 조조군은 수많은 문서를 노획했다. 그 가운데는 조조의 진영과 막료들 가운데 양다리를 걸친 인물들의 서찰도 있었다. 원소에게 조조의 진영의 허실을 알려주는 배신자의 밀서들이 여럿 있었지만, 조조는 하나도 보지 않고 모조리 불태우게 했다. 전쟁에서 승리하면 공로자를 포상하고 배신자들은 엄벌하는데 조조는 과감히 부하들의 배반에 대해 눈을 감았다. 아니 그들의 죄상을 모조리 불태워버렸다. 모두 안도했고 이후 조조 진영의 막료들이 더욱 충성하고 결속되었음은 물론이다. 조조는 이런 부하들의 면모를 살펴 그가 아꼈던 순유처럼 인품과 능력을 갖추고 높은 지위에 있으면서도 항상 겸손하고 예의를 갖추는 사람을 높이 평가했다. 그는 흙이건 돌이건 다 받아들여 높여가는 산과 같이, 흘러 들어오는 물은 전부 받아들이는 바다와 같이 포용력이 있는 통치자가 되길 원했다.

둘째, 조조는 백성들의 아픔을 이해했다.

건안 7년 원소가 죽자 조조는 북방을 평정하고 군사를 남으로 돌려 유비를 격파하고 하북과 하남까지 평정하자 고향으로 돌아와 포고령을 내렸다. "나는 폭정과 혼란을 제거하고자 의병을 일으켰으나 이곳 고향 땅에 돌아와 보니 양민 대부분이 목숨을 잃어 온종일 길을 걸어도 낯익은 사람을 만날 수 없는 지경이 되어버렸다. 진정으로 가슴 아픈 일이다. 내가 의병을 일으킨 이래 전사한 병사 중에 후손이 없으면 친척 중에 후사를 잇게 하고, 좋은 전답을 주어 농사를 도와주고, 학사를 두어 자제를 교육시키도록 하라, 유족을 위하여 묘를 세우고…."

관리임용 제도를 개선하여 백성들로부터 큰 호응을 받았다. 탐관오리들이 발붙일 수 없고 능력을 우선시하여 일반 백성들 가운데서도 인재를 등용하고 임용된 관리라 할지라도 능력을 다하여 일하지 않으면 추방해버렸다.

백성들이 무엇을 원하고 있는지 조조는 알고 있었다. 능력이 있으며 청렴한 인물의 등용, 평등하게 교육받을 수 있는 조치, 부당한 세금 징수 근절, 식량 자급자족을 이루었고, 법질서의 엄격한 집행을 비롯하여 민중의 삶을 돌보고 다스리기 위해 자신부터 검소와 절약을 솔선수범했다. 조조는 보통 옷 한 벌을 10년 이상 입었으며, 해마다 세탁하고 꿰매 입었다. 한 번은 은그릇을 사용했는데 사람들이 조조는 은을 좋아한다고 하자 나무 그릇으로 바꾸었다.

셋째, 조조는 항상 자기 계발에 힘썼다.

조조는 춘추전국시대의 관중이나 상앙이 지은 '부국강병'에 관한 실용적 저서에 관심이 많았다. 특히, 〈논어〉와 〈사기〉 등은 거의 외웠고, 수십 권에 달하는 병서를 정리하기도 하였다. 그는 신불해와 상앙의 법술을 채용하고 한신과 백기의 기발한 책략을 겸비하였다. 조조는 사람들의 타고난 재능을 최대한 발휘할 수 있도록 직책을 부여했다. 그는 자신의 감정을 자제하고 치밀한 계획을 세우고 실천에 옮겨 조정의 대권을 장악하고 건국의 대업을 이루었다.

조조는 건안칠자 등 우수한 문인들을 모아서 문학 공부를 하였고, 두 아들 조비와 조식도 한 시대를 대표할 만한 문학적 재능을 가졌다. 전통의 속박, 기성의 테두리에 얽매이지 않는 자유분방한 생각과 행동을 하였고, 진취적이며 큰 스케일을 지녔었다. 중국 근대 사상가이자 작가인 노신은 "조조는 분명히 새로운 시대를 열었고, 뒤에 올 시대를 개척한 영웅이며, 동시에 지극히 인간적인 인간"이라고 말했다.

출처: 난세를 뚫는다. 카리스마 리더 조조

토론 문제

01 현대그룹 정주영 회장의 인생 역정과 경영에서 성공한 이유에 대해서 이야기해보고 배울 점이 있다면 어떤 것인지 이야기해보자.

02 긍정적인 카리스마 리더의 특성과 부정적인 카리스마 리더의 특성에는 어떤 것이 있는지 살펴보고, 긍정적인 특성을 가진 인물과 부정적인 특성을 가진 인물을 각각 예를 들어 설명해보자.

03 카리스마를 발휘될 수 있는 행위적 선행조건을 통해 카리스마 리더가 될 수 있다고 강조한 Conger와 Kanungo가 규명한 카리스마 리더십을 함양할 수 있는 카리스마 리더십 4단계를 설명해보자.

04 카리스마 리더와 비카리스마 리더에게서 나타나는 행동을 구분하여 설명해보자.

CHAPTER 06

감성 리더십

I. 감성이란?

II. 감성 리더십이란?

Leadership Story

에이브러햄 링컨(Abraham Lincoln)

얼마 전 개관한 미국 일리노이주 스프링필드에 있는 링컨기념관에 가면 다시 환생한 것 같은 링컨을 만날 수 있다. 다름 아니라 25년 동안 1억 4,500만 달러를 들여 지은 링컨기념관이 개관하면서 특수효과를 활용해 링컨의 모습을 3차원적으로 재현해낸 것이다. 새로 개관한 링컨기념관에는 이 밖에도 링컨 재임 시절의 2층짜리 백악관과 링컨이 암살당한 포드 극장의 좌석도 똑같이 만들어 놓았다.

에이브러햄 링컨(Abraham Lincoln, 1809~1865)은 1809년 미국 켄터키주 호젠빌에서 가난한 농민의 아들로 태어났다. 학교 교육은 거의 받지 못했지만 잡화점 경영, 측량기사, 우체국장 등 여러 직업을 거치면서 독학으로 법률 공부를 하여 변호사가 되었다. 그리고 1837년 일리노이주의 스프링필드에서 법률사무소를 개업하였다. 링컨은 대통령에 당선되어 1861년 워싱턴으로 떠나기 전까지 20년 넘게 일리노이주의 주도인 스프링필드에서 살았다. 스프링필드에는 링컨이 살던 이층집뿐만 아니라 링컨 가족이 다녔던 교회, 그리고 링컨의 묘소가 자리하고 있다. 새로 링컨기념관이 스프링필드에 문을 연 것도 이런 연유에서였다.

〈링컨의 리더십(Lincoln on Leadership)〉을 쓴 도널드 필립스의 말처럼, 링컨은 그 자체가 살아있는 리더십의 교과서이다. 그렇다면, 링컨 리더십의 핵심은 무엇일까?

첫째, 현장의 리더십이다.

링컨은 대통령으로 재직한 4년 동안 대부분의 시간을 백악관이 아니라 전쟁터에서 보냈다. 링컨의 아들 윌리가 죽었던 1862년 2월과 그 자신이 가벼운 천연두에 걸렸던 1863년 12월부터 그 이듬해 1월까지를 제외하고 링컨은 거의 백악관에 머물지 않았다. 그는 직접 전선에서 병사들과 함께했기에 "병사들이 있는 곳에 링컨이 있다."라는 말이 생길 정도라고 한다. 그만큼 그는 책상머리에 앉아 있는 리더가 아니라 직접 현장을 발로 뛰며 확인하는 리더였다.

둘째, 인재 우선의 리더십이다.

링컨이 국방부 장관으로 임명한 에드윈 맥마스터 스탠턴은 한때 링컨보다 훨씬 유명한 변호사였다. 그래서 스탠턴은 링컨이 대통령에 당선된 후에도 대통령을 얕보고 그에 대해 경멸적인 언사를 그치지 않았다. 하지만 링컨은 에드윈 스탠턴이 국방부 장관에 최적임자라고 판단하고 과감하게 그를 등용했다.

링컨의 판단은 적중했다. 스탠턴은 임명된 지 채 몇 개월도 안 되어 국방부를 민첩하고 유능한 조직으로 전면 개편했다. 더구나 링컨은 국방부에서 올라온 결재서류에 대해서는 국방부 장관인 스탠턴의 서명이 있는가만 확인했다. 스탠턴의 서명만 있다면 틀림없다고 생각한 것이다.

링컨이 이렇게 하자, 불평불만을 퍼 나르던 스탠턴의 링컨을 대하는 태도 역시 변하기 시작했다. 마침내 스탠턴은 완전히 링컨의 사람이 되었다. 1865년 4월 9일 링컨이 리버퀸호를 타고 워싱턴으로 돌아왔을 때 그를 맨 먼저 포옹하며 남군의 리 장군이 항복했다는 소식을 알려준 사람도 다름 아닌 스탠턴이었고, 링컨이 암살당했을 때, "이제 그는 시대를 초월한 인물이 되었다"라고 말한 사람 역시 스탠턴이었다. 결국, 링컨은 최고의 인재를 찾는데 몰두했다. "아울러 의심하면 쓰지 않되, 일단 쓰면 의심하지 않는다."라는 말을 그대로 실천했다.

셋째, 혁신의 리더십이다.

링컨이 남북전쟁을 승리로 이끌어 두 동강이 난 미국을 다시 하나로 봉합했으며 노예해방과 미국 민주주의의 상징적 인물임을 모르는 사람은 아마 없을 것이다. 하지만, 에이브러햄 링컨이 미국 역대 대통령 중 유일하게 특허권을 획득한 대통령이었음을 아는 사람은 그리 많지 않을 것이다.

에이브러햄 링컨은 부드러운 리더십을 지닌 사람이었다. 그는 개인의 감정보다 공동의 목표를 위해 리더십을 발휘한 사람이었다.

링컨이 변호사가 된 지 얼마 되지 않았을 때 매우 중요한 사건의 변호를 맡게 되었는데, 그와 함께 변호를 맡게 된 변호사들은 대단한 베테랑 변호사들이었다. 그 중, 한 변호사가 링컨을 보자 이렇게 말했다.

"저런 애송이가 여기 왜 왔지?"

"저런 촌뜨기하고는 같이 일할 수 없으니 꺼지라고 해!"

링컨은 이런 모욕적인 말을 들었지만, 계속 변호에 참여했다. 결국 베테랑 변호사의 활약으로 링컨 측이 승리했다. 링컨은 그 베테랑 변호사의 변론을 지켜보면서 공부를 더 열심히 해야겠다고 생각했다.

그 후 한참이 지난 후 링컨은 공화당 후보로 대통령이 되었다. 하지만, 그 베테랑 변호사는 여전히 "링컨이 대통령이 된 것은 국가적 재난이다."라고 링컨을 비난했다. 그런데, 링컨은 그를 국방부 장관으로 임명했다. 그만한 적임자가 없었기 때문이었다. 많은 참모가 링컨을 만류했지만, 링컨은 참모들에게 "나를 수백 번 무시하면 어떻습니까? 그는 사명감이 투철한 사람으로 국방부 장관을 하기에 충분합니다."라고 말했다.

그는 장관이 된 이후에도 링컨에게 거침없이 직언을 해댔다. 그러던 어느 날 링컨이 암살당했다. 링컨의 죽음을 보고 누구보다 서럽게 울던 사람은 바로 그 베테랑 변호사였다. 링컨의 죽음 앞에서 그는 이렇게 말했다. "여기 가장 위대한 사람이 누워 있습니다." 그는 바로 에드윈 스탠턴이었다. 링컨은 강압적이거나 카리스마 넘치는 리더십이 아니었다. 그는 적도 친구로 만드는 리더십이었다.

맥클레런(McClellan) 장군은 남북전쟁 당시 스콧 장군의 후임으로 사령관이 되어 뛰어난 조직력과 병참술로 혼란에 빠져 있던 북군을 재정비하여 뛰어난 전투부대로 만들었으며, 남군의 침략을 막는데 혁혁한 공을 세운 장군이었다. 하루는 링컨 대통령이 국방부 장관과 함께 맥클레런 장군을 격려하기 위해 그의 야전 사령부를 찾았다. 링컨은 장군이 돌아올 때까지 몇 시간을 사령관실에 앉아서 그를 기다렸다. 한참 시간이 지나, 장군이 돌아왔다. 그런데 그는 링컨과 장관을 본체만체하고 자기 방으로 들어가 버렸다. 잠시 후에 하녀가 나타나더니 이렇게 말했다. "장군께서는 너무 피곤해 잠자리에

드셨다고 말씀드리라고 하셨습니다."
장관은 이 이야기를 듣고 깜짝 놀라서 링컨에게 이렇게 말했다. "각하, 저렇게 무례한 놈은 당장 직위 해제해야 합니다."
그러자 링컨이 조용히 말했다. "아닙니다. 맥클레런 장군은 우리가 이 전쟁에서 이기는 데 필요한 사람입니다. 그가 이 전쟁을 단축시킬 수만 있다면 나는 기꺼이 그의 말고삐를 잡아주고 그의 군화도 닦아줄 것입니다."
진짜 강력한 리더십은 어떤 리더십인가?

출처: [리더십 사례], 링컨의 리더십|마케팅아저씨, www.SERICEO.ORG 감성 리더십 중 정진홍

I 감성이란?

1 감성과 감성지능

1. 감성

감성이란 물리적 자극 또는 정신적 자극에 의한 감각이며, 인간의 내부에서 발생하는 고도의 심리적인 체험으로 기쁨 또는 슬픔과 같은 다양한 심리적 상태를 말한다. 따라서 감성은 명확하고 정확하게 표현하기가 어려우며 복합적이고 종합적인 느낌으로 개인과 환경에 따라 다양하게 변화하는 역동성을 지닌다. 그리고 최근 감성이라는 용어는 감성경영, 감성마케팅, 감성공학, 감성 리더십 등 다양한 분야에서 등장하고 있다.

2. 감성지능

감성지능(Emotional Intelligence)은 감성(Emotional)과 지능(Intelligence)의 두 가지 요소를 결합한 개념으로, 일반지능[1]과 구분되는 개념이다. 인간의 감정을 통제하고 조절하는 인지능력과 일상생활 속에서 느끼는 기쁨, 슬픔, 사랑, 미움, 용서, 죄책감 등 다양한 감정과의 상호 작용에 대한 연구에 기초하여 발전된 개념이다.
감성지능의 사전적 의미는 자신이나 타인의 감정을 인지하는 개인의 능력으로 자신의 감정 파악 및 통제뿐만 아니라 타인의 감정을 잘 파악함으로써 여러 종류의 감정들을 잘 변별하고 이

를 토대로 자신의 사고와 행동을 원하는 방향으로 이끌어가며 나아가 타인의 사고와 행동을 유도하는 능력을 말한다.

감성지능은 자신과 타인의 감정을 관찰하고 평가하여 자신과 타인의 행동을 유도하는 능력으로 1964년 마이클 벨도치(Michael Beldoch)의 논문[2]과 1996년 Practice of child psychology and child psychiatry에 실린 레오너(B. Leuner)의 Emotional intelligence and emancipation 논문[3]에 처음으로 등장했다.

1983년에 하워드 가드너(Howard Gardner)가 인간의 지능을 언어지능, 육체적 운동지능, 음악지능, 논리적 지능, 공간적 지능, 개인 내 지능, 개인 간 지능 등 7가지로 구분하였다. 그리고 이 중 개인 내 지능(Intrapersonal Intelligence)[4]과 개인 간 지능(Interpersonal Intelligence)[5]은 전통적인 지능지수인 IQ 검사에서 고려되지 않는 요인으로 감성적 지능을 의미한다고 제시하였다.

감성지능은 1990년 감성지능의 개념을 새로운 지능을 위한 표준기준 내에서 정의하기 위해 노력한 메이어(Mayer)와 살로비(Salovey)[6]의 연구에서 자신과 타인의 감성을 평가하고 자신의 감성을 효과적으로 표현하고 조절할 수 있는 능력으로 자신의 삶을 스스로 계획하고 성취하기 위해서 감성을 활용해야 한다는 개인 내 지능적 측면에서 사용되었다.

그리고 감성지능은 1995년 골맨(Goleman)[7]의 책 Emotional Intelligence −Why it can matter more than IQ를 통해 대중화되었으며, 이후 Salovey와 Mayer는 감성지능에 관한 연구를 발전시켜 감성지능의 실용적인 측면을 더욱 강조함으로써 감성지능을 자기의 감성을 인식하고 조절할 수 있는 개인 내 지능의 수준에, 타인의 감성을 이해하고 대처하여 인간관계를 조정하는 능력인 개인 간의 지능을 복합적으로 고려하여 올바른 사고와 행동을 가능하게 하는 능력, 즉 현대의 감성지능으로 발전시켰다.

표 6-1 감성지능의 개념

학자	감성지능의 개념
Bar-On(1997)	개인적, 감성적, 사회적 차원의 초점을 둔 역량으로써, 개인의 심리적 안정을 찾는 데 도움이 되며, 사회적 지위의 배열과 환경적 요구에 효과적으로 대처할 수 있는 능력
Cooper와 Sawaf(1998)	인간의 에너지, 정보, 연결과 영향력의 원천인 감정의 힘과 통찰력을 인식하고, 이해하며, 효과적으로 활용하는 능력
Dulewicz와 Higgs(1999)	자기의 감성을 인식하고 타인의 자극에 반응하여 영향을 주며, 지속적으로 스스로를 동기부여하고 피드백하고 관리하여 윤리적 행동을 주입하는 능력

Jordan, Ashkanasy와 Harter(2002)	자신과 타인의 감성적 요구를 인식하며 복잡한 감성을 이해하고 상황에 맞게 감성을 적절하게 활용할 수 있는 능력
Wong과 Law(2002)	자신과 타인의 감성을 정확하게 이해하고 자신의 감성을 조절하고 활용할 수 있는 능력

2 감성지능의 구성 요소

감성지능에 대한 다양한 정의만큼 감성지능의 구성 요소에 대한 정의도 연구자마다 상이하게 제시하고 있다.

표 6-2 감성지능의 구성 요소

학자	감성지능의 구성 요소
Goleman(1995)	자기인식, 자기조절, 자기동기화, 감정이입, 사회적 기술
Reuven Bar-On(1997)	개인내적기술, 대인관계기술, 적응력, 스트레스관리, 일반감정
Mayer와 Salovey(1997)	감성평가, 표현능력, 감성조절능력, 감성활용능력
Caruso(2002)	감성의 확인, 감성의 활용, 감성의 이해, 감성의 관리
Wong과 Law(2002)	자기감성이해, 타인감성이해, 감성조절, 감성활용

1. 학자별 감성지능 구성 요소

Goleman[8]은 감성지능의 구성 요소를 자기인식(self-awareness), 자기조절(self-management), 자기동기화(self-motivating), 감정이입(empathy), 사회적 기술(social skill) 5가지로 제시하였다. 먼저 자기인식은 자신이 느끼는 감정을 빠르게 인식하는 능력이며, 자기조절은 인식된 자신의 감정을 적절하게 통제하고 변화시킬 수 있는 능력이며, 자기동기화는 위기나 실패를 극복하고 자신의 목표를 향해 노력할 수 있는 능력이며, 감정이입은 타인의 감정을 느끼고 이해하며 공감하는 능력이며, 사회적 기술은 인식하고 있는 타인의 감정에 적절하게 대응할 수 있는 능력이라고 정의하였다.

Bar-On[9](레우벤 바온)은 감성지능의 구성 요소를 5가지, 즉 개인내적기술(intrapersonal skills), 대인관계기술(interpersonal skills), 적응력(adaptability), 스트레스관리(stress management), 일반감정(general moods)으로 구분하였다. 개인내적기술은 개인의 내적 자아와 관련이 있는 것으로 자기존중, 자기인식, 자아실현, 확신, 독립심 등을 말하며, 대인관계 기술은 감정이입, 대인관계, 사회적 책임 등으로 구성된다고 제시하였다. 그리고 적응력은 문제해결, 현실평가, 유연성으로 구성되며, 스트레스관리는 스트레스 인내, 충동조절로 구성되며, 일반감정은 인생을 행복하게 즐기는 능력과 낙관주의라고 제시하였다.

Mayer와 Salovey[10]는 감성지능의 구성 요소를 감성평가, 표현능력, 감성조절능력, 감성활용능력 4가지로 구분하였다. 감성평가는 자신과 타인의 감성을 평가하는 능력을 말하며, 표현능력은 평가된 감성을 효과적으로 나타내는 능력이라고 제시하였다. 그리고 감성조절 능력은 자신 스스로에게서는 자신의 긍정적인 기분을 지속시키고 유지하기 위해 부정적인 기분을 줄이려는 노력과 타인과의 관계에서는 부정적인 대화를 억제하여 인간관계를 원활히 증진시키기 위해 감성을 효과적으로 억제하고 조절할 수 있는 능력이라 정의하였다. 그리고 끝으로 감성활용능력은 자신의 삶을 계획하고 필요한 것에 주의를 집중하며, 문제를 해결하기 위해 감성을 잘 활용하는 능력이라고 제시하였다.

그리고 이후 Mayer와 Salovey는 감성지능의 구성 요소에 관한 연구를 발전시켜 감성지능의 구성 요소를 정확히 지각하고 인식하고 표현하는 능력, 의식적이고 무의식적 과정을 통해 감성을 생성하여 사고를 촉진시키는 능력, 감성의 의미와 감성 간 상호작용을 생성하여 사고를 촉진시키는 능력, 감성의 의미와 감성 간 상호작용을 이해하는 능력, 감성발달과 지적발달을 향상시키기 위해 감성을 조절하는 능력이라 정의하였다.

카루소(Caruso, 2002)[11]는 Mayer와 Salovey와 함께한 후속연구를 통해 감성지능의 구성 요소를 감성의 확인(identifying emotions), 감성의 활용(using emotions), 감성의 이해(understanding emotions), 감성의 관리(managing emotions) 4개로 정의하였다. 첫째, 감성의 확인은 감성을 정확하게 인지하고 올바르게 표현하는 것이며, 둘째 감성의 활용은 중요한 일에 주의를 기울이거나 의사결정 문제를 해결하기 위해 자신의 감정을 적절히 활용하는 것이며, 셋째 감성의 이해는 감성의 원인과 여러 감성 간의 관계를 파악하는 능력이며, 넷째 감성의 관리는 불쾌한 감성이라도 억압하거나 회피하지 않고 차분하게 유지할 수 있는 능력이라고 제시하였다.

Wong과 Law[12]는 감성지능의 구성 요소를 자기감성이해(self emotional appraisal: SEA), 타인감성이해(others' emotional appraisal: OEA), 감성조절(regulation of emotion: ROE), 감성활용(use of emotion: UOE) 4가지 구성 요소로 정의하였다.

첫째, 자기감성이해는 자신의 감정을 이해하고 표현할 수 있는 능력으로 자기가 현재 느끼고 있는 감정이 무엇인지를 잘 이해하고 그 감정에 대한 원인을 잘 알고 있는 것을 의미한다.

둘째, 타인감성이해는 타인의 감정을 최대한 정확하게 인식하고 이해하는 능력으로 동료들의 행동으로부터 그들의 감정이 무엇인지 잘 알고, 이해하는 것을 의미한다.

셋째, 감성조절은 심리적 고통에서 빠르게 회복하도록 자신의 감정을 조절하는 능력으로 자신이 충동적인 행동을 하는 것보다 자신의 감정을 통제할 수 있는 능력이다.

넷째, 감성활용은 개인의 성과 및 건설적인 활동을 위해 자신의 감성을 활용할 수 있는 능력으로 스스로 목표를 세우고 그것을 달성하기 위해 최선의 노력을 다하며, 스스로 동기부여하고 격려하는 것이라고 정의하였다.

2. 감성지능의 5가지 핵심 구성 요소

지난 1990년대 이후 지속적으로 연구된 감성지능의 구성 요소에 관한 연구를 종합하여 핵심 구성 요소를 제시하면 다음과 같다(변상우, 2014[13]; 고부섭, 2016[14]).

표 6-3 감성지능의 5가지 핵심 구성 요소

구성 요소	정의	특성
자기인식	• 자신의 감정에 대한 강점 및 약점 등에 대한 깊은 이해를 바탕으로 자신의 감정이 타인에 미치는 영향을 인식하는 능력	• 자신감 • 실질적이고 명확한 자기평가
자기관리	• 자신의 감정에 대한 인식을 활용하여 스스로 자신을 관리하는 능력 • 부정적인 기분과 충동을 효과적으로 통제하거나 전환시킬 수 있는 능력 • 어떠한 행동을 하기 전에 판단을 위해서 멈출 수 있는 능력	• 신뢰성과 성실성 • 변화에 대한 개방성
자기동기화	• 돈이나 지위를 초월하여 자신의 직무를 성공적으로 수행할 수 있는 열정 • 맡은 일에 대한 긍지를 가지고 불굴의 의지와 노력으로 목표달성을 추구	• 강한 성취욕구 • 실패를 두려워하지 않고 낙관적으로 극복해나가는 마인드 • 조직에 대한 애정
공감 (감정이입)	• 다른 사람의 감정을 깊이 헤아리려 하는 이해능력 • 다른 사람의 감성적인 반응에 적절히 대응하고 원만하게 대처하는 능력 • 타인과 솔직하고 진지한 관계를 구성하는 능력	• 서로 다른 문화를 받아들이고 이해하는 감수성 • 이해관계인에 대한 진심 있는 봉사심

사회적 기술	• 인간관계를 형성하고 이를 관리하는 능력 • 공통의 입장을 발견하고 이를 토대로 친밀한 관계를 형성하는 능력 • 서로 간의 갈등을 조정 및 해결하는 능력	• 변화를 주도하는 설득력 • 팀을 조직하고 아끼는 리더십

3 감성조절

감성조절은 감성과 사고에 대한 감성반응 과정에 초점을 두고 많은 형태의 감성이 서로 어떻게 관련되어 있는지를 이해할 수 있는 것으로 감성조절은 감성상태를 유지하고 향상시키며, 감성상태를 금하고 억누르는 것을 포함한다. 즉, 일상생활 속에서는 부정적인 감성이 지나치게 표출되지 않도록 감성을 통제하지만, 불의한 일에 맞서고 분노의 강도를 높이기 위한 상황에서는 높은 감성상태를 유지하는 것으로 최근 감성조절에 관한 연구가 증가하고 있다.

Mayer와 Salovey(1997)[15]는 감정조절을 "감성을 조절하고, 평가하고, 변화시키기 위해서 사용하는 평가 시스템의 산물"이라고 정의하면서 아동은 자신에 관한 긍정적인 생각과 사고를 유지하고 도움을 줄 수 있는 정보를 찾음으로써 스스로 긍정적인 기분을 유지하고 부정적인 기분을 회피하려고 함을 확인하였다.

표 6-4 Mayer와 Salovey(1997)의 감성조절 발달단계

감성조절 1단계	유쾌한 감성과 불쾌한 감성을 받아들이는 능력
감성조절 2단계	감성의 유익함과 실용성에 따라서 그 감성을 반성하며 지속시키거나 그 감성에 벗어나는 능력
감성조절 3단계	자신의 감성과 다른 사람들의 감성을 반성하며 점검하는 능력
감성조절 4단계	부정적인 감성을 낮추고 긍정적인 감성을 높임으로써 자신의 감성과 타인의 감성을 조절하는 능력

1. 감성조절 1단계

감성조절 1단계는 가장 기본적인 감성을 받아들이는 능력을 함양하는 단계로, 다른 사람의 감성에 주의를 기울일 때 감성에 대해서 배울 수 있음을 깨닫고, 반대로 다른 사람의 감성에 주의를 기울이지 않으면 아무것도 배우지 못함을 깨닫는 단계이다.

2. 감성조절 2단계

감성조절 2단계는 감성과 행동이 분리될 수 있다는 사실을 깨닫는 단계로, 아동들의 경우 분노가 생겼을 때 '10까지 수를 세어라'라는 부모님의 교육에 따라 자신의 감정을 조절하며 다른 사람에 대한 분노가 최고로 도달했을 때 감성적으로 자신의 감성을 진정시키고 좀 더 침착한 관계를 형성하는 것을 배우는 단계이다.

3. 감성조절 3단계

감성조절 3단계는 기분과 감성에 관한 일관성 있는 능력을 함양하는 단계로, 자신과 타인의 감성을 함께 주의를 기울임으로써 자신의 감성을 명료하고 정확하게 표현하는 단계이다.

4. 감성조절 4단계

감성조절 4단계는 감성조절의 가장 수준 높은 상위단계로, 단순히 부정적인 감성을 조절하는 수준이 아닌, 긍정적인 감성을 강화시킬 줄 아는 단계로 자신의 감성뿐만 아니라 타인의 감성도 조절하는 단계이다.

4 감성능력

감성능력은 강제형, 권위형, 우호형, 민주형, 선도형, 코치형 등 리더십의 유형에 따라 일 처리 방식, 말하는 스타일, 내재된 감성능력 등 다양한 특성이 있다.[16]

표 6-5 리더십 유형에 대한 감성능력

리더십 유형	일 처리 방식	말하는 스타일	내재된 감성능력	성공 상황	조직풍토에 대한 영향
강제형	즉시 수행	내가 말한 대로 행동해라	• 성취욕 • 자기통제력	전환기 또는 위기	부정적
권위형	비전을 향해 구성원 결집	나만 따르라	• 자기확신 • 유인변화	새로운 비전이 필요할 때	대부분 긍정적
우호형	조화 및 감정적 유대 형성	물질보다 사람이 우선이다	• 인간관계 • 의사소통	조직 내 균열을 해결할 때	긍정적
민주형	참여를 통해 교감 형성	무엇을 생각하는가?	• 협조 • 팀 리더십	조직 내 교감 형성이 필요할 때	긍정적

선도형	성과를 위한 높은 기준 마련	나처럼 하라	• 성실함 • 솔선수범	빠른 결과를 얻고 자 할 때	부정적
코치형	미래를 위한 인력 개발	시도하라	• 타인개발 • 감정이입	성과를 증진시키 고자 할 때	긍정적

Ⅱ 감성 리더십이란?

1 감성 리더십의 도래

리더십이란 앞서 정의한 바와 같이 조직의 목표달성에 도움이 되는 개인과 집단의 행동들을 유발 및 촉진시켜 구성원이 바람직한 조직목표에 자발적으로 협조하도록 함과 동시에 급변하는 환경에 능동적으로 적응하게 하여 조직의 바람직한 목표달성을 성공하게 하는 리더(지도자)의 능력 및 영향력이다. 따라서 성공적인 리더십은 집단을 하나의 총체로 종합함과 동시에 각각의 구성원들에게 부합하는 조직목표를 부여하며, 조직구성원들을 자극하여 그들의 잠재능력을 향상시키고 궁극적으로 조직목표를 효율적으로 달성할 수 있게 한다.

이러한 리더십은 학문의 발전과 더불어 리더들의 비전과 사명의 제시, 동기부여 등 리더십 고유의 접근에서 더 광범위한 접근이 필요하게 됨에 따라 감성지능과 병행한 감성 리더십에 관한 연구를 태동시켰다. 그리고 Neff, Citrin & Brown(1999)은 미국에서 가장 성공적으로 기업을 운영하는 최고경영자 50명을 대상으로 성공한 리더들의 공통적인 자질 15가지를 정리하였고, 이를 지적·기술적 측면과 감성적 측면의 자질로 나누어 체계적으로 분석하였다.[17]

그리고 그 결과 성공적인 리더의 자질 중 지적 또는 기술적 능력은 지적 능력, 명료한 사고, 폭넓고 해박한 사업지식 3가지일 뿐 성공적인 리더를 결정하는 자질은 감성적 측면의 능력이 더욱 중요하다는 점을 주목해야 한다고 주장했다.

그림 6-1 **성공적인 리더의 자질**

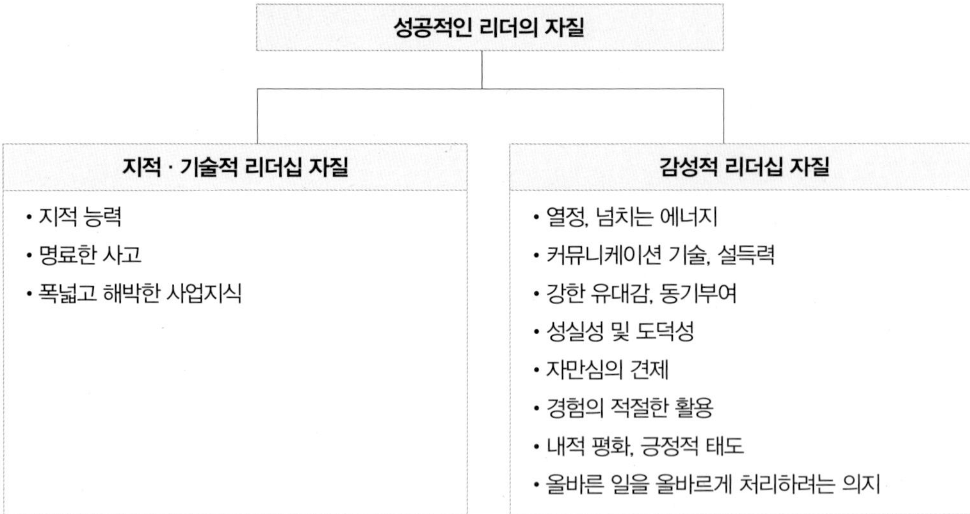

2 감성 리더십의 개념

역사적으로 위대한 리더들은 기술적·지적·인지적 능력 이외에 다른 능력을 지니고 있었다. 바로 감성지능능력이다. 계획한 목표를 성취하기 위한 강력한 추진력, 일을 주도적으로 이끌어가는 진취력, 협동과 팀워크를 이끌어내는 능력 등의 감성지능에 기초한 감성 리더십 능력을 지니고 있었다(변상우, 2014).

국내외 감성 리더십의 주요 연구자들이 정의한 감성 리더십의 개념을 정리해보면 다음의 표 6-6과 같으며, 다음과 같은 감성 리더십의 특징을 파악할 수 있다.

첫째, 감성 리더십은 우선적으로 자신과 타인의 감정을 이해한다.

둘째, 감성 리더십은 자신과 타인의 감정 이해를 바탕으로 자신과 타인의 감정을 관리하며, 이러한 관리능력을 통해 긍정적인 관계 및 공감대를 형성한다.

셋째, 형성된 긍정적인 관계 및 공감을 토대로 조직구성원들을 독려하여 조직의 목표를 효과적으로 달성하게 한다.

표 6-6 감성 리더십의 개념

학자	감성 리더십의 개념
Mayer & Salovey(1990)	구성원들의 인내심, 지구력, 용기, 절제, 만족과 충동 등 감정을 인식하고 관리하는 능력과 조직구성원의 감정을 다스리는 통제력을 갖추고 공감을 통한 긍정적 관계 형성을 통해 조직에 영향력을 발휘하는 능력
Goleman et al.(2002)	리더가 먼저 자신의 내면을 이해하고, 조직구성원들의 감성 및 요구사항을 고려함과 동시에 구성원들과 자연스러운 관계를 형성하여 조직의 감성역량을 향상시키는 능력
Wong & Law(2002)	자신과 타인의 감성을 이해함으로써 감성을 효율적으로 활용 및 이용하는 능력
신정길[18](2004)	먼저 자신의 감정을 인식하여 자신의 내면에서 감정이 커지는 것을 주목하고, 감정의 이유 및 동기를 확인하고 어떻게 하면 감정을 기초로 건설적 조치를 할 수 있는지를 이해하는 능력
이석열[19](2006)	감성적인 사회적 기술을 지속해서 개발하고 응용하여 조직구성원에게 건설적인 노력을 발휘할 수 있도록 영향력을 행사하는 능력
홍계훈·조윤형·이창준[20](2009)	자신과 타인의 감정을 잘 이해하고 감정을 긍정의 방향으로 조절하고 활용하는 능력
하준호[21](2011)	감성은 마음에서 오는 것이며, 감성의 행동을 통해 사람들을 원하는 방향으로 이끌어가는 능력
변상우(2014)	자신과 상대의 감성에 대한 이해를 바탕으로 관계형성 및 유지를 통해 공감을 얻어내고, 이 공감으로 조직구성원들이 직무에 몰입하여 높은 성과창출을 할 수 있게 하는 능력

즉, 감성 리더십이란 조직의 목표를 향하여 적합한 동기를 부여하는 리더십 중 하나로 감성지능을 토대로 집단을 하나의 총체로 종합하며 조직의 목표달성에 도움이 되는 개인과 집단의 행동들을 유발 또는 촉진시켜 구성원이 바람직한 조직목표에 자발적으로 협조하도록 함과 동시에 조직구성원들을 급변하는 환경에 능동적으로 적응하게 하여 조직의 바람직한 목표달성을 성공하게 하는 능력을 말한다. 따라서 감성 리더십을 효과적으로 발휘하기 위해서는 무엇보다 리더가 감성지능을 구성하는 다양한 감성적 역량을 갖추고 있어야 한다. 아울러 이러한 감성 리더십이 잘 발휘될 때 조직구성원들은 열정을 다해 각자의 직무 및 소속된 조직에 몰입함으로써 조직문화의 발전에도 긍정적인 영향을 미친다.

3 감성 리더십의 학습 과정 및 구성 요소

1. 감성 리더십의 학습 과정

훌륭한 감성 리더십을 함양한 감성리더가 되기 위해서는 그림 6-2와 같이 자신의 감정, 능력, 한계, 장·단점, 목적에 대하여 명확하게 인지하고 이를 바탕으로 자신의 강점과 욕구를 정확하게 인식하고 이를 토대로 감정을 표현할 수 있어야 한다. 그리고 이러한 능력을 토대로 타인의 감정을 읽어내고 타인과 공감하여 조직구성원들이 조직의 비전과 가치에 공감하게 하여 조직의 목표달성을 성공적으로 이루어내는 것이다(변상우, 2014).

그림 6-2 리더십의 정의

1. 자기인식능력 ➡ 2. 자기관리능력 ➡ 3. 사회적 인식능력 ➡ 4. 관계관리능력

2. 감성 리더십의 구성 요소

감성 리더십의 학습 과정을 중심으로 감성 리더십의 구성 요소를 살펴보면 개인적 능력인 자기인식능력과 자기관리능력 그리고 사회적 능력인 사회적 인식능력과 관계관리능력으로 구성된다(Goleman et al., 2002).

1) 자기인식능력

자기인식능력이란 자신의 감정, 가치, 목적, 능력 등을 깊이 이해하는 능력으로, 자신의 감정을 인지하고 그것의 영향력을 알고(감성적 자기인식능력), 자신의 장점과 한계를 정확히 앎으로써 자신의 목표 및 꿈을 설정하고(정확한 자기평가능력), 자신이 현재 어떠한 목적을 가지고 어디를 향해 가고 있는지를 알기 때문에 자신의 행동에 대한 확고한 신념(자기확신능력)을 가지는 능력이다.

2) 자기관리능력

자기관리능력은 자기인식능력의 다음 단계로, 자신의 감정을 헤아릴 줄 알며, 자신이 무엇을 하고 싶어 하는지를 명확하게 아는 자기인식능력에서 출발하며, 자신과 끊임없는 내면의 대화를 통해 자신의 감정을 통제하여 감정상의 균형을 유지할 수 있는 능력이다. 그리고 자기관리능력은 다음과 같은 다섯 가지 능력을 포함한다.

첫째, 아무리 힘든 상황에서도 감정이나 충동을 다스릴 줄 아는 능력(감성적 자기제어능력)이다.

둘째, 조직구성원과의 솔직하고 정직한 관계로 인해 다른 사람 앞에서 떳떳할 수 있는 능력(진솔할 수 있는 능력)이다.

셋째, 급변하는 현 환경 및 사회 속에서 자신의 감정을 적절하게 통제함으로써 다양한 요구에 유연하게 대처하는 능력(적응력)이다.

넷째, 위기의 순간에 새로운 기회를 포착하려고 노력하는 능력(진취성)이다.

다섯째, 목표달성을 위하다가 문제에 봉착하였을 때도 자신의 마음을 다스려 중요한 판단을 긍정적인 감정으로 이겨내는(성취력 및 낙천성) 능력 등이다.

3) 사회적 인식능력

사회적 인식능력은 개인적 능력인 자기인식능력과 감정적 자기관리능력에 이어 감성 리더십의 3번째 단계로 다른 사람의 감정을 명확하게 인식하는 능력이다. 사회적 인식능력은 다른 사람의 감정을 읽어내고 대화를 통해 상대방의 감정을 이해하여 공감을 형성하고(감정이입능력), 조직의 방향성과 의사결정 구조를 파악하고(조직적 인식능력), 조직구성원들의 필요한 요구를 빠르게 파악하고 이를 충족시켜준다(서비스 능력).

4) 관계관리능력

관계관리능력은 자기인식, 자기관리, 사회적 인식 다음의 4번째 단계로 다른 사람과의 사회적 관계를 효과적으로 관리하는 능력이다. 즉, 관계관리능력은 다음과 같은 능력을 포함한다.

첫째, 리더가 자신의 가치관과 조직구성원의 가치관을 진실성 바탕으로 눈앞의 이익을 초월하여 궁극의 목표가 무엇인지를 찾아주는 능력(영감을 불어넣는 능력)이다.

둘째, 조직구성원들의 적극적인 참여를 이끌어내는 능력(영향력)이다.

셋째, 건설적인 피드백과 삶의 진실된 조언을 해주는 능력(다른 사람을 이끌어주는 능력)이다.

넷째, 변화를 저해 또는 방해하는 요인을 파악 및 개선하여 변화를 이끌어내는 능력(변화를 촉진하는 능력)이다.

다섯째, 조직구성원 및 조직 간에 발생하는 갈등관계의 원인을 명확하게 파악하고 이를 긍정적으로 해결해주는 능력(갈등관리능력)이다.

여섯째, 조직구성원들 간에 팀워크와 동지애를 느끼게 해주는(팀워크와 협동을 이끌어내는 능력) 능력이다.

표 6-7 감성 리더십의 구성 요소

능력	영역	하위 요소	
		세부능력	내용
개인적 능력	자기 인식 능력	감성적 자기인식능력	자신의 감정을 읽고 영향력을 깨닫는 능력
		정확한 자기평가능력	자신의 장점과 한계를 정확하고 명확하게 파악
		자기확신능력	자신이 하는 일의 방향과 목적에 대한 확신
	자기 관리 능력	감성적 자기제어능력	감정이나 충동을 다스리는 능력
		진솔할 수 있는 능력	구성원을 정직하고 솔직하게 대하는 능력
		적응력	상황의 변화에 적응하고 장애를 극복하는 능력
		진취성	위기의 순간을 기회로 바꾸는 능력
		성취력	설정한 목표를 달성하려고 하는 능력
		낙천성	어려운 상황에서도 긍정적인 사고로 해결하는 능력
사회적 능력	사회적 인식 능력	감정이입능력	다른 사람의 감정을 깊이 이해하는 능력
		조직적 인사능력	인적 · 물적 자원을 정확하게 파악하고 이를 적재적소에 배치 및 관리하는 능력
		서비스능력	조직구성원들의 필요를 파악하고 이를 신속하게 충족시켜주는 능력
	관계 관리 능력	영감을 불어넣어 주는 능력	다른 사람들에게 새로운 목표와 방법을 떠오르게 해주는 능력
		영향력	조직구성원들의 참여를 독려하는 능력
		다른 사람을 이끌어주는 능력	건설적인 피드백 및 코치를 해주는 능력
		변화를 촉진하는 능력	변화의 장애 요인을 개선하는 능력
		갈등관리능력	조직 및 조직구성원 내 갈등을 극복하는 능력
		팀워크와 협동을 이끌어내는 능력	조직구성원들에게 팀워크와 동지애를 부여해주는 능력

리더십 사례 탐구

BTS(방탄소년단)의 감성리더십

BTS(방탄소년단)는 인기가 왜 높을까?

단순히 춤을 잘 추고 노래를 잘하기 때문만은 아니다. 감동과 감성이 넘치기 때문에 국경과 피부색을 떠나 세계적인 가수로 인정받는 것이다. 함께 웃고, 함께 우는 감성으로 세계인들에게 공감을 얻어 인기를 얻게 된 것이다.

방탄소년단이 미국 뉴욕 UN 본부 신탁통치이사회 회의장(Trusteeship Council Chamber)에서 열린 유엔아동기금(UNICEF)의 청년 어젠다 '제너레이션 언리미티드(Generation Unlimited)' 발표 행사에 참석했다. 방탄소년단 RM은 이날 멤버들을 대표해 7분간 연설을 펼쳤다. 유창한 영어 실력은 물론 진실한 자신의 이야기를 털어놓으며 많은 이들의 공감을 얻었다. 다음은 방탄소년단 RM이 대표로 한 UN 연설 전문이다.

> 존경하는 UN 사무총장님, UNICEF 총재님, 세계 각국의 정상 분들과 귀빈 여러분, 감사합니다. 저는 그룹 방탄소년단의 리더 RM으로도 알려진 김남준입니다. 오늘 젊은 세대들을 위한 의미 있는 자리에 초대받게 되어 대단히 영광입니다.
>
> 작년 11월 방탄소년단은 "진정한 사랑은 나 자신을 사랑하는 것에서 시작한다."라는 믿음을 바탕으로 LOVE MYSELF 캠페인을 유니세프와 함께 시작했습니다. 전 세계 어린이와 청소년들을 폭력으로부터 보호하는 「#ENDviolence」 프로그램도 유니세프와 함께해오고 있습니다. 우리 팬들은 행동과 열정으로 우리와 캠페인에 함께 해주고 계십니다. 진심으로 세상에서 가장 멋진 팬들이십니다!
>
> 저는 오늘 저에 관한 이야기로 시작하려 합니다. 저는 대한민국 서울 근교에 있는 일산이라는 도시에서 태어났습니다. 그곳은 호수와 산이 있고, 해마다 꽃 축제가 열리는 아름다운 곳입니다. 그곳에서 행복한 어린 시절을 보냈고, 저는 그저 평범한 소년이었습니다. 두근거리는 가슴을 안고 밤하늘을 올려다보고, 소년의 꿈을 꾸기도 했습니다. 세상을 구할 수 있는 영웅이 되는 상상을 하곤 했습니다.
>
> 저희 초기 앨범 인트로 중 '아홉, 열 살쯤 내 심장은 멈췄다'라는 가사가 있습니다. 돌이켜보면, 그때쯤이 처음으로 다른 사람의 시선을 의식하고 다른 사람의 시선으로 나를 보게 된 때가 아닌가 싶습니다. 그때 이후 저는 점차 밤하늘과 별들을 올려다보지도 않게 됐고, 쓸데없는 상상을 하지도 않게 되었습니다. 그보다는 누군가가 만들어 놓은 틀에 저를 끼워 맞추는 데 급급했습니다.
>
> 얼마 지나지 않아 내 목소리를 잃어버리고, 다른 사람의 목소리를 듣기 시작했습니다. 아무도 내 이름을 불러주지 않았고, 저 자신도 그랬습니다.

심장은 멈췄고 시선은 닫혔습니다. 그렇게 저는, 이름을 잃어버렸고 유령이 되었습니다.

하지만 제게는 하나의 안식처가 있었습니다. 바로 음악이었습니다. 제 안에 작은 목소리가 들렸습니다. "깨어나, 남준. 너 자신한테 귀를 기울여!" 그러나 음악이 제 진짜 이름을 부르는 것을 듣기까지 오랜 시간이 걸렸습니다. 막상 방탄소년단에 합류하기로 결심한 이후에도 많은 난관이 있었습니다. 못 믿는 분들도 계시겠지만, 대다수 사람은 우리가 희망이 없다고 생각했습니다. 때때로 그저 포기하고 싶었습니다.

하지만 제가 모든 것을 포기하지 않은 것은 정말 행운이라고 생각합니다. 저는, 그리고 우리는, 앞으로도 이렇게 넘어지고 휘청거릴 겁니다. 방탄소년단은 지금 대규모 스타디움에서 공연을 하고 수백만 장의 앨범을 파는 아티스트가 되었지만, 여전히 저는 스물네 살의 평범한 청년입니다. 제가 성취한 것이 있다면, 이는 바로 곁에 멤버들이 있어 주었고, 그리고 전 세계 ARMY 분들이 저희를 위해 사랑과 성원을 보내주었기에 가능했던 것입니다.

어제 실수했더라도 어제의 나도 나이고, 오늘의 부족하고 실수하는 나도 나입니다. 내일에 좀 더 현명해질 수 있는 나도 나일 것입니다. 이런 내 실수와 잘못들 모두 나이며, 내 삶의 별자리는 가장 밝은 별 무리입니다. 저는 오늘의 나이든, 어제의 나이든, 앞으로 되고 싶은 나이든, 나 자신을 사랑하게 되었습니다.

마지막으로 한 가지만 더 말씀드리고 싶습니다. LOVE YOURSELF 앨범을 발매하고, LOVE MYSELF 캠페인을 시작한 후 우리는 전 세계 팬들로부터 믿지 못할 이야기들을 들었습니다. 우리의 메시지가 그들이 삶의 어려움을 극복하고 그들 자신을 사랑하게 되는 데 어떤 도움이 되었는지를요. 그런 이야기들은 우리의 책임감을 계속해서 상기시킵니다.

그러니 우리 모두 한 발짝 더 나아가봅시다. 우리는 우리 자신을 사랑하는 법을 배웠습니다. 그리고 이제 저는 여러분께 "여러분 자신에 대해 말해보세요"라고 말씀드리고 싶습니다.

저는 여러분 모두에게 묻고 싶습니다. 여러분의 이름은 무엇입니까? 무엇이 여러분의 심장을 뛰게 만듭니까? 여러분의 이야기를 들려주세요. 여러분의 목소리를 듣고 싶습니다. 그리고 여러분의 신념을 듣고 싶습니다. 여러분이 누구이든, 어느 나라 출신이든, 피부색이 어떻든, 성 정체성이 어떻든, 여러분 자신에 대해 이야기해주세요. 여러분 자신에 대해 말하면서 여러분의 이름과 목소리를 찾으세요.

저는 김남준이며 방탄소년단의 RM이기도 합니다. 아이돌이자 한국의 작은 마을 출신의 아티스트입니다. 다른 많은 사람처럼 많은 흠이 있고, 그보다 더 많은 두려움이 있습니다. 그래도 이제는 저 자신을 온 힘을 다해 끌어안고 천천히, 그저 조금씩 사랑하려 합니다.

당신의 이름은 무엇입니까? 여러분 자신에 대해 이야기해주세요. 정말 감사합니다.

전 세계 농아인들을 감동시킨 일도 있다. 1년 넘게 이어지는 팬데믹 시대 때 '우리 모두 힘내자'라는 노랫말의 메시지는 '그 안무'를 만나 의미가 배가됐다. 바로 방탄소년단(BTS)이 발표한 신곡 '퍼미션 투 댄스'(Permission To Dance)에 등장하는 수어 안무다.
방탄소년단은 노래 후반부 다 함께 "나나나나나~" 하는 대목에서 '즐겁다' '춤추다' '평화'를 뜻하는 수어 동작을 활용한 안무를 선보인다. 엄지손가락은 펴고 나머지 손가락을 반쯤 구부린 채 몸을 위아래로 긁는 듯한 동작은 '즐겁다', 왼손 손바닥을 무대 삼아 다른 쪽 손의 두 손가락을 좌우로 움직이는 동작은 '춤추다', 양손 브이 동작은 '평화'의 의미를 담고 있다. 이 곡은 미래의 방탄소년단이 2021년 현재를 사는 우리에게 보라색 풍선을 날리며 코로나19 종식을 알리는 콘셉트다. 몸을 흔들며 춤추면서 동작을 해야 해서 의미가 제대로 전달되지 않을 우려도 있었지만, 희망적인 메시지를 세심하게 잘 표현하고 싶었다고 한다.
좋은 의미로 시작한 안무가 왜곡되지 않게, 방탄소년단 멤버들과 안무팀은 수어 동작의 정확한 표현에 특히 신경 썼다. 정확한 동작과 함께 멤버들이 가장 신경 쓴 것은 표정인데 활기찬 느낌과 즐거운 표정을 정말 잘 표현했다.
이런 노력에 전 세계 많은 이들이 감동했다. 소셜미디어에는 특히 농인들이 '수어 안무'를 따라 추는 영상이 많다. 최근 소셜미디어에는 "사촌 동생이 뮤직비디오를 보다가 '와, 나한테 춤추라는데'라며 행복해했다. 이를 듣고 우는 중"이라는 감동적인 사연이 올라와 화제를 모았다.
'퍼미션 투 댄스'에서 활용한 수어 동작은 영어처럼 국제적으로 통용되는 '국제 수어'(국제 수화)다. 아미들은 '춤추다' '평화'의 경우 한국 수어 표현이 다르다는 정보도 함께 전한다. 국제 수어를 써서 전 세계 농인들을 위해 음악을 공유했다는 점에서 진심이 느껴진다. 사회적 약자, 관심을 덜 받는 이들을 세심하게 배려해주었다. 세계보건기구(WHO) 테워드로스 아드하놈 거브러여수스 사무총장도 소셜미디어에서 "청각 장애로 음악을 즐기는 데 어려움을 겪는 전 세계 5억 명에게 큰 도움이 될 것"이라고 감사 인사를 전했다.
2016년 한국 · 프랑스 수교 130주년을 기념해 프랑스 파리에서 열린 케이콘(K-Con) 행사에서 방탄소년단은 본조아리랑, 진도아리랑, 밀양아리랑 연곡을 불렀다. BTS의 아리랑은 이후 유튜브를 통해 전 세계에 급속히 퍼졌다. 당시 문화체육관광부가 발매한 비매품 음반에 실린 BTS의 아리랑 연곡은 21세기에 재해석한 가장 주목해야 할 아리랑 음반으로 평가받고 있다. 해외 공연 중 아리랑으로 대한민국 국민뿐만 아니라 모든 외국인과 함께 부르며 감동을 준 무대였다. 그들은 진정한 애국자이며, 국경을 초월하여 모든 사람에게 감동을 주는 감성 리더가 아닐까?

토론 문제

01 방탄소년단(BTS)이 전 세계인들에게 인기가 높은 이유와 그들이 가지고 있는 감성에 대하여 이야기해보자.

02 에이브러햄 링컨(Abraham Lincoln)은 미국인들에게 가장 존경받는 미국의 16대 대통령이다. 〈링컨의 리더십(Lincoln on Leadership)〉을 쓴 도널드 필립스를 통해 알 수 있는 링컨 리더십의 핵심은 무엇인지 이야기해보자.

03 Goleman은 감성지능의 구성 요소를 자기인식(self-awareness), 자기조절(self-management), 자기동기화(self-motivating), 감정이입(empathy), 사회적 기술(social skill) 5가지로 제시하였다. 구성 요소를 각각 설명해보자.

04 감성 리더십의 구성 요소인 개인적 능력인 자기인식능력과 자기관리능력 그리고 사회적 능력인 사회적 인식능력과 관계관리능력에 대해서 설명해보자.

CHAPTER 07

윤리적 리더십과 서번트 리더십

Leadership Story

의녀(義女) 김만덕

김만덕은 노블리스 오블리제(Noblesse Oblige)를 실천하여 의녀(義女)로 존경받는 분이다. 김만덕(金萬德, 본관은 김해 김씨, 1739년 영조 15년~1812년 순조 13년)은 조선 시대의 여자 상인이다. 제주도에 대기근이 닥치자 전 재산을 풀어 육지에서 사 온 쌀을 모두 진휼미로 기부하여 빈사 상태의 제주도 백성들을 구제하였다. 이 때문에 제주에서는 '의녀'(義女)로 불린다.

김만덕은 그가 살았던 조선 시대의 여성으로서는 드물게 출신지인 제주도뿐만 아니라 전국적으로 알려졌던 인물이다. 객주를 열어 유통업에 종사하며 큰돈을 벌었고, 이후 굶어 죽어가는 제주도민을 위해 전 재산을 내놓았다. 뛰어난 사업가이자 자신의 재산을 사회에 환원한 자선가로 오늘날까지 칭송받는 김만덕은 유교 규범이 여성을 옥죄고 있던 시대에 굴하지 않고 그 한계를 거침없이 뛰어넘은 의인으로 평가받고 있다.

김만덕은 1739년 영조 15년에 중개상인 부친 김응렬과 모친 고 씨의 딸로 제주도 구좌읍에서 태어났다. 그녀의 부친은 김만덕이 12세 때인 1750년에 전라도로 장사를 갔다가 폭풍을 만나 사망했고, 모친도 당시 돌던 전염병으로 그해 사망했다. 김만덕은 졸지에 고아가 되어 외삼촌 집으로 가서 일하며 겨우 목숨을 이었는데, 외삼촌이 죽자 외숙모에게 매일 중노동에 학대를 당하다가 부자였던 제주 기생 월중선에게 돈 몇 푼에 팔려 갔다. 월중선은 한눈에 어린 김만덕의 훤칠한 미모와 단정한 성품이 마음에 들어 기녀로 만들고 싶어 했다.

이후, 김만덕은 미모와 뛰어난 재능으로 제주도를 대표하는 기생으로 떠올랐지만, 스스로 본래 양인의 딸이라는 것을 잊지 않고 기생생활에서 탈출하기로 했다. 그는 제주 판관 부인에게 물심양면으로 청을 넣어 남편인 제주 판관을 움직이게 했고, 제주 목사 신광익에게 탄원하여 양인(良人)으로 환원되었다. 10년 만에 기적(妓籍)에서 제명될 수 있었다. 24세에 양인이 된 그는 결혼도 마다하고 사업에 뛰어들었다.

12세에 고아가 된 후 기생의 수양딸로 관습을 뛰어넘어 장사를 시작한 것이다.

양인이 된 만덕은 '물산객주'를 열고 그곳에 출입하는 상인들을 통해 물건의 유통 과정을 익혔다. 전라도 등 육지에서 장신구, 옷감, 화장품, 쌀과 무명 등을 사들이고 제주도의 특산물인 약재, 전복, 재목, 갓(양태) 등을 전라도에 팔았다. 때로 변동하는 물가를 잘 이용하여 많은 이익을 남겼고, 한라산에 많던 사슴을 이용한 녹용 장사와 난초 재배에도 손을 대 큰 이익을 남겼다. 세월이 흘러 그는 제주도에서 손꼽는 대상인이 되었다. 이앙법(모내기)의 등장으로 농업기술이 발전하면서, 상업도 같이 발전한 18세기 조선의 시대 변화를 읽은 것이었다. 하지만 그녀는 내가 편안하게 사는 것은 하늘의 은덕이라고 믿었기 때문에 검소하게 살았다.

그는 전 재산을 털어 제주도민들을 살려낸다.

정조시대 제주도민들이 계속되는 재해로 기근에 시달리고 있었다. 제주도에 태풍이 휩쓸고 지나가 추수를 앞둔 제주도의 모든 것을 앗아 갔다. 1793년 제주도에서는 세 고을에서만 6백여 명이나 아사할 정도로 심각한 흉년이 계속되었다. "흉년이 들어 농작물을 재배할 수 없게 되었습니다. 2만여 섬의 구호식량이 없으면 장차 제주 백성들이 다 굶어 죽을 것입니다."라는 장계를 받자, 2만 섬의 구호식량을 보내지만, 그마저도 1795년 수송 선박 다섯 척이 침몰하면서 구호 정책은 실패했다. 이때 만덕은 전 재산을 풀어 5백여 석의 쌀을 사 왔는데, 이 중 450여 석을 모두 구호식량으로 기부하여 굶주림으로 죽어가던 제주도 민중들을 구원하였다.

전 재산을 풀어 노블리스 오블리제를 실천한 의녀(義女) 만덕의 알현을 받은 정조가 "너는 한낱 여자의 몸으로 의기(義氣)를 내어 기아자 천백여 명을 구하였으니 기특하다."라고 칭찬한 것을 보면 당시 만덕의 선행이 얼마나 큰 의미가 있는지 알 수 있다.

김만덕의 빈민 구호 소식은 제주 전임 목사(정3품 당상관에 해당하는 관직)였던 유사모에 의해 조정에도 전해졌고, 1796년 당시 왕이었던 정조가 제주 목사 이우현을 통해 소원을 물으니 김만덕은 "한양에 한 번 가서 왕이 계신 궁궐을 바라보고, 이내 금강산에 들어가 일만 이천 봉을 구경한다면 죽어도 여한이 없겠습니다."라고 대답했다. 대답을 들은 정조는 "관의 허락 없이 제주도민은 섬 밖으로 나가지 못한다."라는 규칙을 깨고 만덕의 소원을 들어주었다. 김만덕을 불러 명예 관직인 '의녀반수(醫女班首)'에 봉하고, 금강산 유람을 하고 싶다는 청도 받아들였다.

김만덕은 정조의 포상(褒賞)으로 금강산 유람을 마친 뒤에는 다시 제주도로 돌아가 객주 일을 계속했고 결혼은 하지 않았지만, 양아들을 들여 키웠다. 1812년에 고향 제주에서 73세로 세상을 떠났고 유언으로 양아들의 기본 생활비를 제외한 모든 재산을 제주도의 빈민들에게 기부했다.

기생 출신 양인이 왕을 알현한 것은 전례 없는 일이었고, 이 때문에 당대 지식인이자 정치인들의 관심을 한 몸에 받았다. 채제공은 김만덕의 생애를 다룬 '만덕전(萬德傳)'을 집필했고, 정약용 같은 실학자와 김정희, 조수삼 같은 문인들도 김만덕의 구호 사업을 칭송하는 시와 글을 남겼다.

1812년 73세를 일기로 별세한 만덕의 묘는 가운이마루 길가에 조성되었으며, 1977년 정월 제주시 건입동의 모충사로 이묘되었다.

가난한 집안 출신에 전직 기생이었던 독신 여성을 당시 남성 중심의 사회를 살던 사대부들이 앞다투어 칭송했다. 이렇게 김만덕이 전국적인 화제의 인물이 된 것은 그가 객주를 운영하면서 제주도 물품과 육지 물품을 교역하는 유통업을 통해 막대한 부(富)를 이루었고, 그 부를 기근에 시달리는 제주도민을 살려내는데 쾌척했던 것에서 비롯되었다.

경주 최부잣집

12대에 걸쳐 300년 동안 1만 석의 재산을 유지한 전 세계에서도 그 유례를 찾아보기 힘든 경주 최부자 집안. 이들이 칭송을 받는 것은 단순하게 부를 많이 축적했고 그것을 오래 유지했기 때문이 아니라 많은 선행과 독립운동의 후원자 역할을 통하여 지도층으로서 모범을 보였기 때문이다.

그들이 진정한 한국의 노블리스 오블리제로 평가받는 이유는 바로 여기 '육훈'(六訓)에 있다.

1. 과거를 보되 진사 이상 벼슬을 하지 마라. 양반으로서의 신분은 유지하되 권력과는 거리를 두고 과거를 보기 위해 끊임없는 지식을 탐구 학문하되 진사 이상의 벼슬은 권력욕에 빠질 수 있으니 권력과는 일정 거리를 유지해라.

   (철저한 계급사회에서 부를 유지하기 위해서는 최소한의 지위는 필요하나 권력까지 가질 생각은 절대 하지 말라.)

2. 만 석 이상의 재산은 사회에 환원하라. 부에 대한 욕망을 억제하기 위해 그들은 다른 부잣집들이 70% 정도 받던 소작료를 최부잣집은 40%로 낮추어 부의 혜택이 자연스럽게 골고루 나눠지도록 하였고, 이로 인해 수많은 소작인이 최부잣집 농사를 지으려고 줄을 섰으며, 더욱 열심히 일하니 최부잣집의 재산은 계속 늘어날 수밖에 없었다.

3. 흉년기에는 땅을 늘리지 말라. 남의 불행을 이용하여 재물을 모으는 기회로 삼지 말라. 정의로운 경제활동을 하고 이웃의 원성을 살 일은 절대 하지 말라. 이는 가진 사람이 할 도리가 아니다.

   (파장 때는 물건을 사지 말라고도 하였는데 이것은 석양이 질 무렵이면 장날 물건값은 뚝 떨어지기 마련이니 이것을 이용하여 값싸게 산 후 다시 비싸게 파는 행위를 하지 말라는 것이며, 최부자는 항상 오전에 제값을 주고 물건을 구입하였고 그러다 보니 상인들은 제일 질이 좋은 물건을 최부잣집에 먼저 가지고 와서 팔았다. 최부자는 부를 축적하는 데 수단과 방법을 가리지 않고 남이 어려울 때를 절호의 기회로 삼는 것을 철저하게 외면했다.)

4. 과객을 후하게 대접하라. 지나가다 들르는 손님을 후하게 대접하고 선행을 베풀 것이며 이를 통해 덕을 쌓고 인심을 얻어라.

   (동학란 이후 경상도 일대에는 부잣집을 털어 재물을 빼앗는 활빈당이 유행하였는데 다른 부잣집들은 전부 털렸지만 유일하게 최부잣집만큼은 건드리지 않았다. 이 집의 평판을 활빈당도 잘 알고 있었기 때문이다.)

5. 주변 100리 안에 굶어 죽는 사람이 없게 하라. 혼자만 잘 먹고 잘살지 말고 이웃과 아낌없이 나누어 더불어 살아라.

   (최부자 집은 춘궁기나 보릿고개가 되면 한 달에 약 100석 정도의 쌀을 이웃에게 나누어 주었고, 흉년이 심할 때는 약 800석이 들어가는 큰 창고가 바닥이 날 정도로 구제에 힘썼다. 최부자 집이 1년에 소비하는 쌀의 양은 대략 3,000석. 이 중 1,000석은 식구들 양식, 그다음 1,000석은 과객들 음식 대접, 나머지 1,000석은 빈민구제에 사용했다.)

6. 시집온 며느리는 3년간 무명옷을 입어라. 근검절약하는 생활을 여자들은 반드시 명심하고 실천해라.

   (조선 시대의 실제 집안 살림을 담당하는 것은 안방마님, 즉 여자들이 대부분이었기 때문에 여자들

의 절약 정신이 중요했다. 보릿고개 때는 집안 식구들도 쌀밥을 먹지 못하게 했고, 은수저도 사용하지 못하게 하였다.)

1910년 한일합방 후, 최부자 집안의 마지막 12대 최준은 국권 회복을 꾀하는 독립운동을 하다가 구속되기도 하였다. 이후 무역업체로 위장한 백상상회를 만들어 임시정부에 독립자금을 보내었다. 항상 결손처리를 적자로 해서 자금을 만들어서 보냈다.

최준의 두 동생도 독립운동에 나서 둘째 최완은 대동청년단을 거쳐 상해임시정부에 참여했다. 동생 최완은 부친이 사망했다는 일본경찰청의 거짓 편지를 받고 귀국했다가 체포되어 고문 끝에 순국하였다.

1945년 광복 후 김구 선생은 최준을 청하여 보내준 독립자금내역서를 보여 주며 감사해했다. 해방 이후 최준은 미래를 위한 육영사업을 하고자, 전 재산을 희사해서 1947년 대구대학을 설립하였다. 5·16 후에 대학 설치령이 강화되며 대학 운영이 어려워졌다. 그래서 당시 최고 부자였던 이병철에게 아무런 대가도 받지 않고 대구대를 넘긴다. 그러나 이병철은 곧 대학 운영에 손을 떼게 되고, 1967년 대구대는 대구의 청구대와 합병되어 영남대학교가 되었다.

“해방되었으니, 일본 경찰의 감시도 없고, 전 재산을 희사해 도둑이 들어올 일도 없으니 대문을 활짝 열어두어라”라는 말을 남기고 1970년 10월 마지막 최부잣집 최준이 역사 속으로 사라졌다.

I 윤리란?

1 윤리와 윤리경영

1. 윤리

윤리란 인간이 사회의 구성원으로서 그리고 한 인간으로서 지켜야 할 행동규범으로, 윤리(倫理)의 윤(倫)은 인륜, 도리, 무리 등의 뜻으로 질서 또는 무리의 의미가 있으며, 리(理)는 까닭 또는 이치에 관한 뜻으로 이 두 글자의 조합이다. 즉, 윤리는 인간이 사회 또는 집단을 구성하고 이 사회 또는 집단의 구성원으로 지켜야 할 이치 또는 도리를 말한다.

이러한 윤리는 도덕적인 성향과 더불어 법률적 성향을 모두 지니는데 최근에는 윤리적 관리를 통한 조직의 경쟁력 제고 및 조직의 지속 가능한 경영에 관한 연구가 진행되고 기업에도 윤리경영의 다양한 기법이 시도되고 있다.

2. 윤리경영

현대 사회에서 윤리는 사회의 통념과 일반적 합의를 기초한 개념으로 윤리경영(Ethical Management)이란 기업의 운영 과정에서 기업의 의사결정 또는 행동에 있어서 옳고 그름, 선과 악, 도덕적인 것과 비도덕적인 것에 대한 법률적·경제적 판단체계뿐만 아니라, 윤리 판단체계가 적용되는 것으로 최근 윤리경영의 연구는 규범적 접근과 실용적 접근의 흐름으로 구분된다.

먼저 규범적 접근에 관한 연구는 윤리의 근본, 기업목적과 윤리, 기업의 윤리적 가치판단 기준 등에 관한 연구이며, 실용적 접근에 관한 연구는 주로 도덕적 가치와 관련 있는 경영자 또는 기업경영의 의사결정에 관한 연구이다. 그리고 이러한 윤리경영의 적용 정도에 따라 기업윤리 유형은 다음과 같이 3가지로 분류할 수 있다.

첫째, 윤리경영이다. 윤리경영은 경영활동이 윤리적 행동기준에 일치해야 한다는 경영가치로 기업의 이윤추구는 법뿐만 아니라 윤리기준 내에서 추구되어야 한다는 경영이다. 기업의 책임은 경제적 책임과 법적책임뿐만 아니라 윤리적 책임도 포함된다. 또한 법은 최저한의 기준으로 대체로 윤리 준수가 우선시 된다.

둘째, 초윤리경영(Amoral Management)이다. 초윤리경영은 경영의사결정과 행동은 윤리와 독립적인 부분으로 간주해야 한다는 경영으로 비윤리와 같이 이윤추구가 기업 존재의 중심이지만 경제적 책임과 법적책임을 준수한다. 따라서 법이 곧 윤리라고 판단하기 때문에 법 테두리 내에서의 윤리만을 인정한다.

셋째, 비윤리경영(Immoral Management)이다. 비윤리경영은 경영과정의 의사결정과 행동이 윤리와 대립하는 경영으로 이러한 기업은 대체로 수단과 관계없는 이익의 창출 및 조직의 성공을 추구한다. 또한 기업의 책임은 경제적 책임에 국한되며 법률 또한 경영목표달성의 장애요인으로 취급한다.

2 윤리경영의 이해

1. 윤리경영의 중요성

기업의 윤리경영은 시대적 흐름이라 할 정도로 동서양을 구분하지 않고 윤리경영의 적용 및 그 중요성은 점점 부각되고 있다.

미국은 2002년에 사베인즈 옥슬리 법(Sarbanes-Oxley Act)에서 '상장 기업들이 윤리강령을 반드시 보유할 의무는 없지만, 만약 없다면 그 이유를 설명해야 한다'라는 규정을 추가로 도입하였으며, 국내에서도 윤리경영 시스템의 도입에 대한 시도 및 윤리경영 시스템의 평가에 관한 연구들도 점차 증가하고 있다.

> **사베인즈 옥슬리 법(Sarbanes-Oxley Act)**
> 사베인즈 옥슬리 법안은 미국의 회계부정 Sarbanes-Oxley 사건의 하나인 엔론 사태를 계기로 제정된 법률로 'SOX', '사브옥스', 'SOA'라고도 불리며, 회계 보고서, 내부 감사, 절차의 유효성을 문서화하여 증명하는 것을 요구하는 법안으로 독립적인 3인 이상의 외부감사위원회 설립, 회계 관련 기업 문서의 보존, 내부통제 시스템 구축, 회계정보를 왜곡한 최고경영자에게 최고 20년 징역형 부과 등의 세부 내용으로 이루어져 있다.

이러한 시대적 흐름 속에서 윤리경영은 기업들이 사회적으로 정당한 역할이나 활동에 참여하게 하여 고객으로부터 지속적인 신뢰를 얻는데 기여하고 있다. 시장경제 체제하에서 기업의 생명은 소비자, 투자자, 금융기관 등 다양한 고객의 신뢰를 얻는데 생사가 달려있다고 해도 과언이 아니다. 실제로 과거 '유명브랜드의 협력업체들이 동남아 근로자들을 저임금으로 부당한 대우를 하고 있다'라는 사실이 알려지면서 해당 제품의 불매운동이 일어났고 이에 따라 기업의 매출에 크게 하락하였다는 사실을 살펴볼 때 윤리경영이 기업의 신뢰와 얼마나 깊은 관계인지를 알 수 있다.

또한 윤리경영은 기업의 경영성과에도 영향을 미친다. 윤리경영은 기업의 구성원들에게 정당한 대우를 보장하는가? 기업의 구성원들을 인격적으로 존중해주는가? 와 같은 기업의 경영 및 관리에 직접적인 영향을 미치기 때문에 윤리경영은 기업의 경영성과에 적지 않은 영향을 미친다. 실제로 조직구성원들이 높은 수준의 윤리성이 유지되는 기업에서는 기업에 대한 애사심이 생길 뿐만 아니라 기업구성원으로서 자부심과 보람을 느끼고 맡은 일을 열심히 하려는 의욕이 생겨나 기업의 생산성이 크게 향상되는 효과를 가져오기 때문이다.

2. 윤리경영의 효과

윤리경영의 효과는 직접적인 효과와 간접적인 효과로 나타나며, 단기적 또는 장기적으로 다르게 나타난다. 기업이 윤리경영을 통해 얻는 효과를 경제적으로 정확하게 측정하기는 다소 어려움이 따르지만, 윤리경영에 관한 많은 연구 결과들을 살펴볼 때 윤리경영이 경제적 측면에 큰 영향을 미치고 있음에는 틀림이 없다.

윤리경영의 효과를 좀 더 구체적으로 살펴보면 다음과 같다.

첫째, 기업의 각종 위험 감소이다. 기업은 급변하는 사업환경과 무수한 경쟁상대 그리고 시시각각 변화하는 고객의 요구를 마주하고 있기 때문에 사업 리스크, 운영 리스크, 시장 리스크, 법 및 제도적 리스크 등 여러 가지 리스크에 노출되어 있다. 그러나 윤리경영을 도입하고 있는 기업들의 경우 가장 먼저 법 및 제도적 리스크가 감소되는 효과가 있다. 실제로 우리나라의 금융기관에서 도입하고 있는 준법감시제도인 컴플라이언스 시스템(Compliance System)이 법 및 제도적 리스크를 감소시키는 대표적인 예라고 할 수 있다.

윤리경영과 컴플라이언스 시스템

컴플라이언스 시스템은 통상 준법감시 또는 법규준수, 내부통제 등의 의미로 사용되며 기업이 자발적 관련 법규를 준수하고 이를 통해 기업의 리스크를 감소시키는 제도이다. 초기 국내에서는 금융기관에서 자금세탁을 예방하고 적발하기 위한 목적에서 발전되었으나, 최근에는 기업의 청렴성을 근간으로 하는 기업 발전전략 및 지속 가능한 발전전략 등 다양한 영역으로 확대되어 가고 있다.

둘째, 기업의 경영성과 및 기업의 가치증대이다. 윤리경영을 도입하는 기업들의 경우 앞서 제시한 기업의 각종 위험 감소뿐만 아니라 기업의 경영성과가 향상되며 기업의 가치가 증대되는 효과가 나타난다. 실제로 미국의 경제, 기업, 주식에 관한 경제 전문 잡지인 포춘지를 장식하던 과거 100대 기업들이 최근 윤리경영을 실천하지 않음으로써 기업의 가치가 하락하는 현상이 발생하는가 하면, 위기에 있던 기업들이 윤리경영을 통해 기업의 성과와 가치가 상승하는 것을 어렵지 않게 찾아볼 수 있다. 우리나라에서도 전국경제인연합회의 보고서에 따르면 기업 운영에 있어서 윤리경영 또는 윤리강령을 시행하는 기업들의 경우 그렇지 않은 기업보다 기업의 성과가 높게 나타나는 것을 확인할 수 있다[1](전국경제인연합회, 2004).

셋째, 기업의 신뢰도가 증가한다. 앞서 논한 바와 같이 윤리경영은 기업의 위험감소와 기업의 경영성과 및 기업의 가치증대 효과와 더불어 기업의 신뢰도를 향상시켜준다. 윤리경영을 실천하는 기업들의 경우 사업 기획 및 추진 등 기업운영의 전반에 걸쳐 윤리강령 및 윤리규범을 준수함으로써 기업 내의 구성원, 기업의 고객, 감독기관, 정부 등 다양한 관련 이해관계자들로부터 신뢰를 얻을 수 있는 효과가 있다. 특히 기업의 윤리경영은 조직구성원들에게 직무윤리를 확립시키고 윤리의식을 토대로 업무를 수행하기 때문에 직원들이 자긍심과 보람을 느끼게 하는 데 큰 도움이 되고 있다.

3. 윤리경영의 영역

윤리경영과 관련하여 경영학, 경제학, 조직학 등의 학문에서는 윤리경영을 경영에 포커스를 두지만, 국제무역 및 정치학 등에서는 세계적 경제체계나 국가의 행동원리 측면에서 윤리경영에 접근하고 있다. 이처럼 윤리경영은 우리 사회의 전반에서 다양한 관점에서 연구되고 있으며 윤리경영과 관련 영역을 정리하면 표 7-1과 같다.[2]

표 7-1 윤리경영의 영역

구분	내용
기업윤리(윤리경영)	이윤을 추구하는 기업이 기업의 운영에 있어서 준수하는 기업윤리
직업윤리	의사, 변호사, 공인회계사 등 전문직 종사자들의 직업윤리
소비자경제윤리	가계를 규제하는 소비윤리, 여가 등 자유시간 배분 상의 경제윤리
지역공동체 경제윤리	지역공동체가 마주하는 지역의 환경, 자원봉사활동 등의 윤리
정부의 경제윤리	경제 관련 정부의 정책에서 적용하는 윤리
범세계적 경제윤리	글로벌적 시각에서 범세계적인 국가관계에서 적용되는 경제윤리

또한 윤리경영에 있어서 기업이 마주하는 고객 및 환경의 이해관계자들이 관심을 두는 윤리경영 차원의 주요 이슈는 표 7-2와 같다.[3]

표 7-2 윤리경영의 이해관계자와 주요 이슈

이해관계자		주요 가치	윤리경영 주요 이슈
외부고객	고객	신뢰, 성실	성분표시, 유해상품, 결함상품, 허위 또는 과대광고 등
내부고객	구성원	존엄성	고용차별, 프라이버시 침해, 근로인권, 단결권 등
	투자자	공평, 형평	내부자거래, 시세조작, 분식회계, 기업지배행위 등
경쟁사		공정한 경쟁	불공정거래, 담합, 거래선 제한, 지적재산권 침해 등
지역사회		기업의 시민	산업재해(유해물질 침출), 산업공해(소음, 매연, 악취) 등
정부		엄정한 책무	뇌물, 탈세, 보고의무 위반, 감독의무 해이 등
외국 정부		공정한 협조	세금회피, 자금세탁 등
지구환경		공생	환경오염, 자연파괴, 산업폐기물 수출입 등

4. 윤리경영의 유형

윤리경영의 유형을 어떻게 정의하는가? 아니면 윤리경영의 적용을 어느 속성의 기업에 적용하는가에 따라서 달라질 수 있다. 먼저 기업의 역할과 기능에 초점을 맞추어 윤리경영을 분류하면 소극적 윤리(해서는 안 되는: should not)와 적극적 윤리(할수록 좋은: had better)와 윤리경영을 내부에서만 적용할지 아니면 대외적으로 적용할지를 두 가지의 축을 사용하여 다음 표 7-3과 같이 유형화할 수 있다.

표 7-3 윤리경영의 이해관계자와 주요 이슈

구분	소극적 윤리(should not)	적극적 윤리(had better)
내재적	1유형: 내재적 소극적 윤리경영	3유형: 내재적 적극적 윤리경영
대외적	2유형: 대외적 소극적 윤리경영	4유형: 대외적 적극적 윤리경영

1) 1유형: 내재적 소극적 윤리경영

내재적 소극적 윤리경영은 경영자와 일반구성원이 지켜야 할 조직 내부에서 준수해야 할 윤리로, 비윤리적이고 비도덕적인 행위를 금지하는 내용이다. 그 예로 회사의 공금을 회사의 업무 진행에 부합되게 절약하여 사용하는 것이 아니라 무분별하게 사용하는 것을 지양하는 것을 말한다.

2) 2유형: 대외적 소극적 윤리경영

대외적 소극적 윤리경영은 기업 외부의 이해관계자, 정부, 환경과 관련된 문제로 사회적으로 지탄받을 수 있는 비윤리적이고 비도덕적인 행위를 금지하는 내용이다. 그 예로 부동산투기를 통한 부당한 기업의 이윤추구를 해서는 안 되며, 정치와의 부적절한 유착을 해서는 안 된다는 것을 말한다.

3) 3유형: 내재적 적극적 윤리경영

내재적 적극적 윤리경영은 경영자와 조직구성원들이 행동했으면 좋겠다고 생각하는 윤리적이고 도덕적인 바람직한 행동을 권장하는 내용이다. 그 예로 경영자는 구성원들의 의견을 존중하고 구성원 각각의 개성을 존중하며, 경영자 스스로가 솔선수범의 자세로 청렴과 정직을 실천하는 것 등을 말한다.

4) 4유형: 대외적 적극적 윤리경영

대외적 적극적 윤리경영은 기업 외부의 이해관계자, 정부, 환경과 관련된 부문에 있어서 장학금 및 의료복지 지원 등의 윤리경영을 통해 기업의 이익을 사회에 환원하며 지역사회의 공동 발전을 위해 권장하는 내용이다. 그 예로 양질의 상품을 소비자에게 제공하는 것은 물론, 기업이 얻은 이익을 지역사회의 독거노인 및 저소득가정 등에 생활비를 지원하는 것 등을 말한다.

Ⅱ 윤리적 리더십이란?

1 윤리적 리더십의 의의

윤리적 리더십(ethical leadership)이란 리더를 판단할 수 있는 기준 및 리더가 함양하고 있어야 할 능력을 윤리적 및 비윤리적 관점에서 고찰한 리더십으로 21세기에 접어들면서 윤리적 리더십에 관한 연구가 활발해지고 있다.

윤리적 리더십 또는 도덕적 리더십(ethical leadership)은 범세계적 분쟁과 환경오염의 폐해와 같은 불확실한 미래에 직면한 지금 인류 공동의 이익을 추구하는 리더십으로서 윤리적 요구는 현실적 필연이며 리더가 반드시 갖춰야 할 자기 수양이다. 윤리적 리더십은 도덕적 롤 모델이 되는 데 중점을 둔 규범적으로 적절한 행동을 나타낸다.

간디(Mahatma Gandhi)의 비폭력 무저항운동, 만델라(Nelson R. Mandela)가 청춘을 감옥에서 보내면서도 외친 인종차별철폐, 킹(Martin Luther King) 목사의 인권운동, 테레사(Mother Teresa) 수녀의 빈민구제활동 등 윤리적 리더십의 사례는 많다. 이렇게 윤리적 리더십은 가치에 기초한(value-based), 높은 수준의 리더십 형태이다.

학자들은 윤리적 리더십을 다음과 같이 정의하고 있다.

자우더그(Zauderer, 1992)[4]는 윤리적 리더십을 윤리적 리더십과 비윤리적 리더십으로 구분함으로써 윤리적 리더십을 정의하였다.

호머(Hoamer, 1994)[5]는 Moral Leadership in Business 저서에서 윤리적 리더십이란 "리더가 기업의 목표달성에 도움이 되는 조직구성원들의 신뢰와 자발적인 노력을 얻기 위해서 다른 요인들과 더불어 윤리적 요인인 공정성에 기초한 윤리적 합리성을 추구하는 능력"이라고 정의하였다.

슐라(Ciulla, 2004)[6]는 윤리적 리더십을 "타인의 권리와 존엄성을 존중하는 태도"라고 정의하였으며, 지니(Gini)는 윤리적 리더십을 "사회적 권력과 연계함으로써 리더의 의사결정 및 타인에게 영향을 끼치는 방식에 사회적 권력을 어떻게 사용하는지에 관한 능력"이라고 정의하였다.

트레비노(Trevino), 브라운(Brown), 하트만(Hartman, 2000[7]; 2003[8])은 윤리적 리더십을 파악하기 위해 사회적 학습이론 관점을 토대로 조직구성원들을 대상으로 인터뷰를 실시하여 윤리적 리더십이란 "사람과 사람에 대한 관심에서 시작하며, 윤리적으로 사고하고 행동하며, 공정하고 원칙중심적인 의사결정자를 윤리적 리더"라고 정의하였다.

브라운(Brown), 트레비노(Trevino), 해리슨(Harrison, 2005[9])은 윤리적 리더십을 "사회적 학습이론 관점을 토대로 윤리적 리더십을 연구하여, 개인적인 행동과 대인관계에서 규범적으로 적절한 모범이 됨과 동시에 원활한 양방향 의사소통과 의사결정 과정을 통한 조직구성원들의 행위를 조직의 목표달성에 도움이 되는 방향으로 촉진하는 것"으로 정의하였다.

그리고 사회적 학습이론 관점을 토대로 연구하였던 Trevino와 Brown[10]은 2006년 다음의 그림 7-1과 같이 윤리적 리더십 프로세스의 모델을 제시하면서 사회과학(Social Scientific)적 접근을 중심으로 윤리적 리더십의 요인을 선행 요인과 결과 요인으로 확인하고자 하였다. 특히 윤리적 리더들은 조직구성원들에게 롤 모델로서 리더의 바람직한 태도, 행동, 격려 등으로 조직구성원들의 발전에 큰 영향을 미치는 인물로 정의하였다.

그림 7-1 Trevino와 Brown의 윤리적 리더십 모델

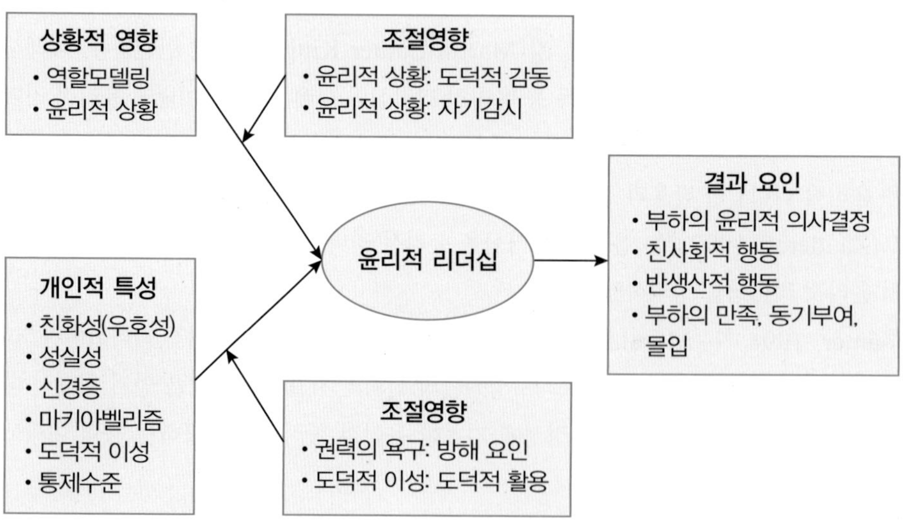

이상의 윤리적 리더십에 대한 정의들을 토대로 윤리적 리더와 비윤리적 리더의 성향을 비교하면 표 7-4와 같다.

표 7-4 윤리적 리더와 비윤리적 리더의 성향 비교

윤리적 리더의 성향	비윤리적 리더의 성향
겸손하며 타인 배려	거만하고 자기중심적 사고
공익에 대한 관심	자신의 이익추구에만 관심
올바르고 정직함	수단과 방법을 가리지 않고 이익추구에만 관심
약속과 규범을 준수함	약속과 규범을 준수하지 않음
공정성을 확보하는 데 노력함	불공정한 거래도 개의치 않음
책임성과 책무성	타인에게 책임을 돌리는 회피
조직구성원의 개별성을 존중	조직구성원들을 통제하며 획일화
타인을 격려하고 섬김	타인을 돕지 않고 지원하지 않음
옳은 가치를 지키기 위해 용기를 발휘함	불의에 맞설 용기가 없음

자우더그(Zauderer, 1992)의 윤리적 리더십과 비윤리적 리더십의 비교를 수정 및 보완함.

2 윤리적 리더십의 구성 요소

윤리적 리더십에서 중요한 리더의 특성으로는 첫째, 리더의 윤리성, 도덕성은 동서고금을 막론하고 중요한 이슈라는 것이다. 둘째, 리더에게 도덕성에 흠이 있으면 좋은 평가가 곤란하다는 것이다. 윤리적 리더가 가져야 할 주요 덕목으로는 존중, 봉사, 공동체, 공정, 정직 등이라고 할 수 있다.

윤리적 리더십의 구성 요소는 다양한 윤리적 리더십의 정의만큼 학자마다 상이하게 정의하고 있다.

먼저 카눈고(Kanungo) & 멘돈카(Mendonca, 1998[11])는 윤리적 리더십의 하위차원으로 리더의 동기부여, 리더의 영향력 전략, 리더의 특성을 윤리적 리더십의 구성 요소로 정의하였고, Trevino, Brown, Hartman(2000[12]; 2003[13])은 윤리적 리더는 개인이 함양하고 있어야 하는 도덕적 행동, 정직, 신뢰, 배려, 공정하고 원칙적인 의사결정을 윤리적 리더십의 구성 요소로 제시하였다.

길옌(Guillen) & 곤잘레즈(Gonzalez, 2001)[14]는 윤리적 리더의 덕목을 성실성, 공정성, 정직, 결정력, 온화함, 인내, 열정, 용기, 책임감 등을 제시하였고, 쿤티아(Khuntia) & 수아(Suar, 2004)는 동기 및 특성과 임파워먼트를 윤리적 리더십의 구성 요소로 제시하였다.

주(Zhu), 메이(May), 아볼리오(Avolio, 2005)[15]는 도덕적 용기를 가지고 집단의 이익을 중시하는 성향을 윤리적 리더십의 특성이라고 정의하였고, 브라운(Brown), 트레비노(Trevino), 해리슨(Harrison, 2005)[16]은 정직, 배려, 공정한 의사결정, 의사소통, 기준설정, 보상과 규제활동, 솔선수범 노력을 윤리 리더십의 구성 요소로 제시하였으며, 조경훈(2008)[17]은 윤리적 리더십의 구성 요소를 분배적 공정성, 절차적 공정성, 투명성, 공헌성, 정직성으로 규정하였다.

이러한 학자들의 윤리적 리더십의 구성 요소를 표로 정리하면 표 7-5와 같다.

표 7-5 윤리적 리더십의 구성 요소

학자	구성 요소
Kanungo & Mendonca(1998)	리더의 동기부여, 리더의 영향력 전략, 리더의 특성
Trevino, Brown, Hartman(2000; 2003)	도덕적 행동, 정직, 신뢰, 배려, 공정한 의사결정
Guillen & Gonzalez(2001)	성실성, 공정성, 정직, 결정력, 온화, 인내, 열정, 용기, 책임감
Khuntia & Suar(2004)	동기 및 특성, 임파워먼트
Zhu, May & Avolio(2005)	도덕적 용기, 공동의 이익 중시 성향
Brown, Trevino, Harrison(2005)	정직, 배려, 공정한 의사결정, 의사소통, 기준설정, 보상, 규제활동, 솔선수범
조경훈(2008)	배분적 공정성, 절차적 공정성, 투명성, 공헌성, 정직성

Brown, Trevino, Harrison(2005)은 윤리적 리더십을 파악하기 위해서 다음과 같은 설문 항목을 개발하였으며, 본 설문은 최근 리더들의 윤리적 성향을 파악하는 설문의 기초가 되었다.

표 7-6 윤리적 리더십의 척도 설문

원문	번역
1. Listens to what employees have to say.	1. 나의 상사는 직원들이 말하고자 하는 것에 귀를 기울인다.
2. Disciplines employees who violate ethical standards.	2. 나의 상사는 윤리적 기준을 위반한 자는 혼을 낸다.

3. Conducts his/her personal life in an ethical manner.	3. 나의 상사는 개인적 삶을 윤리적으로 영위한다.
4. Has the best interests of employees in mind.	4. 나의 상사는 직원들의 최선의 이익을 염두에 둔다.
5. Makes fair and balanced decisions.	5. 나의 상사는 공정하고 균형 잡힌 결정을 한다.
6. Can be trusted.	6. 나의 상사는 신뢰할 만하다.
7. Discusses business ethics or values with employees.	7. 나의 상사는 기업윤리 또는 가치를 직원들과 논의한다.
8. Sets an example of how to do things the right way in terms of ethics.	8. 나의 상사는 윤리적 관점에서 어떻게 올바르게 일을 처리할 것인가에 관하여 모범을 보인다.
9. Defines success not just by results but also the way that they are obtained.	9. 나의 상사는 성공을 정의할 때, 결과만이 아닌 이를 얻는 방식도 고려한다.
10. When making decisions, asks is the right thing to do?	10. 나의 상사는 결정을 내릴 때, "무엇이 올바른 일인가?"를 묻는다.

※ 윤리적 리더십의 척도(Ethical Leadership Scale) 설문.

Leadership Story

윤리적 리더가 되는 7가지 길

기업을 윤리적으로 경영하려면 윤리적인 리더를 앞세워야 한다. 린다 피셔 손튼(Linda Fisher Thornton)은 저서 〈7가지 렌즈: 윤리적 리더의 원칙과 실천을 배운다〉를 통해 직장 내에서 윤리적으로 업무를 하려면 윗사람부터 시작해야 한다고 말한다. 손튼은 "윤리적 리더십에서 시작하라. 윤리적 리더는 사람들의 조직 내 행동과 성취에 대단히 큰 영향을 끼친다."라고 했다.

손튼은 조직을 윤리적으로 이끄는 데 성공한 사람이 기업과 문화를 개선할 뿐 아니라 세계무대에서 대단한 경쟁력을 갖추게 해준다고 믿는다. "유능한 리더는 옳은 것에 초점을 맞춘다. 다른 사람의 약점을 파고들기보다는 도와주려 한다. 그들의 조직은 전례를 따르며, 긍정적인 차이를 만들어내기 위해 다른 사람을 섬기려는 생각을 하고 있다"라고 말했다.

손튼은 리더가 윤리적 행동을 조직 내에 확산하는 데 있어 가장 중요한 윤리적 리더가 되는 7가지 길을 제시했다.

첫째, 윤리적 선택을 하는 데 있어 복잡성을 직시하라.

직장생활의 복잡성을 인정하고, 윤리적으로 모호한 부분에 대해 공개적으로 토론하라. 윤리적 결정을 타인과 연관시켜라. 어려운 윤리적 선택에 대해 이야기하고, 다른 사람들이 신중하게 윤리적 결정을 하는 책임감을 배우도록 도와주는 리더가 되어라.

둘째, 윤리를 일상의 업무와 분리하지 마라.

리더들은 윤리가 단순히 교육 프로그램이나 사용설명서가 아니라 '우리의 운영방침'임을 종업원들에게 분명히 알려야 한다. 교육 프로그램이나 고객 미팅, 최고경영진 전략세션 등 모든 활동에는 윤리와 관련한 대화가 포함돼야 한다.

셋째, 신뢰를 무너뜨릴 부정적 행태는 허락하지 마라.

당신의 문화에서 하중을 견뎌주는 기둥을 존중하라. 기둥을 바라고 실천하는 윤리적 리더가 되어라. 사람들이 윤리에 대해 큰 목소리로 얘기하고, 그렇게 살아가는 책임을 공유할 수 있는 존경스러운 환경으로 가꿔라. 신뢰를 쌓고, 열린 소통을 요구하고, 조직가치의 주인의식을 공유하라.

넷째, 법과 규제를 따르는 것쯤으로 윤리를 생각하지 마라.

리더는 윤리적 이슈와 관련해 활발하게 행동하고, 고객과 다른 이해관계자에게 보여 줄 필요가 있다. 고객이 당신의 물건을 사는 데 있어 윤리가 큰 영향을 끼침을, 단순히 법과 규제를 준수하는 수준을 뛰어넘어 윤리적으로 헌신하는 게 중요함을 인식하라. 리더들은 인권, 사회정의, 지속가능성 등 윤리적 이슈에 헌신함을 증명해야 한다.

다섯째, 윤리적 기대를 충족하는 데서 누구도 배제하지 말라.

예외를 허용하지 마라. 윤리적 기준을 충족하는 데서 예외인 사람은 절대 없다고 확실히 못 박아라. 조직에서 반드시 해야 할 과제로 윤리를 최우선 순위에 둬라. 특히 지위가 높은 사람들과 경력이 화려한 관리자들, 믿을만한 사람들을 절대 열외로 놓지 마라.

여섯째, 긍정적이고 윤리적인 계기가 있으면 축하해줘라.

적극적으로 윤리를 실천하는 리더가 돼라. 관리자는 긍정적이고 윤리적인 행위로 여겨지는 사례에 대해 자주 얘기해야 한다. 긍정적이고 윤리적인 선택을 축하해줄 시간을 가져라.

일곱째, 윤리는 지속적인 학습 여정이라고 이야기하라.

1년 교육 프로그램쯤으로 치부해서는 안 된다. 조직 내에서 사람들이 행동하고, 접촉하고, 영향을 끼치는 모든 것들에 대해 윤리를 접목하라. 윤리는 지속적인 배움의 과정이다. 하지 않아도 되는 그런 게 아니다. 세계는 끊임없이 변화하고 있고, 윤리적 행동은 한 치의 방심도 허용되지 않음을 인식하라.

출처: 윤리적 리더가 되는 7가지 길|코스리 손동영.

Ⅲ 서번트 리더십의 개념과 속성

리더십 이론은 시대의 변화와 리더십 연구의 발전과 함께하여 조직구성원들의 복종 효율성을 강조하였던 구시대의 리더십을 시작으로 리더로서 천부적으로 가지고 태어나는 특성에 관한 특성이론, 리더의 행동성향에 관한 행동이론, 리더가 마주하고 있는 환경에 관한 상황이론 등의 발전을 거쳐 최근에는 리더와 조직구성원들과의 협력 및 동기부여를 강조하는 사회적 인식 변화에 따라 서번트 리더십이 강조되고 있다.

1 서번트 리더십의 개념

서번트 리더십(Servant Leadership)은 고용인, 종업원, 하인, 종을 의미하는 Servant(서번트)와, 상대개념인 지휘자, 통치자, 주인을 의미하는 Leader(리더)의 개념이 합쳐진 것으로, 조직의 리더가 먼저 조직구성원들과 달성하고자 하는 목표를 공유하고 조직구성원의 성장을 도모함으로써 리더와 구성원 사이의 신뢰를 형성하여 궁극적으로 리더와 구성원들이 공유하고 있는 목표를 달성하여 조직의 성과를 달성하게 하는 리더십이다.

서번트 리더십은 1970년 로버트 그린리프(R. K. Greenleaf)[18]의 The Servant as Leader에서 처음 소개된 이후 리더십 이론으로서 정립되기 시작하였다.

그린리프(Greenleaf, 1970)[19]는 서번트 리더십을 먼저 "타인(조직구성원)을 위한 봉사에 가치 초점을 두며, 조직구성원 또는 종업원, 고객 및 커뮤니티(공동체)를 중요하게 여기고 그들의 니즈를 만족시키기 위해 헌신하는 리더십"이라고 정의하였다. 즉, 자기중심적인 기존의 리더십이 아닌, 신뢰와 믿음을 바탕으로 조직구성원을 배려하는 리더십으로 조직구성원을 존중하고, 구성원들과 조직의 목표를 공감함으로써 조직의 목표달성에 도움이 되는 창의적 사고를 도우며, 부서 또는 조직이 서로 진정한 공동체를 이룰 수 있도록 이끌어가는 리더십을 서번트 리더십이라고 설명하였다. 결국 서번트 리더십은 자신보다 다른 사람들에게 더 많은 서비스를 제공하는 데 초점을 맞춘다.

슈워츠(Schwarts)[20]는 1991년 서번트 리더는 20세기 후반의 새로운 리더십으로 조직과 구성원들의 각각의 목표가 균형을 이루는 가운데 구성원들을 팀 리더의 일부로 바라봄으로써 자율성을 가짐과 동시에 주인 의식과 공동체 의식을 갖도록 내재적 의미를 부여한다. 따라서 서번트 리더십은 기존의 명령과 지시보다는 대화와 조언을 중요한 관리도구로 사용하며, 리더가 조직의 목표달성을 구성원에게 공감시키는 공감대 형성을 중요하게 여긴다.

피터 드러커(Peter Drucker)[21]는 1992년 Managing for the Future에서 20세기 후반은 지식시대로 중간관리자들이 줄어들고 기업 내에서 리더와 구성원들의 구분이 엄격하지 않아, 리더가 상대적 구성원이 되며, 구성원이 상대적 리더가 될 수 있음을 제시하였다. 특히 기존의 지시와 감독에 의한 관리로 조직의 목표를 달성하는 것은 용이하지 않기 때문에 현대의 리더는 구성원들보다 우월한 위치에 있는 사고가 아니라고 주장한다. 구성원들을 존중하고 구성원들이 창의성을 발휘할 수 있도록 기회를 제공하고, 구성원들과 부서 또는 팀이 진정한 공동체를 이루어 조직의 목표를 달성하도록 이끌어가는 리더십을 서번트 리더십이라고 정의하였다.

스피어스(Spears)[22]는 1995년에 Servant Leadership에서 서번트 리더십은 "사람의 존엄성과 가치에 대한 믿음에서 시작하며 리더의 권력과 권위는 구성원들로부터 시작한다는 민주적 원칙의 리더십"이라고 정의하였다.

심즈(Sims)[23]는 1997년에 서번트 리더십은 "리더가 조직구성원을 단순한 부하가 아닌 인간의 존엄성과 가치를 지닌 존재로 인식하여 그들의 창조적 역량을 일깨워 주는 리더의 영향력"이라고 정의하였다. 따라서 리더는 "조직구성원들에게 비전을 공유하게 하고 다른 사람의 필요를 돌보아주기 위해 조직에서 주어진 권력을 사용하는 사람, 공동체와 협력을 장려하는 사람, 다른 사람들의 의견을 잘 수용하고 이를 조직의 목표달성에 도움이 되는 방향으로 이끌어가는 사람, 정직하게 의사소통하는 사람, 다른 사람을 잘 격려하고 고무시키는 사람"이라고 정의하였다.

보이어(Boyer)[24]는 1999년 20세기 말 서번트 리더십의 중요성이 강조됨에 따라 일반적 리더들 가운데서 서번트 리더를 구분하기 위해 일반적 리더와 구별되게 서번트 리더는 "섬세하고 다른 사람의 의견에 귀를 기울이는 경청, 조직구성원(동료와 부하직원)의 발전을 장려하며 적절하게 권한을 위임하는 리더"라고 정의하였다.

이처럼 서번트 리더십은 여러 학자의 다양한 측면의 연구를 통해 지금도 발전되어가고 있으며 이에 대한 실증분석 및 연구도 계속해서 진행되고 있다.

2 서번트 리더십의 속성

서번트 리더십의 이론을 한 단계 발전시키기 위해 2002년 러셀(Russell)과 스톤(Stone)[25]은 서번트 리더십에 대한 실용적 모델을 수립하여 서번트 리더십을 실증적으로 증명하고자 노력하였으며, 스톤(Stone)과 패터슨(Patterson)[26]은 2004년에 그의 연구에서 서번트 리더십의 속성을 기능적 속성(functional attributes)과 부가적 속성(accompanying attributes)으로 제시하였다.

먼저 기능적 속성을 살펴보면 다음과 같다.

첫째, 서번트 리더는 비전을 가지고 있으며, 구성원들에게 비전을 공유하고 조직구성원들이 비전을 달성하기 위해 노력하도록 장려한다.

둘째, 서번트 리더는 말과 행동에 정직함이 있으며 청렴하다.

셋째, 서번트 리더는 조직구성원들의 신뢰를 받는다.

넷째, 서번트 리더는 조직구성원을 단순히 다스리는 존재가 아니라 조직구성원들의 필요를 파악하고 조직구성원들에게 서비스를 제공하는 존재이다.

다섯째, 서번트 리더는 구성원들에게 행동을 무조건 명령하기보다 먼저 솔선수범하여 구성원들이 자발적으로 따르도록 한다.

여섯째, 끊임없고 창의적인 도전으로 구성원들의 개척정신을 자극한다.

일곱째, 인간의 존엄성과 가치를 중요하게 여기기 때문에 타인에 대한 감사가 몸에 배어있다.

여덟째, 조직과 조직구성원에게 힘을 불어넣어 주는 임파워먼트 능력을 지니고 있다.

그리고 서번트 리더는 다음과 같은 부가적 속성을 가지고 있다.

첫째, 의사소통을 원활하게 한다.

둘째, 구성원들에게 믿음이 두터워 신용이 높다.

셋째, 리더로서 역량, 즉 능력과 자신감이 있다.

넷째, 청지기 의식을 지니고 있다.

다섯째, 서번트 리더는 선택과 행동에 탁월함이 있다.

여섯째, 서번트 리더의 선택과 행동은 조직 내·외에서 영향력이 크게 나타나며, 조직구성원들을 인간적으로 대하기 때문에 설득력이 높다.

일곱째, 항상 구성원들의 의견을 깊이 있게 들으며 구성원들을 격려한다.

여덟째, 자연스럽게 관계 속에서 구성원들에게 가르침을 주며, 때론 적절한 위임을 통해 구성원들을 역량 발전에 도움을 준다.

표 7-7 서번트 리더십의 속성[27]

기능적 속성	부가적 속성
비전(vision)	의사소통(communication)
정직(honesty), 청렴(integrity)	신용(credibility)
신뢰(trust)	역량(competence)
서비스(service)	청지기 의식(stewardship)
모범(modeling)	탁월함(visibility)
개척정신(pioneering)	영향력(influence), 설득력(persuasion)
타인에 대한 감사(appreciation of others)	청취(listening), 격려(encouragement)
임파워먼트(empowerment)	가르침(teaching), 위임(delegation)

Ⅳ 서번트 리더십의 특성과 구성 요소

1 서번트 리더십의 특성

배스(Bass, 1990)[28]는 서번트 리더십의 특성을 자원에 대한 인식 측면, 조직의 생산성 측면, 조직구성원에 대한 믿음과 임파워먼트, 투자와 커뮤니케이션 방법이라는 네 가지 측면에서 전통적 리더십과의 차이점을 비교·분석하였다.

1. 자원에 대한 인식

배스(Bass)는 전통적 리더십은 조직구성원을 자신이 활용할 수 있는 자원 중의 하나로 생각하였다. 따라서 조직구성원들은 자신이 지시하고 명령하는 대로 따라 행동하는 자원이자 리더가 달성하고자 하는 목표를 만들어내는 대상으로 바라보았다.
그러나 서번트 리더십의 리더는 조직의 목표를 달성하는 데 조직구성원을 가장 중요한 자원이라고 인식하고 일의 결과와 추진 과정 및 방법에 관심을 두기 때문에 리더의 역할은 조직구성원들의 성장을 도와주고 격려하여 구성원들의 능력을 향상시키는 것이라고 정의하였다.

2. 조직의 생산성 측면

배스(Bass)는 서번트 리더십과 다르게 전통적 리더십은 눈에 보이는 실적, 즉 가시적이며 양적인 기준을 중심으로 평가하는 것을 중요하게 여기기 때문에 인간보다 과제 및 성과를 중요하게 여겼다. 그러나 서번트 리더십은 조직의 생산성 측면에서도 단순한 과제와 성과의 향상보다 조직구성원들이 자발적으로 조직의 목표달성에 기여하는 행동의 정도를 평가함으로써 과제보다 구성원, 즉 인간이 중요하다고 정리하였다.

3. 조직구성원에 대한 믿음 및 임파워먼트

배스(Bass)는 조직구성원에 대한 믿음과 임파워먼트는 리더십의 중요한 특성이라고 정의하였다. 전통적 리더십은 조직구성원들의 의견을 무시하고 리더의 의견이 조직의 목표달성을 위해 효율적이라고 판단하였다. 즉, 구성원들의 경험과 지식보다 리더의 경험과 지식이 우위에 있다고 제시하였다. 그러나 서번트 리더십은 조직구성원들의 판단과 의견을 존중하고 때로는 조직구성원들의 능력을 믿고, 조직구성원들에게 리더의 권한을 위임함으로써 책임감과 주인의식의 함양과 동시에 구성원들의 능력을 향상시킬 수 있다고 정리하였다.

4. 투자와 커뮤니케이션 방법

배스(Bass)는 투자와 커뮤니케이션 방법 차원에서 전통적 리더십은 상의하달식의 일방적인 커뮤니케이션이었지만, 서번트 리더십은 조직의 목표달성 과정뿐만 아니라 목표의 수립 과정에서도 조직구성원들과 커뮤니케이션을 활발하게 하며, 관련 정보들을 리더와 구성원들이 적극적으로 공유하고 조직구성원들의 필요사항에 대해서 경청하는 능력을 지닌 리더십이라고 정의하였다.

2 서번트 리더십의 구성 요소

서번트 리더십은 삶과 일에 대한 장기적인 접근법으로 서번트 리더십의 다양한 정의만큼 서번트 리더십의 구성 요소 또한 학자마다 상이하게 정의하고 있다. 최근 20년간의 서번트 리더십 이론에 관한 연구들에서 정의한 서번트 리더십의 주요 구성 요소를 연도별로 정리하면 표 7-8과 같다.

표 7-8 서번트 리더십의 구성 요소

학자	서번트 리더십의 주요 구성 요소
Spears(1995)[29]	경청, 공감, 치유, 인식, 설득, 통찰, 비전의 제시, 청지기 의식, 구성원의 성장, 공동체 형성
Hunter(1998)[30]	인내, 친절, 겸손, 존중, 이타주의, 용서, 정직, 헌신, 사랑
Boyer(1999)[31]	편안함, 도덕성, 권한위임, 학습조장, 관계, 공동체의 형성, 신뢰
Laub(1999)[32]	인간존중, 성장지원, 공동체형성, 진실성, 리더십 발휘, 리더십 공유
Wheaton(1999)[33]	경청과 공감, 인지, 설득, 통찰, 비전제시, 치유, 팀워크, 반영, 청지기 의식
Adjibolosoo(2000)[34]	1. 정직, 겸손, 봉사(섬김)의 특성을 포함한 인격 2. 다른 사람을 돌봄, 임파워링, 개발시킴의 특성을 포함한 관계 3. 비전제시, 목표설정, 학습(배움)의 특성을 포함한 과업 4. 모델링, 협력(팀 형성), 의사결정의 공유
Hardin(2003)[35]	정직 및 신뢰, 사랑 및 존경, 봉사, 경청, 소명 및 가치체계
Patterson(2003)[36]	아가페 사랑, 겸손, 이타성, 비전, 신뢰, 봉사, 임파워먼트
이소희 등(2004)[37]	대인관계, 대처, 관계성, 조직관리, 그룹 활동, 커뮤니케이션(의사소통), 의사결정, 공헌, 응집력, 협력
최남례(2005)[38]	비전 제시, 사람에 대한 중시, 성장하도록 지원, 공동체 형성으로 영역구분

그리고 이 중 가장 대표적인 스피어스(L. C. Spears, 1995)의 서번트 리더십 구성 요소[39]인 10가지는 다음과 같다.

1. 경청

경청은 서번트 리더십의 가장 첫 번째 구성 요소로 스피어스(Spears)뿐만 아니라 휘톤(Wheaton), 하딘(Hardin)도 함께 서번트 리더십의 핵심 구성 요소로 정의하였다. 경청은 리더가 구성원의 의견과 행동에 관심을 가지고 집중하여 구성원의 의견을 진지하게 듣는 것으로 구성원에 대한 존중과 수용적 태도를 말한다. 즉, 단순히 듣기만 하는 것이 아니라 구성원의 이야기를 충분히 이해하면서 구성원의 마음을 헤아리는 것이다.

2. 공감

공감은 리더와 구성원들 관계에서 나타나는 것으로 리더가 구성원의 입장에서 먼저 이해하고 노력하는 행위를 말한다. 즉, 구성원의 노력이나 결과가 성공적이지 않더라도 구성원을 한 인간으로서 대우하며 인격적으로 존중하는 것을 말한다.

3. 치유

치유는 서번트 리더십은 조직구성원들이 건강의 악화 또는 타인과의 관계 악화로 상처와 아픔을 지니고 있을 때 전인적인 대우와 관심을 통해 아픔과 상처가 나을 수 있도록 돕는 리더의 역할이다.

4. 인식

인식은 인지라고도 하며 다른 사람들보다 리더가 주변 환경에 대해서 먼저 깊이 파악하고 있어 전체적인 상황과 그 상황에 영향을 주는 요소들을 정확하게 판단하는 것을 말한다. 따라서 서번트 리더는 구성원들을 조직의 목표달성을 위한 수단이 아닌, 구성원 자체의 발전과 성공을 위하며 함께 조직의 목표달성을 이루는 가장 중요한 자원으로 인식한다.

5. 설득

설득은 리더가 조직구성원들에게 일방적인 지시나 통제가 아닌 구성원과의 쌍방향적 대화로 영향력을 행사하는 행위로, 서번트 리더는 구성원들을 존중하고 구성원들이 자발적으로 업무에 참여할 수 있도록 명령이나 지시가 아닌 구성원에게 깊이 있는 공감과 대화를 통해 조직의 목표달성에 자발적으로 참여하게 한다.

6. 통찰

통찰은 리더가 과거의 지식, 경험, 직관을 가지고 현재와 미래의 결과를 예측하는 능력으로 서번트 리더는 통찰을 통해 조직의 목표달성 및 조직구성원들의 의사결정 및 행동에 도움을 준다.

7. 비전 제시

서번트 리더는 변화하는 상황을 파악하여 미래를 바라보는 능력으로 조직구성원들에게 조직의 목표달성과 개인의 발전을 위한 비전을 제시하고 그 비전을 달성할 수 있도록 지원하는 리더십이다.

8. 청지기 의식

서번트 리더십의 리더는 의사결정이나 행동에 있어서 그 결과가 구성원에 미치는 영향을 고려하여 조직구성원들이 자신의 성장과 조직의 성과달성을 통해 조직 만족 및 보람을 느끼게 하는 리더십이다.

9. 구성원의 성장

구성원의 성장은 구성원들이 조직 내에서 자신의 역량을 다해 능동적으로 일할 수 있도록 리더가 지원하며 잠재력을 발휘하고 자기 계발을 할 수 있는 기회를 제공하는 것으로, 서번트 리더는 구성원들에게 적절한 위임과 임무 부여를 통해 구성원들이 조직 내에서 성장하도록 기회를 제공한다.

10. 공동체 형성

공동체 형성은 리더와 구성원이 조직의 목적과 조직의 목표달성 의미와 가치를 깨닫고 공유하는 것으로 서번트 리더는 구성원들이 활발한 커뮤니케이션과 협력을 통해 공감대를 형성하고 이를 토대로 공동체를 형성하게 한다.

꿀벌은 꿀을 절대 혼자 먹지 않는다. 밖에 나갔다가 꿀을 발견하면 벌집에 돌아와 동료들 앞에서 춤부터 춘다. 그런데 이 춤은 사실 소통이다. 그 벌은 동료 벌들에게 꿀이 얼마나 멀리 있는지, 얼마나 많이 있는지, 어느 방향으로 가야 하는지를 날갯짓으로 알리는 것이다. 그러면 그것을 본 다른 꿀벌들이 어떤 방향으로 몇 마리를 파견해야 할지 결정한다. 그렇게 꿀벌들은 협력해 같이 꿀을 모아간다. 함께 저장하고 함께 꿀을 먹는다.
그런데 이 꿀벌의 집에 천적인 말벌이 침입하면 어떤 일이 벌어질까? 말벌 한 마리는 꿀벌보다 대개 5~6배 크다. 일단 꿀벌들이 말벌 주위를 빵 둘러 가며 에워싼다. 그러고는 열심히 날갯짓한다. 온도를 높이기 위해서다. 말벌이 고온에 약하다는 사실을 꿀벌들은 안다. 그래서 45도까지 온도가 상승하면 말벌은 죽고 만다.
이 과정에서 꿀벌 중 몇 마리는 말벌의 공격을 이기지 못하고 죽기도 한다. 그러나 자신이 죽는 한이 있더라도 포위망을 풀지는 않는다. 말벌이 죽고 나면 다시 꿀벌들은 날갯짓을 열심히 해 온도를 낮춘다. 48도가 되면 자신들도 죽는다는 사실을 알기 때문이다. 꿀벌들은 자기 한 몸 희생을 각오한 결과 천적인 말벌을 죽이는 데 성공한다. '나 죽고 우리 살자'라는 식으로 생존해

간다. 벌들은 명분 있는 희생을 선택한다.
이와 전혀 다른 닭 이야기가 있다.
몇 년 전 충북 청주의 한 양계장에서 실제 일어났던 이야기이다. 새벽에 닭들이 비명을 지르고 난리가 났다. 이른 아침에 주인이 나가보니 토종닭 수천 마리가 떼죽음을 당했다.
한쪽에 수리부엉이가 닭 한 마리를 뜯어먹고 있었다. 1만 마리의 토종닭 중에 4천 마리가 죽어 있었다.
수리부엉이가 다 물어 죽였을까?
아니다. 수리부엉이가 양계장에 침입한 것을 본 닭들이 먼저 살려고 출입구로 발버둥 치며 먼저 나가려고 하다가 4천 마리가 압사당한 것이다. 수리부엉이에게 두세 마리만 잡아먹히면 되는데 말이다. 동료들이 죽인 것이다. 서로 살려고 하다가 압사로 몰살당한 것이다. 너 죽고 나 살고, 너도 죽고 나도 죽고이다. 그래서 '닭대가리'라고도 한다.

V 서번트 리더십과 타 리더십 이론의 비교

서번트 리더십은 리더의 특성, 행동과 리더가 처한 환경에 따라 리더의 역량이 결정된다는 그 동안의 리더십 이론들보다 조직구성원과의 관계 형성에 관심을 가진 리더십 이론으로 타 리더십 이론과 다음과 같은 차이점을 지니고 있다.

1 서번트 리더십과 전통적 리더십 이론의 비교

전통적 리더십 이론은 리더의 자질에 관한 특성, 행동, 상황에 주로 관심을 가졌기 때문에 주로 리더 자신이나 리더의 명령이나 지시 중심의 조직 목표달성이 중심이었다면, 서번트 리더십은 리더와 조직구성원 간의 신뢰를 바탕으로 조직의 목표달성을 이루고자 하였다.
따라서 자원관점, 평가, 동기, 신뢰, 행동기준, 일과 업무의 균형, 경쟁, 헌신, 의사소통, 지원 등의 관점에서 표 7-9와 같이 구별된다.

표 7-9 서번트 리더십과 전통적 리더십 이론의 비교

구성	서번트 리더십	전통적 리더십
자원관점	인간이 중요한 자원	인간은 여러 자원 중 하나
평가	구성원의 자발적 행동 정도	시간, 경비, 생산량, 양적 기준
동기	공동체 구축을 통한 팀워크	개인의 경쟁심 조장
신뢰	구성원의 능력과 판단을 믿음	리더 판단에 따라 업무수행
행동기준	개방적 자세로 구성원의 지원자로서 역할	자기중심적 가치관으로 리더의 기준에 따라야 함
일과 업무 균형	구성원의 개인생활과 업무 조화의 총체적 번영에 관심	산술적 분석과 관리로 비용 대비 산출물에 관심
경쟁	구성원들의 지나친 개인경쟁을 지양	경쟁 메커니즘으로 경쟁과 리더 복종을 이끌어 냄
헌신	구성원의 성장을 위하여 자신의 시간을 할애	리더는 시간이 없음을 강조
의사소통	구성원과 목표는 물론 목표수립 과정을 공유	목표는 상명하복, 상의하달식으로 일방적 의사소통
지원	구성원들이 업무를 통해 성장할 수 있도록 지원	당근과 채찍으로 구성원을 이끌어감

출처: 조정철(2015). 서번트 리더십이 개인성과 및 행동에 미치는 영향에 관한 연구 – 임파워먼트의 매개효과와 성장욕구 및 부하성숙도의 조절효과 중심으로 – 숭실대학교 박사학위 논문.

첫째, 서번트 리더십은 앞서 서번트 리더십의 특성에서 정의한 바와 같이 인간을 가장 중요한 자원으로 바라보지만, 전통적 리더십은 인간을 조직의 목표달성에 영향을 미치는 여러 가지 자원 중 하나로 바라본다.

둘째, 서번트 리더십은 구성원의 자발적 행동 정도를 평가의 주요 지표로 구성하지만, 전통적 리더십은 시간, 경비, 생산량 등의 양적 지표를 평가의 주요 지표로 정의한다.

셋째, 서번트 리더십은 조직의 목표달성에 있어서 공동체 구축을 통한 팀워크를 중요하게 여기지만, 전통적 리더십에는 팀워크보다 개인 간의 경쟁심을 자극하여 각자의 역량을 최대한으로 발휘하는 것이 조직의 목표달성에 더 효율적이라고 정의하였다.

넷째, 서번트 리더십은 구성원의 능력과 판단을 믿음으로써 리더가 조직구성원에게 적절한 위임을 통해 조직구성원의 역량을 향상시키고 구성원들에게 주인의식과 책임의식을 함양하도록 자극하지만, 전통적 리더십은 조직구성원들은 리더의 판단에 따라 업무를 수행하는 도구로서 이해하고 있다.

다섯째, 서번트 리더십은 리더가 개방적인 사고와 행동을 토대로 구성원들을 통제하고 명령하는 존재가 아닌 구성원들을 지원하는 지원자로서 해야 할 역할을 강조하는 반면, 전통적 리더십은 리더가 자기중심적 가치관으로 조직구성원들을 리더의 기준에 따라 행동해야 한다고 제시하였다.

여섯째, 서번트 리더십은 일과 업무의 균형에 있어서 구성원의 개인생활과 업무의 조화를 중요하게 여기지만, 전통적 리더십은 산술적 분석과 비용 대비 효과에 관심을 가진다.

일곱째, 서번트 리더십은 구성원들의 지나친 경쟁보다 협력과 공생을 지향하지만, 전통적 리더십은 경쟁 메커니즘을 중시하기 때문에 조직의 목표달성에 구성원들의 경쟁만을 강조하였다.

여덟째, 서번트 리더십은 구성원들의 성장과 조직의 목표달성을 위해서 리더가 스스로 자신의 시간을 할애하고 헌신하지만, 전통적 리더십은 리더가 구성원들을 위해서 헌신할 필요는 없으며, 리더는 조직의 목표달성을 위해서 구성원들을 효과적으로 활용하는 데 주 관심을 지니는 존재로 정의하였다.

아홉째, 서번트 리더십은 의사소통 측면에서 조직구성원과의 목표달성 과정은 물론, 목표를 세우는 과정에서도 구성원들과 많은 의사소통을 통해 함께 목표를 구성하고 이를 달성하는 데 협력을 중요하게 여긴다. 그러나 전통적 리더십은 조직의 리더는 명령과 지시를 하는 존재이며, 구성원은 이에 순종하고 복종하는 존재로 일방적인 의사소통이 조직의 목표달성에 더 효과적이라고 제시하였다.

열째, 서번트 리더십은 구성원들이 업무를 통해 성장할 수 있도록 끊임없이 지원하고 후원하는 역할을 리더의 핵심역할로 바라봤지만, 전통적 리더십은 지원보다는 당근과 채찍이라는 상벌을 통해서 조직구성원들을 통제 및 관리하였다.

2 서번트 리더십과 변혁적 리더십의 비교

2006년 존(John)과 다니엘(Daniel)[40]은 Scale Development and Construct Clarification of Servant Leadership에서 서번트 리더십과 변혁적 리더십을 리더의 역할, 구성원의 역할, 도덕적 요소, 리더십의 기대결과, 개인·관계·집단·조직·사회 차원에서 리더의 역할을 비교·분석하였다.

표 7-10 서번트 리더십과 변혁적 리더십의 비교

구분	서번트 리더십	변혁적 리더십
리더의 역할	구성원 섬김	조직목표를 위해 구성원을 영감적으로 고취
부하의 역할	현명, 자유, 자율적	조직목표 추구
도덕적 요소	명시됨	특정하지 않음
기대결과	부하만족, 개발 서비스에 대한 몰입, 사회개선	목표일치, 효과증진, 만족, 생산성, 조직이익
개인차원	섬기려는 욕망	이끌려는 욕망
관계차원	리더는 부하를 섬김	리더가 부하를 고무시킴
집단차원	리더는 구성원의 욕구를 충족하기 위하여 집단을 섬김	리더는 조직목표를 추구하기 위해 집단을 결합함
조직차원	리더는 조직이 공동체를 섬기도록 준비	리더는 조직목표를 추구하기 위해 구성원을 고취시킴
사회차원	리더는 사회의 개선을 위해 긍정적 유산을 남김	리더는 명확한 목표를 추구하도록 국가와 사회를 고취시킴

첫째, 서번트 리더십은 조직구성원들을 섬기는 것을 리더의 핵심 역할로 정의하였지만, 변혁적 리더십은 조직의 목표달성을 위해 조직구성원들의 영감을 자극하고 고취시키는 것을 리더의 역할로 규명하였다.

둘째, 서번트 리더십은 구성원의 역할을 규정하는 데 있어서 구성원을 자율적 존재로 바라보기 때문에 구성원의 자유와 자율에 따른 역할을 중요하게 여겼지만, 변혁적 리더십은 조직목표를 추구하는 존재로서 구성원을 바라보았다.

셋째, 서번트 리더십은 도덕적인 요소들을 명시하지만, 변혁적 리더십은 도덕적 요소들에 대해서 깊은 관심을 가지지 않았다.

넷째, 서번트 리더십은 리더십의 결과로 구성원의 만족과 구성원의 자기 발전을 제시하였지만, 변혁적 리더십은 리더와 구성원의 목표일치, 조직의 목표달성 효과증진과 생산성의 향상을 리더십의 결과로 제시하였다.

다섯째, 서번트 리더십은 리더가 개인적 차원에서 섬기려는 욕망을 품고 있으며, 관계적 차원에서 리더는 구성원을 섬김으로 관계를 형성하고, 집단적 차원에서 리더는 구성원의 욕구를 충족시키기 위하여 집단에 속하며, 조직적 차원에서 리더는 조직 공동체를 섬기기 위해 노력하며, 사회적 차원에서의 리더는 사회의 개선을 위해 긍정적인 유산을 남긴다고 정의하였다. 반면 변혁적 리더십은 개인적 차원에서 리더는 이끌려는 욕망을 지니고 있으며, 관계적 차원에서 리더는 구성원을 고무 및 독려할 수 있으며, 집단적 차원에서 리더는 조직의 목표를 달성하기 위해 조직을 구성하고, 조직적 차원에서 리더는 조직의 목표달성을 위해 구성원들을 독려하며, 사회적 차원에서 리더는 국가와 사회에 이바지하기 위하여 구성원들을 고취시킨다고 정리하였다.

3 서번트 리더십과 타 리더십 이론의 비교

1991년 그레이엄(Graham)은 그의 논문 Servant Leadership in Organization에서 서번트 리더십과 다른 리더십과 어떻게 다른지 구분하였다.[41] 특히 카리스마적 권위, 명사적 카리스마, 변혁적 리더십을 비교하여 카리스마의 원천, 상황, 카리스마적 재능의 본질, 추종자들의 반응, 카리스마의 결과, 사업에서의 적용가능성 등을 비교·분석하였다.

표 7-11 서번트 리더십과 타 리더십 이론의 비교

구분	카리스마적 권위	명사(名士)적 카리스마	변혁적 리더십	서번트 리더십
카리스마의 원천	타고난 재능	개인특성, 사회적 거리	리더 훈련과 기술	겸손, 정신적인 통찰력
상황	사회경제적 불안	권태, 추종자들의 낮은 자긍심	일방향적인 힘	상호관계적인 힘
카리스마적 재능의 본질	불안에 대한 희망적 비전	용기: 극적인 재능, 힘, 비전	조직에 대한 비전, 인적자원관리에의 능숙함	섬김에 초점을 둔 삶의 방식의 실행과 비전
추종자들의 반응	타고난 재능의 인식	리더에 대한 아부와 리더와 동일시	고양된 동기: 추리적 노력	리더의 섬김에 대한 모방
카리스마의 결과	추종자들의 물질적 상황의 개선	리더에 대한 의존적 관계	리더 혹은 조직의 목표달성, 구성원의 개인적 발전	구성원의 자율성과 도덕적 발전, 공동선의 강화
사업에서의 적용가능성	불가능	가능	가능	가능

서번트 리더는 다른 유형의 리더들보다 조직구성원들을 더 행복하고, 더 생산적이며, 더 창의적으로 만들 수 있다. 최근 서번트 리더십에서 겸손(humility)을 중요시한다. 겸손은 자신보

다 더 대단한 것이 존재한다는 믿음에 근거한다. 겸손한 리더들은 조직구성원들에게 높은 자기 인식, 피드백에 대한 개방성, 타인에 대한 감사, 낮은 자기 초점, 더 큰 선의 인식이라는 다섯 가지 자질을 보여준다.[42]

겸손의 필수 요소는 배우려는 의지이다. 겸손은 팔로워십의 겸손, 팔로워의 자기효능감, 팔로워의 성과, 팀 창의성 등과 관련이 있다. 경영자로서의 리더는 초점을 나에게서 우리로 바꾸는 겸손이 필요하다. 겸손한 척하는 것이 아닌 진실한 겸손을 가져야 한다. 말하지 말고 질문하는 리더가 되어야 한다. 그리고 조직 문화를 활용하는 리더로서 직원개발, 투명성, 실수에 대한 관용에 중점을 두어야 한다.

리더십 사례 탐구

한국의 슈바이처 장기려 박사(1911~1995)

"나는 치료비가 없어서 의사의 진찰을 받지 못하고 죽는 환자들을 위하여 의사 일을 하려고 결심하였다. 그래서 의사가 된 날부터 지금까지 치료비가 없는 환자를 위한 책임감을 잊어버린 적은 없었다. 나는 이 결심을 잊지 않고 살면 나의 생애는 성공이요, 이 생각을 잊고 살면 실패라고 생각하고 있다." – 장기려 박사

장기려 박사의 호는 성산이며, 의료 활동과 사회봉사활동을 펼친 의사로 '한국의 슈바이처'라 불리며, 1979년 막사이사이상을 수상했다.

한국의 슈바이처요 살아있는 성자로 불렸던 장기려 박사는 어릴 때부터 의사의 꿈을 키웠다. 서울의대의 전신인 경성의전을 수석으로 졸업하고 당시 조선인 중 10명도 안 되던 의학박사 학위를 취득한 후 평양의과대학과 김일성종합대학 교수를 지냈다. 그 이후 부와 명예, 그리고 성공이 보장된 길을 마다하고 가난한 사람들을 위한 춥고 낮은 길을 선택했다.

평양 연합기독병원에서의 바쁜 업무 중에도 자신의 월급을 털어 빈민촌을 돌아보며 무의촌 진료를 하였고 그의 부인은 삯바느질로 생계를 꾸려가며 남편을 도왔다. 해방 후, 주기철 목사가 섬기던 평양 산정현교회에 출석하며 신실한 믿음을 가지고 장로로 세움을 받아 충성스럽게 교회를 섬겼다.

그러던 중 1950년 한국전쟁이 일어나고 1 · 4 후퇴 때 환자를 돌보는 와중에 부인과 5남매를 평양에 남겨둔 채 국군의 요청으로 부상자들을 돌보기 위해 둘째 아들만을 데리고 월남하게 되었다. 월남 후 당시 전쟁의 피해로 고통받는 피난민과 갖은 질병으로 죽어가던 가난한 환자들을 위해 부산에 천막을 치고 복음진료소(복음병원, 현 고신의료원)를 세워 행려병자를 치료했다. 곧 만날 수 있을 것으로 생각했던 가족은 휴전선이 가로막혀 영영 볼 수 없게 되었다. 장기려 박사는 늘 북에 두고 온 가족들을 그리워했다.

"내가 누군가를 도우면 반드시 누군가 북에 있는 내 가족을 도울 것이야."라는 장기려 박사는 가난한 사람을 위해 평생을 바치겠다는 다짐을 하며 하루에 200명이 넘는 환자들을 돌보았다. 전기도 들어오지 않아 촛불을 켜놓고 응급수술을 해야 하는 힘들고 열악한 환경 속에서 장기려 박사는 늘 기도하는 삶을 살았다. 그뿐만 아니라 1959년에 우리나라 최초로 대량 간 절제 수술에 성공하는 등, 당시 우리나라 외과 의사 가운데 최고의 실력을 갖추고 있었다.

후에 병원 운영이 어려워지자 조금씩 진료비를 받게 되었는데 돈이 없는 환자들을 위해 병원장 자신의 월급을 가불하여 대신 내어주었고, 그것도 안 될 때는 병원 뒷문을 열어 내보내 주기도 하였다.

그런데 병원이 커지고 무료진료가 불가능해지자 장기려 박사는 1968년 한국 최초의 의료보험조합인 청십자의료보험조합을 설립하였다. 청십자병원은 가난한 사람을 정성껏 치료해 줄 뿐만 아니라 치료비를 깎아 준다고 소문이 나서 늘 많은 환자가 찾아왔다. 당시 소고기 한 근이 360원이었는데 이보다 비교할 수 없이 훨씬 작은 월 보험료 60원으로 20만 명의 영세민 조합원들이 의료혜택을 받았다.

그러던 어느 날, 병원에 오랫동안 입원해 있던 농부가 장기려 박사에게 하소연했다.

"선생님, 제가 당장은 돈이 없지만, 나중에 꼭 벌어서 갚겠습니다. 그러니 제발 사정 좀 봐주세요. 내일 당장 모내기를 해야 하는데 이렇게 병원에 묶여 있으면 한 해 농사를 망치게 됩니다."

농부의 말을 들은 장기려 박사는 가만히 생각하다가 말했다.

"밤에 문을 열어 줄 테니 그때 가세요."

농부가 깜짝 놀라자 장기려 박사는 웃으면서 말했다.

"병원에서는 아마 병원비를 내지 않으면 퇴원을 안 시켜 줄 거예요. 그런데 돈이 없으니 도망을 쳐서라도 일을 해야 가족을 돌볼 수 있을 것 아닙니까."

장기려 박사는 그렇게 말하고 농부에게 돈까지 쥐여주었다.

"얼마 안 되지만 차비나 하세요."

농부는 고마운 마음에 눈물을 흘리고 말았다.

그는 수술비가 없는 환자를 위해 자신의 돈으로 수술을 해주고, 그나마도 감당할 수 없게 되면 밤에 몰래 환자를 탈출시키기도 한 것이다. 그리고 평생 자기 집 한 채 가지지 못하고 병원 옥상 옥탑방에서 살다가 1995년 12월 25일 추운 겨울날 새벽에 세상을 떠나고 말았다.

절대 빈곤 시절의 '천막무료진료'부터 미래를 내다본 의료복지정책인 '청십자의료조합'까지 이 모든 것은 그의 '사랑'이 이뤄낸 기적이었다. 그는 진정한 서번트 리더십의 표본이다.

"바보라는 말을 들으면 그 인생은 성공한 것입니다. 그리고 인생의 승리는 사랑하는 자에게 있습니다." – 성산 장기려 박사

출처: 네이버 지식백과, 한 권으로 끝내는 교과서 위인(2005). 지경사 외.

토론 문제

01 꿀벌 이야기와 닭 이야기를 통해 얻은 교훈은 무엇이며, 리더가 가지고 있어야 할 자세와 행태에 대해서 이야기해보자.

02 현대 사회에서 윤리경영과 초윤리경영(Amoral Management)의 중요성이 높아지고 있다. 윤리적 리더와 비윤리적 리더의 성향을 비교해보자.

03 스피어스(Spears)의 서번트 리더십 구성 요소 10가지에 대해서 설명하고 본인이 가장 중요하다고 여기는 요소는 무엇인지 이야기해보자.

04 스톤(Stone)과 패터슨(Patterson)이 제시한 서번트 리더십의 기능적 속성(functional attributes)과 부가적 속성(accompanying attributes)에 대해서 설명해보자.

CHAPTER 08

셀프 리더십과 슈퍼 리더십

I. 셀프 리더십

II. 슈퍼 리더십

Leadership Story

노자의 청정무위(淸淨無爲) 리더십

중국의 춘추전국시대는 수많은 제후가 서로 최후의 승리자가 되기 위하여 처절한 경쟁을 벌이던 시대로 우리가 사는 21세기와 너무나 닮았다. 다이내믹한 경쟁과 생존이 화두였던 이 시대는 난세였던 만큼 생존에 대한 대안도 많았던 시대였다. 수많은 전문가가 쏟아져 나와 나름대로 그 시대를 분석하고 생존에 대한 비전을 제시하며 서로 옳다고 주장한 백가쟁명(百家爭鳴)의 시대였다.

그중에서 도가(道家)라는 중국문화의 한 기둥을 세운 사람이 노자(老子)다. 노자의 노(老)는 우리가 노형(老兄)하는 식의 존칭어이며 원래 성은 이(李) 씨고 귀가 크다고 해서 이름은 이(耳)였다. 이이(李耳), 그는 주나라 황실의 국립도서관장직에 있다가 요즘으로 말하면 정리해고되어 권력에서 멀어지며 낙향하는 몰락한 지식인이었다.

그는 세상을 등지면서 5천여 글자의 책을 남기고 사라졌다고 한나라 무제 때 역사가 사마천은 기록하고 있다. 그 책이 바로 도덕경이며 도덕경의 핵심 내용은 리더십에 관한 내용이다.

노자에게 현대인들이 배울 수 있는 가장 중요한 것은 청정무위(淸淨無爲)이다.

- 淸(맑을 청): 水(물 수) + 靑(푸를 청)의 형성자.
- 淨(맑을 정): 水(물 수) + 爭(다툴 쟁)의 형성자.
- 無(없을 무): 人(사람 인) + (장작더미의 상형) + (불 화)의 상형자.
- 爲(할 위): (손톱 조) + 爲(원숭이의 상형)의 상형자.

청정(淸靜)이란 사사로움을 벗어버리고 욕심을 줄이며, 대공(大公), 대용(大容), 대전(大全)적 입장에 서서 대도(大道)의 정신을 실천하고자 하는 깨끗한 마음의 상태라 할 수 있으며, 일체의 잡념이 일어나지 않게 하는 수도(修道)의 첫째라 할 수 있다.

또한 무위(無爲)란 내 몸의 이치와 천하의 이치는 같다는 사유에서 출발한다. 이로써 만물과 내가 하나의 마음이 될 수 있다는 지극한 경지의 행위로써 그러한 하나의 마음을 가지고 이신치신(以身治身), 이천하치천하(以天下治天下), 즉 내 몸의 이치로써 내 몸을 다스리고, 천하의 이치를 들어 천하를 다스린다는 정치적 사유가 함축된 노자의 핵심 사상이다.

청정위천하정(淸靜爲天下正) "정녕 천하를 바르게 하는 것은 맑고 깨끗함이니라."(도덕경 45장)

진나라 평공이 사광에게 "인군지도(人君之道)는 어떠해야 합니까?"라고 했을 때 사광은 이렇게 대답하였다.

"임금의 도는 청정무위(淸淨無爲)해야 하며, 박애에 힘써야 하고, 어진 이를 모시기에 바빠야 합니다. 또 이목을 크게 열어 만방을 살펴야 하며, 유속(流俗)에 빠져들어서도 안 되며, 좌우 측근에 얽매여서도 안 됩니다. 우뚝 서서 멀리 볼 수 있어야 하며, 바르게 서서 독립할 수 있어야 합니다. 그런가 하면 성과와 실적을 자주 살피고 헤아려 이로써 공정하게 신하를 대해야 합니다. 이것이 임금 된 자가 지녀야 할 조도(操道)입니다."

노자는 평화를 지향하고 전쟁을 반대하며, 통치 계급의 횡포 무도한 행위를 반대한다. 노자는 고명한 통치자들은 청정무위(淸淨無爲)의 정책을 펴야 하며 '무위'는 성과가 없는 것이 아니라 함부로 행동하지 말아야 한다는 것이라고 했다. 노자는 통치자들이 호통을 적게 치는 상황에서만 백성들이 순종하고 단정하며 부유하고 순박하며 통치자들을 옹호할 수 있다고 했다.

노자는 청정무위(淸靜無爲)하고 꾸밈없는 정치를 함으로써 민심을 수습하려 하였다. 즉, 당시의 정치가들은 무위이치(無爲而治)를 정치의 이상적 형태라고 믿고, 되도록 평화롭고 안정된 질서를 유지하여 백성들이 근심 걱정 없이 자기의 행복을 누릴 수 있게 하였다.

노자는 춘추전국시대의 사회변혁에 직면한 일부 귀족 학자들의 내면적 고통을 드러낸 것으로 사회질서를 회복하고 전란과 다툼을 줄이고 싶은 심정을 보여 준다. 그는 통치자의 치국과 수신은 천도의 자연스러움에 따라 욕심을 억제하고 부드러움을 지키고 청정무위(淸淨無爲) 해야 한다는 것이다. 그는 유가(儒家)와 묵가(墨家)에서 주장하는 예의, 상현유위(尙賢有爲)의 정치윤리학설을 반대하면서, 이는 도덕을 붕괴시키고 사람들을 서로 다투게 만드는 원인이라고 여겼다.

노자는 천지의 마음을 리더십에 접목시켰다. '무위자연(無爲自然)'의 철학에 바탕으로 한 네 가지 지도자의 덕목은 다음과 같다.

첫째, 작이불사(作而不辭)다. 지도자는 내가 이룬 공을 남에게 떠벌리지 말라는 것이다. 그러니까 어떤 일을 내가 하고 그 한 일을 말로 자랑하면 오히려 공(功)이 반감된다는 것이다. 지도자는 묵묵히 일을 이루어낼 뿐 그것을 공치사하지 않는다.

둘째, 생이불유(生而不有)다. 내가 만들었다고 소유하려 하지 않는 것이다. 자연은 만물을 태어나게 했어도 소유하려 하지 않는다. 사람들도 내가 만든 것이라고 소유를 주장해서는 안 된다는 것이다. 지도자는 이 무소유를 실천하는 사람이다.

셋째, 위이불시(爲而不恃)다. 내가 했다고 자랑하려 하지 않는 것이다. 하늘은 비를 내리고 햇빛을 내려도 자랑하지 않는다. 지도자는 거저 주기만 할 뿐 그 행동에 대하여 어떤 자랑도 하지 않는다. 오직 무상(無相)이고 무아봉공(無我奉公)이다.

넷째, 공성신퇴(功成身退)다. 공을 이루었으면 몸은 물러나는 것이다. 공을 이루되 그 공에 안주하지 않는다. 성공하는 것도 힘들지만 그 자리를 버리는 일은 더욱 어렵다. 그러나 이룬 공을 버리고 그 자리에서 물러날 때 그 공은 더욱 빛날 수 있다.

요즘으로 말하면 노자는 조용한 리더십의 대가다. '리더는 말을 아껴야 한다. 말을 할수록 그 말에 발목이 잡힌다.' '리더는 물처럼 자신을 낮추고, 모든 공을 신하들에게 돌려야 한다. 내가 공을 누리려 하면 신하들이 떠나게 된다.' '리더는 신하들을 다스릴 때 스스로 할 수 있는 무위(無爲)의 리더십을 펼쳐야 한다. 직접적으로 간섭하고 강요하면 그들은 반발할 것이다.'

무위(無爲)는 '아무것도 하지 않는다.'라는 소극적인 의미가 아니라 '조직원들이 스스로 할 수 있도록 분위기를 만들라'라는 적극적인 의미의 표현이다. 일하지 않는 직원에게 일하라고 소리 지르는 것보다 그 직원이 자신의 역량과 열정을 발휘할 수 있는 조직의 분위기를 만드는 것이 리더로서 하기 힘든 적극적인 행위라는 것이다.

노자의 무위의 리더십을 가장 잘 표현해 주는 개념이 도덕경 60장에 나오는 약팽소선(若烹小鮮)이다. 치대국 약팽소선(治大國, 若烹小鮮, 큰 나라를 다스리는 것은 작은 생선을 삶는 것과 같다.)의 약자이다.

무엇이든 자연스럽게 두면서 지켜보는 것이 가장 좋은 정치라는 의미다. 작은 생선을 삶아보면 생선의 모양에 조금도 흠이 가지 않도록 하는 것이 얼마나 힘든 일인지 쉽게 알 수 있다. 어떤 요리든 마찬가지겠지만 생선 매운탕도 뚜껑을 자주 열어보면서 젓가락으로 속을 휘젓는다면 생선의 모양을 유지하는 것은 고사하고 그 맛도 엉망이 될 것이다. 되도록 요리가 익을 때까지 두고 기다리는 마음이 중요하다.

나라를 다스리는 일도 이와 같은 이치로 조급증 때문에 일을 그르치지 말고 차분히 지켜보며 개선해 나가자는 취지의 사자성어이다. 또한 너무 지나치게 간섭하면 오히려 득보다 실이 많으니 그냥 물 흘러가듯이 차분히 세태의 흐름에 맡기는 게 낫다는 뜻도 된다. 〈출처: 도덕경, 한민족역사정책연구소〉

조용한 리더십을 발휘하기 위한 행동을 노자는 다음과 같이 가르친다.

첫째, 무위(無爲)하라. 강요하지 말라는 것이다. 무위자연은 아무것도 하지 말라는 뜻이 아니라 '스스로 그러하게 내버려 두라'이다. 그냥 자연으로 돌아가라가 아닌, 무위이 무불이(無爲而 無不而), 즉 강요하지 않을 때 되지 아니하는 것이 없다는 말이다. 제대로 다스리려면 강요하지 말고 내버려 둬라. 노자는 현실 도피성의 종교가 아니라 이렇게 저절로 되는 현실성을 말하고 있다. 비틀즈가 노래한 'let it be'가 바로 이것이다.

둘째, 침묵(沈默)하라. 지도자가 말이 너무 많으면 자주 궁지에 몰린다. 지자불언 언자부지(知者不言 言者不知), 즉 진정 아는 사람은 떠들어 대지 않고 말을 많이 하는 사람은 알지 못하는 것이라는 말이다. 꼭 지도자의 실수는 말이 많은 데서 생긴다. 그래서 침묵은 금이라 했고, 말이 많은 사람은 남들이 신용을 안 하며 외면받기에 십상이다. 말보다는 행함이 앞서는 그런 사람이 우리에게 필요한 지도자다.

셋째, 겸손(謙遜)하라. 공성신퇴(功成身退), 공을 이룬 뒤에 그 자리에서 물러남이 당연한데 그 자리를 더 하려고 질척대는 사람처럼 추한 사람이 없다. 대개의 독재자가 영구집권을 꿈꾸다 패가망신하는 모습을 많이 보았다. 조선의 개국공신 정도전도 결국 자기 공을 자랑하다 토사구팽을 당했다. 겸손은 낮춤의 처세이며, 내가 키웠나 자신이 컸지, 하고 공을 부하들에게 돌리는 것도 훌륭한 겸손이다. 그러므로 언제나 목표는 높은 곳에 두고 눈높이는 아랫사람에게 맞추는 것이 좋다. 진정한 겸손은 화광동진(和光同塵)에서 나온다. 자기의 지혜와 덕을 감추고 세속을 따르라는 말이다.

넷째, 비워(空)라. 채우기보다 어려운 것이 비우는 것이다. 자기 고집, 고정된 편견을 버리면 새로운 것을 가득 채울 수 있다. 젊었을 때는 부지런히 채워야 하지만 나이가 들면서 하나씩 비워야 한다. 늙어 재색명리(財色名利)에 허우적거리는 사람을 보면 불쌍하기조차 하다. 수레의 바큇살을 보면 가운데가 텅 비어 있다. 비어 있으므로 그 쓰임새가 큰 것이다. 무릇 지도자가 욕심이 가득하면 되는 일이 없다. 모든 것을 욕심으로 구하기 때문이다.

다섯째, 물처럼 살아라. 도덕경에 상선약수(上善若水)라는 말이 있다. 가장 위대한 선(善)은 물처럼 사는 것이다. 물은 모든 만물을 이롭게 하고 자기의 공(功)을 과시하지 않는다. 남들이 싫어하는 낮은 곳으로 흐른다. 〈출처: 덕화만발(德華滿發)〉

노자가 말하는 최고로 훌륭한 지도자(authority figure)는 아랫사람들(underlings)이 그가 있다는 것만 아는 것이다. 그다음의 지도자는 아랫사람들이 가깝게 다가갈 뿐만 아니라 그를 늘 칭송하는 리더이다. 그다음의 지도자는 아랫사람이 두려워하는 리더이다. 그다음의 지도자는 아랫사람이 아예 그를 경멸하고 욕하는 리더이다.

무슨 명령을 받아(assignments) 타율의 강제로 움직이게 하는 리더십이 아니라 자율 프로그램(selfled program of work)으로 일하는 근로자가 되게 하는 경영자를 일컫는다. 노자는 무위이무불위(無爲而無不爲)를 말했다. 무엇을 거짓된 마음(僞)으로 조작하려 들지 않고 진솔하고 당당하게 최고경영자의 마음으로 처리해 나간다면 되지 않는 일이 없다는 것이다. 가장 최상의 부하는 강제받는 명령이 부과되지 않아도 앉아서 지도자의 마음이 원하는 것을 안다. 그래서 자신에게 과제를 부과하여(self-assigned tasks) 믿음이 가는 큰 리더(boss)를 가진 든든한 마음으로 일을 처리한다.

가장 하급의 노동은 열심히 하는 노동이고, 그다음은 기쁘게 하는 것이고, 그다음은 즐기면서 하는 것이다. 바로 이런 경지를 노자가 말하고 있다. 노자가 말한 가장 최상의 리더십은 각각의 근로자가 최고경영자(CEO)가 된 듯이 일하는(worker-capitalist, 노동자이면서 자본가, 경영혁신을 위해서 애쓰는 사람) 것을 말한다.

하늘마음은 만물을 만들고(作), 낳고(生), 하고(爲), 이루더라도(成), 떠벌리지 않는(不辭)다. 하물며 우리가 소유하려 하지 않고(不有), 자랑하지 않고(不恃), 뒤로 물러난다면(退) 어떤 결과를 얻을 수 있을까? 나를 낮추며 조금은 바보같이 사는 것이다. 너그럽고 부드럽게 덕을 베풀며 무아봉공의 정신으로 세상을 위해 맨발로 뛰며 헌신하고 봉사할 때 우리는 바로 천지자연과 합일되는 하늘마음의 소유자가 되는 것이다.

"금과옥이 집에 가득한들 모두 지킬 수 있는 것은 아니다. 부귀한 자가 교만하면 자신 스스로 허물을 짓게 되고, 성공하였다면 몸은 잠시 물러나는 것이 진정 하늘의 마음이고 도(道)다."

노자가 현대인들에게 말하고 싶었던 것은 아마도 세계를 봐야 하는 대로 보지 말고, 보이는 대로 보라고 한 것이다. 보이는 대로 볼 수 있는 힘을 가지려면 우리 속에서 자신을 융해시켜버리면 안 되고, 나의 독립적 자발성을 확보해야 한다. 집단속에서 자발적 생명력이 사라지도록 방치하면 안 된다. 그 힘이 보이는 대로 볼 수 있는 힘을 가지게 만들 수 있다.

출처: 도덕경, 노자가 말하는 최고의 리더십, 다니엘.

Ⅰ 셀프 리더십

1 셀프 리더십의 유래와 자기관리

1980년대 이후, 사회는 산업사회 중심에서 지식정보화사회로, 집중화사회에서 세분화와 개별화사회로 변화해감에 따라 리더의 역할은 타인에게 지시, 명령, 영향력을 행사하는 그동안의 리더십 역할에서 스스로 자기 자신에게 영향력을 행사하여 조직의 목표를 달성하는 셀프 리더십의 패러다임으로 변화하였다. 그리고 1980년 찰스 멘즈(Charles C. Manz)와 헨리 심즈(Henry P. Sims, Jr.)는 조직에서 근로자들의 관리를 위한 효율적 대안으로 리더십 대체요인이론에 근거한 셀프 매니지먼트 연구를 통해 셀프 리더십의 연구 분야를 개척하였다.

즉, 셀프 리더십 이론은 그동안 전통적 리더십 이론들이 제시하였던 강하고 영감적인 리더의 영향력 중심 연구에서 구성원이 리더로부터가 아닌 자신에게 영향력을 발휘하여 자신을 리드하고 이를 통해 조직 목표달성을 이루는 리더십 이론이라 할 수 있다.

셀프 리더십은 자기 자신에게 영향력을 행사한다는 관점에서 자기관리(self- management)나 자기규제(self-regulation)와 비슷한 의미로 사용될 수 있으나, 셀프 리더십과 자기관리(자기규제)는 다음과 같이 서로 다른 특성을 지니고 있다.

1987년 프레이네(Frayne) & 래탐(Latham, 1987)은 자기관리(self-management)를 "개개인이 당면한 문제를 평가하고 이를 해결할 수 있는 구체적인 목표를 수립하여 목표달성을 방해하거나 촉진하는 요소를 주시하여 자신에게 적용하는 것"이라고 정의하였다.

1989년 칸트(Kanter) & 애커만(Ackerman)은 자기규제(self-regulation)를 "자기관찰과 자기평가, 자기반응을 포함하는 것으로 자기관찰은 자신의 행동과 행동의 결과에 대해 인지적으로 관심을 가지는 행위이며, 자기평가는 자신의 현재 상태와 자신이 바라는 상태와의 비교를 통해 성과를 파악하는 행위이며, 자기반응은 자신의 행동을 통해 스스로가 느끼는 자기만족과 자기효능감"이라고 정의하였다.

그러나 1980년대 이후 리더십 이론 학자들은 자기관리와 셀프 리더십의 특성을 구분하고 셀프 리더십을 리더십의 한 분야로 바라봄에 따라 1992년 맨즈(Manz)는 셀프 리더십은 "자기규제의 의미를 포함하는 것으로 과업 수행의 내재적 보상으로부터 나타나는 내재적 동기부여를 강조하는 자기관리행동"이라고 정의하였다.

즉, 자기관리는 개개인에게 주어진 과업을 어떻게 완료하는가에 초점을 둔다면 셀프 리더십은 '어떻게 관리하는가?'뿐만 아니라 '왜 해야 하는가?'를 포함하는 것으로 자신을 스스로 관리하고 목표를 설정하고 업무를 수행하는 자기관리보다 한 차원 높은 수준의 자기규제라고 정의하였다.

1997년 윌리엄스(Williams)는 셀프 리더십을 "자기관리보다 더 상위의 자기영향력 행사의 상위단계라고 생각하여 자기관리를 셀프 리더십보다 더 기초적인 자기영향력 행사단계"라고 정의하면서 셀프 리더십과 자기관리의 개념을 구별하였다.

2 셀프 리더십의 개념과 원리

1. 셀프 리더십의 개념

셀프 리더십의 'Self'는 '자아'라는 뜻으로 인간 내부의 기존적인 성향인 '자율성'을 뜻하는 말로 셀프 리더십이란 "조직의 관리를 전통적 리더십에서의 통제와 명령 중심이 아닌, 조직구성원들이 스스로 리더가 되어 각자가 맡은 업무에 자율성과 책임감을 느끼고 행동하는 리더십"이라고 정의할 수 있다.

"스스로 깨면 병아리요 남이 깨면 프라이다"라는 말이 있다. 스스로 동기부여 할 수 있도록 자신의 틀을 개발하는 것이 중요하다는 것이다. 셀프 리더십은 정말로 하고 싶은 일을 하는데 자발적으로 자신을 투입할 수 있도록 하는 것이다.[1] 세상을 바꾸려 하지 말고 자신을 바꾸라는 말이 있다. 나의 미래는 자신의 손에 달려 있다.

1980년 Manz와 Sims는 셀프 리더십을 "스스로 자기 자신에게 영향을 미치기 위해 사용되는 행위 및 인지 전략"이라고 정의하였고, 사람들이 자신을 변화시키는 과정이라고 규명하였다. 그리고 이후 이를 보완하여 Manz는 1986년에 셀프 리더십을 "자아발견과 자기만족을 위한 여행이며, 자신에게 영향력을 행사하는 방법이며 자기효능감을 위한 기술이며, 자아완성을 위한 학습"이라고 정의하였다.

이처럼 셀프 리더십은 20세기 후반 1980년 Manz와 Sims의 연구를 시작으로 자기규제, 자기통제, 자기관리, 내재적 동기이론, 사회적 인지이론, 임상적 인지이론 등 여러 이론의 영향을 받아 그 개념 또한 학자마다 상이하게 정의하고 있다.

네크(Neck), 스튜어트(Strewatt), 맨즈(Manz, 1995)는 "조직의 목표를 달성하는 데 있어서 자기방향설정과 스스로 동기부여를 하기 위해 자신에게 영향력을 행사하는 과정"이라고 정의하였고, 쉘턴(Shelton, 1997)은 개인이 주도적으로 동기부여를 할 수 있도록 스스로 계획하고 행동하는 인지적 전략이라고 정의하였다.

그리고 21세기 들어 피어스(Pearce)와 맨즈(Manz, 2005)는 기존의 셀프 리더십의 연구를 보완하여 자기영향력에 대해 확장하였고 리더십의 기능 중 하나로 권한위임을 강조하였다. 뮐러(Muller, 2006)는 셀프 리더십을 "자기목표설정을 통해 열망을 가지고 추진하는 행동 및 정신적 과정"이라고 규명하였고, 콕(Cox), 심스(Sims), 윤(Yun, 2006)은 "자신의 행동을 통제하거나 효율성을 증대시키기 위해 노력하는 영향력을 셀프 리더십"이라고 규명하였다. 학자들의 셀프 리더십에 대한 정의를 정리하면 표 8-1과 같다.

표 8-1 셀프 리더십의 정의

학자	개념
Manz(1986)	자아발견과 자기만족을 위한 여행이며, 자신에게 영향력을 행사하는 방법이며 자기효능감을 위한 기술이며, 자아완성을 위한 학습
Neck, Strewatt, Manz(1995)	조직의 목표를 달성하는 데 있어서 자기방향설정과 스스로 동기부여를 하기 위해 자기에게 영향력을 행사하는 과정
Shelton(1997)	개인이 주도적으로 동기부여를 할 수 있도록 스스로 계획하고 행동하는 인지적 전략
Pearce와 Manz(2005)	자기영향력의 확장 및 권한위임 강조
Muller(2006)	자기목표설정을 통해 열망을 가지고 추진하는 행동 및 정신적 과정
Cox, Sims, Yun(2006)	자신의 행동을 통제하거나 효율성을 증대시키기 위해 노력하는 영향력
김미선(2005)	셀프 리더십은 학습되는 것으로 인간의 기본적인 성향인 자율성을 중요시하는 리더십
정태희(2005)	셀프 리더십은 자신을 스스로 이끌기 위해서 행하는 주도적이고 적극적인 행동 및 관리능력
김소령(2006)	스스로 목표를 설정하고 이를 달성하는 일련의 과정에서 자기 자신에게 리더십을 행사하는 것
이기호(2007)	자율성의 개념에 책임성을 추가하여 셀프 리더십을 자율성과 책임성을 가지고 자신의 잠재능력을 충분히 발휘할 수 있도록 자기 자신을 리드하고 이끄는 책임 있는 행동

그러므로 셀프 리더십은 사람들이 높은 성과를 올리도록 이끌어주는 자율적인 힘을 말하며, 슈퍼 리더십은 다른 사람들이 자율적으로 셀프 리더십을 개발케 만드는 것으로 설명할 수 있다. 셀프 리더십은 셀프 리더가 궁극적으로 달성하고자 하는 목표로서 마치 엔진과도 같이 성공하는 데 필요한 거의 모든 에너지를 공급해 준다. 셀프 리더십에는 다음과 같은 3가지 명제를 가지고 있다. 첫째, 누구나 어느 정도 셀프 리더십을 발휘하고 있다. 둘째, 효과적인 셀프 리더십

은 학습을 통해 얻어가는 것이다. 셋째, 셀프 리더십은 누구에게나 해당한다.

그리고 셀프 리더십 연구는 국내에서, 특히 조직 및 교육 부문에 활발히 연구되기 시작하였다. 김미선(2005)은 "셀프 리더십은 학습되는 것으로 인간의 기본적인 성향인 자율성을 중요시하는 리더십"이라고 정의하였으며, 정태희(2005)는 셀프 리더십을 "자신을 스스로 이끌기 위해서 행하는 주도적이고 적극적인 행동 및 관리능력"이라고 정의하였고, 김소령(2006)은 "스스로 목표를 설정하고 이를 달성하는 일련의 과정에서 자기 자신에게 리더십을 행사하는 것"을 셀프 리더십이라고 정의하였다. 그리고 이기호(2007)는 자율성의 개념에 책임성을 추가하여 셀프 리더십을 "자율성과 책임성을 가지고 자신의 잠재능력을 충분히 발휘할 수 있도록 자기 자신을 리드하고 이끄는 책임 있는 행동"이라고 정의하였다.

2. 셀프 리더십의 원리

셀프 리더십(self-leadership)은 바람직한 행위를 유도하는 자기동기부여(self-motivation)와 자기방향설정(self-direction)을 습득하도록 영향력을 발휘하는 과정이다. 그러므로 자율성과 책임 그리고 통제 가능성 등을 기반으로 하며, 스스로 자신을 이끌어가는 셀프 매니지먼트 역량을 갖추고 있으면서 동시에 자기 통제에 대한 더 높은 수준의 기준과 내재적 동기부여의 역할을 수행할 수 있는 자기 주도형 리더십이다.

박진숙(2011)[2]은 전통적 리더십과 최근 리더십에 대한 탐색적 고찰을 통해 전통적 리더십과 구별되는 셀프 리더십의 원리를 자기이해, 자기통제능력, 자기주도능력, 자신감 4가지로 정리하였다.

1) 자기이해

셀프 리더십의 원리 중 하나인 자기이해는 자신의 능력을 파악하는 것이다. 즉, 자신의 성격과 가치관, 그리고 자신의 장단점, 행동 특성 등을 파악하고 이해하는 것이다.

2) 자기통제능력

사람들은 자신의 모든 생각, 감정, 행동을 표출하지는 않는다. 사람들의 부정적인 생각이나 부정적인 정서, 그리고 비생산적인 행동은 본인과 타인 나아가 사회에 문제를 일으키기 때문이다. 따라서 셀프 리더십은 자신의 생각, 정서, 행동 등의 통제를 중요시한다.

3) 자기주도능력

자기주도란 스스로 주인의식과 책임능력을 가지고 행동하는 것으로 셀프 리더는 자신에게 할 수 있다는 마음과 가치관을 통해 자신의 행동에 변화를 가져옴으로써 자신에게 동기부여를 하고 설정한 목표를 달성하고자 노력한다.

4) 자신감

자신감은 과거의 성취 직접경험 또는 해당 분야에 대해서 소유하고 있는 간접경험에서 나오는 것으로 힘들고 어려운 여건 속에서도 당당하게 대처할 수 있게 하는 능력이다.

3 전통적 리더십과 셀프 리더십의 전략

1. 셀프 리더십과 전통적 리더십

Manz와 Sims는 1980년 셀프 리더십은 개인이 스스로 자신에게 영향을 미치기 위해 또는 자신의 영향력을 행사하기 위해 사용하는 행위 및 인지전략으로 설명하였다. 그러면서 전통적 리더십과 셀프 리더십을 비교하였는데 가장 먼저 주요 관심사로는 전통적 리더십은 주로 외부관찰 시점으로 리더가 바라보는 구성원의 행동에 관심을 가졌지만, 셀프 리더십은 자기관찰, 즉 자신의 모습 및 행동에 주된 관심을 가진다는 것이다.

목표 측면에 있어서 전통적 리더십은 리더의 경우 조직으로부터 주어진 목표에 관심을 가지며, 구성원들의 경우에는 리더로부터 주어진 목표에 관심을 두지만, 셀프 리더십은 조직에서 주어진 목표가 아니라 스스로 또는 리더와의 커뮤니케이션을 통해 설정한 목표에 관심을 가진다.

열의 및 만족 측면에서는 전통적 리더십은 주로 외부 보상, 즉 조직 또는 리더로부터 제공되는 외부 보상으로 열의 및 만족을 느끼지만, 셀프 리더십은 일 자체에서 열의 및 만족감을 느낀다.

직무할당 및 계획 측면에서는 전통적 리더십에서는 리더가 조직구성원들에게 직무를 할당 및 구체적인 직무달성 계획도 제시하고 구성원들은 이를 수용하는 입장이었지만, 셀프 리더십은 구성원 스스로가 리더로서 자신의 목표달성을 위해 직무를 할당하고 이를 수행하는 계획도 스스로 구성한다.

끝으로 비전 차원에서 전통적 리더십은 조직에서 제시한 비전에 의존하고 이를 달성하기 위해 노력하지만, 셀프 리더십은 조직이 제시한 비전과 스스로 세운 비전을 함께 달성하는 데 목표를 둔다.

표 8-2 전통적 리더십과 셀프 리더십의 비교

구분	전통적 리더십	셀프 리더십
관찰 시점	외부관찰	내부관찰
목표의 설정	주어진 목표	자기설정목표
보상(열의 및 만족)	외부보상	내부보상
직무할당 및 계획	조직이 직무 및 계획 제시	스스로 직무 및 계획 제시
비전 구현	조직에서 제시한 비전	조직에서 제시한 비전+스스로의 비전

출처: C. C. Manz & H. P. Sims, Jr.(1989). Super-leadership의 내용을 수정 및 보완함

2. 셀프 리더십의 전략

셀프 리더십은 1986년 Manz에 의해서 핵심 구성 요소로 행동전략과 인지전략의 두 가지 요소가 제시되었지만, 이후 수정 및 보완하여 1996년 Neck과 Manz는 인지적 전략을 자연적 보상전략과 건설적 사고전략으로 세분하여 셀프 리더십의 구성 요소를 행동중심적 전략, 자연적 보상전략, 건설적 사고전략의 세 가지로 제시하였다.

1) 행동중심적 전략

행동중심적 전략은 리더십의 핵심을 행동에 초점을 맞춘 전략으로 리더와 구성원들이 자발적으로 만족감을 느끼는 일은 아니지만, 조직에 있어서 반드시 해야 하는 과업을 수행함에 있어 자기 자신을 스스로 리드하도록 돕는 행동이다.

외부적이고 직접적인 관리를 하는 전통적 리더십과 다르게 셀프 리더십의 행동중심적 전략은 내부적이고 자기통제적 수행으로 자기관리를 잘하고, 창조적이며 자신의 직무를 잘 감당하여 높은 성과를 나타내는 것을 전략목표로 삼는다.

행동중심적 전략은 자기목표설정, 단서관리, 예행연습, 자기관찰, 자기보상, 자기징계 등의 하위 요소로 구성된다.

① 자기목표설정

자기목표설정(self-goal setting)은 셀프 리더십의 중요한 요소로 성공적인 셀프 리더는 개인의 발전뿐만 아니라 조직의 목표달성에도 효과적 목표를 스스로 설정한다.

즉, 성공적인 셀프 리더는 자신이 처한 상황에서 시급한 일들에 우선순위를 두고 시급하게 달성해야 할 목표와 장기적으로 달성하고자 하는 목표를 설정하고 이를 순서로 실행한다. 또한

자기목표설정은 셀프 리더가 처한 상황의 문제해결뿐만 아니라, 셀프 리더와 조직의 비전 실현을 위해서 새로운 일에도 창의적으로 도전한다. 특히 창의적 도전은 막연한 도전이 아닌 반드시 달성할 수 있으며 구체적으로 실현 가능한 도전이다.

자기목표설정은 목표가 효과적으로 달성되기 위해서 자기목표설정 내용을 조직에 공개하고 구체적인 행동 변화에 초점을 맞추며, 짧은 기간 내 달성할 수 있도록 한다. 목표는 그 자체로 동기를 부여하는 효과를 가지고 있으며, 목표는 도전적이고 구체적일수록 그 효과가 더 크다. 또한 목표를 달성하게 되면 더 높은 목표로 나아갈 수 있는 강화 특성도 가지고 있다.

② 단서관리

단서관리(management of cue)는 자극에 대한 통제를 말한다. 행동중심적 전략의 구성 요소 중 하나로 바람직한 변화를 위해서 단서 또는 긍정적인 자극이 될 만한 것을 주변에 배치하고 변경하는 것이다. 즉, 바람직하지 않은 행동에 대한 자극을 줄이고 바람직한 행동에 대한 자극에 노출시키는 행동이다. 예를 들어, 시간을 효율적으로 사용해야 하는 행동이 요구되는 셀프 리더들은 자신들의 주요 생활환경 또는 직장에 "당신의 시간이 얼마나 효율적으로 관리되고 있습니까?"라는 문구를 배치하는 행동들을 말한다. 출입문이나 책꽂이, 모니터와 거울 등 잘 보이는 곳에 메모지나 포스트잇(post-it)으로 주요 내용이나 다짐 등을 메모해서 붙여놓는 행위 등도 이에 해당한다.

단서관리는 전략목표달성에 영향을 주는 인자들을 발견하고 그에 대한 대안을 정리하여 전략을 잘 짜면 셀프 매니지먼트의 실행 성과를 높이는 데 큰 도움이 된다.

③ 예행연습

예행연습(rehearsal)은 리허설이라고도 하며 성공적인 셀프 리더는 현실상의 예행연습뿐만 아니라 가상, 즉 상상으로도 예행연습을 하여 성공률을 높이고자 한다. 즉, 예행연습은 효과적인 선행적 셀프 리더십 전략으로 리더의 행위 또는 과업의 체계적인 연습을 의미하며 이러한 깊은 생각을 통해 실패할 확률을 낮추고 결정을 내리는 데 있어서 확신을 가져오게 한다.

④ 자기관찰

자기관찰(self observation)은 자신이 변화시키고자 하는 행동 및 역할과 역할 수행 태도에 대해 먼저 정보를 수집하고 관찰하여, 수행하고 있는 업무활동의 효율성을 스스로 평가하고 이를 토대로 어떻게 바꾸어야 할지를 발견하는 셀프 리더의 행위이다. 자신의 행동을 관찰함으로써 언제, 어떻게 행동하는지 스스로 패턴을 인식하게 되고 이를 통해 바꾸어나가야 할 부분이나 집중하여 강화할 부분을 파악할 수 있게 된다. 자기관찰은 성과를 향상시키기 위한 목표설정을 효과적으로 설정할 수 있도록 한다. 또한 깊이 있는 자기관찰을 통해 자신을 더 깊이 발견하며 이를 토대로 자신에 대한 확신을 통해 더 큰 자신감을 갖게 만든다. 따라서 자기관찰을 지속적이고 깊이 있게 하는 사람일수록 자신의 현재를 명확히 파악하고 더 나은 미래를 준비한다.

⑤ 자기보상

바람직한 행동과 목표달성을 강화하기 위해 자기 자신에게 노력의 대가로 부여하는 물질적 또는 무형의 보상으로 성공적인 셀프 리더는 적절한 자기보상(self rewards)을 통해 일할 의욕을 북돋아 동기부여를 스스로 하여 뚜렷한 목표를 가지고 주어진 업무를 수행할 수 있는 지속력을 가지게 된다.

⑥ 자기징계

자기징계(self punishment)는 셀프 리더 본인이 자신에게 징벌을 가하는 것으로 통상적으로는 효과적이지는 못하며 실제로 정신적 또는 의식적 자기징계가 대부분이다. 자기징계는 셀프 리더 자신에게 죄책감을 느끼게 함으로써 일에 대해서 동일한 실수를 반복하지 않도록 하는 데 도움이 되지만, 자기징계가 반복될 경우 오히려 일에 대한 열정을 떨어뜨리는 부정적인 효과가 나타나기 때문에 주의해야 한다.

2) 자연적 보상전략

자연적 보상은 일 자체에서 얻는 보람, 기쁨 등의 가치를 추구하는 것으로 업무로부터 발생하는 자연적 보상을 발견하고 이 보상이 지속될 수 있게 하는 전략으로 일 자체를 즐길 수 있도록 일의 환경, 즉 일하는 방법과 일하는 장소를 설계하는 것을 말한다. 또한 긍정적인 환경의 제공뿐만 아니라 일을 하는 데 있어서 보람과 기쁨 등의 가치를 하락시키는 요인들은 제거하여 부정적인 반응을 줄이는 전략도 포함된다.

3) 건설적 사고전략

건설적 사고전략은 사람들이 여러 번의 반복적인 과정을 통해 자신의 습관적 행동을 변화시키듯이 성공적인 셀프 리더의 행동을 위해서 자기 자신의 사고를 의도적으로 통제하여 자신을 더 효과적으로 리드해나가는 과정이다. 특히 건설적 사고전략은 리더 또는 조직이 당면하고 있는 어려운 상황을 장애로 판단하는 것이 아니라 개인 및 조직의 발전 기회 요인으로 바라보는 긍정적 사고전략이다. 또한 건설적 사고를 유지하고 효율적으로 관리하기 위해서 자신의 내면과 끊임없이 대화하여 부정적인 요소들을 긍정적인 요소들로 변화시키려는 능력이다.

표 8-3 셀프 리더십의 구성 요소

<table>
<tr><th>전략</th><th>하위 요소</th><th>내용</th></tr>
<tr><td rowspan="7">행동 중심적 전략</td><td colspan="2">리더십의 핵심을 행동에 초점을 맞춘 전략으로 리더와 구성원들이 자발적으로 만족감을 느끼는 일은 아니지만, 조직에 있어서 반드시 해야 하는 과업을 수행함에 있어 자기 자신을 스스로 리드하도록 돕는 행동</td></tr>
<tr><td>자기목표설정 (self-goal setting)</td><td>성공적인 셀프 리더는 개인의 발전뿐만 아니라 조직의 목표달성에도 효과적 목표를 스스로 설정</td></tr>
<tr><td>단서관리 (management of cue)</td><td>행동중심적 전략의 구성 요소 중 하나로 바람직한 변화를 위해서 단서 또는 긍정적인 자극이 될 만한 것을 주변에 배치하고 변경하는 것</td></tr>
<tr><td>예행연습 (rehearsal)</td><td>예행연습은 효과적인 선행적 셀프 리더십 전략으로 리더의 행위 또는 과업의 체계적인 연습을 의미하며, 이러한 깊은 생각을 통해 실패할 확률을 낮추고 결정을 내리는 데 있어서 확신을 가져오게 함</td></tr>
<tr><td>자기관찰 (self observation)</td><td>자신이 변화시키고자 하는 행동에 대해 먼저 정보를 수집하고 관찰하여 수행하고 있는 업무활동의 효율성을 스스로 평가하고 이를 토대로 어떻게 바꾸어야 할지를 발견하는 셀프 리더의 행위</td></tr>
<tr><td>자기보상 (self rewards)</td><td>바람직한 행동과 목표달성을 강화하기 위해 자기 자신에게 노력의 대가로 부여하는 물질적 또는 무형의 보상</td></tr>
<tr><td>자기징계 (self punishment)</td><td>본인이 자신에게 징벌을 가하는 것으로 동일한 실수를 막아주지만 지속해서 사용 시 좌절감 우려</td></tr>
<tr><td>자연적 보상전략</td><td colspan="2">일에서 얻는 보람, 기쁨 등의 가치를 추구하는 것으로 업무로부터 발생하는 자연적 보상을 발견하고 이 보상이 지속될 수 있게 하는 전략</td></tr>
<tr><td>건설적 사고전략</td><td colspan="2">사람들이 여러 번의 반복적인 과정을 통해 자신의 습관적 행동을 변화시키듯이 성공적인 셀프 리더의 행동을 위해서 자기 자신의 사고를 의도적으로 통제하여 자신을 더 효과적으로 리드해나가는 과정</td></tr>
</table>

3. 셀프 리더십 행동개발전략

셀프 리더십은 조직구조, 업무 프로세스, 인간관계의 3가지 개발을 통해 리더의 셀프 리더십을 발전시킬 수 있다고 정리하였으며,[3] 제시한 행위들의 강화를 통해 셀프 리더십 행동을 강조하였다.

1) 조직구조 측면의 방안

셀프 리더십은 조직구조 차원에서 먼저 자율관리팀, 특별위원회, 태스크포스 등의 팀을 통해서 업무수행과 학습의 기회를 향상시킨다. 특히 조직의 구조에서 계층을 줄이거나 계층을 아예 제거하여 조직구성원들의 권한과 책임을 확대시킨다.

2) 업무 프로세스 측면의 방안

셀프 리더십은 구성원들에게 업무와 관련하여 권한의 위임을 활성화한다. 따라서 조직구성원들로 하여금 회의를 주기적으로 개최하여 교육훈련의 기회를 부여하고 조직구성원들의 자유로운 커뮤니케이션 창구를 개설하고, 조직의 리더를 일방적으로 상위자가 임명하기보다 조직 내에서 투표 또는 다양한 민주주의적 과정을 통해 스스로 선출하도록 한다.

3) 인간관계 측면의 방안

셀프 리더십의 리더는 무엇보다 구성원들의 발언에 경청하며 구성원들의 느낌과 감정에 관심을 가져야 한다. 그리고 지시나 명령보다는 구성원들이 스스로 목표와 목표달성 방법을 찾을 수 있도록 인도해주어야 하며, 구성원들이 세운 목표와 목표달성을 위한 과정에 긍정적인 확신을 심어준다.

셀프 리더십 실천을 위해서는 다음과 같은 자세가 필요하다. 모르는 척 놔두는 것이 필요하고, 나서야 할 때와 물러나야 할 때를 알아야 하며, 업무에 관여할 필요가 있는지를 미리 파악해두어야 하며 통제가 아닌 지적 자극을 주는 것이다.

Ⅱ 슈퍼 리더십

1 슈퍼 리더십의 의의와 구성 요소

1. 슈퍼 리더십의 의의

1) 등장 배경

슈퍼 리더십이 등장하게 된 배경에는 기업이 직면한 급격한 환경 변화를 들 수 있다. 무엇보다도 글로벌 사회의 경쟁이 격화되는 과정에서 기업은 인적자원을 충분히 활용하여 국제적인 경쟁력을 높여야 하는 부담을 느끼게 되었으며, 급격한 변화 속에서 구성원 스스로가 끊임없이 변화하지 않으면 생존할 수 없는 상황에 직면하게 되었다.
그리고 이러한 진정한 리더십의 발현은 외부로부터가 아니라 구성원 내부의 자각에서 비롯된다는 인식을 공유하게 된 것이다. 이러한 인식의 변화는 한 사람이 다른 사람에게 영향력을 행사한다는 전통적인 논리에 비해 커다란 패러다임의 전환이었다. 바로 구성원들 스스로가 자율적이면서도 효과적으로 자신의 운명을 이끌어가도록 그들의 잠재력을 극대화시키는 것이 리더의 중요한 역할로 부각된 것이다.
향후 미래 시대에는 보이지 않는 자산으로 경쟁을 하게 되며 조직의 규모가 더욱 커지고 급변하는 환경 변화에 한 사람이 중앙에서 지시·통제하는 리더십으로는 성공적인 경영을 할 수 없다. 따라서 조직구성원 개개인이 충분한 역량을 가지고 제 역할을 충실히 수행해주어야만 기업이 성장할 수 있게 된다. 이에 슈퍼 리더십은 자기 밑에 뛰어난 인재가 없다고 말하는 리더는 무능하며, 성공적인 리더가 되기 위해서는 평범한 사람을 인재로 키울 수 있는 능력이 있어야 하며, 이것이 바로 슈퍼 리더십의 핵심 사명이라고 주장한다. 슈퍼 리더십은 부하가 자발적으로 리더십을 발휘할 수 있도록 부하의 능력개발 및 이를 발휘할 수 있는 여건을 조성하는 리더의 행위를 강조한다.

2) 슈퍼 리더십의 의의

슈퍼 리더십은 1980년대 셀프 리더십과 함께 맨즈(Charles C. Manz)와 심즈(Henry P. Sims, Jr.)에 의해서 알려졌다. 슈퍼 리더십은 리더 개인 중심의 변화와 능력에 대해서 정리한 셀프 리더십과 다르게 21세기 지식정보화시대에서 조직의 구성원들이 각각의 특성과 환경을 고려하여 구성원들이 지닌 잠재능력과 창의력을 발현할 수 있도록 구성원들이 스스로 리더이며, 주변의 구성원들이 자신을 리더라고 생각하도록 하여 자신을 이끌게 하는 리더십이다.
따라서 슈퍼 리더십은 구성원들이 스스로 능숙하고 능력 있는 리더가 될 수 있도록 구성원들이 성취하고자 하는 가치들에 대한 설정 및 효과적인 가치구현을 위한 모델을 제시해야 한다.
이러한 시대적 변화와 연구 흐름을 토대로 셀프 리더십과 슈퍼 리더십을 비교하여보면 셀프 리더십의 셀프(self)는 리더 자신에 중점을 두지만, 슈퍼 리더십의 '슈퍼(super)'란 리더 자신을 포함하여 다른 사람들의 잠재적 능력과 최선의 노력을 이끌어내는 데 초점을 둔다. 이상의 연구 흐름을 토대로 슈퍼 리더십의 개념을 정리하면 슈퍼 리더십은 "먼저 리더가 자신을 포함하여 다른 조직구성원들이 스스로 자신들을 리더라고 생각하게 하며, 구성원들이 스스로를 리드하도록 이끄는 리더십"이라고 정의할 수 있다. 슈퍼 리더십 이론은 추종자가 자신을 리드할 수 있는 역량과 기술을 갖도록 하는 것을 리더의 역할로 규정하고 있다.

슈퍼 리더는 추종자들이 스스로를 리드해 나아갈 수 있도록 리드하는 사람이며, 구성원 개인의 능력을 중시해 인재를 영입하고 육성하는 조직 문화를 만든다. 한마디로 슈퍼 리더란 '구성원 개개인들이 자기 자신을 리드할 수 있는 셀프 리더가 될 수 있도록 리드해 가는 사람'을 의미한다. 이에 필요한 행동과 사고에 관련된 전략으로는 Self-leadership이다. Bass는 슈퍼 리더십의 속성을 "대체하는 데 필요한 리더십"이라 표현하였다.

지식 리더는 구성원의 개인적인 능력을 중시하며 '알아서 스스로 한다.'라는 정신을 중시한다. 본인 스스로 그러한 성장 배경을 가지고 있으며 리더십 전개에서도 그러한 성향을 추구한다. 똑똑한 사람을 영입하고, 교육과 훈련을 통한 인재육성을 강조하여 학습하는 조직 문화를 만든다. 각자가 자신의 주인이고 리더가 되어야 진정한 조직 경쟁력이 형성된다고 믿기 때문이다. 이러한 지식 리더에 가장 가까운 리더십 개념이 바로 '슈퍼 리더십'이다. 지식으로 이끄는 슈퍼 리더십은 자신의 성향을 뒷받침할 수 있는 우수한 리더들을 조직 내에서 키우는 데 초점을 맞춘다.

2. 슈퍼 리더십의 구성 요소

슈퍼 리더십은 모델링, 목표설정, 격려와 지도, 보상과 질책 등으로 구성된다.

1) 모델링

성공하는 슈퍼 리더는 자신의 셀프 리더십 행동을 구성원들에게 보여 주고 이를 구성원들이 따라 할 수 있도록 솔선수범해야 한다. 즉, 슈퍼 리더는 다른 구성원들에게 효과적인 영향력을 미칠 수 있는 강력한 모델이 되어야 한다. 그리고 이러한 모델링은 직접적인 경험뿐만 아니라 타인을 깊이 있게 관찰하고 상상함으로써 먼저 타인의 요구를 명확하게 파악하고 이를 토대로 타인의 요구에 부합하는 효과적인 모습을 보여 주는 것이 가장 중요하다.

2) 목표설정

슈퍼 리더십은 효과적인 리더십 발현을 위해서 목표설정 역시 중요하다고 제시하였다. 즉, 리더가 조직구성원들이 스스로 자기 일과 결과에 대한 목표를 세우고 이들의 우선순위를 정해 업무를 수행하도록 지원하는 것이 중요하다고 제시하였다.

3) 격려와 지도

성공적인 슈퍼 리더십을 위해 리더는 조직구성원들이 자신의 목표를 달성하고 구성원들 개개인이 목표를 달성할 수 있도록 적절한 격려와 지도가 필요하다. 즉, 조직구성원들을 격려하고 지도함으로써 구성원들의 능력을 증진시키고 구성원들이 조직 및 리더에 대한 신뢰를 가지게 하여 구성원들이 겪게 되는 어려움 또는 장애를 효과적으로 극복하는 데 큰 도움이 된다.

4) 보상과 질책

슈퍼 리더는 보상과 질책을 능숙하게 이용할 수 있어야 한다. 먼저 조직구성원들의 경우 창의적 도전 또는 리더십 전략들을 효율적으로 이용했을 때, 이에 따른 적절한 보상을 통해 구성원의 동기부여를 긍정적으로 자극하여 더 높은 성과를 달성할 수 있다. 반면 목표설정 및 수행에 있어서 부진함이 있을 경우 적절한 질책을 통해 반복적인 실수를 제거하고 올바른 방향으로 이끄는 것이 중요하다.

3. 슈퍼 리더십의 유형

Manz & Sims(2001)는 뉴 슈퍼 리더십(new super leadership)에서 "리더는 자신의 영광을 위해서가 아니고 또한 권한과 명령을 통해서도 아닌 부하들이 스스로 자신들을 리드하도록 하여 탁월성을 추구하도록 만드는 리더십"이라고 정의하며 슈퍼 리더가 되기 위한 가장 중요한 단계는 능숙한 셀프 리더가 되는 것이라고 주장하였다. 슈퍼 리더는 부하들의 솔선수범, 자기책임, 자신감, 자기 자신의 목표설정, 긍정적인 기회적 사고, 그리고 자기 스스로 문제해결 등을 고무한다. 리더십의 유형[4]으로 네 가지를 제시하면서 현대에서 가장 주목받고 있는 리더십이 슈퍼 리더십이라고 주장한다.

첫째, 강자형 리더로 1940년대 미국을 중심으로 등장한 리더십 이론으로서 특성이론 또는 위인이론에 바탕을 두고 있다. 이 이론을 신봉하는 사람들은 리더는 모든 것을 알고 있다는 관점에서 접근하고 있으며 신장, 체력과 같은 신체적 조건, 지식, 언변, 출신성분과 같은 사회적 신분에 있어서 강점을 지닌 자가 리더가 될 수 있다는 이론이다.

둘째, 거래적 리더로 리더의 역할은 달성해야 할 목표를 설정하고 그 설정된 목표를 달성할 수 있도록 적절한 유인을 제공하고 종업원은 기여를 제공함으로써 경영자와 종업원 간에 유인과 기여의 교환관계가 존재한다. 이러한 관계를 '거래적 리더십'이라고 말한다.

셋째, 비전제시형 리더로서 부하들이 자신의 능력을 뛰어넘는 능력을 발휘할 수 있도록 하고 미래에 대한 비전을 제시하고 그 비전에 몰입시킴으로써 조직의 목적을 달성시키는 리더 유형이다.

넷째, 오늘날 가장 주목받고 있는 현대적 리더십이 바로 슈퍼 리더십이다. 이것은 부하들이 스스로 리드할 수 있도록 돕는 리더십을 가리킨다. 슈퍼 리더 밑에는 스스로 잘 훈련된 슈퍼 추종자들이 양성되는데, 이 부하들이 셀프 리더십을 통해 훌륭한 리더로 육성된다.

Manz와 Sims의 슈퍼 리더십 이론에서 슈퍼 리더가 되어가는 7단계를 설명하고 있다.

첫 번째 단계는, 셀프 리더가 되는 것이다. 스스로 나아갈 방향을 정하고 동기를 부여하는 과정을 말한다. 이를 위해서는 행동과 인지구조에 변화가 따라야 한다. 행동 차원의 변화를 위한 자기관찰을 하고, 변화목표를 세우고 실습하며, 결과에 따라 스스로 보상이나 벌을 내리는 등의 행위를 포함한다. 인지구조 차원에서는 자신의 일로부터 자연스럽게 보상받을 수 있는 길을 열어놓아야 한다. 즉, 일로부터 보람과 같은 내재적 보상을 받을 수 있도록 스스로 직무를 재구성하는 것이다. 또한 사고방식의 변화를 포함한다. 즉, 자신의 믿음과 자아개념을 긍정적이고 건설적인 방향으로 바꿔야 한다.

두 번째 단계는, 셀프 리더의 기술과 면모를 하급자에게 보여 줌으로써 모델로 삼는다. 예를 들면, 지미 카터 대통령은 퇴직 후 노숙자들을 위해 꾸준히 집을 지어주었고, 이를 본받아 많은 미국인이 이 헤비타드 운동에 동참하고 있다.

세 번째 단계는, 슈퍼 리더가 하급자에게 스스로 도전적 목표를 설정하는 기법을 가르치는 단계이다. 직접 설득하거나, 모델링, 코치기법을 활용할 수 있다. 목표설정 행위는 학습될 수 있으며 성과에 큰 영향을 미친다.

네 번째 단계는 슈퍼 리더가 하급자에게 긍정적 사고방식을 전수해줘야 한다. 슈퍼 리더는 일상의 교류 과정에서 하급자의 역량이 뛰어나다는 암시를 자주 던져 줄 필요가 있다. 하급자의 역량에 대한 믿음의 표현은 그들에게 큰 자신감과 기대감을 불러온다. 계획적 참여는 긍정적 사고방식을 전수하는 데 유효한 수단이 될 수 있다.

다섯 번째 단계는, 보상과 질책의 단계이다. 슈퍼 리더는 외적인 보상보다 직무 내적으로 보상받는 법을 가르쳐야 한다. 이를 위해서는 의미 있고 적성에 맞는 일을 하도록 하는 것이 가장 바람직하다. 벌을 내릴 때는 주의해야 한다. 질책이 개인의 자존심과 자신감을 깎아내릴 수 있으므로 학습효과를 극대화하는 범위에서 건설적으로 이뤄져야 한다.

여섯 번째 단계는, 팀워크를 통해 셀프 리더십을 배양하는 단계이다. 팀원 각자가 셀프 리더가 되도록 함으로써 팀 자체가 자율관리팀의 성격을 띠게 되어 더는 팀장에게 의존하지 않고 스스로 판단하고 결정하여 행동하게 한다.

일곱 번째 단계는, 셀프 리더십 문화를 창달하는 단계이다. 이러한 문화를 만들기 위해서는 최고경영자의 역할과 지원이 필요하다. 조직 전체가 셀프 리더십의 가치를 받아들여 실천에 옮길 때 큰 성과가 얻어진다.

이전 과정을 통해 슈퍼 리더는 하급자들을 격려하고 안내해야 한다. 이런 셀프 리더십이 무르익으면 하급자의 조직몰입, 동기유발, 역량의 증대 등이 기대되며, 성과가 높아지고 혁신을 이룩할 수 있다. 셀프 리더가 다시 슈퍼 리더가 될 잠재력도 향상된다.

슈퍼 리더십 이론은 하급자의 자아관리 역량에 초점을 맞추고 있다는 특징이 있다. 그러나 고성장 욕구가 있지 않은 사람에게도 셀프 리더의 동기를 불어넣을 수 있는가 하는 문제와 셀프 리더들로 구성된 집단의 조정문제에 대한 연구가 필요하다.

2 전통적 리더십과 슈퍼 리더의 실천과제

1. 슈퍼 리더십과 전통적 리더십

전통적 리더십은 조직의 목표를 중요시하며, 조직의 목표 및 비전을 구성원들에게 전달하는 상의하달식 구조지만, 슈퍼 리더십은 구성원들이 각자 리더로서 조직의 목표설정에 있어서 함께 고민하고 공감하여 조직의 목표를 설정하고 이를 달성할 수 있는 구체적인 자기목표와 방법을 스스로 설정하고 이를 자기강화를 통해 달성하고자 노력한다. 이처럼 슈퍼 리더십의 특성을 전통적 리더십과 비교하면 표 8-4와 같다.

표 8-4 전통적 리더십과 슈퍼 리더십의 비교

전통적 리더십	슈퍼 리더십
목표를 강조하며 목표 상의하달식 구조	자기강화를 격려하며 목표 공감식 구조
구성원들의 감독 및 관리를 통한 문제해결에 중점	자기관찰, 평가, 목표설정 등을 통한 문제해결에 중점
문제 지적 및 해결중심의 조직관리	리허설을 통한 예방중심의 조직관리
리더의 권한 행사를 통한 관리 및 통제	자기비판을 통한 자기관리

출처: C. C. Manz & H. P. Sims, Jr.(1989). Super-leadership의 내용을 수정 및 보완함.

2. 슈퍼 리더의 실천과제

셀프 리더십을 육성하는 슈퍼 리더의 행동 수단을 살펴보면 다음과 같다.

첫째, 듣기는 많이 하고 말은 적게 한다.

둘째, 의문은 많이 제기하고 해답은 적게 준다.

셋째, 일의 결과를 두려워하지 않고 실패에서 배우는 문화를 조성한다.

넷째, 정보를 독점하지 않고 정보를 공유한다.

다섯째, 순종이 아니라 창의력 발휘를 고취시킨다.

여섯째, 제로섬 경쟁이 아니라 팀워크(teamwork)와 협력을 통한 성과경쟁을 고취시킨다.

일곱째, 의존이 아니라 독립성과 상호교환의 분위기를 조성한다.

여덟째, 순응하는 부하보다는 헌신하는 셀프 리더를 선호한다.

아홉째, 조직 전체에 자율적 관리 문화를 뿌리내린다.

슈퍼 리더들이 성공하게 된 패턴을 살펴보면 다음과 같이 설명할 수 있다.[5]

1) 인적자원의 가치를 차별화한다.

청렴성을 간판으로 정치계에 진출하여 시정을 맡게 된 사람이 있었다. 조직 장악을 위해서 올바른 말을 하는 두 사람을 중시했는데, 나중에 알고 보니 그들이 오히려 가장 기피했어야 할 인물들이었다고 한다. 올바른 안목을 갖는 것이 그만큼 어렵다는 것을 시사해준다. 능력 있는 사람을 확보하는 것이 경쟁력 강화의 가장 근본이다. 문제는 능력이 있어 보이는 사람과 능력 있는 사람을 처음부터 구분하기는 쉽지 않다는 사실이다. 그래서 리더는 인재 확보가 아니라 인재 양성에 승부를 걸어야 한다. 자질 있는 리더를 확보하려고 노력해야 하지만 선택된 리더를 올바른 셀프 리더로 키우는 데 심혈을 기울여야 한다.

식스 시그마는 다른 경영혁신기법과 크게 차이가 나는 점이 한 가지 있다. 바로 다양한 벨트로 분류하는 내부 전문가 제도라는 점이다. 모토로라는 식스 시그마를 추진하면서 화이트 벨트, 그린 벨트, 마스터 블랙 벨트, 챔피언 벨트와 같은 다양한 벨트로 이름을 붙여서 경영혁신에 대한 전문성을 등급화시켰다. 벨트 개념은 동양 무술의 등급 수준을 나타내며, 경영혁신 과정에서 다양한 수준의 훈련과 경험을 습득한 사람의 등급을 나타낸다. 이러한 벨트 제도에 근거한 전문성 강화 전략에서 인력의 기능을 층별화 하려는 리더십의 방향을 읽어야 한다. 똑같은 과장급의 직원이라고 하더라도 새롭게 축적된 전문성에 근거하여 경영혁신 역할에 투입시킨다는 것을 전제로 하고 있다.

2) 인재 양성, 셀프 리더를 의도적으로 키운다.

복사기 전문업체로 유명한 제록스는 LUTI 폭포형 학습 리더십 모델을 가지고 학습조직을 탄생시킨 기업이다. LUTI는 '배워서(Learn) 사용한(Use) 후 가르치고(Teach) 확인하라(Inspect).'라는 단계적인 활동을 연결해서 만든 의미이다. 이 모델의 핵심은 학습문화가 최고경영진에서부터 시작되어 폭포수가 밑으로 떨어지듯이 조직의 계층구조에 따라서 하향식으로 펼쳐나간다는 점이다. 지식을 전수하되 스스로 하라고 내버려 두지 않는다.

리더가 먼저 조직에 맞는 핵심 지식을 터득하여 이행하고 난 후 그 중요성을 전파시켜 연쇄적인 학습기능에 불씨가 되어 준다. 적절한 사람들을 셀프 리더로 훈련시킴으로써 그들의 문제 중 상당 부분을 슈퍼 리더를 대신해서 처리할 수 있게 만들 수 있다. 권한이양을 통해서 조직의 관리가 훨씬 더 원활해질 수 있게 되고 슈퍼 리더의 부담이 줄어들게 된다. 또한 리더가 속한 조직의 리더십이 계속 계승되어 조직이 결속될 수 있도록 유지시켜 준다. 슈퍼 리더십은 계속해서 구성원들을 셀프 리더로 양육하기 때문에 셀프 리더들로 하여금 자신이 양육된 조직을 떠나 새로운 조직을 이끌 수 있는 역량을 키워준다. 조직의 확산과 발전 속도가 빨라지는 것은 당연하다.

3) 파트너십 개념을 추구한다.

전혀 빈틈없이 기업을 운영하는 CEO들이 있다. 모든 사항을 독재적으로 처리하는 CEO들도 있다. 그러나 210억 달러의 수익을 올리는 캐터필러와 같은 대규모의 기업을 운영할 때는 사람들에게 확신을 주는 것이 무엇보다도 중요하였다. 그들 또한 기업목표의 한 부분이 되어야 하며, 가장 낮은 직급에 있는 이들의 의견까지 받아들이려 한다는 것을 제대로 알려야 한다는 것이 대형 불도저 장비업체인 캐터필러의 CEO 돈 파이츠의 주장이다. 사원들이 거래의 대상이 아니라 기업목표의 한 부분으로 자리 잡을 정도로 리더와 팔로워 간의 파트너십이 형성되어야 한다는 것을 강조하고 있다. 슈퍼 리더는 팔로워를 셀프 리더로 키우기로 작정한 사람이다. 리더로 키우려면 리더로서 대우를 해주어야 한다. 셀프 리더를 조직의 사명을 완수하는 데 필요한 진정한 파트너로, 혹은 동반자로 인정하는 리더가 진정한 슈퍼 리더이다.

4) 슈퍼 리더의 7가지 실천과제

리더뿐 아니라 팔로워가 적절한 역할을 해주어야 리더십의 성과가 나타난다. 팔로워십에 대해 꾸준히 연구 중인 로버트 캘리(Robert E. Kelley)에 의하면 "조직의 성공에 리더가 기여하는 바는 10~20%에 불과하고 80~90%는 팔로워십이 결정한다"라고 주장한다. 팔로워가 리더의 하수 정도가 아니라 독립적이고 능동적 주체임을 인식해야 한다는 것이다.[6] 슈퍼 리더가 실천해야 할 7가지 과제는 다음과 같다.

첫째, 스스로 셀프 리더가 되어라.

둘째, 셀프 리더십의 역할 모델이 되어라.

셋째, 팔로워가 스스로 목표를 설정하도록 유도하라.

넷째, 긍정적 사고 유형을 창조하라.

다섯째, 보상과 건설적인 질책을 통하여 셀프 리더십을 개발하라.

여섯째, 그룹 활동을 통해 셀프 리더십을 개발시켜라.

일곱째, 팔로워를 셀프 리더로 대우하라.

리더십 사례 탐구

칭기즈 칸

최근 지구촌은 전쟁과 테러, 기후재난, 에너지와 식량난, 경제 불황으로 소용돌이 속에 있다. IMF로 심각하게 고통받는 국가들도 있고, 실업률 급증으로 사회적 불안이 심각한 수준의 나라들도 많다. 지금은 호황이라는 미국이나 중국도 향후 어떤 경제 상황이 될지 알 수 없는 형국이기에 G2 세계 최강자인 미국과 중국은 경제적 약소국가들을 다그치며 자국의 안정을 보장하려고 총력을 기울이고 있다. 이러한 상황에서 주목받는 리더십이 바로 칭기즈 칸[7](Genhis Khan, 1162~1227)의 슈퍼 리더십이다.

첫째, 칭기즈 칸은 "웅대한 비전"이 있었다. 그 이전에도 없었고 누구도 가능하리라고 생각하지 않았던 웅대한 비전이다. 17세 어린 소년 테무친은 타타르족의 습격으로 아버지를 잃었고, 그의 부족은 모두 흩어졌고 자신은 포로로 잡혀 끌려가는 신세였다. 그러한 상황에서 테무친의 목표는 "흩어진 부족을 되찾고 아버지의 원수를 갚는 것"이었다. 온갖 역경을 거치면서 테무친은 "공동의 목표"가 있으면 부족들이 잘 뭉친다는 것을 깨달았다. 그리고 그 공동의 목표는 소박한 것이 아닌 원대한 야망이라야 사람들이 큰 힘을 낸다는 것이다. 칭기즈 칸은 한 가지 공동목표가 달성되기가 무섭게 또 다른 새로운 공동목표를 만들어 쉬지 않고 그의 부족을 이끌어갔다. 그 비전은 나라를 만드는 것, 주변국으로부터 위협을 없애는 것, 아예 중원을 경영하는 것, 나아가 천하를 통일하는 것, 그리고 그 천하는 중국 땅을 넘어 사람이 사는 모든 땅으로 계속 커져만 갔고 그 꿈들을 하나씩 하나씩 실현시켰다.

둘째, 칭기즈 칸의 리더십은 명분과 정당성 확보였다. 그의 부족들은 명예를 중시하고 이름에 대한 오명을 몹시도 싫어하고, 항상 옳은 쪽으로 평가받기를 원했다. 그래서 자신들은 정의의 편이라는 생각으로 싸우도록 하였고, 명분이 없는 전쟁을 하지 않았다. 금나라 100만 대군을 칠 때도 나라를 물려받지 못할 불효한 놈이 천자가 되어서는 안 된다는 명분이었다. 그리고 백성들을 향해서는 단순히 땅을 빼앗거나 명분 없는 약탈을 자제시켰다.

셋째, 칭기즈 칸은 탁월한 슈퍼 리더십을 가졌다. 중앙아시아, 그리스 발칸반도, 모스크바, 베를린 등 엄청난 거리의 원정에도 불구하고 칭기즈 칸은 자신의 본토를 벗어나지 않았다. 얼마 전까지 초원에서 말을 부리던 부하들을 대군을 지휘하고 신출귀몰한 전략을 구사하는 대장군, 즉 셀프 리더로 변신시킨 것이다. 부하를 육성함은 물론, 전권을 주어 현지의 왕을 임명하고, 인접 국가와의 전쟁 여부까지 모든 권한을 위임하였다. 그리고 서양 세계 정신적 지주인 교황을 어떻게 할 것인가를 숙의하는 것을 제외하고는 모든 권한은 현지에서, 상황에 따라 현지의 지휘관이 알아서 하도록 믿고 맡겼다.

넷째, 그는 자기의 부족들이 끊임없는 상무정신(尙武精神, the militaristic spirit)에 젖어 있기를 원했다. 그의 마지막 유언 중의 하나가 "흙벽돌집에 살지 마라"였다. 흙벽돌 생활은 정착 생활을 의미하며 곧 말을 포기하는 것이라고 보았다. 허벅지에 살이 찌고 배부른 기름 맛을 알기 때문에 고통스러운 원정길을 포기하고 음주와 가무에 빠져들 것을 경계한 것이다. 그리고 살림이 풍족해지면 더 많은 재물에 욕심을 내고, 단신의 군장이 온갖 재물과 보화로 무거워지고, 많은 재물을 서로 차지하려고 싸울 것이기 때문이다.

다섯 번째, 통합적 패러다임을 가졌다. 일단 전쟁을 벌인 적국이라 할지라도 전쟁이 끝난 뒤 제국의 일원으로 충성을 맹세하기만 하면 아무런 제한을 두지 않았다. 그들의 재산은 물론, 왕권, 심지어 종교까지 자율권을 부여했다. 각 국가가 가진 고유의 특수성(개체성)을 보존하는 것은 보편성(전체성)을 의미하는 제국에 대한 충성 하나로 허용되었다. 현대 사회에서의 Global Standard가 어떠해야 하는지 시사해주는 바가 크다.

토론 문제

01 셀프 리더십의 원리인 자기 이해, 자기통제능력, 자기주도능력, 자신감에 대하여 설명해보자.

02 슈퍼 리더들이 성공하게 된 패턴들이 있는데 그 중 인적자원 가치 차별화, 인재양성, 파트너십 추구, 실천과제에 대해서 자세하게 설명해보자.

03 슈퍼 리더의 사례로 칭기즈 칸(Genhis Khan)을 들 수 있는데 칭기즈 칸이 가진 리더로서의 특성과 배울 점에 대해서 이야기해보자.

04 중국의 춘추전국시대 노자의 청정무위(淸靜無爲) 리더십은 어떤 것인지를 설명하고, 조용한 리더십을 발휘하기 위한 행동과 자세에 대해서 이야기해보자.

CHAPTER 09

팔로워십과 글로벌 리더십

I. 팔로워십

II. 글로벌 리더십

Leadership Story

리더를 이끄는 팔로워 리더십

역사에 이름을 남긴 리더 곁에는 언제나 뛰어난 참모들이 있었다. 리더와 참모는 역할이 다를 뿐 서로가 대등한 파트너이다. 이런 의미에서 참모가 갖춰야 할 리더십도 존재한다. '참모 리더십'이다. 훌륭한 참모들이 갖추어야 할 덕목이 있다. 리더를 바로 이끄는 게 진정한 참모다. 리더와 참모는 조직의 목표달성을 위해 협력하는 관계다. 특히 진정한 참모는 리더를 올바른 방향으로 이끄는 역량을 갖춰야 한다.

리더가 누구냐에 따라 조직의 운명은 천양지차로 달라진다. 리더가 있으면 참모가 있게 마련인데 1인자를 제외하면 사실 모든 사람이 참모다. 크고 작은 조직에서 우리는 리더이며 동시에 참모이다.

〈1인자를 만든 참모들〉(이철희)에서 무릇 역사란 수많은 영웅이 촘촘히 써 내려간 위대한 스토리라고 했다. 그러나 그들만의 리그는 아니었고 뛰어난 리더들의 곁에는 뛰어난 참모들이 있었다는 참모들에 대한 이야기이다.

리더를 따르기만 하는 팔로워(follower)는 그들의 역량을 사장시키는 허망한 존재다. 리더십은 리더만의 전유물이 아니며, 직급을 막론하고 누구든 리더십을 가질 수 있다. 자신을 대상으로 하는 셀프 리더십 개념은 이런 사실을 웅변하며, 리더가 가져야 하는 리더십이 있듯이 참모들이 갖추어야 할 리더십도 있다. 이른바 '참모 리더십'인데 보스보다 먼저 생각하고, 리더보다 멀리 내다보고, 상사보다 빠르게 움직이는 것이다. 그럼으로써 리더가 올바른 방향으로 움직이게 한다.

여기서 중요한 것은 참모는 하인이 아니며, 참모를 수직관계로 바라보는 리더에게는 승리가 없다는 것이다. 혼자 잘난 사람 없고 나 홀로 성공할 수 없는, 사슴을 쫓는 자는 산을 보지 못한다는 의미다. 사슴을 쫓는 자가 곧 리더요, 산을 보는 자가 곧 참모다. 열심히 사슴을 쫓느라 전후좌우를 살필 겨를이 없는 리더를 위해 참모는 사방을 두루 살펴야 한다. 이처럼 리더와 참모는 역할이 다른 파트너이다. 유비는 제갈공명이 있었기에 촉나라 왕이 될 수 있었고, 이성계는 정도전이 있었기에 조선을 건국할 수 있었다. 수양대군에게 천하를 안겨준 사람은 한명회이다. 이처럼 역사상 수많은 승리의 드라마가 참모에 의해 기획되고 뒷받침되었고 멍청한 리더조차도 좋은 참모를 만나면 운명이 바뀌었다.

바람직한 참모 리더십은 어떤 걸까?

먼저, 자신을 믿고 담대하게 행동한다. 시류에 휘둘리지 말라는 뜻이다. 최근 언론을 통해 보았던 영혼 없는 국정 참모들의 모습은 우리를 어이없게 했다. 위대한 참모에게 소신은 필수다. 출세나 재물이 아니라 소신을 축으로 삼아 행동하는 게 훌륭한 참모다. 그렇다고 아집이나 독선에 빠져도 좋다는 뜻은 아니라 가능한 한 세심하게 살피고 가능한 한 신중하게 결정하라는 것이다. "군자는 천하에 대하여 무조건 꼭 그래야 한다는 것도 없으며, 절대로 안 된다는 것도 없다. 도리에 견주어 실행할 뿐이다." 공자의 이 말은 참모 리더십의 관점에서도 새겨들을 부분이다.

두 번째, 자리를 탐해서는 안 된다. 자리는 음식과 같아서 허겁지겁 먹다 보면 체하게 마련이다. 배불리 먹다 보면 살이 찌는 건 당연지사이듯이 벼슬이나 직책도 지나치면 아니함만 못하다. 자리를 탐해서는 안 되는 이유는 1인자의 자리는 하나뿐이며 자기의 자리를 참모에게 내주고 싶은 1인자는 없기 때문이다. 보스의 자리를 탐하는 것은 역린을 건드리는 일이기에 조심하고 경계할 일이다.

세 번째, 서두르지 마라. 일찍 핀 꽃은 일찍 시들게 마련이다. 물론 피어야 할 때는 피어야 하지만 서둘러서는 안 된다. 꽃은 언젠가 피게 마련이고 흔들리지 않고 피는 꽃은 없기에 무던히 인내하며 때를 기다려야 한다. 정작 걱정해야 할 것은 피기 전에 어떤 삶을 살았느냐가 얼마나 화려한 꽃을 피울지를 결정한다는 것이다.

결국 참모는 리더의 또 다른 이름이다. 참모와 리더는 리더십이라는 동전의 양면처럼 참모가 리더의 뒤만 따르며 지시만 받아서는 안 되는 이유이다. 한발 앞서서 먼저 생각하고 먼저 움직여야 한다. 유능한 참모는 기존의 통념에 얽매이지 않으면서 먼저 보고, 넓게 보고, 뒤집어 보고, 깊이 보고, 다시 보아야 한다. 그러지 못해 세상의 지탄을 받는 참모 아닌 참모들을 우리는 작금의 시대상황을 통해 보고 있다.

참모 리더십의 성공 여부는 리더에 대한 설득에 달려 있다. 좋은 아이디어를 만들어내는 것도 중요하지만 더 중요한 것은 그 아이디어를 리더가 채택하도록 하는 일이다. 단순히 아이디어를 전달하는 것만으로는 부족하며 리더의 성격과 스타일을 면밀하게 연구해 그에 맞는 설득 방법을 찾아야 한다. 때론 강력하게 권하고, 때론 집요하게 반복하며, 때론 천군만마의 용기를 주어야 한다. 왜 내 말을 몰라줄까, 원망하고 돌아서는 참모는 자신의 무능을 인정하는 참모이다.

사물을 잡아당기는 중력과 물체를 떠오르게 하는 부력이 있는데 중력과 부력의 균형과 조화로 세상은 제자리를 찾아간다. 리더와 참모의 관계도 마찬가지로 조직의 성장과 성공에는 리더와 참모의 건강한 긴장이 빠질 수가 없다.

당 현종에게는 두 명의 명신이 있었는데 요숭과 송경이다. 현종은 두 사람이 문안을 오면 비록 신하들이지만 항상 자리에서 일어나 그들을 맞았고, 퇴근할 때도 항상 궁전의 처마까지 나가 배웅했다. 훗날 한휴가 두 사람의 뒤를 이었는데 그는 너무도 엄격했다. 직언을 서슴지 않아 현종이 불편해할 정도였지만 현종은 그를 늘 곁에 두었다.

한 신하가 "한휴가 재상이 된 이후로 폐하가 매우 수척해지셨습니다." 한휴를 내치라는 뜻이 숨어 있는 말이었다. "한휴 때문에 나는 야위었다. 그러나 천하는 살찌지 않았는가." 현종의 대답이었다. 제대로 된 리더와 참모의 관계는 이런 것이다. 훌륭한 참모의 부재가 뼈에 사무치는 요즘 리더의 리더십만큼이나 참모의 리더십 또한 중요하다.

출처: 안병민, 포춘코리아(FORTUNE'S EXPERT) '경영수다', 2017년 1월호., 이철희 〈1인자를 만든 참모들〉.

아날로그와 디지털

아날로그와 디지털을 이분법적으로 구분하는 것은 그리 바람직한 것이 아니다. 그러나 둘의 차이를 이해하고 비교하는 것은 필요하다.

아날로그란 연속적인 것을 이야기하고 디지털은 불연속적인 것을 이야기한다. 한마디로 컴퓨터는 디지털이라는 의미로 이해하면 된다. 컴퓨터의 신호는 무조건 '전기가 흐른다'와 '전기가 흐르지 않는다'로 구분된다. 우리는 '전기가 조금 흐른다.', '전기가 많이 흐른다.', '전기가 안 흐른다.', '전기가 흐르다가 만다.', '전기가 흐를까 말까 한다.' 등 수많은 표현을 할 수 있지만, 컴퓨터는 무조건 두 가지로 생각한다. 바로 이것이 아날로그와 디지털의 차이다. 디지털은 무조건 "예" 아니면 "아니오"이다.

아날로그 시계는 10시 10분쯤이라고 말할 수 있지만 디지털시계는 10시 10분이라고 말해야 한다. 아날로그 시계의 바늘은 9분에서 10분으로 넘어갈 때, 그 9분과 10분 사이에 있는 모든 부분을 다 휩쓸고 연속적으로 지나간다. 하지만 디지털시계는 9분에서 10분으로 넘어갈 때 숫자 1개가 바뀔 뿐으로 불연속적이다. 디지털시계를 개량해서 '초'까지 나타낼 수 있다고 해도 결국 9초에서 10초로 순식간에 넘어갈 뿐 9초와 10초, 그사이의 영역은 건너뛰고 만다.

디지털이 컴퓨터를 대표한다면 아날로그는 인간을 포함한 모든 자연적인 것을 대표한다. 아날로그가 시대에 뒤떨어졌다고 하는 것은 부정확하기 때문이다. 좀 더 정밀하고 좀 더 정확한 것을 요구하는 이 시대에 부정확한 것은 살아날 수 없다는 의미가 된다. 자로 잰 듯하다고 말해도 인간이 잰 것과 컴퓨터가 잰 것은 분명 다르다. 인간은 잴 때마다 조금의 오차가 생길 수 있겠지만 컴퓨터는 잴 때마다 똑같다.

아날로그란?

아나(Ana)는 뒤떨어진 것을 의미하는 접두어다. 그리고 로그(Log)는 원래 통나무라는 의미이나 바보, 멍텅구리의 의미도 있다. 따라서 아날로그는 연속이라는 본래의 뜻 외에도 시대에 뒤떨어진 멍텅구리라는 뜻으로도 해석할 수 있다.

디지털(digital)이란?

ⓓ 차별화(difference): 디지털 시대에는 튀지 않으면 살 수 없다. 그래서 경쟁전략도 비용 우위보다 차별화전략이 더욱 빛을 발하는 시대이다.

ⓘ 재미(interest): 디지털 시대에는 모든 것이 우선 재미가 있어야 한다.

ⓖ 세계화(globalization): 디지털의 세계는 국경이 없는 하나의 경제로 통합되고 있다.

ⓘ 지식(intelligence): 디지털 시대는 다른 말로 지식시대이기도 하다.

ⓣ 재능(talent): 디지털 시대에는 각자가 본인이 타고난 재능에 따라 자신을 개발할 필요가 있다. 즉, 뛰어난 사람(Super Talent)이 되어야 한다.

ⓐ 적극적(aggressive): 기회가 오면 적극적이고 공격적으로 접근해야 한다.

ⓛ 빛(light): 많은 사람이 디지털 시대의 그림자에 대해서 염려하지만, 결국은 디지털 시대는 더 많은 빛을 우리에게 줄 것이다.

이것이 바로 디지털 시대의 7가지 항해법이라 할 수 있다.

이전 아날로그 시대는 감성분할의 시대였다. 반면에 디지털 시대는 감성융합의 시대이다. 아날로그 시대는 하나의 미디어에 하나의 감성능력을 대응시킬 수밖에 없었다. 귀에 대응하는 라디오, 눈에 대응하는 신문 등을 통한 모노미디어(monomedia)에 그쳤다. 따라서 아날로그 방식의 모노미디어는 라디오 따로, 신문 따로, 텔레비전 따로, 확성기 따로 식의 '감성능력의 따로국밥' 일수밖에 없었다. 반면에 디지털 방식의 멀티미디어(multimedia)는 인간의 몸 안에서 오감을 자유로이 뒤섞듯이 하나의 미디어 안에서 사운드, 이미지, 텍스트, 데이터의 다양한 요소를 자유자재로 섞어서 저장, 전달, 재생하는 것을 가능하게 했다. 감성능력의 섞어찌개를 만든 셈이다.

이처럼 우리가 살고 있는 최근의 디지털 세상은 '0과 1의 조합'이라는 경직된 '수리조합'의 세계가 아니라 매우 유연한 '감성융합'의 세계라 할 수 있다. 감성융합인 디지털은 테크닉의 로직(technology)이 아닌 감성의 로직(sensology)에 따라 움직인다. 그리고 '나눔의 로직(shareogy)'과 함께 확장하며 감성의 그물망을 펼친다. 거기서 느낌의 공동체가 만들어지고 감성의 사회가 열린다.

따라서 디지털 세상의 진정한 승자가 되려면 감성을 자유롭게 하고, 감성의 로직을 존중하고 감성의 그물망을 펼쳐야 한다. 거기에 자기만의 독특한 감성 바이러스를 퍼뜨릴 때 성공할 수 있다.

아날로그 시대에는 다른 사람들과의 차이가 "왕따"의 이유였다. 동양적인 미덕이 생활화된 우리에게는 튀는 것, 남과 다른 것이 조직이나 집단에서 따돌림당하는 원인이 되었다. 그러나 디지털 시대에는 남과 다른 무엇인가를 가진 사람이 오히려 대접받는다. 이제 차이가 가치를 생산해내는 시대가 온 것이다. 디지털 시대의 리더는 남과 달라질 방법을 끊임없이 생각하고 행동해야 한다. 더는 왕따를 걱정하지 말아야 한다. 주눅 들지 말고 차이를 드러내라. 그것이 이기는 길이다.

그러므로 차이는 곧 가치이다. 아직도 많은 사람은 따라하기에 바쁘다. 그러나 애써 시대를 좇지 말라. 자기 자신이 곧 시대임을 잊지 않는 것이 더 중요하다. 디지털 리더는 자신의 지문을 선명히 해야 한다. 자기 지문, 그것은 곧 자신의 정체성(identity)이며 차이의 근원이다. 자신의 정체성에 근거하지 않은 차이는 단지 튀는 것일 뿐, 결코 지속적일 수 없다. 진정한 차이는 자신의 정체성으로부터 나온다. 그래서 그것은 존중받고 대접받을 가치가 있다.

규격화된 벽돌이나 기왓장은 부서져도 규격이 같은 다른 것들로 갈아 끼울 수 있다. 그러나 규격화되지 않은 돌 하나가 깨지면 그 자리만큼 비어 있게 된다. 그 어떤 것으로도 대체할 수 없는 '나만의 브랜드'가 바로 그 하나뿐인 돌과 같은 것이다. 그러니 온리 원(Only One)을 추구해야 한다. 그러면 베스트 원(Best One)이 될 수 있다.

다름! 다름은 틀린 것이 아니라 차이다. 디지털 시대에는 차이가 곧 가치다.

아날로그 인맥에서 디지털 인맥으로

시대가 변해도 인맥의 중요성은 더욱 커진다. 여전히 비즈니스에서 인맥의 힘은 매우 유효하다. 다만 과거의 아날로그 인맥과 달리 디지털 인맥은 더 합리적이고 실용적인 인맥의 힘을 발휘하기에 인맥이라는 말에서 묻어나오던 부정부패의 이미지는 점차 사라져간다. 디지털 인맥은 좋고 아날로그 인맥은 나쁘다는 뜻이 아니다.

아날로그 인맥은 끈끈함과 따뜻함이 좋았다면 디지털 인맥은 실용성과 열린 환경이 좋다. 기존의 혈연을 비롯한 전통적 인맥 구조는 그 존재 자체로서 끈끈한 유대감을 가지게 되고 영속성을 지니게 되지만, 네트워크 사회의 휴먼네트워크는 유대감도 약하고 지속해서 관리하고 신경 써주지 않으면 네트워크의 고리가 사라지게 될 수 있다. 각각의 장점은 상대의 단점이기도 하다.

디지털 인맥이 주목받고 확산하는 것은 디지털 인맥의 장점에 대해 우리가 더욱더 공감하기 때문이다. 아울러 디지털 환경의 확산이 디지털 인맥이라는 자연스러운 사회문화로도 이어지기 때문이다. 디지털 인맥은 아날로그 인맥에 대한 반발이자 동시에 새로운 인맥 문화의 대안으로 떠올랐다.

아날로그 인맥은 혈연, 학연, 지연 등 전통적인 유대관계를 말한다. 주로 개인적인 관계 중심으로서 자신의 의지와 상관없이 생성되고 유지되는 관계다. 디지털 인맥은 온라인 커뮤니티 등을 거점으로 만들어져서 정보교환과 전문성, 사회적 역할 등을 중심으로 하는 사회적 관계를 중심으로 형성된 유대관계이다. 자신의 의지에 따라 생성되고 유지되는 인맥으로 디지털 시대가 낳은 산물이라 할 수 있다.

아날로그 인맥과 디지털 인맥의 차이

첫째, 아날로그 인맥은 수직적이지만 디지털 인맥은 수평적이다. 아날로그 인맥은 수직적 조직체계와 상하관계가 중요하다 보니 선후배, 상사와 아랫사람이라는 개념이 강했다. 반면 디지털 인맥은 동료이자 파트너라는 개념이 강하다. 수평적 관계는 상호 평등을 보장해주고, 이는 서로 원활한 정보공유와 의견 흐름을 가능케 한다.

둘째, 아날로그 인맥은 수동적이자 태생적이지만, 디지털 인맥은 능동적이자 자발적이다. 아날로그 인맥은 자신이 원한다고 만들어지는 것이 아니라 태어남으로써 주어지는 인맥의 힘이 강했다. 인맥을 만들고자 의도해서 만들어지기보다는 자신의 의지와 상관없이 이미 만들어져 있던 인맥이 존재하는 셈이다. 반면 디지털 인맥은 자신의 의지로 만들고 싶은 인맥을 만들어나갈 수 있다는 점이 특징이다. 물론 의지에 비례해서 노력이 들어가야만 자신이 원하는 인맥을 만들어나갈 수 있고 그 인맥 속에서 목적도 이뤄낼 것이다.

셋째, 아날로그 인맥은 혈연, 지연, 학연 등의 강한 연결이 지배하였다면, 디지털 인맥은 취미, 정보, 비즈니스 등의 약한 연결이 지배한다. 아날로그 인맥에서는 어떤 가문, 어떤 지역, 어떤 학교 출신

인지가 그 사람의 지위를 결정하는데 큰 영향력을 미칠 수 있었다. 자기가 만들고 싶다고 만들어지는 인맥도 아니었고, 끊고 싶다고 끊어지는 인맥도 아니었다. 자신의 의지와 상관없이 주어지는 인맥의 힘이 컸었다. 그런데 디지털 인맥에서는 자기가 만들고 싶으면 만들고, 끊고 싶으면 끊을 수 있는 인맥이 확산하고 있다. 인맥의 맺고 끊음의 자유와 편리가 주어지는 것이다. 수동적이자 태생적 기반에 만들어진 강한 유대는 패거리 문화를 조장하기도 한다. 폐쇄적인 그들만의 리그를 펼치면서 강한 유대에 얽힌 서로를 보호하고 서로의 특권적 지위를 유지하기 위해 부정부패에 노출되기가 쉬웠다.

넷째, 아날로그 인맥은 닫힌 인맥이지만, 디지털 인맥은 열린 인맥이다. 아날로그 인맥은 들어가고 싶다고 누구나 들어갈 수 없었고 나가고 싶다고 해서 맘대로 나갈 수 없다. 자기 맘대로 친인척을 바꾸고, 지역과 학교를 바꾸긴 어렵기 때문이다. 반면 디지털 인맥은 들어가고 나가는 것이 좀 더 수월한 열린 공간인 인터넷을 기반으로 하는 경우가 많기에 자유롭다. 디지털 인맥의 관점으로 볼 때 전 세계 누구나 인맥으로 만들 수 있다. 디지털 인맥은 진입장벽에서 개인의 자율성이나 능동성이 크고 시간적 · 공간적 한계도 극복하여 전 세계 어디서나 누구와도 연결될 수 있다.

다섯째, 아날로그 인맥은 독점을 지향한다면, 디지털 인맥은 공유를 지향한다. 아날로그 인맥은 기득권을 보호하고 유지하는 것이 목적이다. 기득권을 가진 인맥끼리 서로를 지켜내기 위해 외부의 인위적인 인맥 유입을 원치 않는다. 반면 디지털 인맥은 공유하고 새로운 연결을 확산시킴으로써 새로운 정보와 기회를 얻는다. 자신에게 도움이 되는 사람이나 공간이라면 언제든 함께 할 수 있는 것이 바로 디지털 시대의 인맥이다. 가진 자의 독점을 위한 폐쇄적 패거리 문화가 아니라 공유와 나눔을 실천하는 보다 합리적인 동지문화가 존재한다.

디지털 인맥 문화에는 아무런 문제가 없을까?

과거 인맥주의의 폐해가 되살아날 수 있다. 아날로그 인맥의 디지털 인맥화도 이뤄지고 있고, 디지털 인맥끼리 아날로그 인맥의 부정부패를 답습하기도 한다. 몸은 이미 디지털 인맥이지만 아직 머릿속은 과거의 인맥관에서 벗어나지 못해서이다. 결국 인맥의 형태나 공간만 디지털이어서 되는 게 아니라, 인맥관과 인맥 문화 자체가 디지털화되어야 한다.

디지털 인맥은 다소 이기적이다. 디지털 세대는 함부로 연결하지 않고, 또 뭉치지 않는다. 자기 이해관계에 맞아야만 인맥으로 연결된다. 아울러 개개인이 가지는 사회적 관계성의 패러다임도 변했다. 나를 중심으로 하는 다소 이기적인 네트워크 문화가 주류가 된다. 자기중심적인 인맥 문화가 디지털 인맥에서 우려되는 폐해가 될 수 있다. 지나치게 인스턴트화 되는 인맥 문화가 되어 달면 삼키고 쓰면 뱉는 관계가 더욱 확산할 수 있기 때문이다.

아울러 기회는 평등하나 기회의 실현은 절대 평등하지 않다. 필요하고 유용한 사람에게는 더 많은 인맥 연결의 기회가 주어지게 될 것이고, 그렇지 못한 사람은 급격히 도태되고 소외될 것이다. 인간적으로 보듬어주는 유대감이나 끈끈함이 점점 사라질 것이고 점점 실용적인 인맥만 남을 가능성도 있다.

검증되지 않거나 신뢰도 낮은 유대관계에 빠질 수도 있다. 온라인의 익명성이 자칫 거짓과 불확실로 이어질 수 있다는 것은 경계해야 한다. 수많은 온라인 커뮤니티가 만들어지고, 그 속에서 소통하는 사람들의 숫자가 계속 늘어나는 것은 이미 우리가 디지털 인맥 문화에 적응해나가고 있음을 말해준다. 우리에겐 디지털 인맥의 문제점은 극복하고, 장점은 극대화시키는 미덕이 요구된다. 디지털 인맥은 새로운 정보와 기회를 안겨줄 것이고, 우리의 내일을 달라지게 만들 것이다.

아날로그와 디지털의 공존은 가능한 것인가?

머리는 디지털이고 가슴은 아날로그라면 어떨까? 실제로 디지털 신인류들은 따뜻한 사이버 공간을 원하고 인간적인 기술을 지향한다. 디지털 신인류가 기계적이고 디지털 지향적이고 냉정한 것을 지향할 것으로 생각한다면 오산이다. 기술은 디지털이지만 그 속에 담긴 사회문화는 앞으로도 계속 아날로그일지도 모른다. 디지털의 종착점은 결국 아날로그다. 초기에는 디지털과 아날로그를 이분법적으로 분리해 사고했으나 이는 초기의 경직된 사고 때문이다. 점차 디지털과 아날로그는 상호 비례발전하고 공존하고 있음을 디지털 세대들이 인식하고 있다. 향후 디지털 같은 디지털이 퇴색하고, 아날로그 같은 디지털이 주류로 부상할 것이다. 디지털 신인류들은 디지털화에 대한 양극화된 수용 행태를 동시에 가진다.

출처: 김용섭(날카로운상상력연구소장, www.digitalcreator.co.kr), www.hangulo.net, 안철수 외.

I 팔로워십

1 팔로워십의 의의

팔로워십은 리더십의 상대적인 개념이다. 조직의 구성원들을 이끌고 관리하는 자들을 리더(지도자)라 한다면, 이 리더의 지시에 따르고 조직의 긍정적인 발전을 위해 노력하는 구성원을 팔로워(추종자)라 한다. 그리고 리더를 도와 조직의 과업을 수행하면서 팔로워로서 갖추어야 할 역량과 바람직한 자세나 정신을 팔로워십(followership)이라 한다.

팔로워(follower)의 어원을 살펴보면 독일의 고어인 follaziohan에서 유래한 말로 '돕다', '후원하다', '공헌하다' 등의 뜻을 내포하며, 이에 대응하는 리더(leader)는 '참다', '고통을 견디다'라는 뜻이다. 즉, 팔로워란 리더의 고통을 함께 견디며 리더를 돕고 후원하는 사람이며, 팔로워십이란 리더의 고통을 함께 견디며 후원하는 능력이라고 정의할 수 있다. 팔로워십의 주된 역할은 리더를 잘 보좌하고 리더가 성공할 수 있도록 지원을 해주는 것이다.

1988년의 캘리(Kelley)[1]의 In praise of followers에서 "조직의 성공에 중요하게 작용하는 결정 요인이 리더가 아니라 팔로워이며, 무엇보다 팔로워는 리더십의 하위 요소가 아니라 개별 독립 요소"라고 정의하였다. 1992년 캘리(Kelley)[2]는 팔로워십 이론에 관한 연구를 한 단계 발전시켜 팔로워를 단지 전통적 리더십 이론에서 설명하고 있는 순종하고 복종하며, 수동적으로 행동하는 대상이 아니라 리더를 가장 가까이서 보좌하는 1차적인 보조자로서 조직의 목표 달성을 위한 구체적이고, 실질적인 업무를 수행하고 조직의 성공을 결정하는 핵심 인물로 바라보았다.

조직성과에 크게 기여하는 것은 팔로워들이므로 리더보다 더 팔로워들을 키우기 위하여 노력해야 한다. 현대 사회의 무한경쟁시대에 조직이 살아남고 발전을 도모하기 위해서는 훌륭한 리더가 있어야 하는 것은 설명이 필요 없다. 하지만 급변하는 환경에 조직이 적응하고 성장하기 위해서는 더욱 유능하고 적극적인 팔로워들이 요구된다. 그것은 획일적인 관료제적 조직체계에서 팀제나 과업집단(태스크포스, Task Force) 등과 같은 유연하고 분권화된 조직으로 바뀌고 있기 때문이다.

그림 9-1 팔로워의 개념

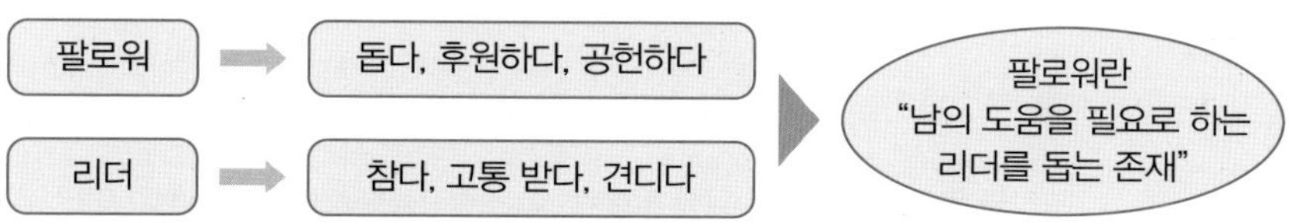

독일어 고어에서는 리더란 '참고 고통 받는 존재'

출처: 백기복 외, 리더십 이해, 창민사. p. 29 수정.

효과적인 팔로워는 조직 내에서 리더와 같이 나무와 숲을 동시에 보는 통찰력을 지니고 있어야 하며, 다른 사람들과 잘 어울리고 협동하는 사회적 역량을 지녀야 하며, 조직 내에 영웅적, 즉 강력한 리더가 없는 상황 속에서도 자신과 타인을 함께 격려하며 조직목표를 위해 최선을 다할 의지가 있어야 한다.

팔로워에 대한 다양한 연구를 통해 20세기 후반부터 오늘날까지 팔로워 이론 학자들에 의해 정리된 팔로워의 개념은 표 9-1과 같다.

표 9-1 팔로워십의 정의 I

학자	개념
Wortman(1986)[3]	주어진 상황에서 조직의 목표달성을 위해 리더가 인도하는 방향으로 구성원이 집단의 노력에 참여함으로써 개인의 목표를 획득하는 과정
Kelley(1988, 1992)	전통적 리더십 이론에서 설명하고 있는 순종하고 복종하며, 수동적으로 행동하는 대상이 아니라 리더의 1차적인 보조자로서 조직의 목표달성을 위한 구체적이고, 실질적인 업무를 수행하고 조직의 성공을 결정하는 구성원의 능력
Yukl(1998)[4]	리더에게 조직의 목표달성에 도움이 되도록 정확한 정보를 제공하며 리더에게 지원과 격려를 통해 리더십을 향상시키는 역량
최광신(2001)[5]	리더와 함께 비판적인 사고와 능동적인 참여로 조직의 목표를 달성하는 과정
Pearce와 Manz(2005)[6]	자기영향력의 확장 및 권한위임 강조
박민생·장영철(2010)	조직의 목표달성을 위해 팔로워, 즉 조직의 구성원이 개인이나 집단의 노력에 참여하고 기여하는 행동 과정

아울러 팔로워십의 개념을 리더십과의 관계를 중심으로 팔로워십의 개념을 정리하면 표 9-2와 같이 정의할 수 있다(최광신, 2001).

표 9-2 팔로워십의 정의 II

구분	정의
수동적 관점의 팔로워십	조직의 목표를 달성하기 위해 팔로워, 즉 조직구성원을 능동적 주체가 아닌, 리더의 영향력을 수행하는 수동적 주체로서 리더의 지시에 따라 행동하는 수동적 관점의 팔로워십
적극적 관점의 팔로워십	조직의 목표를 달성하기 위해 팔로워, 즉 조직구성원이 단순히 리더의 지시를 따르는 수동적 주체가 아닌, 오히려 리더에게 의견을 제시하고 조직의 목표구성 및 달성에 적극적으로 참여하는 능동적·적극적 주체의 팔로워십
통합적 관점의 팔로워십	수동적 또는 적극적 관점 어느 한쪽에 속한 것이 아니라, 상황에 따라 수동적 관점의 팔로워십과 적극적 관점의 팔로워십을 효과적으로 사용하며 창의적인 도전을 통해 조직의 목표달성에 참여하는 통합적 관점의 팔로워십

팔로워십을 갖춘 대표적인 인물로는 제갈공명과 스티브 발머를 들 수 있다. 제갈공명은 뛰어난 지략과 열정으로 유비를 도와 촉나라를 일으켜 세운 인물이고, 스티브 발머는 기술적인 부분은 밝았지만, 영업에는 서툴렀던 빌 게이츠를 대신해 마이크로소프트의 영업을 총괄한 인물이다. 리더의 부족한 부분을 채워 공동 목표를 달성할 수 있도록 하는 것이 팔로워십이다.

팔로워십이란 리더가 갖춰야 할 자질이기도 하지만 그보다는 리더를 지원해주는 역할에 더 중요한 성격을 가지고 있다. 모든 리더가 완벽하지는 않기에 리더의 부족한 부분을 메꿔주어 공동의 목표를 달성하기 위해 함께 달리는 이들에게 팔로워십이 필요한 것이다.
사회나 조직에는 상사보다 부하직원이 훨씬 많고, 리더보다는 팔로워들이 많다. 리더가 팔로워들에게 최선을 이끌어낼 책임이 있듯이 팔로워들도 리더에게 최선을 다할 책임이 있다. 유능한 팔로워들은 상사의 지시만 따르고 정해진 것만 하지 않는다. 항상 자발적으로 행동하며 상사가 목표를 달성할 수 있도록 도와주는 것이다.

2 팔로워십의 유형

팔로워십의 책임감, 정직성, 신뢰성, 열정, 문제해결 능력 등 팔로워가 지니고 있는 다양한 팔로워십의 특성에 따라 팔로워십의 유형이 구성되며, 팔로워십의 유형에 관한 주요 연구는 캘리(Kelley, 1992), 찰레프(Chaleff, 2003), 캘러만(Kellerman, 2008) 등이 있다.

1. 캘리(Kelley)의 팔로워십 유형

미국 경영학자 캘리(Robert E. Kelley, 1988)교수는 "조직의 목표달성을 위해 조직구성원인 팔로워의 효과적인 자질이나 능력"을 팔로워십이라고 정의했다. 캘리(Robert E. Kelley)는 "조직의 성공에 있어 리더가 기여하는 바는 20% 정도에 불과하고 나머지 80%는 팔로워들의 기여에 의한 것이다."라고 주장하고 있다. 캘리(Kelley)의 팔로워십 유형[7]을 살펴보면 사고방식과 행동 방식에 따라 크게 5가지 유형으로 분류하고 있다.
구체적으로 독립적·비판적 사고(independent·critical thinking)와 능동적 참여(active engagement)라는 두 기준을 통해 팔로워십의 유형을 소외형 팔로워십(alienated followership), 순응형 팔로워십(conformist followership), 모범형 팔로워십(effective followership), 수동형 팔로워십(passive followership), 실무형 팔로워십(pragmatist followership) 5가지로 제시하였다.

그림 9-2 캘리(Kelley)의 팔로워십 5가지 유형

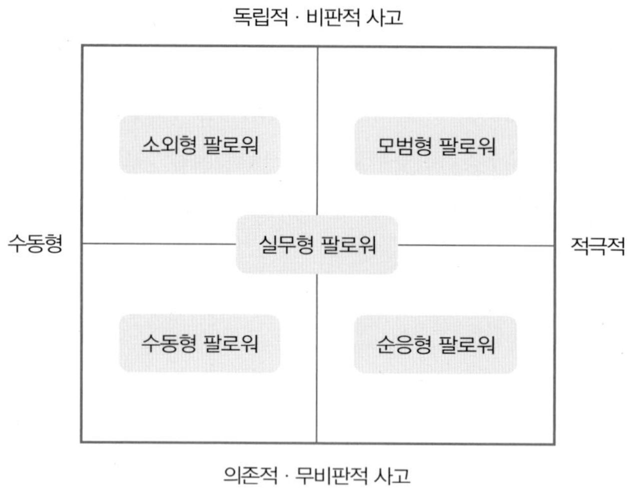

자료: R. E. Kelley(1994). The Power of Followership. New York: Double day Dell, p. 97.

1) 소외형 팔로워십

능력은 있는데 언제나 불평불만만 하면서 역할 수행에 있어 적극적인 태도를 보이지 않는 부하는 소외형이다. 이 유형은 비판하지만 스스로 노력을 하지 않는 불만족한 침묵으로 일관하는 모습을 나타낸다.

소외형 팔로워십(alienated followership)은 독립적이고 비판적 사고는 견지하지만 역할 수행에 있어서 그다지 적극적이지 않은 수동적 팔로워로 유능하지만, 냉소적인 성향으로 조직 내에서 리더를 비판하면서도 조직의 목표달성을 위해서 적극적으로 노력하지 않는 팔로워십으로, 전체 팔로워의 약 15~20%를 차지한다. 따라서 조직 내에 불만이 있을 경우 이를 적극적으로 표출하고 조직의 문제를 적극적으로 개선하기보다 조직 내의 문제를 침묵하기 때문에 부정적인 시선을 가진 경우가 많다.

2) 순응형 팔로워십

적극적 헌신은 하는데 능력이 부족한 순응형 또는 순종형이다. 이들은 독립적 사고가 부족하여 항상 리더의 판단에 의존하려는 성향을 가진다.

순응형 팔로워십(conformist followership)은 전체 팔로워의 약 20~30%로, 소외형 팔로워십과 정반대로 독립적이고 비판적인 사고가 아니라 의존적이고 무비판적 사고를 지녔지만, 조직의 목표달성을 위해 적극적이고 능동적으로 참여하는 성향의 팔로워십이다. 따라서 조직 내에서

리더의 견해와 판단에 순종하며 리더의 지시를 달성하기 위해 열정을 다하기 때문에 조직의 목표달성에 있어서 매우 효율적인 구성원으로 인정받지만, 반대로 잘못된 리더를 만났을 때는 비판적이고 독립적인 사고의 결여로 잘못된 목표를 위해 열정을 다하는 오류를 범하기도 한다.

3) 모범형 팔로워십

독자적(창의적)인 사고와 적극적인 참여를 하며 스스로 생각하고 행동할 줄 아는 부하를 모범형이라고 한다. 모범형은 혁신적이며 독창적이고 건설적 비판을 내놓을 줄 아는 유형이며, 자신의 맡은 일뿐 아니라 모든 면에서 적극적인 자세를 갖는다.

모범형 팔로워십(effective followership)은 독립적이고 비판적인 사고를 지님과 동시에 적극적인 행동을 통해 조직의 목표달성에 열의를 다하는 팔로워십으로 전체 팔로워십의 약 5~10%를 차지한다. 이들은 솔선수범하고 조직의 목표달성에 있어서 주인의식을 가지고 있기 때문에 자신이 맡은 일보다 더 많은 일을 하기 위해 노력하며 집단과 리더를 도와주는 팔로워 유형이다.

또한 모범형 팔로워들은 독립심이 강할 뿐만 아니라 비판적이고 적극적인 행동을 통해 독창적이고 혁신적인 도전을 수행하며, 조직의 목표달성을 위해 어떠한 어려움이 주어진다고 하더라도 이를 극복하고 이겨내려고 하는 노력을 보인다. 따라서 다른 구성원들이 배우고 따를 수 있는 조직의 모델로 평가되며, 조직구성원들이 모범형 팔로워십을 보고 이들과 같이 되기 위해 노력하는 것을 팔로워십의 가장 이상적인 팔로워 특징으로 규정하기도 한다.

4) 수동형 팔로워십

생각도 하지 않고 열심히 일하지 않으면서 리더의 지시만 따르는 부하를 수동형이라고 한다. 이 유형은 책임감이 부족하고 솔선수범을 하지 않으며 리더가 지시하지 않으면 움직이지 않는다.

수동형 팔로워십(passive followership)은 독립적이고 비판적인 사고를 하지도, 그렇다고 조직의 목표달성을 위해 적극적으로 행동하는 유형이 아닌, 조직에서 주어진 일에만 한정되어 수행하는 팔로워십 유형으로 전체의 5~10%를 차지한다. 이들은 모범형 팔로워십의 정반대적인 성향으로 대체로 조직의 목표달성은 자신의 개발과 관계가 없다고 생각하며, 리더가 지시하고 명령할 때 주어진 직무만을 수행하기 때문에 일에 대한 애착심이나 책임감이 부족한 특성을 보인다.

5) 실무형 팔로워십

실무형 팔로워는 별로 비판적이지 않고 리더의 결정에 의문을 품기는 하지만 자주 그렇지는 않다. 시키는 일은 잘 수행하지만, 그 이상의 모험은 하지 않는 스타일이다. 대립은 가급적 피하고 실패에 대비한 해명자료를 준비한다.

실무형 팔로워십(pragmatist followership)은 전체 팔로워십의 가장 많은 약 25~30% 차지하며, 앞서 제시한 소외형, 순응형, 모범형, 수동형 팔로워들이 지니는 성향을 골고루 지닌 복합적 팔로워십이다. 상황에 따라 적합한 팔로워십을 활용하기 때문에 다양한 상황을 경험하는 조직에는 효과적이지만, 독창적이고 창의적인 도전을 하지 않으며 현상 위주의 안정적인 조직목표달성을 추구하는 특징을 지닌다. 즉, 조직의 달성목표를 낮게 설정하며 위기를 회피하기 때문에 조직의 발전보다 자신의 이득을 취하는 데 더 높은 관심을 지닌다.

이 중 조직의 발전에 요구되는 팔로워형 유형은 모범형이다. 모범형은 리더의 의사결정에 동의하거나 수긍할 경우 최선을 다해 적극적으로 참여하고, 동의하지 않는 경우 나름대로 대안을 제시하고 건설적인 도전 모습을 보인다.

2. 찰레프(Chaleff)의 팔로워십 유형

찰레프(Chaleff, 1994)는 팔로워십의 핵심 구성 요소로 용기를 제시함에 따라 리더와 팔로워의 균형을 유지하는 데 있어서 책임을 감수하는 용기, 섬길 수 있는 용기, 도전하는 용기, 변화에 동참하는 용기 등 용기가 팔로워십에 큰 영향을 미친다고 주장하였다. 그리고 팔로워십은 용기 있는 관계를 토대로 구축되는데 이 용기의 종류와 정도, 즉 높은 도전의 정도와 지지의 정도 기준에 따라 이행자, 동반자, 재원, 개인주의자 4가지 유형으로 구분할 수 있다고 정의하였다.[8]

그림 9-3 Chaleff의 4가지 팔로워십 유형

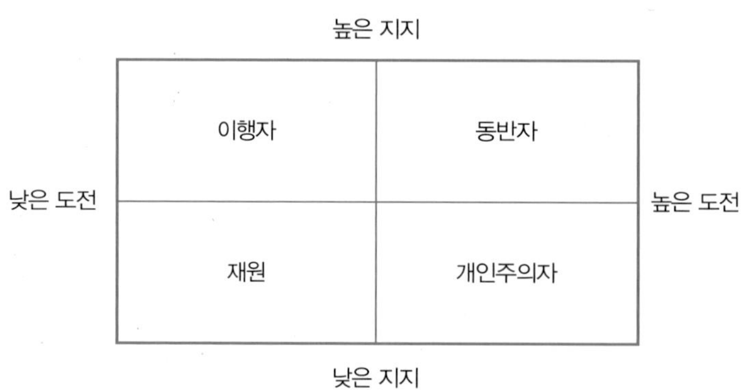

출처: I. Chaleff(2003). The Courageous Follwer. Berrett-Koehier.

1) 이행자 팔로워십

찰레프(Chaleff)는 리더의 리드를 높게 지지하지만, 팔로워 스스로가 새로운 도전은 다소 회피하려는 팔로워십을 이행자 팔로워십(implementer followership)이라고 정의하였다. 이행자들은 조직의 목표달성 및 조직 내에서 필요로 하는 업무는 순종적으로 수행하지만, 조직과 리더의 발전을 자극하는 창의적이고 도전적인 행동이 결여되어 리더와 조직이 잘못된 길로 들어선다고 할지라도 그 사항을 지적하고 수정하려고 하는 노력을 보이지는 않는다.

2) 동반자 팔로워십

동반자 팔로워십(partner followership)은 리더의 의견을 강하게 지지하면서도 목표달성을 위한 도전을 중요하게 여기는 팔로워십 유형으로 리더의 정책이나 행동에 열렬한 지지를 보이지만 창의적이고 도전적인 사고를 지니고 있기 때문에 리더에게 다양한 의견을 제시하는 특성을 지니고 있다. 따라서 동반자 팔로워십은 리더를 존중하기도 하지만 리더와 동등한 관계라고 생각하며 리더와 조직의 발전에 있어서 중요한 구성원으로 여겨진다.

3) 개인주의자 팔로워십

개인주의자 팔로워십(individualist followership)은 높은 도전의식을 지니고 있기 때문에 조직과 리더에게 자신의 의견을 제시하는 데 주저하지 않는다. 따라서 조직과 리더가 잘못된 길을 가고 있을 때는 주저 없이 올바른 길로 가야 함을 제시하는 긍정적인 기능을 하기도 한다. 그러나 개인주의자들은 주로 조직과 리더의 의견에 순종적이지 않으며 리더에 대한 존경심이 부족하므로 이들의 의견이 조직과 리더에게 수용되기는 쉽지 않다.

4) 재원 팔로워십

재원 팔로워십(resource followership)은 리더와 조직에 대해서 지지가 높지도 않으며, 창의적이며 도전적인 의견을 제시하지도 않는 유형으로 조직 내에서 본인이 필요한 만큼 업무를 수행하는 가장 수동적인 팔로워십 유형이라고 정의할 수 있다.

따라서 재원은 조직의 목표에도 조직의 단합에도 크게 관심을 가지지 않으며, 본인이 특별한 재능을 보유하고 있더라도 이를 조직의 발전을 위해서 사용하기 위해 노력하지 않기 때문에, 리더는 재원 팔로워십 유형의 구성원들이 도전적이며 창의적인 의견을 제시하도록 독려함과 동시에 조직 내에서 리더에 대한 불만이 아닌 순종과 협력이 중요함을 깨닫게 하는 노력이 필요하다.

3. 캘러만(Barbara Kellerman)의 유형 분류

캘러만(Barbara Kellerman)은 기존 학자들의 분류를 비판하면서 새로운 분류가 필요하다고 주장하면서 자신의 논문 What Every Leader Needs to Know About Followers에서 5가지 유형으로 설명하고 있다.[9] 바바라 캘러만(Barbara Kellerman)은 "적어도 한 명의 부하 없인 리더도 없다(There is no leader without at least one follower)"라고 팔로워의 중요성을 주장한다.

새로운 분류법이 필요한 이유는 조직 내 팔로워의 위치나 상황이 중요한 것이 아니라 조직 내 리더와 팔로워 사이의 관계(relationship)를 중심으로 팔로워를 분류하는 것이 더 중요하기 때문이라는 것이다. 팔로워의 유형을 분류하는 기준은 팔로워의 개입 수준이다. 즉, 조직이나 리더의 일에 얼마만큼 개입하는지, 헌신하는지에 따라 다르게 분류된다는 것이다. 캘러만은 이러한 기준에 따라 고립형(isolates), 방관형(bystanders), 참여형(participants), 행동형(activists), 골수분자형(diehards)으로 나눈다.

1) 고립형

이 유형의 팔로워는 주변에서 일어나는 일이나 조직의 리더가 무엇을 하는지, 어떤 비전을 가지고 일을 하는지 전혀 관심이 없이 자기 일만 하는 자들이다. 고립형 팔로워들은 조직의 규모가 큰 곳에서 많이 발견되며 이들의 존재감은 상관이나 리더급에서는 잘 인식되지 못하고 결국 있으나 마나 한 존재로 남게 된다. 기업에서는 월급만 축내는 직원, 정치에서는 투표에 전혀 참여하지 않는 사람들이라고 할 수 있다.

이 유형의 팔로워로 인해 조직의 질이 떨어지고 부정적 영향을 주기 때문에 리더는 이들을 관리해주어야 한다. 또 리더는 조직 내에 고립형 팔로워가 얼마나 되며, 어디에 소속되어 있는지, 왜 고립형이 되었는지 등에 대해 공식적이거나 비공식적인 대화를 통해 알아내고 해결해야 한다. 직무 스트레스인지, 직장 불만족 때문인지, 자신의 업무에 관심이 없는지 등을 확인하는 것이다. 리더는 고립형 팔로워들의 이러한 원인을 해결하여 한 단계 높은 방관자나 소극적 참여자로 바꿔야 한다.

2) 방관형

방관형 팔로워는 일종의 무임승차자들을 말한다. 이 팔로워들은 자신의 관심사와 관련이 있으면 동기부여가 되지만 대부분 일에 무관심하면서 수동적인 태도를 보이는 유형이다. 외면상으로는 따르는듯하지만, 적극적으로 자기 일을 하겠다는 내적 동기부여는 없다. 방관자형 역시 조직의 질을 떨어지게 한다.

이들은 자신들의 주변에서 일어나는 일에 대해 잘 알고 있지만 개입하지 않는다. 이들이 조용하고 자기 일을 열심히 하는 생산적인 유형일 경우에는 조직에 유익하게 작용할 수도 있다. 그러나 리더는 그들이 방관하는 이유를 찾아내고 다음 단계인 참가의 수준으로 높여야 한다.

3) 참여형

참여형 팔로워는 참여는 하는 데 적극적이지는 못한 유형이다. 이 유형은 조직의 리더가 하는 일에 적극적으로 동의하고 협조도 하고 적극적으로 반대도 하는 명확성을 보여 주지만 그들의 시간과 돈을 투자하지는 않는다.

이 유형에 속한 팔로워는 개인적인 희망이나 열정에 의해 움직이므로 이들의 개인적 생각이 리더의 비전과 맞으면 열렬한 지지자가 되지만 그렇지 않으면 열렬한 반대자가 되는 가변적 유형이다. 그러기에 조직 차원에서는 매우 복잡한 존재가 되기도 하며 리더의 파트너가 될 수도 있지만, 리더의 일에 사사건건 방해하는 자가 될 수도 있다.

4) 행동형

앞의 참여형 팔로워는 리더의 의견에 반대할 때는 말로만 반대하고, 도와줄 때도 말로만 도와주는 정도로 적극적인 행동을 취하지는 않는다. 그러나 행동형 팔로워는 리더의 의견에 동조하면 발 벗고 나서서 도와주지만, 반대할 때는 그를 사임시키고 물러나게 할 정도로 행동을 하는 유형이다.

이러한 유형의 팔로워는 조직 내에서 소수이지만 그들로 인해 조직의 방향 자체를 변하게 할 수도 있다. 주변에 있는 다른 팔로워들에게 영향을 미치는 영향력 행사자이기 때문에 리더는 이들이 자신의 의견에 따르도록 해야 한다.

5) 골수분자형

골수분자형 팔로워는 리더에게 전적으로 의존하고, 그들의 말에 전적으로 동의하는 존재들로 소위 군대형 팔로워이다. 반대로 군대에서 쿠데타를 일으키는 군인처럼 자신의 리더를 쫓아내려고 고군분투하기도 하는 존재들이다. 이 유형의 팔로워는 조직에서 희귀하지만 한둘은 존재한다.

과거 나치 정권의 히틀러의 심복이었던 요제프 괴벨스(Josef Goebbels)가 대표적인데 그는 히틀러가 자살했을 때 자신의 아내와 여섯 명의 아이들을 데리고 동반자살 했다. 이 유형은 위험을 무릅쓰고 리더를 따른다. 반대로 내부고발자가 되어 조직의 모든 암적인 현상을 외부로 드러내는 역할을 하기도 한다. 리더는 이 유형의 팔로워를 자신의 수족으로 이용할 필요도 있지만, 호랑이 새끼를 키우는 경우가 되지 않도록 조심해야 한다.

캘러만(Barbara Kellerman)의 유형 분류를 통해 리더는 좋은 팔로워와 나쁜 팔로워를 구분하는 것이 필요하다. 좋은 팔로워는 주변 동료에게 "추천하고 싶은 동료가 누구인지" 물어보았을 때 가장 많은 추천을 받은 팔로워가 좋은 팔로워가 될 확률이 높다. 다음은 리더의 의견에 명확한 표현을 해주는 팔로워가 좋은 팔로워이다. 명확하게 의견을 표현하여 좋으면 적극적으로 협조하고, 싫으면 그 이유를 밝혀 그에 대응하는 좋은 의견을 제시해야 한다는 것이다. 그러면서 자신의 시간과 열정을 바치는 팔로워가 좋은 팔로워이다.

반대로 나쁜 팔로워는 조직이나 팀에 어떠한 공헌을 하지 않고 좋은 방향으로 가는 리더에게 반대하는 자이다. 즉, 고립형이나 방관형처럼 반대를 위한 반대를 하는 팔로워나 조직에 민폐만 끼치는 자들을 말한다. 리더의 임무와 역할은 이러한 유형의 팔로워들을 어떻게 해서든지 변화시키는 것이다.

우리나라 역사상 가장 존경받는 임금, 조선의 성군이라 불리는 세종대왕에 관한 책을 보면 '허조(許稠)'라는 인물이 있다. 허조는 조선 전기 때 문신으로서 조선 개국 후 태조·정종·태종·세종 네 명의 임금을 섬기며 법전을 편수하고 예악 제도를 정비하는 등 국가의 기틀을 닦는 데 큰 공을 세운 인재 중의 인재였다.

태종 초에 너무 잦은 직언(直言)으로 미움을 받은 바 있던 허조를 세종대왕도 "허조는 고집불통이야!"라고 불만을 표시했을 정도로 그는 사사건건 어전회의에서 반대를 일삼았다고 한다. 하지만 이러한 허조의 반대는 때로는 대다수의 집단적 착각, 즉 집단적 사고(group thinking)를 방지하는데 기여했다. 놀라운 것은 세종이 그런 허조를 국가 중요정책을 정하는 자리에 배제하지 않고 항상 참여하게 해서 그의 의견을 경청했다는 것이다. 세종은 허조가 제기한 문제점을 해결한 뒤에야 정책을 시행하였다. 이것은 어떤 정책에 대해 사전에 문제점을 발견하고 예방하는 데 허조와 같은 신하가 매우 중요한 역할을 한다는 것이다.

허조는 리더와 조직원들의 불통과 제왕적 리더십을 걱정하는 현 우리 사회에 적잖은 메시지를 주고 있다. 특히, 리더가 인재 등용에서 자신의 말을 잘 듣고 적극적으로 추종하는 조직원들만을 맹목적으로 선호하는 유혹의 함정에 빠지지 않기 위한 좋은 교훈이 된다.

일반적으로 리더들은 반대를 많이 하는 사람을 자신의 측근으로 곁에 두고 싶어 하지 않는다. 리더는 참모를 비롯한 구성원, 즉 사람을 믿고 일해야 하는데, 자신의 역량만을 믿고 밀고 나가면 좋은 리더가 될 수 없다. 구성원들의 능력을 믿고 그들을 신뢰할 수 있어야 한다. 여기서 또 하나 중요한 것은 리더가 유능하고 올바른 참모나 구성원을 제대로 평가하고 인지할 수 있는가이다.

리더의 말을 잘 듣고 리더의 의견에 무조건 동조하며, 자신의 리더를 좋게만 보는 사람이 유능한 인재이며, 좋은 팔로워일까? 일반적으로 리더는 이러한 참모들을 좋아한다. 하고자 하는 정책에 쓸데없는 반대로 스트레스도 받지 않고, 항상 찬성표를 던져주는 구성원과 일하면 편하기 그지없기 때문이다. 하지만 이것은 바로 리더가 빠지기 쉬운 치명적인 함정일 수 있다.

Ⅱ 글로벌 리더십

1 국제환경의 변화에 따른 세계화

자본주의경제의 세계화(Globalization)가 놀라운 속도로 확대되어 나가고 있다. 그것은 초첨단정보통신망의 발달로 지구상의 '거리의 소멸(Death of Distance)' 현상이 초래되고 WTO 협정의 발효로 경제적 의미의 국경이 점차 사라지고 있기 때문이다.

이 세계화로 엄청난 규모의 '국적 없는 돈(Stateless money)'이 이윤을 찾기 위해서 세계 곳곳의 금융시장을 뒤지고 있으며 막대한 규모의 상품이 세계 모든 시장에 파고들고 있다. 하루 동안 세계시장에서 거래되는 서비스 규모만 하더라도 대단하다. 이러한 세계화는 자본주의 세계 경제의 발전과정에서 예상을 뒤엎고 빨리 다가온 셈이다.

자본주의경제의 세계화에 견인적인 역할을 해온 일부 선진국들은 그들의 경제사상 유례를 찾을 수 없이 성장과 안정 그리고 복지를 구가해 왔다. 그러나 이에 아무런 준비나 대책 없이 휩쓸린 신흥시장경제 국가들은 미증유의 경제적 파탄과 '죽음의 고통'을 겪고 있다. 이들 신흥시장경제 국가들은 마치 불빛을 따라 몰려드는 불나방과 같은 처지에 있을지도 모른다.

세계화에 견인적 역할을 해온 국가라고 해서 부정적 충격을 받지 않은 것은 아니다. 그들 나라에서도 여러 가지 사회경제적 병리 현상이 속출되고 있다. 한편 세계화에 휩쓸린 나라들의 비극적 죽음을 부른 충격은 말할 필요도 없다. 어느 나라에서나 자본주의경제의 세계화는 국가 간, 기업 간, 계층 간 무한경쟁을 초래시켰고 이는 드디어 잔인한 '초 이전투구식 경쟁(Dog-Eat-Dog Competition)'을 격화시키고 말았다.

세계화(Globalization)란 각 국가 경제의 세계 경제로의 통합을 의미한다. 즉 세계화란 국가 및 지역 간에 존재하던 상품, 서비스, 자본, 노동, 정보 등에 대한 인위적 장벽이 제거되어 세계가 일종의 거대한 단일시장으로 통합되어 나가는 추세를 말하는 것이다. 다시 말하면 세계화란 상품, 서비스, 자본 등의 국제적 이동을 촉진시키는 생산, 금융, 정보 등의 새로운 거대한 조직이라고 볼 수 있다.

세계화 속에서는 정치력, 경제력 등 힘의 이동이 한 나라 국경 내의 일정한 영역에서 세계 모든 나라의 영역으로 촉진된다. 이 세계화 속에서는 생산, 판매, 투자, 저축 등 모든 경제활동이 어느 한 나라나 한 지역의 영역에서 벗어나 세계 곳곳에서 이루어지게 된다. 따라서 세계화는 경제적 의사결정이 국가의 국경이 고려되지 않고 단행된다. 세계화는 이른바 '국경 없는 세계'(Borderless World)를 창출해 나가고 있다.

세계화는 최근 국가 간에 상품, 서비스, 자본 등의 이동을 촉진시키고 정보의 교환을 확대시키는 정보통신기술과 그 인프라(Infrastructure)가 발달함에 따라 급진적으로 확대되어 나가고 있다. 맥러한(M. McLuhan) 및 피오레(Q. Fiore)가 1967년 '매체는 메시지(The Medium is the Message)'라는 그들의 저서에서 전자기술이 발전·통합됨에 따라 지구촌(Global Village)이 생기게 된다고 주장한 이래 불과 몇십 년 만에 지구촌이라는 것이 출현되고 이를 상징하는 세계화가 성큼 다가왔다.

과거에 이들 이외 여러 사람도 정보통신기술이 점차 미묘하게 발달하고 그 유용성이 확대됨에 따라 지구촌이라는 말을 가끔 들먹거려 온 것이 사실이다. 지구촌이라는 용어는 오늘날 정치, 경제, 사회, 문화 등 모든 부문에 걸쳐 매우 매력적인 언어로 사용되고 있음을 알 수 있다.

세계화는 대륙의 기류나 해양의 조류와 같은 것이어서 저지되거나 억제될 수 없는 일종의 범세계적 조류로 인식되고 있다. '공공선택이론'으로 노벨 경제학상을 받은 미국 조지 메이슨 대학의 제임스 뷰캐넌(J. Buchanan) 교수는 "세계화는 필연적인 조류이기 때문에 거부하거나 방어할 수 없으며 이에 적응 이외는 다른 대안이 있을 수 없다."라고 강조한 것은 매우 주목할 만하다.

'제3의 길(Third Way)'을 제창한 영국의 사회학자 앤서니 기든스(Anthony Giddens)가 그의 저서에서 세계화는 주목을 받지 않을 수 없는 놀라운 세계 경제의 현상임이 틀림없음을 확인했다.

세계화는 1993년 12월 우루과이 라운드 다자간 무역협정이 체결되고 이어 1995년 1월 WTO 체제가 출범됨에 따라 그 확대 속도가 가속화되기 시작하였다. 이러한 세계화 추세에 따라 세계 모든 나라의 정부는 그들 국가의 모든 경제정책을 무역자유화, 서비스무역자유화, 금융자유화 등 자유화를 지향하는 세계시장경제에 부합하도록 조정해나가고 있다.

2 글로벌 리더의 의의

21세기 사회는 기업과 조직의 범위를 초월하여 글로벌 사회에서 리더의 성공적인 역할에 관심을 가지게 되었다. 그리고 리더십 연구 분야에서는 글로벌 리더는 누구이며, 어떠한 능력을 지니고 있으며, 어떠한 역할을 하는지에 관한 연구가 활발히 진행되고 있다.

글로벌 리더십에 관한 관심과 주요 연구 분야에 따라 많은 학자는 각기 다른 의미로 리더십을 연구에 사용하고 있다. 글로벌 리더십의 개념 또한 학자마다 상이하게 정의하고 있어 글로벌 리더십을 한 문장으로 명확하게 정의하기는 다소 어려운 실정이다. 따라서 본서에는 먼저 학자들의 글로벌 리더에 대한 정의를 살펴보고 이를 토대로 글로벌 리더십의 개념을 설명하고자 한다.

스프라이처(Spreitzer), 맥콜(McCall), 마호니(Mahoney, 1997)[10]는 국내가 아닌 세계의 국가를 비즈니스의 공간적 영역으로 규정함으로써 글로벌 리더란 "다국적기업에서의 CEO를 비롯한 임원급 리더"를 글로벌 리더라고 정의하였다.

게스너(Gessner), 아놀드(Arnold), 모블리(Mobley, 1999)[11]는 이전의 글로벌 리더에 관한 연구에서처럼 "글로벌 기업들 중 조직의 목표달성을 위해서 다른 이의 생각과 행동에 영향을 미치는 역할을 수행하는 조직의 리더"를 글로벌 리더라고 정의하였다.

데커(Dekker), 얀센(Jansen), 빈켄부르그(Vinkenburg, 2005)[12]는 "글로벌 기업에서 조직의 목표를 정하는 과정에서 먼저 글로벌 비즈니스의 방향을 설정하고, 글로벌 비전을 조직구성원들에게 공유하며 조직구성원들에게 동기부여 하는 리더"를 글로벌 리더라고 정의하였다.

표 9-3 글로벌 리더의 정의

학자	정의
Spreitzer, McCall, Mahoney(1997)	다국적기업에서의 CEO를 비롯한 임원급 리더
Gessner, Arnold, Mobley(1999)	글로벌 기업들 중 조직의 목표달성을 위해서 다른 이의 생각과 행동에 영향을 미치는 역할을 수행하는 조직의 리더
Dekker, Jansen, Vinkenburg(2005)	글로벌 비즈니스의 방향을 설정하고, 글로벌 비전을 조직구성원들에게 공유하며 조직구성원들에게 동기부여 하는 리더

이처럼 글로벌 리더의 정의는 초기 국내적 비즈니스가 아닌 국제적 비즈니스를 사업영역으로 규정한 기업들의 리더들을 글로벌 리더라고 규정하여, 리더가 속한 조직 및 기업의 사업영역에

초점을 두었다. 그러다가 최근 연구에서는 "단순히 글로벌 기업에 속한 리더들이 아니라 조직 내에서 글로벌 사회에서의 글로벌 비전을 구성원들과 함께 설정하고 구성원들과 설정한 비전을 달성하기 위해 끊임없이 노력하는 조직의 리더"를 글로벌 리더라고 정의한다.

그리고 칼리구리(P. Caligiuri, 2004)[13]는 글로벌 리더의 특징적 역할을 다음과 같이 10가지로 정리하였다.

① 해외 출신의 동료와 함께 일함
② 해외 출신의 외부고객과 관계를 맺고 있음
③ 해외 출신의 내부고객과 관계를 맺고 있음
④ 모국어 외 다른 언어를 구사 능력이 필요함
⑤ 서로 다른 국적을 가진 조직구성원을 관리함
⑥ 글로벌화를 고려한 사업전략을 설정함
⑦ 글로벌화를 고려한 예산계획을 설정함
⑧ 해외에서 거래하거나 해외 출신의 고객과 거래를 함
⑨ 해외의 공급회사나 판매자를 관리함
⑩ 글로벌화를 고려한 위기관리를 관리함

3 글로벌 리더십의 의의

글로벌 사회에서의 글로벌 비전을 구성원들과 함께 설정하고 구성원들과 설정한 비전을 달성하기 위해 구성원들과 함께 노력하여 조직의 목표를 달성하는 리더의 역량 및 특성인 글로벌 리더십의 개념을 학자들은 다음과 같이 정의하고 있다.

먼저, 해외의 글로벌 리더십 연구자인 푸킥(Pucik)과 사바(Saba, 1998)는 글로벌 리더십을 "국가적·기능적·사업적 영역에서의 협의의 리더십이 아니라, 리더가 글로벌 정보, 지식, 경험을 공유하고 글로벌화 과정에서 발생하는 문제의 균형을 맞추는 태도의 집합"이라고 정의하였고, 맥콜(McCall)과 홀랜백(Hollenbeck, 2002)은 리더의 업무에 초점을 둠으로써 "글로벌 업무를 수행하는데 리더에게 필요한 역량의 집합"이라고 정의하였다.

마즈네프스키(Maznevski)와 레인(Lane, 2003)은 글로벌 리더십을 "리더가 속한 국가의 사회, 문화, 교육 등을 통해 형성된 개인 및 조직의 비즈니스 성과 창출 능력을 다양한 국가에서 활용할 수 있는 능력"이라고 정의하였다. 록키스모에(Lokkesmoe, 2009)는 "조직의 목표를 달성하기 위해 리더가 조직목표의 대상의 지리적, 국가적, 경제적, 인종 간, 언어적 영역을 뛰어넘어 다른 사람에게 미치는 긍정적인 영향력"이라고 정의하였다.

국내에서 차동옥(2007)은 글로벌 리더십을 "글로벌 기업에 근무하는 경영자와 관리자 또는 해외에 파견되어 근무하는 조직의 리더가 갖추어야 할 리더십"이라고 정의하였고, 송영수(2010)는 "조직의 지속적 성장과 성과 창출을 위해 개방적 사고와 다양성을 바탕으로 국가적 차이를 넘어 이해관계자의 사고, 태도, 행동에 긍정적인 영향력을 미치는 과정"을 글로벌 리더십이라고 정의하였다.

표 9-4 글로벌 리더십의 정의

학자	정의
Pucik & Saba(1998)[14]	국가적 · 기능적 · 사업적 영역에서의 협의의 리더십이 아니라, 리더가 글로벌 정보, 지식, 경험을 공유하고 글로벌화 과정에서 발생하는 문제의 균형을 맞추는 태도의 집합
McCall & Hollenbeck(2002)[15]	리더의 업무에 초점을 둠으로써 글로벌 업무를 수행하는데 리더에게 필요한 역량의 집합
Maznevski & Lane(2003)[16]	리더가 속한 국가의 사회, 문화, 교육 등을 통해 형성된 개인 및 조직의 비즈니스 성과 창출 능력을 다양한 국가에서 활용할 수 있는 능력
차동옥(2007)[17]	글로벌 리더십은 글로벌 기업에 근무하는 경영자와 관리자 또는 해외에 파견되어 근무하는 조직의 리더가 갖추어야 할 리더십
Lokkesmoe(2009)[18]	조직의 목표를 달성하기 위해 리더가 조직목표의 대상의 지리적, 국가적, 경제적, 인종 간, 언어적 영역을 뛰어넘어 다른 사람에게 미치는 긍정적인 영향력
송영수(2010)[19]	조직의 지속적 성장과 성과 창출을 위해 개방적 사고와 다양성을 바탕으로 국가적 차이를 넘어 이해관계자의 사고, 태도, 행동에 긍정적인 영향력을 미치는 과정

4 글로벌 리더십의 구성 요소

1. 라인스미스(Rhinesmith)의 6가지 글로벌 리더십 구성 요소

라인스미스(Rhinesmith, 1993)[20]는 글로벌 리더십의 구성 요소를 글로벌 경영관리 역량, 다양성 적응 역량, 유연한 조직적응 역량, 다문화 팀 관리 역량, 불확실성 관리 역량, 학습조직 조성 역량의 6가지로 구성된다고 정의하였다.

1) 글로벌 경영관리 역량

글로벌 경영관리 역량은 글로벌 리더십을 발휘하는 리더라면 글로벌 경영관리에 있어서 기술, 자본, 인력 등 글로벌 인적 및 물적자원을 관리 및 활용하는 능력을 지녀야 한다고 제시하였다. 따라서 글로벌 리더는 성공적인 글로벌 리더십을 발휘하기 위해 끊임없이 변화하고 경제, 정치, 사회, 문화 등의 상황에 관심을 가지고 이러한 상황에 적합한 경영관리 역량을 함양하는 노력이 필요하다고 주장하였다.

2) 다양성 적응 역량

다양성 적응 역량은 개인 및 조직의 성과에 영향을 미치는 다양한 글로벌 환경 관계를 파악하고, 이를 통해 다양한 영향변수를 분석하고 이를 관리할 수 있는 능력을 함양해야 한다고 주장하였다. 특히 글로벌 환경의 경우 더욱 복잡하고 다양한 관계를 고려해야 하므로 글로벌 리더는 여러 다양한 문제 및 복잡한 갈등 관계를 해결할 수 있는 능력을 지니고 있어야 한다고 제시하였다.

3) 유연한 조직적응 역량

유연한 조직적응 역량은 세계화 시대에 나타나는 다양한 변화와 흐름에 따라 조직의 구조 및 구성이 탄력적으로 조직 및 설계되어야 한다는 것이다. 글로벌 리더는 조직의 목표달성을 위해 먼저 조직이 당면하고 있는 다양한 환경을 고려하고 조직의 목표를 효과적으로 달성할 수 있는 조직을 구성 및 설계하여 구성을 적재적소에 배치하는 능력을 함양해야 한다고 주장하였다.

4) 다문화 팀 관리 역량

다문화 팀 관리 역량은 글로벌 시대에서 조직 및 기업의 구성원들이 다양한 문화적 배경을 지니고 있으며, 다양한 가치관을 가지고 있으므로 글로벌 리더는 조직의 목표를 달성하는 데 있어서 이러한 문화적 차이를 건설적으로 활용하여 창의적이고 도전적인 혁신 시너지를 창출해야 한다고 제시하였다. 또한 조직구성원 간의 다양한 가치를 먼저 인정하고 구성원들이 서로 인정하도록 이끌어줌으로써 구성원들이 서로의 다름을 인정하고 협력하여 조직의 목표를 달성하도록 하는 것 또한 글로벌 리더의 리더십이라고 제시하였다.

5) 불확실성 관리 역량

불확실성 관리 역량은 변화하는 환경에 적극적으로 적응 및 대응하고 이러한 변화를 기회로 삼아 새로운 도전을 창출해 내는 역량을 말한다. 따라서 글로벌 리더는 다양한 환경의 변화에서 나타나는 불확실성을 당연하게 받아들이고 이를 활용하여 위기를 기회로 만드는 진취적인 마음을 가져야 한다고 제시하였다.

6) 학습조직 조성 역량

학습조직 조성 역량은 글로벌 시대에는 새로운 지식과 기술이 끊임없이 생성되고 발전되기 때문에 리더뿐만 아니라 구성원들이 오픈 마인드를 가지고 지속해서 학습해야 한다는 것이다. 글로벌 리더는 자기 자신뿐만 아니라 조직구성원 또한 변화하는 환경에 맞추어 자기 계발을 게을리하지 않도록 학습조직을 조성하고 이를 관리하는 역량이 필요하다.

2. 송영수(2010)[21]의 5가지 글로벌 리더십 필요 역량

송영수는 글로벌 기업의 리더들을 대상으로 델파이 연구를 실시하여 세계화 시대에 적합한 글로벌 리더십 역량으로 5가지의 필요 역량과 20개의 세부 역량을 제시하였다. 글로벌 리더의 다섯 가지 역량을 설명하면 다음과 같다.

첫째로, 경영환경 변화를 이해하고, 경영환경 변화를 예측하며, 변화 대응 전략을 수립하는 '글로벌 마인드를 함양'한다.

둘째로, 개방적 의견을 수용하고 다양성을 존중하며 조직의 문화를 구축하고 다른 문화를 이해하는 '다양성에 대한 개방적 태도를 함양'한다.

셋째로, 인적 네트워크를 구성 및 유지하고, 글로벌 커뮤니케이션 능력과 외국어 구사 능력, 글로벌 매너 및 에티켓을 통해 '글로벌 네트워크를 형성'한다.

넷째로, 전략적으로 조직의 목표를 설정하고 글로벌 비전 달성을 위한 지식과 기술을 확보하고 글로벌 인재를 육성하는 '성과 개선 스킬을 함양'한다.

다섯째, 정직과 도전정신을 가지고 창의성을 발휘하며 글로벌 시민의식을 견지하여 '글로벌 리더로서의 기본 태도를 유지'해야 한다고 제시하였다.

표 9-5 글로벌 리더십 역량

필요 역량	세부 역량	설명
1. 글로벌 마인드	1.1 경영환경 변화 이해	글로벌 경제, 경영, 정치적 변화의 흐름을 조직의 현재 상황과 연계시켜 인식하는 능력
	1.2 경영환경 변화 예측	글로벌 경영환경의 변화가 조직의 중 · 장기적인 성과에 미칠 영향을 분석하는 능력
	1.3 변화 대응 전략 수립	급변하는 경영환경 속에서 조직의 지속 가능한 성과창출을 위해 구체적인 해결 방안을 제시하는 능력

2. 다양성에 대한 개방적 태도	2.1 개방적 의견 수용	국가, 문화, 인종적 차이에서 비롯되는 구성원의 다양한 의견을 폭넓게 받아들이는 자세
	2.2 다양성 존중	구성원 간의 차이점과 다름이 조직의 목표달성에 기여할 수 있도록 조정하여 협의를 이끌어내는 능력
	2.3 조직 문화 구축	조직 내 다양성을 바탕으로 조직 고유의 문화를 조성하는 능력
	2.4 타문화 이해	보편성(global)과 특수성(local)의 균형을 바탕으로 다른 문화를 편견 없이 받아들이고 존중하는 자세
3. 글로벌 네트워크 형성	3.1 인적 네트워크	조직구성원 및 내 · 외부 고객을 경쟁자가 아닌 협력자로 인식하고 중· 장기적인 상호협력관계를 유지하는 스킬
	3.2 글로벌 커뮤니케이션	문화적 차이를 극복하기 위한 의사소통 능력(경청, 질문, 동기부여, 피드백 등)
	3.3 외국어 구사 능력	언어적 차이에서 비롯되는 소통의 문제를 해결하기 위한 외국어 구사 능력
	3.4 글로벌 매너 및 에티켓	다른 문화에서 형성된 행동 양식을 이해하고 학습하여 국제 예절을 지키는 소양 및 자세
4. 성과개선 스킬	4.1 전략적 목표설정	조직의 미션과 비전을 수립하여 구성원과 공유하고 개인 및 팀의 목표와 연계시키는 능력
	4.2 지식과 기술의 확보	글로벌 환경 변화 속에서 성과를 창출할 수 있는 새로운 정보와 경쟁력을 보유하는 능력
	4.3 글로벌 인재 육성	조직의 목표달성을 위해 필요한 글로벌 핵심 인재를 확보하고 세계적으로 양성하는 능력
5. 기본 태도 역량	5.1 정직성(Integrity)	윤리, 도덕, 원칙을 준수하여 신뢰를 형성하고 타협하지 않는 정직성을 행위의 기본으로 삼는 태도
	5.2 도전정신	현재 성과에 안주하지 않고 혁신을 추구하며 새로운 가능성을 적극적으로 모색하는 자세
	5.3 창의성	다양성을 기반으로 기존의 개념 · 방법 등을 새롭게 조명하거나 재조합하는 능력
	5.4 글로벌 시민의식	인간의 존엄성과 다양성의 가치를 존중하며 세계윤리를 적극적으로 이해하고 실천하는 자세

출처: 송영수(2010). 국내 기업의 인적자원개발(HRD)을 위한 글로벌 리더십 역량 도출. 한국HRD연합회(편), 2010년 한국 HRD 연합회 연합학술대회, 한국HRD연합회. pp. 71~88.

리더 중에서도 세계적으로 영향력을 발휘하는 리더를 '글로벌 리더'라고 부르기도 한다. 세계화된 21세기에 뛰어난 글로벌 리더는 세계를 변화시키고, 세계의 변화는 우리가 살아가는 사회의 변화와 세계발전의 원동력이 되고 있다. 글로벌 리더들은 소통에 능하며, 변화에 민감하고, 사회적 약자를 포용할 줄 아는 특성을 지니고 있다.

먼저, 글로벌 리더는 항상 소통하려는 자세를 가진다.

타인의 의견과 생각을 존중한다는 의미이다. 자신만의 견해를 고수하기보다는 다양한 생각을 하는 사람들과의 소통을 통해 자신의 고유 역량을 키우고, 문제를 바라보는 시각을 넓힌다. 세계경제포럼은 글로벌 리더가 되기 위해서는 '소통'할 줄 알아야 한다고 조언한다.

소통과 지속적인 토의, 토론을 중요시하는 세계적인 기업 아마존의 CEO인 제프 베이조스(Jeff Bezos)는 직원들의 소통을 장려하기 위해서 새롭게 디자인된 사옥을 지었다. 'Amazon Spheres(The Spheres)'라고 불리는 사옥인데, 건물 내부가 식물원처럼 자유롭고 편안하게 구성되어 있다. 이곳에서 직원들은 직급에 상관없이 자신의 동료와 자유롭게 대화하며 근무한다.

둘째, 글로벌 리더는 변화에 민감하다.

글로벌 리더는 세계의 변화에 발맞추어 나간다. 현재 상황에 안주하기보다는 미래의 변화에 먼저 관심을 가진다. 독일의 메르켈 총리는 4차 산업혁명이라는 시대적 변화를 좇아가기 위해 4차 산업혁명을 인더스트리 4.0으로 명명하고 이에 따른 정부의 투자와 연구개발을 지속해왔다. 그 결과 독일은 현재 4차 산업혁명 분야의 핵심 기술에 있어 전체적인 우위를 점하고 있다. 또한 아마존, 엔비디아, 구글 등 세계적인 혁신 기업의 CEO들은 과감한 변화를 추구하며 여러 스타트업을 인수하기도 하며 지속해서 회사의 미래 먹거리 발굴을 한다.

셋째, 사회적 약자를 포용한다.

일반적인 리더와 글로벌 리더의 가장 큰 차이점은 사회적 기여도에서 비롯된다. 사회를 이루는 구성원들의 대다수뿐만 아니라 약자들까지 모두 포용하는 리더, 즉 각각의 다름을 인정해 주는 리더를 '글로벌 리더'라고 부른다. 미국의 버락 오바마 전 대통령은 인권을 침해당하는 사람들의 손을 잡아주며, 사회적으로 인권 문제의 심각성을 많은 연설을 통해 널리 알렸다. 이 공로로 노벨 평화상을 수상하였고 많은 사람에게 존경받고 있다. 또한 세계적인 부호인 빌 게이츠는 기부 재단 '빌 앤 멀렌다 게이츠 재단'을 설립하여 자신의 부를 사회에 환원하고 있다. 글로벌 리더들은 사회적 약자에 관한 문제를 해결하려고 노력하거나, 혹은 자신의 부를 환원함으로써 사회적 약자의 목소리, 그들의 환경에 조금이나마 더 관심을 가지려고 노력한다.

리더십 사례 탐구

앙겔라 도르테아 메르켈

앙겔라 도르테아 메르켈(Angela Dorothea Merkel, 1954년 7월 17일~)은 2005년부터 2021년까지 재임했던 독일의 제8대 연방 총리이다. 독일 역사상 최초로 연방 총리직에 오른 여성이기도 하다. 동독에서 물리학자로 활동한 후 통일 과정에서 정치에 참여하기 시작하였으며 이를 바탕으로 헬무트 콜 내각에서 환경부 장관을 역임하였다. 4선에 성공하고 총리로 16년 동안 일했던 여성 총리 앙겔라 메르켈에 대해 전문가들이 평가한 리더십과 유산에 대하여 살펴본다.

정치적 유산 측면을 살펴보면 매트 포트러프(영국 코번트리 대학교 정치과학과 교수)는 메르켈 총리가 독일 정치판을 '정치'보다는 '정책'에 대한 토론장으로 바꿔놓았다고 봤다. 과거 독일 정치계는 '테스토스테론으로 가득 찬 남자들의 모임'에 가까웠는데 메르켈 총리 아래에선 분위기가 정책 중심으로 흘러갔다.

정치가 상당히 기계적이고 과학적인 형태가 되었는데 메르켈 총리가 물리학자였고, 양자화학으로 박사학위를 받은 사람이라 정치에 대한 접근법 역시 사실 기반이었기 때문이다. 메르켈 총리는 자신만의 방식으로 독일 정치는 물론 세계 정치판에도 혁명을 선보였다. 정치가 양극단으로 흘러갈 때도 그는 문제에서 '정치적 요소'를 제거함으로써 상황을 진정시키려 하였다.

샬럿 갈핀(영국 버밍엄 대학교 독일 및 유럽 정치학 교수)은 포브스는 지난 10년 내내 메르켈 총리를 세계에서 가장 힘 있는 여성으로 꼽았다고 하였다. 덕분에 독일에선 여성 지도자만 보고 자란 세대도 있다고 한다. 메르켈 총리의 입지는 여성들에게 큰 의미를 지닌다. 그는 여성들을 요직으로 이끌고 온 것으로도 잘 알려져 있다. 그는 최초의 여성 독일 국방부 장관이자 유럽연합 집행위원장인 우르줄라 폰 데어 라이엔을 지지하기도 했다. 물론 이런 상징적인 인물들이 광범위한 변화를 의미하는 건 아니며, 백인이 아닌 여성들이나 성 소수자 집단에겐 더더욱 그렇다.

독일에서는 무슬림 여성들을 겨냥한 공격이 늘고 있고, 성 평등주의에 대한 반발 여론도 거세다. 일부의 의견이긴 하지만 그렇다고 해서 극우 세력인 '독일을 위한 대안당(Alternative für Deutschland, 약자로 AfD)'만의 목소리도 아니다.

뤼디거 슈미트 벡(독일 만하임 대학교 정치과학 및 정치사회학 교수)은 메르켈 총리의 정치적 유산은 현대화와 퇴보의 기괴한 혼합체에 가깝다고 하였다. 동성결혼 법제화나 탈원전, 이민자 수용정책 등 현대적인 부분들은 사실 보수 우파인 기독민주당 출신 총리에게 기대되던 것들은 아니었다. 그러나 독일은 디지털화, 기후변화정책, 인구구성 변화 같은 긴급하고 중대한 문제들엔 크게 뒤처져 있다. 메르켈 총리가 자리에서 물러남에 따라 독일의 정치 지형은 한층 더 요동치게 됐다. 이런 상황은 점차 복잡해지는 독일의 정당 체계와 반이민 정서에 기대 세력을 넓히고 있는 AfD 등과 관련이 있다.

카트린 슈라이터(영국 킹스칼리지 런던 대학교 독일 및 유럽 연구 교수)는 메르켈의 정치적 유산은 단호하고 조용한 것이라고 하였다. 그의 리더십은 명확하고 냉철한 평가와 신뢰감을 주는 이미지를 투영한다. 메르켈 총리는 상대나 유권자들의 분위기를 읽어내는 데 능력이 있었다. 그런 방식으로 국제사회에서 많은 신뢰를 얻었다.

그가 남긴 또 다른 유산은 기독민주당의 정치적 논제들을 한층 중도에 가깝게 바꿔놨다는 것이다. 그는 이 보수 정치인들을 중도 진영으로 끌고 왔고, 일부 논제는 좌파 녹색당의 성향에 가깝게 만들어놨다.

포트러프는 메르켈 총리를 유로화를 위기에서 건져낸 리더라고 말한다. 2008년 경제 위기에 대처하던 때 벨기에 브뤼셀에서 메르켈 총리는 경제 위기에 대해 그는 시장경제에 최대한 힘을 실어주되 필요하다면 정부개입도 불사하겠다고 말했다. “정부개입은 독일 사회민주당의 1960년대 구호”라고 비판했을 때 메르켈 총리는 “난 역사학자가 아니라 실용주의자”라고 대답했다.

버락 오바마 전 미국 대통령이 메르켈 총리에게 4선 도전을 권했었고, 트럼프 당선 직후 오바마가 메르켈 총리를 만나러 독일 베를린으로 향했다. 당시 만남 뒤 오바마 전 대통령은 메르켈 총리의 눈가에 눈물이 고여 있는 것을 봤다고 회상했다. 메르켈 총리는 철저히 혼자였다. 독일이라는 배의 항해를 이끌어왔고, 임무를 마쳤다. 이제 배에서 내려올 수 있게 된 것이다.

샬럿 갈핀은 메르켈 총리 시대는 ‘위기의 시대’로 종종 묘사한다. 주요 순간은 난민 문제가 터졌을 때였다. 발칸 반도에 인도적 위기가 들이닥쳤던 그때, 메르켈 총리는 독일의 국경을 열었다. 그는 2015년 ‘우리는 할 수 있다(Wir schaffen das)’는 구호를 내걸고 100만 명에 달하는 난민을 받아들였다.

수많은 아프간 난민 어디로 가나? 고국을 떠나려는 아프간인들, 어떻게 대피하나? 라는 문제에서 독일은 난민 문제를 해결하는 데 앞장섰다. 독일은 내전을 피해 고국을 탈출한 시리아인들을 받아들인 몇 안 되는 유럽 국가 중 하나였다. 그러나 2015년엔 AfD가 유로화에 반대하는 경제적 자유주의 정당에서 극우, 이슬람포비아 집단으로 변모하는 것을 고스란히 목격했다. AfD는 지난 하원 선거에서 약진하며 1960년대 이래 처음으로 극우 의원들을 탄생시켰다.

메르켈 총리에게 위기가 있었다.

첫 번째는 세계금융위기가 닥쳤던 2008년, 메르켈 총리와 당시 재무장관이 시민들에게 ‘여러분의 예금은 안전할 것’이라며 뱅크런(은행의 예금 지급 불능 상태를 우려하여 예금자들이 앞다퉈 예금을 인출하는 사태)을 막으려 애쓰던 때가 있었다.

두 번째는 이른바 ‘유로화 사태’ 당시 그리스의 채무 탕감 문제를 두고 유럽 국가들이 협상을 벌였던 순간이다.

세 번째는 2015년 메르켈 총리가 헝가리에 발이 묶인 난민들을 향해 ‘독일은 국경을 닫지 않겠다.’라고 밝혔을 때다.

메르켈 총리는 이 세 가지 위기를 잘 극복한 리더였다.

한 가지 중요한 순간이 있었다. 2017년 메르켈 총리가 동성결혼 법제화를 위한 길을 열었을 때다. 총선 전 한 여성 잡지와 인터뷰를 가졌을 때 메르켈 총리는 이 같은 문제들을 위해 표를 던지는 게 '개인 양심의 문제'라고 말했다. 기본적으로 당론에 어긋나는 발언이었다. 몇 년째 계류돼 있었던 법안을 통과시키는 계기가 된 발언이기도 했다. 독일에선 2017년 동성 결혼이 법제화됐다.

집권 초기 때 "독일에 대해 생각하면 어떤 마음이냐?"는 질문에 메르켈 총리가 답변한 것이 가장 유명한 발언 중 하나이다. "잘 닫힌 창문을 생각합니다. 그 어떤 나라도 독일처럼 견고하게 닫힌 훌륭한 창문을 갖고 있지 않습니다." 그의 겸손함과 실리주의, 매우 실용적인 측면을 드러내는 말이었다.

토론 문제

01 세계화(Globalization)가 가져다주는 긍정적인 부분은 무엇이며, 부정적인 부분은 무엇이 있는지 정리하고 설명해보자.

02 세계화(Globalization) 시대에서 글로벌 리더가 가지고 있어야 할 역량은 어떤 것들이 있는지 이야기해보자.

03 캘러만(Barbara Kellerman)의 팔로워 유형의 다섯 가지인 고립형, 방관형, 참여형, 행동형, 골수분자형에 대하여 설명해보자.

04 세종대왕과 허조의 이야기를 읽고 팔로워의 역할과 진정한 리더의 자세는 어떠한지에 대해 이야기해보자.

05 독일 여성 총리 앙겔라 메르켈의 정치역정에 대해서 생각해보고 메르켈의 리더십을 통해 배운 점이 있다면 이야기해보자.

CHAPTER 10

임파워링 리더십

I. 임파워먼트의 의의와 구성 요소

II. 임파워먼트의 목적 및 주요 모델

Leadership Story

리츠칼튼 호텔

리츠칼튼 호텔에서는 고객의 불만이 터져 나오는 긴급한 상황에서 상사의 지시를 기다리거나 또 다른 규정을 찾아 고객의 분노를 최대화시키지 않는다. 그럴 필요 없이 현장에 있는 직원에게 온전히 그 상황 판단을 맡기어 즉각 행동을 취하도록 한다. 또한 종업원들에게 하루 2천 달러의 금액을 제공하여 고객서비스를 위해 각자 재량껏 마음대로 사용하게 한다.

이에 따른 리츠칼튼 호텔의 임파워먼트 리더십에 대해 종업원들은 자기가 회사에 도움이 된다는 것을 깨닫고 자기효능감이 증진되었다고 답했다. 또한 이러한 현상은 조직의 몰입에도 효과적임을 알 수 있다. 고객들은 서비스에 불만이 있었던 상황에서 최상의 서비스 혜택이 신속하게 제공되었기 때문에 매우 만족감을 느꼈고, 이후에도 지속해서 리츠칼튼 호텔을 방문할 예정이라고 한다. 임파워먼트를 통해 지속해서 고객과의 관계 유지가 가능해졌다.

고국천왕과 을파소

신대왕의 뒤를 이어 고구려의 제9대 왕으로 고국천왕이 등극하였다. 고국천왕(?~197년, 재위: 179년~197년)은 신대왕의 둘째 아들로 휘는 남무(南武)이다. 국양왕(國壤王)이라고도 한다. 〈삼국사기(三國史記)〉에는 다른 이름으로 이이모(伊夷模)로 기록되었다. 제8대 신대왕(新大王)이 죽은 뒤 형인 발기(拔奇)를 제치고 둘째 아들인 남무가 대신들의 추대를 받아 왕위에 올랐다.

고국천왕은 어진 정치를 펴고자 했던 그의 뜻과 달리 왕족들의 권력은 날이 갈수록 거세어져 왕권을 위협했으며, 백성들을 핍박하여 백성들의 원성이 높아져만 갔다. 고심하던 고국천왕은 새로운 인재를 찾게 되는데, 이때 천거된 사람이 안류라는 인물이다. 왕은 그에게 국정을 맡기려 하였으나 끝내 사양하면서 다른 사람을 추천했다.

"신은 용렬하고 어리석어 큰일을 할 인물이 못되옵니다. 압록강 강가에 사는 을파소를 불러다 쓰시옵소서. 을파소는 유리 왕조의 대신 을소의 자손으로, 성질이 강직하며 과감하고 지혜가 깊되, 지금은 세상과 등져 농사에 전력하고 있습니다."

고국천왕은 이에 사람을 보내어 공손한 말과 두터운 예로서 을파소에게 국정을 맡아줄 것을 청하며 중외대부에 더하여 우태라는 높은 벼슬을 내렸다. 을파소는 왕의 부름을 허락할 생각이었으나 주어진 벼슬로는 그 뜻을 펴기가 어렵다고 판단하여 정중하게 사양하였다. 이러한 을파소의 뜻을 헤아린 고국천왕은 그 자리에서 을파소를 국상으로 삼아 정사를 돌보게 했다.

명재상 을파소는 이렇게 숨어 있는 재능을 알아본 고국천왕과의 조우를 통해 탄생하였다. 을파소는 191년부터 13년간 고구려 9대 고국천왕과 산상왕을 모시며 진대법을 시행한 고구려 제일의 국상이다. 국상에 임명되기 전까지 한낮 농부에 지나지 않았던 그가 하루아침에 오늘날 수상직과 같은 국상에 오른 것이다. 유비의 삼고초려를 받은 제갈공명처럼 말이다.

고국천왕도 유비도 한 국가를 다스렸던 위대한 왕들이다. 그런데도 국가의 모든 정사를, 그것도 정치 신인에게 위임한 것은 현재로서도 쉽게 하지 못할 만큼 파격적인 경우이다. 이러한 인사정책은 고국천왕이나 유비가 사람됨을 발견하는 통찰력과 부하의 능력을 믿고 전폭적으로 권한을 위임하는 임파워링 리더십의 극치가 아닐까?

신인이었던 을파소에 대해 많은 비난이 이어졌지만, 고국천왕은 흔들리지 않았고, 왕의 절대적 지원 속에 을파소는 교육제도의 개편, 부정부패 방지, 인재 선발 활성화, 진대법을 비롯한 경제정책 개혁 등을 통해 정치를 바로잡아 고구려를 부강하게 만들 수 있었다.

위대한 리더가 혼자 조직을 이끌어 성공하는 사례도 있다. 그러나 대부분은 함께 조직을 이끌어가는 다른 리더들을 키우며 성장시키는 임파워링 리더십이 더 강한 조직을 만드는 데 효과적이라는 지혜가 고국천왕과 을파소의 이야기에 숨어 있다.

출처: 역사 속에 잠들어 있던 리더십 꺼내기 中, 모두가 리더가 되는 세상 리더피아, 위키백과.

포드의 LEAD 프로그램

포드사는 구성원들을 임파워먼트 시키기 위해 전체 중간관리자를 대상으로 '리더십 교육 및 개발(Leadership Education and Development: LEAD)'이라고 불리는 프로그램을 운영하고 있다. 이 프로그램은 일주일간의 집중 훈련과 6개월 후 시행되는 3일간의 보완교육으로 구성되어 있다. 일주일간의 집중 훈련 과정에서는 현재 회사에서 일어나고 있는 전략적 · 문화적 · 조직적 변화에 대한 심도 있는 교육을 한다.

프로그램 참가자들에게는 최고경영자에게만 제공되었던 회사의 전략 방향 등과 같은 매우 중요한 정보가 제공된다. 이러한 정보를 토대로 참석자들은 각 사안에 대해 스스로 고민을 하고 부서의 사람들과 심도 있는 토론을 한다. 또한 참석자들은 스스로 자신들의 리더십에 대해 평가를 해보고 상사나 동료로부터 피드백을 받는다. 포드의 교육 프로그램 담당자들은 교육 참가자들이 하나의 사이클을 통해 임파워먼트에 대한 마인드가 강화된다는 것을 발견하였다.

우선 교육 참가자들은 LEAD 프로그램을 통해 전에는 겪어보지 못한 경험을 하게 되고, 지금까지와는 다른 새로운 관점을 개발하게 된다. 즉, 참가자는 새로운 관점과 사고를 통해 조직에서 자신의 역할을 재정의하게 되고, 자기 자신을 회사의 동반자로 생각하게 된다.

이렇게 자신의 역할에 대한 재정의가 이루어지면 교육 참가자들은 기존의 관습과 전통에 얽매이지 않는 새로운 사고와 행동 양식을 보이기 시작한다. 시키는 일에 만족하지 않고 스스로 주도권을 갖고 자기가 맡은 과업을 수행하고, 일부 위험의 발생이 예상되더라도 보다 효율적인 새로운 업무수행 방식을 생각해내고 이를 실행에 옮긴다.

이러한 새로운 사고와 행동이 바람직한 결과를 산출한다면 교육 참가자들은 자신들의 이러한 사고와 행동을 더욱 강화하려고 한다. 반면에 바람직한 결과를 산출하지 못하면 그러한 결과가 나온 원인을 분석하고 거기서 교훈을 얻기 위해 노력한다. 이러한 과정을 통해 참가자들은 지속해서 학습하려는 마인드와 불확실한 환경에 유연하고 적절하게 대응하는 것이 매우 중요하다는 것을 인식한다. 따라서 참가자들은 학습하기 위해 더욱 노력하고 이를 통해 자신의 능력개발과 성장을 도모하게 된다. 이러한 개인적 성장을 통해 참가자들은 자기 확신을 가지게 된다. 이러한 자기 확신이 일어나면 교육 참가자들은 자신들이 조직과 하나가 되고 자신들이 조직에 몰입된다고 느끼게 된다.

교육을 통해 임파워먼트 된 참가자들은 자신뿐만 아니라 자신의 동료들을 임파워먼트 시키기 위해 노력하게 된다. 그들은 자신의 성공 경험에 대해 이야기하고, 발생하는 문제에 적절히 대응하기 위해 동료들과 현재 상황에 대한 분석과 토론을 한다. 이러한 노력을 통해 그들은 동료들이 창의력을 발휘하고, 새로운 아이디어를 실행할 수 있도록 격려하고 분위기를 조성한다. 교육효과가 전 구성원에게 전파되어 조직구성원 모두가 자신의 잠재력을 발휘하도록 만드는 시너지 효과가 창출되는 것이다.

새로운 아이디어를 실행하는 데에는 어느 정도 위험이 따르기 때문에 실패도 발생한다. 그런데 이러한 실패나 실수에 대해 처벌이 이루어진다면 구성원들은 새로운 사고방식을 활용하는 것을 꺼리게 되고, 다시 과거의 관습과 행동으로 되돌아가게 된다. 따라서 포드는 실패가 발생하더라도 대부분은(90% 이상) 구성원들을 격려하고 임파워먼트가 더욱 강화될 수 있도록 지원을 한다. 이렇게 되면 임파워먼트 프로세스는 다시 선순환의 사이클을 구성하여 전체 구성원들이 임파워먼트 될 수 있도록 도움을 준다. 6개월이 지난 후에는 그동안의 교육 성과를 분석하고 발생하는 문제점의 해결 방안과 교육 참가자들의 애로사항 해결에 도움이 되는 보완 교육을 한다. 이러한 노력을 통해 포드는 조직구성원들의 임파워먼트 능력을 제고시키고 있다.

출처: 주간경제

임파워링 리더십(empowering leadership)을 한 마디로 쉽게 설명한다면 임파워먼트(empowerment) 하는 리더십이라고 할 수 있다. 그러므로 본 장에서는 임파워링 리더십의 핵심인 임파워먼트(empowerment)에 대해서 자세히 설명한다.

임파워링 리더십(empowering leadership)은 다른 사람들에게 심리적 임파워먼트에 대한 지각을 생성하는 정도를 나타내며, 명확한 목표, 권한, 책임, 지도를 제공해 맡은 일에 주인의식을 심어주는 리더십이다. 즉, 조직의 생명력과 기(氣)를 살려주는 리더십이다. 조직의 구성원이 자기 일처럼 관심과 열정을 갖고 개선과 변화에 참여할 수 있는 기본적인 틀을 제시하고 있다는 점에서 주목된다.

임파워링 리더십에서의 리더는 전통적인 관리자 스타일인 통제자, 의사결정자, 집행자, 아이디어 창안자라기보다는 지원자, 코치, 활력 있는 분위기 촉진자의 역할을 수행한다. 임파워링 리더십에서는 리더와 팀원의 역할과 책임, 행동에 따라 1단계 수직적인 명령체계에서 출발하여 리더가 팀원에 대한 지원 등의 역할만 맡고 종전 리더의 영역에 속했던 책임과 의사결정권을 팀원이 확보하는 5단계까지 구분된다. 리더는 부서의 활동과 도전 쪽으로 관심을 옮겨가고 팀원의 활력에 집중한다.[1]

파워(power)는 포스(force)보다 강하다고 한다. 포스는 환경에 의해 생겨나는 경향이 있지만, 파워는 태어날 때부터 내면에 갖고 있다. 그러므로 후천적으로 내면의 그 힘을 이끌어내는 의도적인 과정이 필요하다. 그것을 임파워링(empowering)이라 한다. 중간관리자의 임파워링 리더십과 직무몰입, 조직몰입, 조직시민행동 간의 관계를 그림 10-1과 같이 설명할 수 있다.[2]

그림 10-1 임파워링 리더십 모형

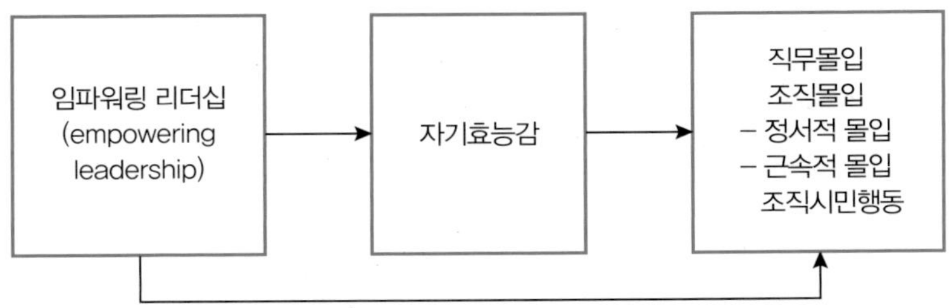

I 임파워먼트의 의의와 구성 요소

1 임파워먼트의 유래

임파워먼트(empowerment)라는 용어가 상대적으로 생소하고 새롭지만, 하급자들에게 권한을 부여하고자 하는 그 의미와 의도는 사실 오래전부터 있었다. 완전히 새로운 것이 아니라 오랫동안 존재해 왔던 것을 사회 전반에 걸쳐 맞출 수 있도록 리모델링한 것이라고 할 수 있겠다. 즉, 권력이 없는 하급자를 '문제' 중심으로 보는 것이 아니라 '강점' 중심으로 봄으로써 하급자의 잠재역량 및 자원을 인정하고 그들에게 능력이 내재되어 있음을 전제하여 하급자가 삶을 결정할 수 있도록 권한 혹은 힘을 부여하고자 하는 것이다.

임파워먼트(empowerment)는 급속한 변화와 불확실성이 가득한 경영환경을 마주한 20세기, 시민권리운동, 민권운동단체, 여성해방운동, 흑인 투표권 저항운동 등의 사회적 운동과 함께 외부환경의 변화 속에서도 적극적이고 능동적으로 조직구성원의 상호작용을 통해 창의적인 아이디어와 문제해결 방법을 통해 조직의 목표달성을 추구하는 개념으로 1940년대를 시작으로 정치학과 사회학의 분야에서 먼저 연구되었다.

즉, 1940년대 정치와 사회적 환경에 기반을 두고 1950년대 행동과학에 적용된 임파워먼트는 인간은 경제적 이익 추구 이외에도 사회적·자아실현적 등과 같은 다양한 욕구가 있으며, 이에 대한 종합적인 연구와 이를 반영한 경영관리기법의 발전에 대한 요구로 1970년대 초반까지는 주로 인간의 잠재적 능력과 개인의 성장을 중심으로 임파워먼트에 관한 연구가 이루어졌다. 이후 1970년대 초반 이후에는 급격하게 변화하는 산업동향과 같이 급변하는 환경 상황 속에서 조직구성원들의 동기부여 및 활성화 방안을 중심으로 임파워먼트 연구가 진행되었다. 특히 기존의 리더와 구성원 개개인수준의 연구에서 벗어서 집단, 조직에서의 임파워먼트에 관한 연구로 연구의 범위를 확장시켰다.

1980년대 중반 미국에서 임파워먼트가 실행된 배경은 기업뿐만 아니라 사회 전반적으로 powerlessness(무력감)가 발생하여 motivation(동기부여) 개념 적용이 실패하면서 임파워먼트(empowerment) 개념이 도입되고 확산되어 변혁을 추구하기에 이른다. 1980년대 말부터는 기업 간 및 국가 간의 경쟁이 심화되고 시장의 변화 속도가 한층 더 빨라짐에 따라 기업 및 조직들은 경영혁신의 차원에서 임파워먼트를 적용하여 기존의 감시 및 통제중심의 경영관리가 아니라 조직구성원들의 자발적 몰입과 직무에 대한 책임 및 만족감을 기반으로 하는 임파워먼트 연구가 주를 이루었다. 1983년 미국에서 붐이 형성되어 일정 기간 시행착오를 거쳐 정착하고 있으나 지금까지 제대로 된 방법론적 정립은 되어있지 않은 상황이다.

1990년대에는 정보기술의 발달로 기업들이 고객이나 이해관계자들의 다양한 요구에 민감하게 반응할 수 있게 됨에 따라 기업들은 더욱더 조직구성원 및 리더들의 임파워먼트를 위한 연구에 관심을 가져 임파워먼트를 통해 효과적인 조직을 개발하고 조직목표를 달성하는 경영기법을 이론화하였다. 이는 신속한 의사결정을 위한 수평 조직을 모색하면서 더욱 활성화된 것이다.

2 임파워먼트의 의의

임파워먼트(empowerment)를 한국어로 번역하면 권한과 능력이라는 두 가지 의미가 있다. 파워(Power)는 타인의 행동에 변화를 가져오는 힘이나 역량으로 무력, 보상, 전문성, 준거, 합법적인 권한을 의미한다. 실제로 Webster 사전에서 'empower'의 뜻을 '권한을 부여하다(give authority to)'와 '능력을 부여하다(give ability to)'의 두 가지로 설명하고 있다.

임파워먼트는 'em(무엇을 준다)+power(권력)=권력 이양'이라고 설명하기도 한다. 그러나 이러한 임파워먼트의 개념은 명료하지 않고 매우 복합적이고 다차원적이어서 어떠한 한 단어로 축약되지 않고 있다.

여기서 임파워먼트는 단순히 권한위임만을 이야기하는 것이 아니며 기업사회의 한정된 용어가 아닌 모든 분야에서 사용하는 단어이다. 우리나라에서도 꼭 번역하지 않고 '임파워먼트'라고 쓰고 있는 것도 그러한 이유이다. 또한 사전에서 임파워링(Empowering)은 "~에게 권한을 부여하는 것"이라는 의미가 있다. 임파워링 리더십이란 임파워먼트 되는 리더십을 말한다. 보통 임파워먼트라는 단어로 임파워링 리더십으로 이해하기도 한다.

1. 임파워먼트와 유사 개념

임파워먼트는 권한위임, 동기부여, 조직개발, 참여 등의 개념과 유사성을 지니고 있어 이에 대한 명확한 구분이 필요하다.

1) 권한위임

권한위임은 상사 또는 리더가 지닌 권한을 단순하게 하위자에게 일부 또는 전체를 이전 또는 허용하는 것으로 권한이 이전된다는 점에 있어서 임파워먼트와 유사성이 있음은 틀림없다. 임파워먼트의 권한위임은 구성원에 대한 신뢰를 기반으로 하고 구성원 또한 권한위임에 대하여 책임과 열의를 가지며 리더와 구성원 모두의 역량을 향상시켜준다. 그러나 일반적인 권한위임은 상위자가 하위자에게 일방적으로 권한을 이전시키기 때문에 권한위임을 받은 하위자의 경우 권한에 대한 책임감이 부족하며, 상위자 역시 권한을 위임했음에도 이를 신뢰하지 못하는 한계를 지닌다.

2) 동기부여

동기부여는 임파워먼트와 유사하게 조직의 목표달성을 위해서 개인이 스스로 노력할 수 있도록 독려하는 특성을 지니고 있다. 그러나 임파워먼트는 단순히 개인이 스스로 노력할 수 있도록 독려하는 차원을 벗어나 개인의 변화가 조직의 변화로 이전되는 수준까지의 노력을 의미한다. 무엇보다 동기부여는 조직의 목표달성을 위해 개인적 차원에서의 발전에 주로 관심을 두고 조직의 목표달성을 핵심 목표로 규정하지만, 임파워먼트는 개인과 조직의 발전을 동시에 추구함과 동시에 개인과 조직의 목표를 모두 달성하고자 한다는 점에서 구별된다.

3) 조직개발

조직개발은 조직의 입장에서 조직의 발전을 위한 하위 과정으로서 개인의 필요 파악 및 개인의 발전을 독려한다. 하지만 임파워먼트는 개인의 발전과 조직의 발전을 단순한 상·하위수준이 아닌 동등한 수준에서 바라보며 개인의 발전과 조직의 발전을 동시에 추구하는 점에 차이점이 있다.

4) 참여

참여는 개인이 자신의 행동 및 성과에 영향을 미치는 의사결정에 단순하게 개입하는 것을 의미한다. 그러나 임파워먼트는 단순하게 의사결정에 개입하는 것뿐만 아니라 자신 스스로 의사를 결정하고 이러한 의사결정이 조직의 목표설정에도 영향을 미치는 것으로 무엇보다 결정에 대한 책임이 수반된다는 점에서 참여와 임파워먼트는 구별된다.

2. 임파워먼트의 정의

임파워먼트의 사전적 의미는 공식적으로 상위자가 하위자에게 파워(power) 또는 권한을 부여하는 것을 말하며, 임파워먼트의 주된 내용은 구성원 및 조직의 역량 증대 및 역량의 활용이며, 임파워먼트의 주된 목적은 능동적이면서도 자율적으로 창조경영을 이끄는 것이다.

임파워먼트의 내용은 한마디로 역량증대 활용과 확산이다. 즉, 자신과 구성원으로부터 최고와 최선을 추구하는 것이며, 개인 속의 구속된 파워를 키워주고 풀어주는 것이다. 사람의 능력, 잠재력까지도 최대한 활용하는 것이다.

임파워먼트의 목표는 능동적이며 자율적 창조경영을 통한 성과증진이다. 수동적이고 상황적응적 관리(reactive management)를 지양하고 능동적이며 상황창조적 관리(flexible management)를 추구한다. 또한 조직 내 구성원으로 하여금 수동적 삶보다는 능동적인 삶을 살게 하며 조직의 지속적 성장을 추구한다.

임파워먼트의 실행방법은 권한이전, 즉 권한이양을 하는 것이다. 권한위임을 넘어서서 가장 효과적으로 파워가 쓰이는 곳에 실질적으로 파워를 부여하는 것으로 권한위임(power delegation)보다는 권한이양(power devolution) 관점이다.

이를 정리하면 임파워먼트는 위임을 통해서 일어나는 것이 아니라 조직원이 지닌 파워를 신뢰하는 데서 출발한다. 즉, 신뢰를 바탕으로 구성원의 능력과 잠재력을 키워주는 방법이다. 임파워먼트의 목표는 파워를 주는 것이 아니라 자유를 주는 것이다. 리더 자신과 구성원을 조직의 제약으로부터 해방시키는 것이다. 임파워먼트는 조직구성원의 파워를 늘리는 것이 아니라 그들이 이미 지닌 지식과 의욕을 푸는 것이다.

임파워먼트를 분야별로 다양하게 해석하고 있는데 정치, 환경, 사회, 환경 분야에서 해석하는 것을 살펴보면 다음과 같다.

첫째, 정치 분야에서는 국민의 정치적 힘의 증대로 가난하고 공권력을 빼앗긴 국민에게 힘을 부여하는 것을 말한다.

둘째, 환경 분야에서는 환경보전으로서 음식과 잠자리를 전통적으로 자연에 의지해온 사람들에게 그 땅과 자원통제력(사용권)을 되돌려 주는 의미이다.

셋째, 사회 분야에서는 사회의 양극화 현상 해소로 사회구성원의 힘을 키워 극소수의 극부 계층과 극대의 극빈 계층 간 차이 해소를 추구하는 것이다.

넷째, 교육 분야로 지역사회의 학교 통제권 반환으로 각 지역사회가 그 상황에 맞게 자율적으로 학교를 운영해 학생들의 학습 의욕을 키우는 것을 말한다.

이처럼 임파워먼트는 다양한 분야에서 쓰이는 용어로써 power가 없거나 혹은 부족해서 고생하는 사람들을 찾아내서 그들에게 도움을 주거나 혹은 파워 증진을 위해 집단이나 조직을 움직이는 것을 의미하기도 한다.

임파워먼트의 방법은 권한이전으로 정치, 행정, 심리, 경영 등 다양한 분야에서 광범위하게 연구됨에 따라 학자들 또한 표 10-1과 같이 서로 다르게 임파워먼트의 개념을 정의하고 있다.

표 10-1 임파워먼트의 개념

학자	개념
Conger & Kanungo(1988)	• 구조적인 개념 차원: 조직구성원에게 권한을 부여하는 과정 • 동기부여 차원: 구성원들에게 조직의 목표달성을 할 수 있다는 자신감 및 믿음을 부여하는 것
Thomas & Velthouse(1990)	• 임파워먼트의 수행 과정 및 경험을 토대로 자신의 목표를 기준으로 한 직무에 대한 의미 • 주어진 직무를 능숙하게 처리하는 능력 • 직무를 스스로 결정하는 선택 • 목표달성에 있어서 자신의 노력이 결과에 미치는 영향
Vogt & Murrell(1990)	• 자유로운 의사소통에 기반을 두고 구성원들이 조직의 목표달성에 더 깊이 몰입하게 하여 자신의 능력과 업무성과를 향상시키는 일련의 과정
Spreitzer(1995)	• 직무와 개인 자신의 기준이나 이상과의 적합성 의미 • 작업 수행에서 개인이 발휘하는 능력 • 자신의 행위에 대한 의사결정 • 개인의 노력이 조직의 성과에 미치는 영향
박원우(1997)	• 구성원들 안에 이미 존재하는 능력을 향상시켜주고 구성원이 마주한 문제들을 구성원의 능력으로 해결하도록 도와주는 것
Eylon & Au(1999)	• 단순한 심리적 고취를 뛰어넘어 상황, 관계 등의 다양한 상황을 고려하여 개인의 역량을 향상시키는 과정
윤방섭(2001)	• 구성원이 조직의 목표를 달성하는데 가장 적합하고 효과적인 행동을 취할 수 있도록 공식적 · 비공식적 방법을 통해 구성원의 역량을 향상시키는 것
박계홍과 김학준(2010)	• 구성원들이 조직의 목표달성에 열의를 가지고 능동적으로 수행할 수 있도록 구성원에게 적절한 권한을 부여하여 시너지 효과를 창조

1) 콘거(Conger) & 카눈고(Kanungo)의 임파워먼트

Conger & Kanungo(1988)[3]는 임파워먼트를 심리학적 관점에서 연구하였다. 특히 임파워먼트 과정 모델을 통해 관계 구조적인 개념 차원에서 임파워먼트란 "조직구성원에게 권한을 부여하는 과정"이라고 정의하였고 동기부여 측면에서 임파워먼트란 "구성원들에게 조직의 목표달성을 할 수 있다는 자신감 및 믿음을 부여하는 것"으로 임파워먼트의 개념을 정리하였다. 따라서 임파워먼트를 성공적으로 활용하면 구성원의 자기효능감을 강화시키고 개인의 무력감을 약화시킬 수 있다고 주장하였다.

2) 토마스(Thomas) & 벨토우스(Velthouse)의 임파워먼트

Thomas & Velthouse(1990)[4]는 앞선 Conger & Kanungo의 연구를 확장시켜 임파워먼트가 두 개의 차원이 아닌 4가지의 인지적 차원으로 구성된 복합적 개념이라고 제시하였다. 즉, 임파워먼트를 자기효능감만으로 설명하기는 어려우며 임파워먼트의 수행 과정 및 경험을 토대로 자신의 목표를 기준으로 한 직무에 대한 의미, 주어진 직무를 능숙하게 처리하는 능력, 직무를 스스로 결정하는 선택, 목표달성에 있어서 자신의 노력이 결과에 미치는 영향 이상 4가지 측면의 차원으로 임파워먼트를 설명할 수 있다고 제시하였다.

3) 보그(Vogt) & 무렐(Murrell)의 임파워먼트

Vogt & Murrell(1990)[5]은 임파워먼트의 연구 수준을 개인에서 조직으로 확대하여 임파워먼트를 설명하였다. 즉, 개인 및 조직에 대한 신뢰를 형성하는 격려, 경청, 질문 등의 자유로운 커뮤니케이션 시스템이 임파워먼트에서 가장 중요한 요소이며 이러한 자유로운 환경이 제공될 때 임파워먼트 된 구성원들이 조직의 목표달성에 더 깊이 몰입하여 자신의 능력과 업무성과가 더 향상된다고 제시하였다.

4) 스프라이처(Spreitzer)의 임파워먼트

스프라이처(Spreitzer, 1995)[6]는 Conger & Kanungo와 같이 심리학적 관점에서 임파워먼트가 단순한 권한위임이 아니라 심리적이고 인지적 변화를 동반하기 때문에 임파워먼트를 직무와 개인 자신의 기준이나 이상과의 적합성 의미, 작업 수행에서 개인이 발휘하는 능력, 자신의 행위에 대한 의사결정, 개인의 노력이 조직의 성과에 미치는 영향의 4가지 차원으로 연구하였다.

5) 박원우의 임파워먼트

박원우(1997)[7]는 임파워먼트는 구성원들 안에 이미 존재하는 능력을 향상시켜주고 구성원이 마주한 문제들을 구성원의 능력으로 해결하도록 도와주는 것으로 임파워먼트는 아무것도 없는 상태에서 시작하는 제로섬(Zero-Sum)의 차원이 아닌 Positive-Sum의 차원에서 접근해야 한다고 주장하였다. 또한 임파워먼트를 통해 구성원들의 역량이 증대됨에 따라 창의력과 적극적 도전이 자극됨을 강조하였다.

6) 엘런(Eylon) & 아우(Au)의 임파워먼트

엘런(Eylon)과 아우(Au, 1999)[8]는 이전의 임파워먼트에 관한 연구를 종합하여 "자기 자신에 대한 자긍심과 조직에 대한 신뢰감, 그리고 자신에 대한 통제감을 확보하는 것"을 임파워먼트라고 정의하였다. 특히 임파워먼트는 단순한 심리적 고취를 뛰어넘어 상황, 관계 등의 다양한 상황을 고려하여 개인의 역량을 향상시키는 과정이라고 주장하였다.

7) 윤방섭의 임파워먼트

윤방섭(2001)[9]은 임파워먼트를 "구성원이 조직의 목표를 달성하는 데 가장 적합하고 효과적인 행동을 취할 수 있도록 공식적·비공식적 방법을 통해 구성원의 역량을 향상시키는 것"이라고 정의하였다.

8) 박계홍, 김학준의 임파워먼트

박계홍과 김학준(2010)[10]은 임파워먼트를 "구성원들이 조직의 목표달성에 열의를 가지고 능동적으로 수행할 수 있도록 구성원에게 적절한 권한을 부여하는 것으로 구성원들이 상호협력과 공유를 통해 시너지 효과를 창조하는 것"이라고 정의하였다.

3. 임파워먼트의 분석수준

엘런(Eylon, 1993)[11]은 임파워먼트를 분석수준에 따라 개인수준, 집단수준, 조직수준의 임파워먼트로 구분하였다.

첫째, 개인수준의 임파워먼트는 1차적으로 고객, 즉 이해관계자들을 만족시키기 위하여 자신의 능력을 발전시키고 나아가 타인에게 자신의 능력을 이전시킬 수 있는 수준으로 향상시키는 행위이다. 따라서 자신의 역량을 증진시키고 이를 토대로 타인의 역량을 향상시킬 수 있는 준비로 개인수준의 임파워먼트를 위해서는 먼저 자신의 역량 및 자신 스스로를 신뢰하고 긍정적으로 생각하는 것이 필요하다. 아울러 조직의 목표달성에 긍정적이며 타인의 능력을 향상시킬 수 있는 자신의 역량증진 노력이 필요하다.

둘째, 집단수준의 임파워먼트는 자신의 역량을 가지고 타인의 역량을 강화시키는 것으로 상호간 역량의 발전을 의미한다. 즉, 상황에 따라 권한을 서로 이전하며 관계 증진을 통해 구성원의 역량을 향상시키고자 하는 것이다.

셋째, 조직수준의 임파워먼트는 개인과 집단수준의 임파워먼트가 원활하게 작용하여 개인과 집단이 소속된 조직 차원에서의 임파워먼트를 실현하는 것이다. 즉, 조직 차원에서 제도나 구조 등의 부문에 임파워먼트가 형성되고 실현되어 조직구성원들이 단결하고 공동체 의식을 가져 조직의 목표달성에 시너지 효과가 나는 것을 말한다.

3 임파워먼트의 구성 요소

조직의 목표달성 및 구성원들의 자기 계발을 위해 리더와 구성원들의 역량을 향상시키는 임파워먼트의 구성 요소를 학자들은 다음과 같이 정의하고 있으며, 이를 종합하여 임파워먼트의 대표적인 구성 요소는 의미성, 영향력, 역량, 자기결정의 4가지로 정의할 수 있다.

표 10-2 **임파워먼트의 구성 요소**

학자	개념
Thomas & Velthouse(1990)	임파워먼트의 핵심 개념을 내적 동기를 높여주는 변수로 정의함에 따라 영향, 능력, 의미성, 선택을 구성 요소로 봄
Spreitzer(1995)	의미, 영향력, 역량, 자기결정력
Corsun & Enz(1999)[12]	개인의 영향, 자기효능감, 의미성
Kirkman & Rosen(2000)[13]	우월성, 의미성, 자율성, 영향력
Bolger & Somech(2004)[14]	의사결정 참여, 전문적인 성장의 기회, 존경받는 신분, 자아효능감, 자율성, 영향력

1. 의미성

의미성(meaningfulness)은 구성원 자신이 수행하는 업무에 대해서 업무가 중요하며 가치가 있다고 생각하는 것으로 의미성을 통해 업무를 수행하는 데 있어서 자아실현의 욕구를 실현하기도 하며 업무에도 애정을 가져 직무몰입을 발생시키기도 한다. 즉, 임파워먼트에서 의미성은 주어진 과업 활동의 목적 또는 목표의 가치가 되며 개인의 가치체계, 신념, 태도에 영향을 주며, 자신이 맡은 직무에 영향을 미칠 뿐만 아니라 업무 이외에 비공식적인 자신의 삶에도 영향을 미치며 궁극적으로 조직의 성과 및 목표달성에 영향을 미친다.

2. 영향력

영향력(impact)은 개인이 업무나 조직에서 전략적·행정적·운영적 차원에서 미치는 정도로 자기결정력이 조직구성원의 선택 및 통제력을 의미한다면, 영향력은 선택 및 통제력으로 인한 결과를 말한다. 즉, 영향력은 Power(권력, 권한)의 의미가 포함하고 있어 구성원의 능력과 업무에 관한 경험 및 지식에 따라 조직의 목표달성 및 조직의 성과에 다르게 영향을 미친다.

3. 역량

역량(competence)은 구성원이 개인의 비전 및 조직의 비전을 달성하는 데 있어서 영향을 미치는 개인의 능력과 이에 대한 믿음이다. 그리고 역량은 일차적으로 구성원이 업무를 수행할 수 있다는 신념이며, 나아가 창의적이고 도전적인 업무수행을 할 수 있는지에 대한 능력 및 믿음으로 구성원들이 지닌 잠재적인 능력까지도 포함된다. 따라서 역량을 인지하고 있는 구성원들은 자신들의 능력과 가능성, 업무를 수행하는 데 있어서 필요한 기술과 정확하게 파악하고 있기 때문에 일을 수행하는 데 있어서 자신감이 높게 나타난다.

4. 자기결정력

자기결정력(self-determination)은 자신의 행동을 주도하며 통제할 수 있는 능력으로, 스스로에 대한 인지 및 자각을 통해 자기결정력이 강화될 수 있다. 특히 자기결정력은 외부에 의한 행동이 아니라 자신의 결정에 따른 행동이기 때문에 결정에 따른 업무수행에 있어서 책임감이 높게 나타나며 스스로 일을 결정하였다는 것만으로도 자기만족이 나타난다. 또한 자기결정력은 업무를 수행하는 데 있어서 작업의 시작과 지속에도 영향을 미친다.

Ⅱ 임파워먼트의 목적 및 주요 모델

1 임파워먼트의 목적

1. 임파워먼트의 목적

임파워먼트는 위에서 설명한 바와 같이 그 정의와 구성 요소가 학자마다 상이하며, 분야마다 개념을 다르게 사용하고 있기 때문에 임파워먼트의 목적 또한 다음과 같이 학자마다 다르게 정의하고 있다.

칸터(Kanter, 1986)[15]는 "급변하는 사회환경 속에서 기존의 통제지향적인 경영이 아닌 구성원 개개인의 자율성을 보장함과 동시에 조직구성원들이 기업의 목표달성을 위해 강한 몰입과 창의적 도전을 할 수 있도록 자율경영 시스템을 토대로 글로벌 경쟁에서 승리하고 조직구성원에게 자율성 그 이상의 것을 제공하는 것을 임파워먼트의 목표"라고 정의하였다.

토마스(Thomas) & 벨토우스(Velthouse, 1990)는 임파워먼트의 목적을 "수동적이며 상황이 닥쳤을 때 현상 유지식의 상황 적응적 관리가 아닌 능동적이며 창조적 경영, 즉 자율경영과 창조경영을 추구함으로써 조직의 지속 가능한 발전을 추구하는 것"이라고 정의하였다.

하라리(Harari, 1994)[16]는 "구성원에게 단지 권한, 즉 파워를 주는 것이 아니라 구성원에게 권한 부여와 자율성에 입각한 권한 수행을 통해 구성원이 책임감을 느끼고 조직의 발전을 위해 노력하는 것"을 임파워먼트의 목적이라고 정의하였다.

2. 임파워먼트의 목적달성을 위한 관리 모델

클러터벅(Clutterbuck, 1994)은 임파워먼트가 조직구성원 및 조직의 목적을 달성하기 위한 과정으로 바라봄으로써 임파워먼트의 목적을 달성하기 위해 그림 10-2와 같이 임파워먼트의 일련의 과정을 통한 임파워먼트 관리가 필요하다고 주장하였다.

그림 10-2 임파워먼트 관리 모델

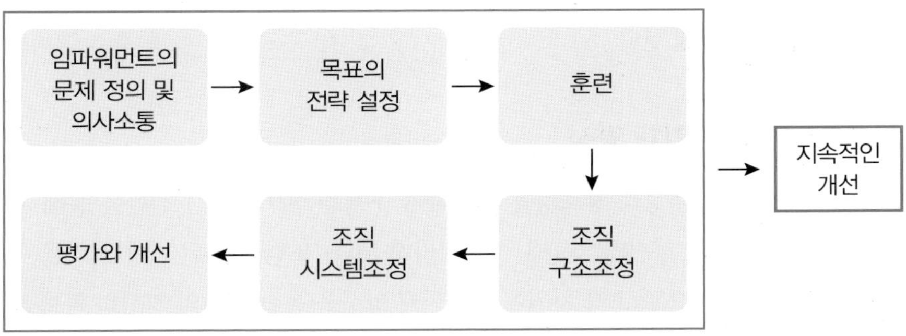

출처: D. Clutterbuck(1994). The Power of Empowerment. Kogan Page. p. 24.

2 임파워먼트의 중요성

조직 및 경영관리기법에서 참여적 리더십, 자율관리팀 등의 경영방식은 나름대로 효과를 거두었음에도 현대 리더십 이론에서 임파워먼트에 큰 관심을 가지고 많은 연구가 진행되는 것은 우선적 이유가 있다.

먼저 글로벌 경쟁이 심화되고 환경 변화가 가속화되는 상황 속에서 조직의 운영은 더 이상 통제와 지시라는 가치보다 자율과 책임이라는 가치를 중심으로 조직구성원들에게 더 깊은 직무몰입 및 적극적이고 능동적인 업무수행을 요구하고 있다. 실제로 강압과 통제중심의 기업들은 쇠퇴의 길을 가는 반면 임파워먼트를 경영기법으로 사용하는 기업들은 진취적이고 창의적인 도전을 통해 급변하는 환경에서 경쟁력을 확보하고 있다.

구체적으로 임파워먼트를 잘 활용하는 조직은 구성원들이 활동적이고 자신감이 넘쳐 업무에 있어서 높은 성과를 내며, 자신의 업무와 조직에 만족이 높지만, 임파워먼트를 잘 활용하지 못하는 조직들의 구성원들은 소극적이고 무기력하며, 업무 스트레스에 시달려 새로운 도전보다는 현상 유지의 보수주의적 행동으로 업무성과가 낮게 나타난다는 연구 결과를 쉽게 찾아볼 수 있다.

이처럼 조직의 성공과 실패의 핵심 요인인 임파워먼트의 중요성을 자세하게 살펴보면 다음과 같다.[17]

1. 사명의식 부여

임파워먼트는 구성원들에게 자신의 업무가 조직의 성패를 좌우한다는 사명의식을 부여한다. 따라서 구성원들이 자신이 하는 업무에 대한 중요성을 깨닫고 이를 수행하면서 주인의식을 가지고 책임감 있게 수행할 수 있게 한다.

2. 구성원의 기량 향상 및 인재 양성

임파워먼트는 구성원들에게 자율성과 창조성을 자극하여 구성원들이 주어진 권한을 통해 자율적으로 업무를 수행함에 있어 자신의 역량을 발전시키게 된다. 또한 향상된 기량은 다른 구성원들에게 영향을 미쳐 궁극적으로 조직 차원에서는 인재 양성을 통한 기업의 경쟁력 확보 및 조직의 목표달성에 효율성을 향상시킨다.

3. 높은 성취감

임파워먼트는 구성원에 대한 신뢰를 전제로 권한을 위임하기 때문에 구성원들의 경우 권한위임을 통한 업무수행에 책임감을 가지고 무엇보다 개인 및 조직의 비전을 달성하기 위해서 스스로 최선을 다해 노력하기 때문에 높은 성취감을 맛보며, 구성원이 스스로 목표와 과정을 선택하기 때문에 지시와 통제로 인한 무기력감과 스트레스가 감소한다.

4. 신속한 적응

임파워먼트는 적극적이고 능동적인 업무수행으로 업무에서 강한 업무 욕구를 갖게 하여 창의적이고 진취적인 도전을 가능하게 하여 급변하는 상황 및 사회의 요구에 신속하게 적응할 수 있게 한다.

3 임파워먼트의 주요 모델

1. 콘거(Conger) & 카눈고(Kanungo, 1988)[18]의 임파워먼트 모델

Conger & Kanungo는 임파워먼트를 활성화하기 위해서 심리적으로 무력감을 이끌어내는 조직 내의 상황을 파악하여 부정적인 상황을 제거하는 1단계를 시작으로 관리전략과 기법의 사용(2단계), 4가지 방법을 통한 자기효능감 정보제공(3단계), 부하들의 임파워먼트 경험 결과(4단계), 행동적 효과 유도(5단계) 단계 등을 통해 효과적인 임파워먼트를 구현할 수 있다고 제시하였다. 특히 관계 구조적 측면에 의해 주어지는 임파워먼트보다 자아 결정적인 내적 필요에 대한 일환으로서 임파워먼트가 더욱 의미가 크다고 주장하였다.

그림 10-3 Conger와 Kanungo의 임파워먼트 모델

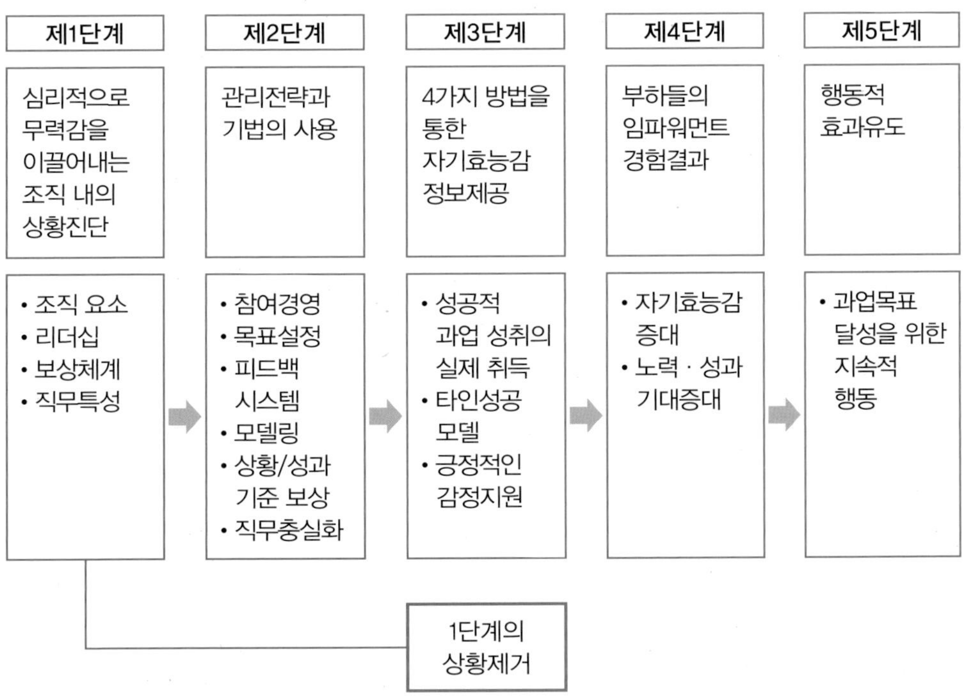

2. Thomas와 Velthouse(1990)[19]의 임파워먼트 모델

토마스(Thomas)와 벨토우스(Velthouse)는 과업을 중심으로 바라봄으로써 의미성, 영향력, 역량, 선택의 4가지 요소가 조직의 구성원들에게 직무 동기를 부여해주는 임파워먼트라고 제시하며 그림 10-4와 같이 임파워먼트 모델이 작동한다고 설명하였다.

그림 10-4 Thomas와 Velthouse의 임파워먼트 모델

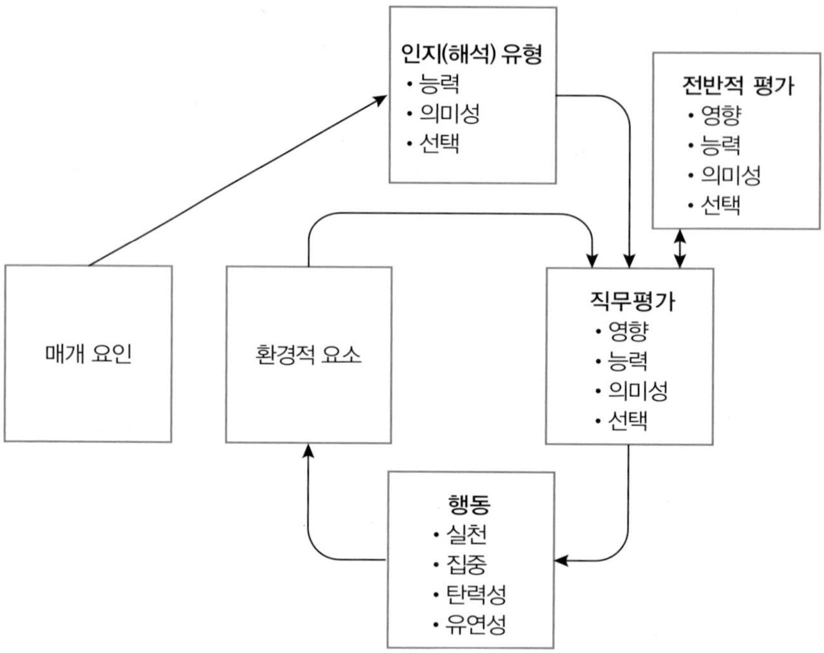

4 임파워먼트 실행과 효과적 방안

1. 임파워먼트 실행의 저항과 기업효과

1) 임파워먼트 실행에 대한 저항

임파워먼트를 실행할 때 발생하는 저항은 먼저, 파워를 받는 사람은 책임감에 대한 두려움, 즉 실패와 문제 발생 시 책임감의 두려움이 있게 된다. 다음은 파워를 지닌 사람이 권한과 통제력 상실, 즉 승진과 경력 진전의 기회 상실로 여기게 되는 두려움을 가지게 되는데 특히 초급관리자에게 더 심하게 나타난다. 이때 책임질 사람이 따로 있고 자신은 책임지지 않기를 바라는 편안함을 추구하는 경향이 나타나는데 자긍심이 낮은 사람(외부 통제형)에게 더 강하게 발생한다.

2) 스튜어트(Stewart, 1994)의 방안

이와 같은 저항과 문제점을 극복하고 임파워먼트를 성공적으로 실행하기 위해서는 조직구성원들이 능동적으로 자신의 역할 수준을 재정립하고 업무를 추진해 나갈 수 있도록 해야 한다. 임파워먼트 전문가인 스튜어트(Stewart, 1994)는 임파워먼트 성공적 실행을 위해 다음과 같은 방안을 제시하고 있다.

첫째, 파워를 점진적으로 서서히 넘겨준다.

둘째, 팀원 중 먼저 행동을 취하거나 자기결정을 잘하는 사람이 나타나면 적극적으로 칭찬하고 보상한다. 즉, 나머지 구성원에게 임파워먼트의 결과를 자신이 진정 원한다는 것을 행동으로 보여 준다.

셋째, 다음의 5가지 원칙을 준수한다.

① 선도자를 지원한다(support initiative).

② 창의성을 강화한다(foster creativity).

③ 의사소통을 증진한다(improve communication).

④ 임파워 된 행동을 보상한다(reward empowered behavior).

⑤ 말로만 하지 말고 모델을 제시한다(walk the talk).

3) 임파워먼트 실행을 통한 기업의 효과

최근 기업들이 가장 관심을 두고 있는 사항 중의 하나는 어떻게 하면 조직구성원들이 담당 과업을 보다 의미 있게 느끼고 자율적으로 조직에 헌신할 수 있도록 만드느냐 하는 것이다. 이러한 관점에서 중요하게 부각되고 있는 개념이 바로 임파워먼트(empowerment)인데 임파워먼트 실행을 통해 기업은 다음과 같은 효과를 얻을 수 있다.

첫째, 구성원의 보유 능력을 최대한 발휘하게 하고 그들의 직무몰입을 극대화할 수 있다.

둘째, 업무 수행상의 문제점과 그 해결 방안을 가장 잘 알고 있는 실무자들이 고객들에게 적절한 대응을 하게 됨으로써 품질과 서비스 수준을 제고할 수 있게 된다.

셋째, 고객 접점에서의 시장 대응이 더욱 신속하고 탄력적으로 이루어진다.

넷째, 지시, 점검, 감독, 감시, 연락, 조정 등에 필요한 노력과 비용이 줄어들기 때문에 비용이 절감된다.

2. 임파워먼트 실행의 어려움

임파워먼트의 취지와 효과가 아무리 바람직하다 할지라도 이를 실행에 옮기지 못한다면 의미가 없다. 실제로 임파워먼트를 추진하고 있지만 많은 기업이 어려움을 겪는 이유는 다음과 같다.

1) 관료적 문화

관료적 문화를 가진 조직은 변화나 위험을 감수하고 새로운 아이디어를 장려하기보다는 현재 상황을 유지하려는 경향이 강하다. 이러한 문화에 젖은 기업은 미래에 대한 명확한 비전 제시나 실질적 변화에 필요한 지원을 제대로 하지 못한다. 또한 장기적인 성과보다는 단기적 성과에 집착하는 경향이 강하며, 보상 시스템을 통해 현재 상황의 유지를 더욱 공고히 다지는 경우가 많다. 이러한 문화 속에서 리더가 아무리 임파워먼트를 추진하려고 해도 대부분의 조직구성원들은 오히려 현재의 구도 속에 안주하는 것이 더 바람직하다고 생각한다.

2) 갈등의 발생

상하 간 또는 부문 간 발생하는 갈등도 성공적인 임파워먼트 실행을 가로막는다. 대부분의 관리자는 자신의 권한을 하위자에게 위임하는 것을 별로 달가워하지 않는다. 설사 위임을 하였다 할지라도 하위자가 자신의 의지에 반하는 의사결정을 하는 경우 그 종업원에게 불이익을 주는 경향이 있다. 때로는 관리자들이 임파워먼트를 자신들의 책임회피를 위한 수단으로 사용하는 경우도 있다. 즉, 과업이 성공했을 때는 그 열매를 같이 공유하지만, 실패 시에는 그 책임을 부하에게 전가하는 경우를 말한다. 이러한 경우 상하 간의 신뢰는 깨지게 되고 구성원들은 자신의 창의력을 발휘하고 소신 있는 의사결정을 내리기보다는 상사의 눈치를 보게 되는 자기 보신주의에 빠지게 진다.

3) 구성원들의 능력 부족

업무 부담이 너무 크거나 능력과 지식의 부족 등으로 인해 조직구성원들이 주어진 일만 하기에도 시간이 부족한 경우가 있다. 이러한 작업환경 아래에서 뭔가 새로운 아이디어를 생각해내고 새로운 일을 주도적으로 추진한다는 것은 매우 힘든 일이다. 관리자들이 구성원에 대한 통제를 최소한으로 줄이고, 구성원들을 신뢰하고 어느 정도의 위험을 감수하면서 그들의 잠재능력이 발휘될 수 있도록 하지 않으면 임파워먼트 실행은 어렵다.

3. 임파워먼트 성공적 실행 요건

임파워먼트가 성공적으로 실행되기 위해서는 다음과 같은 사항이 우선되어야 한다.[20]

1) 명확한 원칙과 비전제시가 이루어져야 한다.

임파워먼트가 성공적으로 실행되려면 조직구성원들이 기업의 비전과 전략, 임파워먼트의 내용 등을 명확히 인식해야 한다. 조직구성원들은 이러한 이해를 바탕으로 상사의 허락이나 지침을 기다리지 않고 자기 스스로 업무를 수행하며 조직성과와 개인의 능력을 향상시킬 수 있다. 또한 구성원들이 가지고 있는 재량권의 한계가 어디까지인가를 확실하게 인식시켜야 한다. 이러한 가이드라인이 없다면 구성원들은 임파워먼트 되기보다는 오히려 혼란을 느끼게 될 것이다.

리츠칼튼(Ritz-Carlton)은 고객 만족을 자사의 가장 중요한 전략 과제로 제시하는데, 모든 종업원은 불만을 갖는 손님들을 만족시키기 위해 모든 노력을 기울여야 한다. 메리엇(Marriott)은 '안전 구역(Safe Zones)'이라는 것을 제시하고 있다. 이에 근거하여 종업원들은 스스로 의사결정을 내려야 할 상황과 그렇지 않은 상황을 명확하게 인식하고 있다.

2) 인적자원을 중시하는 기업문화가 구축되어야 한다.

조직구성원들이 자신의 직업과 회사에 대해서 긍지를 느끼도록 해야 하며, 다른 직원들과 문제를 해결하기 위해 함께 일하고 있다는 동료애를 느끼도록 해야 한다. 또한 구성원들은 자신들이 존중받고 있으며, 자신들의 의견이 경청되고 있다는 것도 느낄 수 있어야 한다. 이런 감정을 느낄 수 있어야 자신이 맡은 일에 주인의식을 가지고 성과향상을 위해 열성을 다해 노력하게 된다.

예를 들어, 리바이 스트라우스(Levi Strauss)는 미션 스테이트먼트에서 "우리는 우리의 구성원들이 존경받고 있으며, 정당하게 대우받고, 자신들의 의견이 존중되고 있으며, 기업의 일원이라고 느끼기를 원한다. 우리는 우리의 종업원들이 회사에 공헌하고, 새로운 것을 학습하고, 성장할 기회를 가질 수 있기 때문에 자부심을 갖고 회사에 남아 있으려 하는 기업이 되기를 원한다."라고 명시함으로써 인적자원의 중요성을 강조하고 있다.

3) 실패에 대한 격려가 필요하다.

새로운 행동 방식을 실행해나가는 임파워먼트는 항상 위험이 수반되기 마련이다. 조직은 구성원들이 이러한 위험을 감수하고 업무를 주도적으로 추진하는 동안 발생하는 실패에 대해서는 그것을 인정하고 격려하는 문화를 가져야 한다. 만약 업무수행 시 발생한 실수에 대해 강력한 제재가 가해진다면 대부분의 조직구성원은 상사의 허락을 받기 전에는 새로운 업무를 수행하려고 하지 않을 것이다.
몇 년 전 UPS의 한 종업원이 크리스마스 시즌에 배달 물량이 밀리자 이들 물품을 적시에 고객에게 보내기 위해 보잉 737기를 주문하였다. 물론 이러한 행동은 이 종업원의 권한 영역 밖의 일이었다. 그러나 회사는 그 종업원에게 제재를 가하기보다는 그가 주도적으로 일을 처리하려고 노력한 것에 대해서 높이 평가하고 격려하였다.

4) 공정한 보상이 있어야 한다.

물질적인 동기부여 방법으로는 급여와 인센티브 등이 있으며, 보상의 방법은 그 자리에서 즉각적으로 이루어져야 한다. 성공에 대한 적절한 보상은 생산성을 향상시키고 조직에 대한 관심도 및 몰입도를 제고시킬 수 있는 방법이다. 공정하고 적절한 보상을 통해 구성원 모두가 자신의 능력개발을 위해 열심히 노력하고, 신바람 나게 일할 수 있는 조직풍토를 구축할 수 있다.
모든 관리자는 조직 문화의 일부로서 이러한 환경이 확립될 수 있도록 해야 한다. 만약 이러한 환경이 조직의 기본으로 확립될 수 있다면 임파워먼트 실행의 성공 가능성은 매우 높아지게 된다.

5) 역할 재정립의 마인드 개발이 필요하다.

위험회피적인 태도를 지닌 직원들도 주도권을 가지고 업무를 수행할 수 있도록 한다. 기업이 아무리 훌륭한 관리방식이나 시스템 구축을 통해 임파워먼트를 지원하는 환경을 구축한다고 해도 구성원들 스스로 임파워먼트 되기를 원하지 않는다면 아무런 소용이 없다. 결국 임파워먼트의 핵심은 조직의 구성원들이 얼마나 능동적으로 조직 내에서 자신의 역할 수준을 재정립하고 이를 실행해나가려고 하는 마인드를 확립하느냐에 있다. 아직도 많은 조직구성원은 스스로 주도권을 쥐고 업무를 수행하기보다는 현실에 안주하는 위험회피적인 태도를 갖고 있는 경우가 대부분이다. 따라서 기업은 교육 등 다양한 방법을 통해 개인들이 다음과 같은 특성을 갖도록 하여야 한다.
첫째, 전체적인 전략 방향이 제시되면 조직구성원들은 그들의 업무 목표달성 방법의 선택에 대한 재량권을 갖고 의사결정을 할 수 있어야 한다.
둘째, 조직구성원들이 자신이 하는 일에 대해 주인 의식을 갖고 열정을 바치도록 하여야 한다.
셋째, 담당 과업을 제대로 수행할 수 있는 능력을 보유하고 있으며, 또한 자신들의 능력을 통해 업무목표를 달성할 수 있다는 자신감을 가질 수 있도록 하여야 한다.

넷째, 구성원들이 자신의 수행 과업에 대해 영향력을 가지고 있으며, 상급자나 동료들이 자신의 의견을 존중하고 있다고 느낄 수 있어야 한다.

6) 능력과 리더십의 조화가 이루어져야 한다.

구성원들이 임파워먼트를 실행할 수 있는 능력을 전혀 갖추고 있지 못하다면 명령·지시 위주의 통제형 리더십이 성과를 달성하는데 더 바람직하다. 임파워먼트에 관한 많은 문제점은 구성원들의 능력과 관리자들의 리더십 스타일이 제대로 조화되지 못했기 때문에 발생한다. 임파워먼트가 성공적으로 실행되기 위해서는 구성원들의 능력 정도에 따라 적절한 리더십이 발휘되어야 한다.

반면 어느 정도 능력이 갖추어진 구성원들에게는 재량권을 일부 부여하는 대신 구성원들이 취약한 부분에 대해서는 어느 정도의 의사결정권을 유지하는 참여적 리더십이 적절하다. 마지막으로 임파워먼트를 실행할 수 있는 충분한 능력을 구비하고 있는 구성원들에게는 조언과 폭넓은 가이드라인만 제공하고 모든 과업에 대한 재량권을 업무수행자에게 부여하는 코치형 리더십이 적절하다.

임파워먼트에 대한 준비가 전혀 되지 않은 구성원들에게 코치형 리더십을 적용한다면 효과보다는 오히려 부작용이 더 클 것이다. 마찬가지로 구성원들의 능력이 매우 높을 경우 통제형 리더십을 적용한다면 임파워먼트가 발생할 수 없다. 기업은 구성원들의 능력에 따라 책임감의 정도를 적절하게 조정하고, 동시에 능력개발을 도모함으로써 구성원들이 임파워먼트 되어 스스로 업무처리를 할 수 있도록 만들어야 한다.

7) 신뢰가 구축되어야 한다.

임파워먼트 노력이 성공한 경우는 경영관리자와 직원 사이에 상호신뢰(mutual trust)의 분위기가 뚜렷이 존재한다. 조금이라도 임파워먼트 노력의 결과가 미흡한 곳에서는 신뢰의 풍토가 확실히 낮게 형성되어 있었다.

실제로 조직에서는 직원과 감독자 간에, 조직 내의 모든 상하계층 간에 밖으로 표출되지 않았다 해도 실제로는 불신이 널리 퍼져있다. 그러나 이 현상을 인식하는 관리자는 흔치 않으며, 불신의 존재 여부조차 알지 못한다는 것이 임파워먼트 노력의 치명적 장애 요인이 된다.

베니스(Bennis, 1969)와 코비(Covey, 1989)는 "신뢰란, 조직이 작동될 수 있게 하는 윤활유다. 신뢰란 거저 주어지는 것이 아니라 노력해야만 획득되는데 획득하기 위한 유일한 방법은 능동적으로 자기 스스로 신뢰성을 형성시키는 것"이라고 했다. 결국 신뢰는 신뢰성의 산물이며, 임파워먼트는 신뢰의 열매이다.

임파워링 리더십에서 가장 중요한 '신뢰'를 생각하면 스위스 용병들의 신의를 들 수 있다.

스위스는 가난 때문에 이민과 용병의 나라가 되었다. 국토(41,000㎢)의 25%만이 경작할 수 있고 나머지가 알프스산맥과 쥬라산맥, 그리고 호수로 이루어진 산악국가인 관계로 식량이 부족하여 수백 년 전 신천지 미국 등으로 이주하여 지금도 미국의 일부 지역에 스위스 지명의 마을들이 존재하고 있을 정도다.

중세 스위스는 척박한 농경지를 가진 농업 국가이자 누구도 신경 쓰지 않던 왕따 국가였다. 이런 그들이 1339년 최강의 전력이었던 합스부르크 군대를 격파한 이후 유럽 여러 나라의 집중적인 관심을 받게 된다. 당시 해만 뜨면 치고받고 싸우던 유럽의 정치 상황에서 최강 전력을 애타게 찾던 유럽의 군주들은 합스부르크의 기사 군단을 무찌른 스위스에 러브콜을 보낸다. 가난한 스위스 정부는 돈을 받고 대신 싸우는 용병 부대를 조직해서 수출하기 시작했고, 밭 가는 것보다 몇십 배나 보수가 좋았던 용병은 일약 스위스 농민들이 가장 선호하던 직업으로 떠올랐다. 이들은 밀, 소금, 기타 상업적 대가를 조건으로 스위스 연방의 동의와 주선 하에 주로 여름철에 해외용병으로 팔려 갔다가 겨울이 시작될 때 스위스로 귀환하여 가족들과 같이 지냈다.

또한 스위스 용병들은 돈을 지급한 고용주를 위해 목숨을 내 던질 각오가 되어있었다. 높은 봉급에 승리했을 때는 약탈품이라는 인센티브가 주어졌던 전쟁터는 밭 갈기 지루했던 스위스인들에겐 딱 안성맞춤이었다. 또한 고용주의 믿음이 한 번 깨지면 더는 용병 사업으로 돈을 벌 수 없다는 불안감이 그들에게 신뢰를 목숨만큼 중요한 것으로 여기게 했다. 그들의 진가는 1513년 노바라 전투(Battle of Novara)에서 스위스군을 모방해 창설한 독일 용병, 란츠크네흐츠 부대와 프랑스군을 동시에 박살 내면서 최고조에 올랐다. 스위스 용병 부대에 대한 명성이 높아지기 시작했고, 혼쭐이 난 프랑스가 반대로 그들을 대규모로 고용하기 시작하면서 스위스 용병의 주 무대는 전 유럽으로 넓어졌다.

스위스 용병에게 1616년 프랑스 왕 루이 13세가 아예 왕궁 경비를 맡긴 것이다. 자국의 정예 부대에만 왕궁 경비를 맡기던 당시 유럽 풍토상 이는 실로 충격적인 조치였다. 여기에 더해 바티칸 교황청 경비에도 스위스 용병들이 투입되기 시작했다.

1527년 5월 6일 독일 황제(Charles-Quint)의 군대가 교황청의 로마교황을 공격하였을 때 로마 베드로광장의 진입로를 봉쇄하면서 147명의 교황호위병이 전사하는 가운데 나머지 42명의 호위병이 교황 클레멘트 7세(Clement VII)를 피난시켰던 전대미문의 사건이 발생했다. 2만이 넘는 신성 로마 제국의 혼성군이 로마 성벽을 넘어 교황청으로 쳐들어온 것이다.

당시 교황청 외곽을 담당하던 수비대 병력이 돌파당하자 약탈에 눈이 먼 신성 로마제국군과 교황 사이엔 달랑 189명의 스위스 근위병만 남겨지게 되었다. 살기 위해선 무기를 버리고 줄행랑을 쳐야 했던 상황에서 그들은 그들의 고용주를 위해 한발도 물러서지 않았다. 성 베드로 성당으로 통하는 길목을 틀어쥐고 189명이 2만 병력을 막아내며 시간을 버는 동안 클레멘트 7세는 간신히 산탄젤로성으로 피신했고, 스위스 근위대는 그 자리에서 147명이 사망하는 치명적 손실을 입었다. 하지만 그들은 그 대가로 전 유럽인들과 교황의 신임을 얻었고 이 사건 이후 스위스 용병, 나아가 스위스에 대한 평가는 급상승하였고 근 500여 년이 흐른 지금까지도 교황청 근위대는 이탈리아인이 아닌 100% 스위스인으로만 운영되는 전통이 생겨났다.

스위스라는 이름을 세계사에 새롭게 기록한 사건은 그로부터 265년이 흐른 1792년 8월 10일, 프랑스 혁명의 와중에 다시 일어났다. 프랑스 루이 16세와 왕비 마리 앙투아네트가 시민혁명군에 포위되었을 때 궁전을 마지막까지 지킨 것은 프랑스 군대가 아니었다. 프랑스 혁명의 여파로 당시 왕이었던 루이 16세는 바르세이유 궁을 버리고 튈르리 궁으로 피신했다. 당시 그는 소총으로 무장한 1,000여 명의 스위스 근위대의 호위를 받고 있었다. 하지만 성난 시위대와 시민군에 가담한 프랑스 정규군들이 튈르리 궁으로 몰려들면서 겁에 질린 루이 16세는 가족과 함께 급히 궁에서 탈출하고, 궁의 경비를 맡고 있던 스위스 근위대에게는 불필요한 교전을 벌이지 말고 혁명군에 항복하라는 명령을 내렸다.

수비대가 모두 도망갔지만, 스위스 용병 26명의 장교와 760명은 남의 나라 왕과 왕비를 위해 용맹하게 싸우다가 장렬하게 최후를 맞았다. 시민혁명군이 퇴각할 기회를 주었는데도 스위스 용병은 계약기간이 수개월 남았다는 이유로 그 제의를 거절했다. 당시 전사한 한 용병이 가족에게 보내려 했던 편지에는 이렇게 쓰여 있었다. "우리가 신용을 잃으면 후손들이 영원히 용병을 할 수 없기에 우리는 죽을 때까지 계약을 지키기로 했다."

이들의 충성심과 용맹성을 기리기 위하여 1821년 스위스 루체른에 덴마크의 투르발 센이 조각한 사자상을 세웠다. 마크 트웨인이 "세상에서 가장 슬픈 조각"이라고 표현한 빈사의 사자상은 끝이 부러진 창에 찔려 죽어가면서도 프랑스 부르봉 왕가의 문장이 새겨진 방패와 스위스 문장이 그려진 방패를 부둥켜안고 있는 사자의 모습인데 마지막 순간까지 조국과 루이 16세에 대한 충성심을 내려놓지 않았던 스위스 용병들의 최후를 연상케 한다. 오늘날까지 스위스 용병이 로마교황의 경비를 담당하는 전통이 이어지고 있는 데는 이런 배경이 있다.

젊은 용병들이 목숨을 바치며 송금한 돈은 헛되지 않았다. 스위스 용병의 신화는 다시 스위스 은행의 신화로 이어졌다. 용병들이 송금했던 피 묻은 돈을 관리하는 스위스 은행의 금고는 그

야말로 목숨을 걸고 지켜야 하는 것으로 여겨졌다. 그 결과 스위스 은행은 안전과 신용의 대명사가 되어 이자는커녕 돈 보관료를 받아 가면서 세계 부호들의 자금을 관리해주는 존재가 되었다.

스위스의 화폐인 스위스 프랑은 미국 달러, 유럽의 유로, 일본 엔, 영국 파운드에 이어 중요한 기축통화의 역할을 하며 세계 굴지의 은행인 UBS와 Credit Suisse 등의 스위스 금융기관에서 관리하는 금융채권의 규모는 3조 달러에 이른다. 현재 342개의 은행에서 11만 명 이상을 고용하는 스위스에서 금융산업이 차지하는 국민생산은 16%로서 정부 부문(19%)을 제외하고는 제1의 산업을 형성한다.

스위스 은행 산업이 발달하게 된 주요 원인은 비밀 유지와 영세중립국으로서 전쟁의 피해를 보지 않은 안정성 때문이다. 은행원이 고객의 비밀을 누설할 경우 형벌의 적용을 받아 투옥되기까지 하는 스위스 은행 비밀원칙은 300년 전 이상으로 거슬러 올라간다.

프랑스의 앙리 4세 왕이 종교전쟁 종료 후 위그노 신교도들에게 종교의 자유를 허용한 1598년 낭트칙령(Edict of Nantes)이 1685년 프랑스의 루이 16세 왕에 의해 철회된 것을 계기로 신교도들이 종교박해를 피하여 제네바로 이주하여 갔으며 일부는 제네바에서 은행업에 종사하였다. 대출을 통하여 수익을 올리는 은행은 아이러니하게도 가장 확실한 프랑스 왕을 큰 대출고객으로 상대하였는데 이는 프랑스 왕이 사치 등의 이유로 큰돈을 계속 필요로 하였지만 갚을 능력이 있는 군주였기 때문이다.

그런데 프랑스 왕은 자신들이 박해하여 추방시킨 결과를 가져온 신교도들로부터 돈을 꾸어 쓴다는 창피한 사실을 감추고 싶어했고, 제네바 은행주 측에서도 사업을 위하여 이를 마다할 이유가 없었다. 이 때문에 은행고객에 대한 비밀주의가 정립하기 시작하였다. 이러한 은행 비밀주의는 1713년 제네바 지방정부에서 법제화한 후 스위스 연방정부에서 1907년 민법에 포함시켜 통일시켰고, 1911년 노동법에 은행 비밀이 누설되어 피해를 보게 되는 경우 피해고객의 손해배상을 규정하였다.

신뢰란 기꺼이 다른 이를 위해 희생한 사람만이 받게 되는 훈장이다.

리더십 사례 탐구

봉준호 감독

봉준호 감독은 대한민국을 대표하는 영화감독이다. '기생충' 영화를 세계인들에게 알렸고, 아카데미영화제에서 작품상 등 4관왕을 차지하였다. 백인들의 잔치라는 영화제에서 수상한 봉준호 감독은 세계적으로 인정받는 영화계의 거장이 되었다. 제72회 칸 영화제에서는 황금종려상을 받았다. 봉준호 감독은 기생충 외에 옥자, 설국열차, 괴물, 살인의 추억 등 많은 영화를 제작한 한국 최고의 감독이다.

봉준호 감독은 구성원들을 존중하는 리더이다. 그는 지위와 상관없이 함께 일하는 모든 사람을 존중하였다. 아주 사소한 역할의 출연자나 보조출연자의 이름까지 부르는 세심함이 있었다. 또한 모든 스태프(staff)에게 예의를 철저하게 지켰다. 자신의 주장을 내세우기보다는 경청하는 리더였다. 봉준호 감독은 머릿속에 그려둔 모든 상황을 배우와 스태프들에게 빠짐없이 공유하였다. 권위적이거나 고압적인 모습을 보여 준 적이 없어 감동하는 사람들이 많았다고 한다.

그는 명확하고 정교한 연출력을 가지고 있었다. 함께 작업하는 사람들에게 밥때를 칼같이 지켜주는 정교함이 있었다. 표준근로계약서를 작성하고 주 52시간 근로시간 가이드라인을 준수하였다. '기생충' 영화도 표준계약서에 따라 제작되었다고 한다.

봉 감독의 별명은 '봉테일'이다. 세심하고 디테일이 살아있기에 붙여진 별명이다. 봉 감독의 리더십 핵심은 명확함이다. 봉 감독은 스태프와 격의 없이 소통한다. 스토리보드에 꼼꼼히 표현해서 배우와 스태프들과 공유하기에 작업을 할 때 혼선을 주지 않고 자신이 의도했던 결과물을 만들어낸다. 이것이 영화의 성과를 좌우하는 결정적 요인이 되었다. 또한 봉 감독이 촬영 컷을 남김없이 대부분 다 사용하고 현장에서 추가 촬영을 거의 하지 않는다. 그러기에 봉 감독이 하자는 대로 하면 쓸데없는 고생 없이 제시간에 딱 끝난다는 믿음을 배우들과 스태프들이 가지고 있어 봉 감독의 말을 따르고 열심히 일한다.

그는 자신의 배우를 신뢰하고, 임파워먼트(empowerment) 하는 감독이다. 배우에게 자율성을 주어 엄청난 결과물을 만들어낸다. 봉 감독은 영화 속 인물들은 자신이 만들었지만, 시간이 지날수록 연기하는 배우가 자신보다 그 인물을 더 잘 이해하게 된다고 생각한다. 그의 이런 믿음은 '살인의 추억' 촬영 때 여실히 나타났다. 그는 캐릭터를 이해한 배우가 직접 대사를 생각해내는 것이 좋겠다고 판단해서 결정적 대사를 일부러 비워두었다. 그렇게 탄생한 대사가 바로 영화를 보지 않은 사람도 다 알고 있는 명대사 "밥은 먹고 다니냐?"이다.

그는 자신이 캐스팅한 배우를 깊이 신뢰하고 배우가 어느 정도 자신의 맡은 인물을 파악할 시기가 되면 중요한 대사를 맡기고 스스로 고민하고 결정하여 연기하도록 한다. 임파워먼트(empowerment), 즉 권한위임을 실천하였다.

토론 문제

01 임파워먼트(empowerment)의 목적은 무엇이며, 임파워먼트가 왜 중요한지에 대해서 설명해보자.

02 임파워먼트(empowerment) 실행에 대한 저항과 효과적 방안에 대하여 설명해보자.

03 임파워링 리더십(empowering leadership)에서 가장 중요한 "신뢰"를 생각하면 스위스 용병들의 신의라고 할 수 있다. 스위스라는 국가가 현재에 이르기까지의 상황을 설명하고 신뢰에 대하여 이야기해보자.

04 임파워먼트(empowerment)의 취지와 효과가 아무리 바람직하다 할지라도 이를 실행에 옮기지 못한다면 의미가 없다. 실제로 많은 기업이 임파워먼트를 추진하고 있지만 어려움을 겪는 이유가 무엇인지 설명해보자.

CHAPTER 11

리더십과 커뮤니케이션

I. 커뮤니케이션의 이해와 기능

II. 커뮤니케이션의 유형과 활용

Leadership Story

일류 기업들의 커뮤니케이션

세계적 문구 브랜드인 오피스 디포(Office Depot)는 경영현황 설명은 물론 정책과 제도에 대한 정확한 전달과 즉각적인 피드백을 얻기 위해 타운홀 미팅을 활용한다. 타운홀 미팅은 원래 정책 결정권자나 선거 입후보자가 지역 주민들을 초대해 정책이나 주요 이슈에 대해 설명하고 의견을 듣는 비공식적 공개회의를 뜻한다.

오피스 디포는 분기별 1회, 전 직원들이 참석하는 타운홀 미팅을 개최해 CEO가 직접 경영현황을 설명하고 최고재무책임자(CFO)는 재무현황을 공유한다. 또 모든 임원이 참석하는 패널 토의, 직원의 질문과 피드백 시간도 함께 갖는다. 임원이 참석하는 패널 토의의 주제는 모든 직원을 대상으로 사전에 조사한 실제 직원들이 궁금해 하는 사안으로 선정한다. 그뿐만 아니라 정책이나 제도를 담당하는 최고 실무자가 참석해 그 내용을 충분히 설명하고 직원들로부터 피드백과 질문을 여과 없이 경청한다.

질문은 가능한 한 현장에서 응답하지만 즉각적으로 할 수 없는 것은 1주 정도의 시기 내에 e메일이나 사내 게시판으로 대답해준다. 심지어 전 과정을 비디오로 녹화해 참석하지 못한 직원들에게 배부한다. 실제 GE와 페덱스(FeDex) 등도 활용하고 있는 타운홀 미팅은 경영현황을 공유하고 직원들과 관련된 정책에 대한 피드백을 수렴해 실행력을 높이는 효과가 있다. 그뿐만 아니라 직원들의 주인의식도 고취된다.

전동공구 기업인 힐티(Hilti)에는 '콕피트 차트(Cockpit Chart)'라는 것이 있다. 비행기 조종석을 뜻하는 콕피트는 비행에 관한 모든 정보를 한눈에 파악할 수 있는 곳으로, 힐티는 이를 다양한 계층의 커뮤니케이션 도구로 활용한다. 회사 전체의 사업을 파악하는 전사 콕피트 차트는 물론 재무 · 인사 · 생산 · 마케팅 등의 부문에도 활용한다.

예를 들면, 인적자원(HR) 부문의 콕피트 차트에는 조직문화 프로그램(OJT) 이수, 조직 유효성 조사(OES) 결과를 필두로 직원 보유율, 결원 기간, 퇴직률 등을 추적 모니터링 해서 전 직원에게 공유하는 것이다. 이를 통해 직원들은 회사 전체와 각 부문의 현황을 쉽게 파악할 수 있다. 실제로 많은 기업들이 이런 종류의 대시보드(dashboard)를 회사의 경영정보에 대해 직원들이 한눈에 파악할 수 있도록 공유하는 커뮤니케이션 수단으로 활용하고 있다.

스타벅스의 스킵레벨 미팅(Skip-Level Meeting: 상사를 배제한 미팅)도 눈여겨볼만하다. 스타벅스의 CEO는 매장을 방문할 때마다 호텔을 빌려 해당 매장의 매니저를 제외한 직원들과 스킵레벨 미팅을 가진다. 매니저가 주는 부담감에서 벗어나 직원들은 자신의 생각을 충분히 토론할 수 있는 기회를 갖게 된다. 이 자유로운 토론을 통해 최선의 결정을 도출하고 스스로가 내린 결정에 대해 책임의식을 갖고 실행에 협조한다고 동의한다. 조직 계층에 따른 제약 없이 자신의 의견을 자유롭게 개진하고 그 과정에서 결정된 사항에 대해서는 최고 높은 실행력을 보이는 도구인 것이다. 눈치 보기가 조직문화로 자리 잡은 우리 기업들도 시도해 볼 만한 방법이다.

페덱스는 CEO의 격려전화를 통해 소통한다. 페덱스의 핵심경영철학은 'P-S-P'인데 직원(people)을 가장 먼저 생각할 때 서비스(service)의 질이 높아질 것이며 그래야 결국 회사의 이윤(profit)이 높아질 것이라는 것이다.

그러기에 내부직원의 복지와 환경을 가장 기본으로 생각하고 고려하는 기업으로 유명하며, 그 중 CEO가 직원들과 직접 소통하는 'CEO 격려전화'가 가장 대표적인 제도이다. 이것은 CEO가 해당 직원에게 직접 격려전화를 하는 것으로 직원들과 CEO가 직접 소통함으로써 중간 과정을 생략하고 더불어 직원들에게 격려와 시기를 증진시킬 수 있는 시스템이다. 이 시스템 외에도 사내교육이나 소통을 위한 적극적인 활동 등을 통해 직원들은 이 회사가 자신의 회사라는 자긍심을 가질 수 있게 되며 이로 인해 책임감 있게 일하고 성과를 낸다는 평가를 받고 있다.

인텔은 평등문화 속 활발한 의견교환이 소통의 방법이다. 인텔의 기업문화를 지칭하는 단어는 평등이다. 실제로 과거 인텔의 최고경영자 앤디그로브가 타임지에 실린 날, 직원들이 힘을 모아 그에게 전용 주차구역을 선물했다는 사례는 인텔의 기업문화가 어느 정도까지 평등한지를 보여주는 사례이다.

인텔은 직원들의 창의력을 위해서 두 가지를 요구하는데 '소신'과 '냉정한 비판'이다. 특히 기술개발의 방향을 정할 때 각자가 소신대로 의견을 내놓고 그간의 문제점을 냉정하게 비판하는 회의를 가지는데 이러한 문화는 후에 '애플'의 기업문화에도 큰 영향을 미친 바 있다.

하이네켄은 인성과 책임감을 보는 면접 방식을 취하고 있다. 세계적인 맥주회사 하이네켄은 직원채용시 지원자의 이력보다 인성과 책임감을 먼저 보기 위해서 다양한 채용 과정을 개발한다. 2013년에는 유튜브를 통해서 '후보자'라는 제목의 영상을 발행하여 화제가 되었는데, 실제로 지원한 지원자들을 인터뷰할 때 돌발 상황을 만들어 지원자가 하는 반응을 영상으로 담았다.

타 기업들은 면접을 볼 때 지원자의 스펙을 묻지만, 하이네켄은 인터뷰 도중 '면접관이 졸도해버리거나 건물옥상에서 자살소동을 벌여서 그때 어떻게 대처하는지'를 보고 가장 많이 '좋아요'를 받은 사람을 최종적으로 채용하였다. 이것은 직원이 일만 잘 하는 것이 아닌 순발력 있게 대처하고 얼마나 위기상황에서 소통할 수 있는지를 보는 것이다. 소통도 소통할 수 있는 기반이 있어야하기 때문에 채용시 이러한 기반을 보는 것 또한 기업의 사내 커뮤니케이션을 강화하는 효과를 낳았다는 평가다.[1]

세계적으로 성공한 기업들은 사내 커뮤니케이션을 중요하게 여기며 더 나은 소통을 위해 다양한 도구들을 효과적으로 실행하고 있다. 또한 정기적으로 그 성과를 측정해 개선한다는 점도 기억해 둘만하다. 이 밖에 우리가 세계적 기업들의 성공적인 사내 커뮤니케이션 문화에서 배워야 할 몇 가지는 다음과 같다.

무엇보다 모든 구성원으로부터 관심과 동의를 얻는 것이 가장 중요하다. 사내 커뮤니케이션은 모든 구성원이 주체와 객체로서 역할을 해야 하기 때문에 소외 대상이 있어서는 안 된다.[2]

첫째, 전 과정에 걸쳐 모든 계층의 구성원 동의와 피드백을 얻는 절차가 반드시 필요하다.

둘째, 회사의 비전과 전략에 일치돼야 한다.

셋째, 목적에 부합하는 도구를 설계하고 이를 효과적으로 활용한다.

넷째, 목적에 따라 도구 간 혹은 채널 간 균형이 있어야 한다. 예를 들어, 상의하달식의 일방적 도구에만 편중하지 말라는 것이다.

다섯째, 주기의 준수다. 정기적인 주기의 도구들은 어떠한 일이 있더라도 일정을 거르지 않고 실행돼야만 신뢰가 쌓인다.

모든 구성원이 동일한 수준의 정보를 커뮤니케이션하고 그것을 통해 스피디한 의사결정과 실행을 하는 것이 가장 큰 경쟁 우위 요소다.

'흥하는' 기업의 비밀은 사내 커뮤니케이션인데 경영 컨설팅회사 엑센츄어와 매경이코노미가 함께 발표한 "흥하는 기업, 망하는 기업의 10대 전조"에서도 사내 커뮤니케이션의 중요성은 드러난다. 이들 20개 항목 중 사원과 커뮤니케이션 관련 항목은 9개나 된다.

망하는 기업의 10대 전조

1. 능력에 넘치는 일을 지나치게 벌인다.
2. 책상 옮기는 것마저 두려워할 만큼 변화를 꺼린다.
3. 오너가 빚 끌어오는 귀재다.
4. 사장 앞에만 서면 고양이 앞의 쥐.
5. 싸움질에 바람 잘 날 없다.
6. 사원들이 과묵하다(어차피 말이 통하지 않기 때문).
7. 나 아니면 안 된다. 고집불통 오너.
8. 미래를 향한 꿈이 없다.
9. 모기업만 바라본다.
10. 계획 세우는 데만 선수다.

흥하는 기업 10대 전조

1. 전 직원이 현장을 뛴다.
2. 먹을 것 벌여놓고 판 벌인다.
3. 원수를 사랑한다.
4. 오로지 수익에 목숨 건다.
5. 사람이 최고다.
6. 곳간이 꽉 차 있을 때 흉년을 대비한다.
7. 유리알 경영. 비밀이 없다.
8. 인사기록부가 없다.

9. 회사일, 언론보도보다 먼저 안다.

10. 나비처럼 날아 벌처럼 쏜다.

위의 조사는 오늘날 기업에서 인적자원관리의 중요성은 물론, 조직 내의 원활한 커뮤니케이션 및 정보 교류가 기업경영에 핵심적임을 보여준다. 조직구성원 간에 행해지는 제반 정보의 교류행위인 사내 커뮤니케이션은 조직활동을 운영 및 유지하는 필수적인 과정이라고 할 수 있다. 기업경영자가 훌륭한 경영전략을 수립하여 전개하더라도 조직구성원이 자발적으로 동의하고 참여하지 않는다면 그 전략은 실패하기 쉽다.

성공하는 기업은 조직 내 커뮤니케이션과 정보 교류가 효과적으로 이루어진다. 보통 사내 커뮤니케이션을 사보, 사내 방송, 인트라넷과 같은 커뮤니케이션 채널로만 파악하지만 사내 커뮤니케이션은 인적자원관리의 한 부분이거나 조직 커뮤니케이션과 유사한 개념이라기보다 여러 가지 경영전략, 혹은 커뮤니케이션과 관련된 많은 분야가 통합되어 발전한 영역이라고 할 수 있다. 일반 커뮤니케이션, 조직행동론, 조직 커뮤니케이션, 인적자원관리가 모두 밑거름이 된다. 더 크게는 조직을 둘러싸고 있는 정치, 경제, 사회, 문화적 환경의 영향력을 모두 포함하는 개념이라고 할 수 있다.

조직원들은 가치관을 공유하고 있는가? 업무 커뮤니케이션은 명확하게 이루어지고 있는가? 적절한 커뮤니케이션 캠페인이 전개되고 있는가? 사내커뮤니케이션 수행을 위해서 이 세 가지 차원이 유기적으로 작용해야 한다고 한다.[3] HP, IBM, American Express, 할리데이비슨, 코팅, Bank of America, GE, Dow, Nationwide, 애질런트 등 2002년 포춘지 선정 일하기 좋은 100대 기업 사례를 바탕으로 한 결과다. 이 회사들은 사내 커뮤니케이션을 통해 사원들의 자발적 동참을 이끌어 낼 수 있었다. 이들 일하기 좋은 기업의 주가는 시장 평균을 웃돌고, 마케팅력도 강한 것으로 드러났다. 가치관 공유, 명확한 업무 커뮤니케이션, 적절한 커뮤니케이션 캠페인 등 이 세 가지 차원은 사내 커뮤니케이션을 진단하는 모형에서 핵심 요소를 이룬다.

"일류 기업들은 핵심가치를 유지하고, 조직 전체에 전파, 공유되게 하는 데 많은 노력을 기울이지만, 보통수준의 기업들은 주로 대외적인 이미지 관리를 위해 핵심가치를 이용하는 경우가 많다."– N.Tichy (미국 미시건대학 교수)

"기업의 성패는 기업이 직원들의 재능과 열의를 얼마나 잘 이끌어 내느냐에 달려 있다. 그 힘은 바로 기업의 핵심가치, 즉 신념에 있으며, 또한 이 신념이 얼마나 직원들에게 설득력 있게 전달되는가의 여부에 있다"– T. Wattson 2세(IBM 전 CEO)

이 두 인용문은 회사의 핵심가치가 전 직원들에게 공유되어야 한다는 것뿐만 아니라 직원들의 동의와 이해 하에 개발되어야 한다는 것을 보여준다.

국내 기업에서도 직원들과 이메일을 주고받거나 인터넷 게시판을 통해 직원들의 아이디어 제안을 듣는 CEO들의 모습은 이제 흔한 풍경이다. 사내 인트라넷에 자신의 블로그를 열고 아이디어 제안방을 개설해 우수 혁신 아이디어를 포상한 포스코건설의 정동화 사장, 인터넷 익명 게시판을 열어 직원들의 의견에 일일이 댓글을 다는 김신배 SK C&C 부회장, 개인 인터넷 홈페이지를 열고 직원, 주주, 고객들의 의견을 듣기 위한 핫라인을 개설한 김중겸 현대건설 사장의 모습이 그러한 경우다.
이러한 사내 커뮤니케이션 개선 노력은 단발적이고 개인적 수준을 넘어 통합적이고 구조적인 방향으로 나아가야 '기업혁신'으로까지 이어질 수 있다. 보잉사의 회장 제임스 맥너니는 "혁신은 지식에서 오는 게 아니라 문화에서 온다. 무엇이든 공유하는 개방된 조직문화를 만들면 회사 내에 아이디어가 빠르게 흐르고 이는 혁신으로 이어진다."고 말한다.[4]

I 커뮤니케이션의 이해와 기능

1 커뮤니케이션의 의의

커뮤니케이션(communication)은 우리나라 말로는 의사소통이란 단어를 사용하는데, 사전적 의미는 사람의 의사나 감정의 상호간 소통으로 '가지고 있는 생각이나 뜻이 서로 통함'이라는 의미를 지니고 있다. 커뮤니케이션은 인간이 사회생활을 하기 위해서 가장 필수적으로 가지고 있어야 하는 능력을 말한다. 즉, 다른 사람과 지식, 정보, 의견, 감정 등을 교환 또는 전달하는 것으로 상호 교환적 사회 과정 중 하나라고 말할 수 있다.

커뮤니케이션은 주로 조직 내에서 이루어지고 있는 의사소통, 즉 조직 내의 의사소통(organizational communication)을 주로 의미하는데 조직 내 의사소통이란 조직 내에서 조직의 구성원인 개인 또는 집단들이 서로 정보나 메시지를 교환하는 과정을 말한다.

이러한 커뮤니케이션은 조직 내에서 의사소통 행위 이외에도 조직의 의사결정을 촉진하는 기능, 조직구성원의 행위 통제, 조직구성원의 동기부여, 업무의 책임성 확보 등 다양한 역할을 수행하는데, 최근에는 커뮤니케이션을 통한 조직 내 상호작용을 통해 구성원의 사회적 욕구를 충족시켜주는 역할에 관한 연구가 관심을 받고 있다.

또한 커뮤니케이션에 대한 다양한 관심과 연구가 활발해짐에 따라 커뮤니케이션의 개념에 대해서도 다음과 같이 다양하게 정의되고 있다.

먼저 바나드(Barnard, 1938)[5]는 "커뮤니케이션은 조직의 3대 요소(공통의 목표, 협력의지 그리고 커뮤니케이션) 중 하나이자, 조직의 구조, 범위, 확장을 결정하는 핵심 요인"이라고 정의하였다.

사이몬(Simon, 1976)[6]은 커뮤니케이션을 의사결정 과정 및 조직의 구성 요소로 바라봄으로써 "커뮤니케이션이란 조직의 한 구성원으로부터 다른 구성원에게 의사결정의 전제들이 전달되는 과정이며, 커뮤니케이션이 없는 조직은 존재할 수 없다"고 정의하였다.

로저스(Rogers) & 로저스(Rogers, 1976)[7]는 커뮤니케이션은 커뮤니케이션의 영향 측면을 강조하여 "커뮤니케이션은 정보원이 수용자에게 관념을 전파하여 수용자의 외적 행동을 변화시키는 일련의 과정"이라고 정의하였다.

존(John, 1977)[8]은 커뮤니케이션을 일정한 성과, 즉 조직의 정보와 통합 측면에서의 커뮤니케이션을 강조하였다.

카츠(Katz) & 칸(Kahn, 1978)[9]은 "커뮤니케이션은 집단이나 조직의 구성원에게 영향을 미치는 사회적 과정"이라고 정의하였다.

루이스(Lewis, 1979)[10]는 "커뮤니케이션이란 조직 속에서 관리자, 종업원, 동료 등의 구성원들이 상호간 또는 집단 간에 발전된 정보전달기술이나 메시지를 통해 조직 및 서로의 관념과 태도를 공유하는 것"이라고 정의하였다.

로제블랏(Roseblatt)과 와트(Watt, 1982)[11]는 "커뮤니케이션이란 유기체, 즉 사람들 사이에 공통되는 경험을 매개수단으로 하여 정보나 내용을 상호 교환하여 공통된 이미지를 갖고(공감) 서로의 사고, 지각, 감정 등에 변화를 가져다주는 과정"이라고 정의하였다.

표 11-1 커뮤니케이션의 정의

학자	개념
Barnard(1938)	조직의 3대 요소(공통의 목표, 협력의지 그리고 커뮤니케이션) 중 하나이자, 조직의 구조, 범위, 확장을 결정하는 핵심 요인
Simon(1976)	조직의 한 구성원으로부터 다른 구성원에게 의사결정의 전제들이 전달되는 과정
Rogers & Rogers(1976)	정보원이 수용자에게 관념을 전파하여 수용자의 외적 행동을 변화시키는 일련의 과정
John(1977)	조직의 정보와 통합 과정
Katz & Kahn(1978)	집단이나 조직의 구성원에게 영향을 미치는 사회적 과정
Lewis(1979)	조직 속에서 관리자, 종업원, 동료 등의 구성원들이 상호간 또는 집단 간에 발전된 정보전달 기술이나 메시지를 통해 조직 및 서로의 관념과 태도를 공유하는 것
Roseblatt & Watt(1982)	유기체, 즉 사람들 사이에 공통되는 경험을 매개수단으로 하여 정보나 내용을 상호교환하여 공통된 이미지를 갖고(공감) 서로의 사고, 지각, 감정 등에 변화를 가져다주는 과정

그러므로 커뮤니케이션에 관한 여러 학자들의 연구를 종합해 볼 때 커뮤니케이션이란 조직 내에서 개인과 집단이 각자의 목표달성 및 조직의 목표달성을 위해서 가치, 신념, 지식, 노하우 등의 다양한 분야의 정보를 서로 교환하여 구성원들에게 조직몰입을 자극하고 구성원들의 사기제고 및 목표달성을 위한 효과적인 방안 도출뿐만 아니라 개인과 집단 간에 나타나는 갈등을 조정하고 해소하여 조직의 안정과 발전을 꾀하여 궁극적으로 사회의 발전을 도모하는 사회적 과정이라고 정의할 수 있다.

아울러 커뮤니케이션의 개념을 의사전달 관점, 대인관계 관점, 설득 관점 3가지의 관점을 중심으로 세부적으로 설명하면 다음과 같다.

1. 의사전달 중심적 커뮤니케이션

의사전달에 중심을 둔 커뮤니케이션은 주로 의사소통의 체계를 활성화하는데 관심을 갖는다. 따라서 전달자(communicator)는 수용자(receiver)에게 정보나 내용이 정확하게 전달되고 공유하는 방법을 중요시하며, 상의하달, 하의상달, 쌍방향 의사소통, 동료 간의 수평적 의사소통 등의 커뮤니케이션 방법이 여기에 속한다고 볼 수 있다.

2. 대인관계 중심적 커뮤니케이션

대인관계에 중심을 둔 커뮤니케이션은 커뮤니케이션의 핵심을 인간관계로 바라본다. 따라서 구성원의 상하 간 및 동료 간의 관계 형성 및 유지에 관심을 갖는다. 특히 구성원의 원만한 대인관계를 저해하는 구성원 사이의 갈등과 같은 장애 요소를 해결하는 것을 중요시하며, 특히 갈등관리 및 원만한 인간관계 형성을 위한 기법 및 방법에 관심이 높다.

3. 설득 중심적 커뮤니케이션

현대 사회는 교섭과 설득의 시대이다. 정보화사회에서 가장 중요한 능력은 말을 다루는 능력이다. 설득에 중심을 둔 커뮤니케이션은 수용자의 태도를 변화시키는 것을 핵심으로 여긴다. 따라서 구성원의 태도 변화를 위한 효과적인 커뮤니케이션 방법에 관심을 가지고 효과적인 설득이 이루어질 수 있도록 전달자, 수용자, 메시지의 특성 또한 연구 대상으로 삼는다.

2 커뮤니케이션의 과정

1. 커뮤니케이션 과정의 발전

커뮤니케이션 과정은 커뮤니케이션이 조직 내의 구성원 상호간에 나타나는 과정으로 일반적으로 정보의 전달자인 커뮤니케이터(communicator) 혹은 발신자(sender)와 수신자인 리시버(receiver) 간에 나타나는 일련의 의사소통 과정을 의미한다.

그림 11-1 커뮤니케이션의 모형

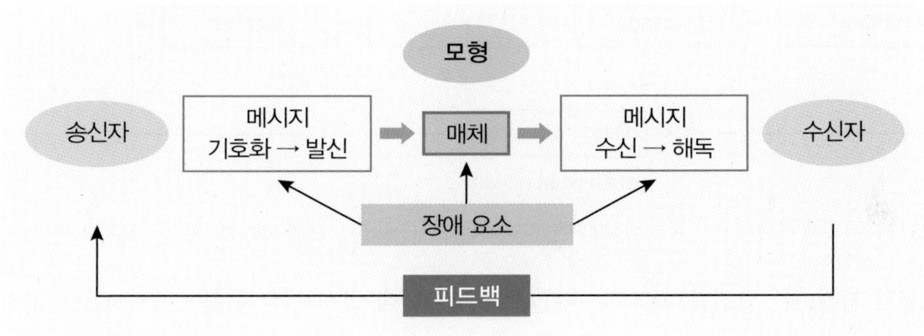

커뮤니케이션의 과정을 섀넌(Shannon)과 위버(Weaver, 1949)는 "전달자와 수신자 간의 전달 과정을 좀 더 구체화하여 전달자가 먼저 전달 내용을 부호화시키고 부호화된 내용을 특정 매체를 통해 수신자에게 노출되며 이를 수신자가 각자의 상황에 맞게 해석하는 과정"으로 설명하였다. 아울러 커뮤니케이션 과정은 매체, 즉 커뮤니케이션의 방법과 수단에 잡음이 미치는 영향을 고려해야한다고 강조하였다.

그림 11-2 커뮤니케이션 과정 I

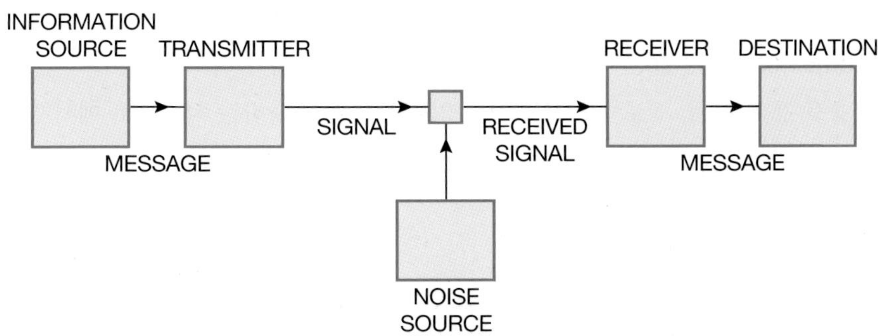

자료: C. E. Shannon & W. Weaver(1949). The mathematical theory of communication. University of Illinois press.

그리고 이후 1991년 깁슨(Gibson), 이반스비치(Ivancevich) & 도넬리(Donnelly)는 그들의 저서에서 다음의 그림과 같이 전달자인 커뮤니케이터가 수신자인 리시버의 가치, 신념, 행동 등의 변화를 위해 메시지를 다양한 방법의 매체를 통해 변화를 이끌어내고 변화의 정도에 따라 다시 커뮤니케이터가 또 다른 변화를 이끌어내는 연속적 과정, 즉 커뮤니케이션 프로세스를 설명하였다.

그림 11-3 커뮤니케이션 과정 II

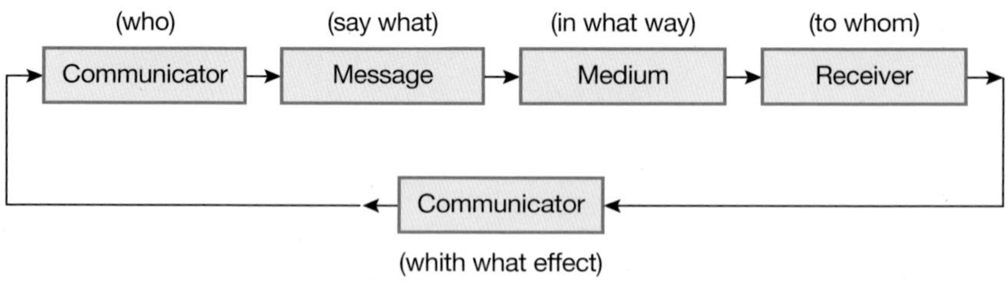

자료: J. L. Gibson, J. M. Ivancevich, & J. H. Donnelly, Jr.(1991). Organization, 7th ed. Irwin, Homewood, p. 541.

의사소통의 과정에는 발신자, 메시지, 수신자가 중요한데 발신자는 정보와 메시지를 전달하려는 개인 또는 집단이며, 수신자는 메시지를 받을 개인이나 집단 혹은 조직이다. 의사소통 과정에서 발신자는 메시지를 부호화하고 매체를 선택한다. 예를 들면 휴대전화를 사용하는 것이다. 메시지는 매체를 통해 전달된다. 예를 들어 문자 메시지를 보내는 것이다. 수신자는 메시지를 해독하고 피드백이 필요하다고 결정한다. 수신자는 매체를 통해 피드백을 보낸다. 문자 메시지를 보내는 것이 이에 해당한다.

2. 커뮤니케이션 프로세스의 이해

1) 전달자

전달자(communicator) 혹은 발신자(sender)는 커뮤니케이션에서 의사소통을 시도하는 주체로서, 의사소통을 통해 지식, 정보, 가치, 신념 등의 메시지를 전달하는 사람으로 메시지 내용 및 방법의 중요성만큼 의사전달자의 성격, 태도, 신뢰감 등의 특성이 커뮤니케이션의 성공과 실패를 결정할 만큼 중요하다.

2) 메시지

메시지(message)는 정보로서 전달자가 의사소통 과정을 통해 전달하고자 하는 핵심적인 내용으로 언어적 메시지와 비언어적 메시지로 구분된다. 메시지는 암호화(encoding)해서 보내게 되는데 모스 부호, 음성메시지, 문자로 보내는 기호, 단어, 약어, 이모티콘 등이 이에 해당한다. 비언어적 의사소통(nonverbal communication)에는 몸의 움직임과 제스처, 접촉(touch), 표정, 눈 맞춤(eye contact) 등이 있다.

3) 매체

매체(channel 혹은 medium)는 메시지를 전달하는 수단 및 방법으로 전달자가 수신자에게 직접적으로 의사소통을 하는 인터뷰뿐만 아니라, 전화, 토의, 문서, 회의, 영상 등을 말한다. 또한 문자나 이메일 혹은 화상회의도 있으며, 우리 삶의 전반에 걸쳐 구축된 소셜미디어(social media)를 통해 네트워크 구성원들과 상호작용적인 대화를 만들기 위한 웹 기반의 모바일 기술을 사용하는 것도 중요시되고 있다. 소셜미디어는 구성원과 조직의 생산성을 높일 수 있으나 근무 중 소셜미디어의 사용은 잠재적으로 중요한 비용을 초래한다. 이메일은 팀워크와 유연성을 높이고 종이와 정보 배포의 비용을 줄여주기도 하지만 생산성 감소, 정보 과부하, 정리하고 저장하는 시간과 비용 증가도 발생한다.

전달자의 메시지가 아무리 중요하더라도 매체가 비효율적으로 선택되었을 때 의사소통의 효과가 낮게 나타날 수 있다. 따라서 전달자의 특성 및 전달 내용인 메시지에 따라 적합하고 효율적인 매체를 선택하여 의사소통을 전달하는 것이 매우 중요하다.

4) 잡음

잡음(noise) 혹은 소음은 커뮤니케이션이 커뮤니케이션의 전 과정에서 본래의 의도를 왜곡시킬 수 있는 모든 장애 요소를 말한다. 잡음은 물리적 잡음과 심리적 잡음이 있다. 물리적(physical) 잡음은 의사소통하는 장소의 환경에서 발생하는 소음인데 시끄러운 환기시스템, 청소하는 소리, 울리는 전화벨 소리, 조명에서 나는 소리, 옆에서 이야기하는 사람들의 소리 등이다. 심리적(psychological) 잡음은 성격, 태도, 감정, 신념 또는 생각과 같은 개인 차이와 관련된 것으로 내향적인 사람은 외향적인 사람보다 소음에 더 부정적인 영향을 받기도 하며, 두려움, 슬픔 또는 환희와 같은 강한 감정이나 개인이 가지고 있는 신념도 정보처리 능력을 방해할 수 있다.

따라서 효과적인 의사소통은 잡음을 얼마나 잘 통제하는가에 달려 있으며, 최근 커뮤니케이션 연구에서는 잡음이 매체뿐만 아니라 의사소통 전 과정, 즉 전달자, 메시지, 매체, 해석, 수신자, 피드백 등에 걸쳐 영향을 미치고 있고 이를 고려한 이론 모델을 통해 효과적이고 효율적인 의사소통 연구가 진행되고 있다.

그림 11-4 잡음과 효과적 커뮤니케이션

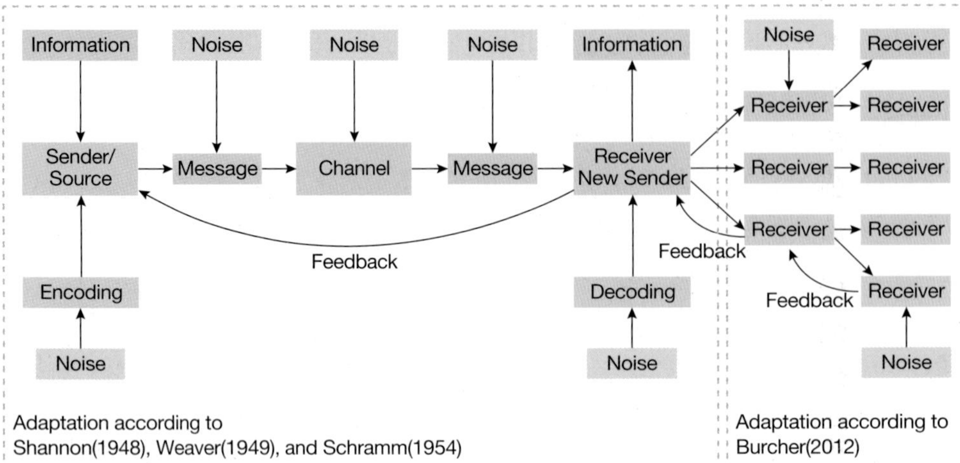

5) 해석

해석(decoding)은 메시지를 해석하고 이해하려는 것으로 전달자가 매체를 통해 전달한 메시지를 수신자의 지식 및 경험을 토대로 받아들이는 과정을 말한다. 따라서 해석은 수신자의 역량에 따라 해석의 효과성이 달라질 수 있으며, 무엇보다 전달자가 수신자의 역량을 보다 명확하게 파악하여 메시지를 전달하였을 때 전달완성도가 높게 나타난다.

6) 피드백

피드백(feedback)은 의사소통이 얼마나 제대로 수행되었는지 확인하는 과정으로 의사소통의 성공과 실패를 확인하는 중요한 과정이다. 피드백은 메시지를 보내는 송신자(발신자)의 의도대로 수신자가 이해했는지, 수신자가 그것에 동의했는지를 평가하게 된다. 사람들이 듣거나 읽은 것의 핵심을 자신의 말로 다시 말하는 의역(paraphrasing)이 되었다면 의사소통이 잘 된 것이라 볼 수 있다.

3 커뮤니케이션의 기능

조직의 목표달성의 효율성과 효과성을 달성하기 위해 구성원 또는 집단 간 지식 및 정보를 전달하는 커뮤니케이션의 기능을 다음과 같이 크게 5가지로 설명할 수 있다.

1. 조직유지 기능

오늘날의 조직은 사회로부터 급격하게 변화하는 환경과 무한경쟁의 조직 생존 논리 속에서 더 효과적이고 효율적인 조직운영 및 조직의 발전을 위해서 조직의 목표달성 및 조직의 역량을 강화시켜주는 커뮤니케이션을 필요로 하며 이를 경영기법으로 활용하고 있다. 즉, 커뮤니케이션은 현대 조직에 있어서 조직의 시스템, 즉 체계를 유지시켜주는 기능을 담당하고 있다.

2. 변화적응 기능

커뮤니케이션은 개인 및 집단의 역량을 강화시켜주는 기능을 통해 끊임없이 변화하는 고객의 수요와 기대에 부응할 수 있게 해준다. 즉, 구성원들이 커뮤니케이션을 통해 다양한 지식과 정보를 공유하여 외부환경이나 내부환경의 변화에 적극적으로 적응할 수 있게 하는 기능을 수행한다.

3. 통합 및 조정 기능

커뮤니케이션은 조직의 구성원인 개인과 집단들이 서로 상이한 의견이나 신념으로 인해 갈등을 겪고 있을 때, 서로 간의 적극적인 의사소통을 통해 서로의 입장을 공감하며 서로의 지식 및 정보를 공유하여 조직의 목표를 달성하는데 있어서 분열된 질서를 재배열하고 상호 협력할 수 있는 통합 및 조정의 기능을 수행한다.

4. 의사결정의 합리화 기능

커뮤니케이션은 의사결정 및 행동을 선택하게 되는 구성원들에게 의사결정의 합리성을 제공한다. 즉, 구성원 간의 상이한 지식 및 정보를 공유하고 서로의 가치 및 신념을 공감함으로써 조직의 목표달성에 가장 효율적이고 효과적인 선택을 가능하게 한다.[12]

5. 사회적 욕구 실현 기능

커뮤니케이션은 구성원들의 좌절이나 만족과 같은 감정을 표현하게 하고 자신의 의견에 대한 자율적인 의사소통을 통해 업무에서 발생되는 스트레스 등을 해소함으로써 조직구성원들의 사회적인 욕구를 충족하게 한다.

Ⅱ 커뮤니케이션의 유형과 활용

1 커뮤니케이션의 유형

조직 내의 구성원 개인 및 집단 간에 이루어지는 커뮤니케이션은 먼저 의사소통의 대상에 따라 수직적 상하관계 또는 수평적 동료관계에서 나타날 수 있으며, 의사소통의 방향에 따라 단방향적 또는 쌍방향적 커뮤니케이션이 수행된다. 이처럼 커뮤니케이션의 대상과 방향성에 따라 공식적 커뮤니케이션과 비공식적 커뮤니케이션으로 구분할 수 있다.

1. 공식적 커뮤니케이션

공식적 커뮤니케이션(formal communication)은 조직의 공적인 목표를 수행하고 달성하기 위한 커뮤니케이션으로 주로 공식적인 경로를 통해 의사소통이 이루어지는 과정으로 직위적 커뮤니케이션이라고도 정의한다.[13]

공식적 커뮤니케이션은 조직구조상 상급구성원과 하급구성원의 의사결정 등 공식적인 의사소통 과정을 이해하는 데 도움이 된다. 공식적 커뮤니케이션은 크게 수직적(vertical) 커뮤니케이션과 수평적(horizontal) 커뮤니케이션으로 구분되며, 수직적 커뮤니케이션은 상향적(upward) 커뮤니케이션과 하향적(downward) 커뮤니케이션으로 구분된다. 수직적 의사소통에서 메시지가 전달되는 직급의 간격이 클수록 메시지가 왜곡되기 쉽다.

최근 커뮤니케이션 이론은 수직적 커뮤니케이션과 수평적 커뮤니케이션 이론의 한계로 대각적 커뮤니케이션에 관한 연구도 수행되고 있다.

1) 상향적 커뮤니케이션

상향적 커뮤니케이션은 주로 조직의 하위계층의 구성원이 상위계층의 구성원에게 전달하는 하의상달적 커뮤니케이션으로 결재, 보고, 인간관계 등이 대표적인 상향적 커뮤니케이션으로 최근에는 직장 내 여론조사, 제안제도, 인사상담, 면담 등의 매체들로 상향적 커뮤니케이션으로 연구되고 있다.

따라서 다양하고 창의적인 의견들을 하위구성원이 상위구성원에게 보고함으로써 조직의 발전에 큰 도움이 되는 경우도 있다. 그러나 상향적 커뮤니케이션은 주로 하위구성원이 상위구성원에게 전달 및 보고하기 때문에 하위구성원들은 대체로 부정적인 의사소통은 하지 않으려하는 특성 때문에 커뮤니케이션 상에서 메시지의 왜곡이 일어나는 경우가 있다. 하위구성원이 도전적이고 창의적인 메시지를 전달하더라도 상위구성원들의 권위주의 의사소통으로 메시지가 무시되거나 제대로 수용되지 못하는 한계점을 지니고 있다.

2) 하향적 커뮤니케이션

하향적 커뮤니케이션은 상향적 커뮤니케이션과 반대로 상위구성원이 하위구성원에게 메시지를 전달하는 지시 및 명령체제로 주로 직책보다는 직급과 관련이 있다. 하향적 커뮤니케이션은 주로 사내 공지, 업무지시, 기업 내 간행물 등으로 일반적 조직 형태에서 가장 많은 커뮤니케이션 유형이며, 조직 내의 정책이나 정보 등을 상위구성원이 하위구성원에게 전달하여 하위구성원의 업무를 리드 및 촉진하는 기능을 수행한다.

소규모 조직에서는 면대면으로 실행될 수 있으며, 대규모 조직에서는 회의, 이메일, 공식 메모, 간행물 등을 통해 실행된다.

아울러 하향식 커뮤니케이션의 대표적인 기능을 4가지로 정의할 수 있는데(황상재, 2006[14]), 첫째는 업무의 방향과 담당업무를 제시하는 직무에 대한 지시 및 명령이며, 둘째는 효과적인 직무수행을 위한 직무설명이다. 셋째는 조직 내의 정책 및 규정 등에 대한 정보제공이며, 넷째는 하위구성원의 업무수행을 위한 교육 및 업무수행에 관한 평가자료 제공이다.

3) 수평적 커뮤니케이션

수평적 커뮤니케이션은 상위구성원과 하위구성원의 구분 없이 동일한 수준에서 조직 내 개인 또는 집단 간에 진행되는 의사소통으로 팀제의 도입이 대표적이며, 조직 내에서 동등한 지위의 구성원들이 서로의 역량을 발휘하여 조직의 목표를 달성하는 데 주로 사용된다. 업무부서 내 혹은 업무부서 간의 수평적 의사소통의 주요 목적은 조정(coordination)이다.

수평적 커뮤니케이션은 일반적 조직구조 및 유형에서 진행하는 고정적이고 표준화된 업무수행에서는 큰 장점이 없지만, 창의성과 도전적 과제를 수행하는 조직에서는 그 중요성이 강조된다. 따라서 오늘날 급격한 환경 변화와 불확실성의 시대에서 유연한 조직 변화 및 조직의 역할 변화에 적합한 커뮤니케이션으로 활용된다. 아울러 브래들리(Bradley)와 베어드(Baird, 1983)는 수평적 커뮤니케이션의 주요 기능을 6가지로 정리하였다.

첫째, 수평적 커뮤니케이션은 조직 전체의 차원이 아닌 부문 및 조직별 의견을 통합 및 조정하게 한다.

둘째, 수평적 커뮤니케이션은 조직 내 문제해결에 큰 도움이 된다.

셋째, 수평적 커뮤니케이션은 조직 전체가 아닌 부문 간 정보공유를 가능하게 한다.

넷째, 수평적 커뮤니케이션은 조직의 경영자 또는 최상위 관리자가 개입하지 않아도 부문 내 또는 부문 간의 갈등을 해결하는 데 도움이 된다.

다섯째, 수평적 커뮤니케이션은 조직 내 동료의 역량을 인정함으로써 상호간 감정적 지지를 제공한다.

여섯째, 수평적 커뮤니케이션은 상향적 커뮤니케이션 및 하향적 커뮤니케이션이 해결하지 못하는 문제를 해결할 수 있다.

4) 대각적 커뮤니케이션

대각적 커뮤니케이션은 조직구조상 동일한 계층에 속하지도, 수직적 또는 상·하적 관계에 속하지도 않는 구조의 구성원에서 효과적인 커뮤니케이션으로 주로 특별한 상황 속에서 이루어지기 때문에 커뮤니케이션의 장기적인 효과보다는 특별하고 시급한 문제를 해결하는 데 주로 활용된다. 아울러 대각적 커뮤니케이션은 공식적 커뮤니케이션에서도 활용되지만 비공식적 커뮤니케이션에서도 활용된다.

공식적 커뮤니케이션의 주요 적용 상황과 장점 및 단점을 표로 정리하면 다음과 같다.

표 11-2 공식적 커뮤니케이션의 주요 적용 상황과 장·단점

	공식적 커뮤니케이션		
	수직적 커뮤니케이션		수평적 커뮤니케이션
	하향식 커뮤니케이션	상향식 커뮤니케이션	
상황	• 회사의 정책이나 방침, 업무처리 절차를 알리고자 할 때 • 구체적인 업무지시를 해야 할 때 • 조직목표를 도입하고자 할 때	• 성과보고 • 개인 고충의 토로 • 조직 발전을 위한 제언	• 부서 간의 활동이 조정될 필요가 있을 때 • 부서활동에 관한 정보를 교환할 때 • 동료들과의 정서표현이 필요할 때
장점	• 효율적인 의사전달	• 하향식 커뮤니케이션의 오류시정 가능 • 상·하급자 간에 쌍방적 커뮤니케이션이 가능	• 구성원들의 사회적 욕구 충족 • 개인과 개인, 부서와 부서 간에 경쟁이나 상호견제 등의 갈등문제 해결
단점	• 하향전달 과정에서 내용이 누락 및 왜곡이 발생할 가능성이 높음	• 하위계층에 의한 정보의 왜곡 및 누락	• 정보처리의 속도가 느릴 수 있음

자료: 이진규. 현대경영학, 2006, 법문사, p. 257.

2. 비공식적 커뮤니케이션

비공식적 커뮤니케이션(informal communication)은 조직구성원들 사이에 상호 접촉에 따른 공식적이지 않은 커뮤니케이션으로 공식적인 구조 외부에서 만들어지며 체계를 따르지 않는다. 공식적 커뮤니케이션처럼 방향성을 상향식, 하향식, 수평적 유형으로 명확하게 구분할 수 없으며 보다 자발적이고 직급을 건너뛸 수도 있고 권한의 경계도 넘을 수 있다.

비공식적 커뮤니케이션은 공식적 커뮤니케이션보다 커뮤니케이션 전달자와 수신자 사이의 유대감 형성에 더 효과적이며, 특히 인간관계 및 사교 등의 비공식적 커뮤니케이션은 조직에서 느끼는 긴장감 및 스트레스를 해소시키는 데 효과적이다. 비공식적인 경로의 유형은 비밀정보망(grapevine)과 대면 의사소통이다.

반면 비공식적인 메시지와 매체를 통해 이루어지기 때문에 메시지의 오류 및 불확실성이 공식적인 메시지보다 높아 루머 또는 소문으로 인한 불안이 발생되기도 한다.

2 커뮤니케이션의 효과적 활용

조직의 목표달성 및 개인의 발전을 위해 커뮤니케이션을 효과적으로 활용하는데 있어서 어떠한 요소들이 커뮤니케이션에 긍정적인 영향을 미치며, 또한 부정적인 영향을 미치는 지를 파악해야 한다. 즉, 커뮤니케이션이 공동의 목표를 달성하기 위해 커뮤니케이션의 장애 요인을 파악하고 이를 극복하는 개선 방안을 제시하는 것이 중요하다.

1. 커뮤니케이션의 장애 요인과 잘못된 언어습관

커뮤니케이션의 장애 요인에 관한 다양한 연구들을 종합하여 볼 때, 커뮤니케이션의 주요 장애요인으로는 메시지의 왜곡 또는 생략, 적절하지 못한 매체의 활용, 전달자의 수신자에 대한 정보 부족, 커뮤니케이션 가중 등 다양한 요인들이 지적된다. 풍부함이 높은 매체를 선호할 것인지 낮은 매체를 선호할 것인지에 따라 정보전달의 효과가 달라지기도 한다. 월간 영업보고를 한다고 했을 때 시간이 오래 걸리는 전화통화(풍부함이 높은 매체)로 할 것이냐? 이메일이나 문자메시지(풍부함이 낮은 매체)로 할 것이냐? 등이다.

또한 최근에는 커뮤니케이션의 구성 요소인 전달자, 메시지, 매체, 수신자가 모두 정상적인 경우에도 커뮤니케이션의 과중으로 커뮤니케이션이 효과적으로 작용하지 못하는 경우도 발생한다.

표 11-3 커뮤니케이션의 장애 요인

- 송신자와 수신자 간의 신뢰성과 왜곡
- 송신자와 수신자 간의 지각의 차이의 문제
- 부정확한 언어: 해석의 어려움과 오해
- 부적당한 메시지의 질과 양
- 부적절한 메시지의 기호화 및 매체
- 불완전한 물리적 여건
- 커뮤니케이션 분위기의 문제

커뮤니케이션에서 상대방으로부터 자신의 가치를 떨어뜨리는 7가지 언어습관[15]이 있다. 자신의 평소 언어습관과 관련이 있는지 살펴볼 필요가 있다.

첫째, 상습적으로 고민거리를 말한다.

둘째, 모르는 것은 일단 묻고 본다.

셋째, 이유를 밝히지 않고 맞장구를 친다.

넷째, "네!"라는 답을 듣고도 설득하려 든다.

다섯째, "죄송합니다."라는 말을 남용한다.

여섯째, 스스로 함정에 빠지게 하는 말인 "제가 해볼게요."를 남발한다.

일곱째, 부정적 의견을 되묻는다.

2. 커뮤니케이션의 개선방안

커뮤니케이션이 효과적으로 수행되기 위해서는 앞서 제시한 장애 요인을 극복하는 것도 중요하지만 커뮤니케이션을 유형에 맞는 효과적인 전략이 필요하다.

1) 공식적 커뮤니케이션의 개선방안

공식적 커뮤니케이션은 하향식 커뮤니케이션, 상향식 커뮤니케이션, 수평적 커뮤니케이션으로 구분되며, 커뮤니케이션 유형별 개선방안은 다음과 같다.

첫째, 하향식 커뮤니케이션은 상위구성원이 하위구성원의 업무를 정확하게 파악하고 이에 적합한 명령 또는 지시를 명확하게 전달하는 것이 중요하다. 또한 의사소통 과정에 있어서 메시지의 정확성만큼 효과적인 매체 즉, 수단과 방법을 활용하는 것이 중요하다.

둘째, 상향식 커뮤니케이션은 주로 하위구성원들의 메시지 및 매체가 비교적 비체계성이 가장 큰 장애 요인으로 지적된다. 따라서 효과적인 상향식 커뮤니케이션을 위해서 커뮤니케이션 매체의 체계성에 관한 노력이 더욱 필요하기 때문에 다양한 의견을 무분별하게 제시 및 보고하기보다 이를 자체적으로 감별하는 과정이 수반되어야 한다.

셋째, 수평적 커뮤니케이션은 주로 동등한 위치 또는 동일한 계층에 있는 구성원들 사이의 의사소통으로, 지나치게 자유롭고 지정된 과제를 수행하는 데 효과적인 커뮤니케이션을 수행하기 때문에 이를 다른 조직 및 다른 과제에서 적용할 수 있는 일반화 및 벤치마킹 노력이 필요하다.

2) 비공식적 커뮤니케이션의 개선방안

비공식적 커뮤니케이션의 경우 주로 공식적인 메시지 및 매체가 아니기 때문에 커뮤니케이션에 잡음이 많은 영향을 미치며, 특히 메시지의 정확성에 대한 불확실이 매우 크다. 따라서 비공식적 커뮤니케이션이라 하더라도 메시지 및 매체의 정확성과 명확성 확보를 위한 노력이 동반되어야 한다. 아울러 비공식적 커뮤니케이션의 장점인 인간관계 및 사교를 조직 내에서 자연스럽게 연계하여 조직의 단결 및 협력을 이끌어내는 전략으로 사용할 필요가 있다.

3. 성공적인 커뮤니케이션을 위한 요소

사람을 만나고 인간관계를 하다보면 전달하기 어려운 말을 해야 할 때가 많이 있다. 상대방에게 상처를 주지 않기 위해 돌려서 말하다 보면 자신의 의사가 왜곡되는 경우도 종종 있고, 이해하기 어려운 정보를 전달해야 할 때도 있다. 성공적인 커뮤니케이션을 위한 몇 가지 요소를 설명하면 다음과 같다.

1) 올바른 언어 선택

'너 때문이야'라는 말은 피해야 한다. 상대방에게 책임감과 부담감을 느끼게 하는 말은 감정을 상하게 할 수도 있고 험담으로 들릴 수 있기 때문이다. 언어 선택뿐 아니라 내용적인 면에서도 피해야 할 것들이 있는데, 일명 '~카더라' 등의 사실 확인이 되지 않은 말은 하지 않아야 한다. 확인되지 않은 루머나 유언비어 몇 마디가 자신의 이미지를 망가뜨리고, 커뮤니케이션의 흐름을 심각하게 방해할 수 있기 때문이다.

2) 지나친 배려는 독

편한 커뮤니케이션이 있는 반면, 시작부터 어려운 말을 꺼내야하는 상황도 있다. 상대방의 실수나 잘못을 언급해야만 하는 상황일 때 상대방의 기분을 지나치게 고려하다 보면 의미는 왜곡되고 자신에게 원망의 화살이 돌아오게 되는 상황이 발생하기도 한다. 우선, 현상과 사실만 간결하게 전달하고 이후에 세부적인 설명을 하거나 위로를 해도 늦지 않다.

3) 말은 천천히

새로운 정보를 전달하는 커뮤니케이션에서는 말을 천천히 하는 것이 굉장히 중요하다. 자신의 머릿속에 있는 내용이 전부 입으로 전달되고 있는 것인지 확인하기 위해서는 천천히 말하는 것이 좋다.

4) 상대방의 시선과 마주치며

아이 컨택(eye contact)은 커뮤니케이션 예의의 최소 기본이다. 전화나 이메일 등으로 이야기하는 것보다 만나서 이야기하는 것의 진행이 더 수월한 이유는 역시 눈을 맞추느냐 그렇지 않느냐의 차이이다. 실제로 미국 예일대에서 eye contact에 관한 실험을 한 결과, 눈을 맞추는 경우에 상호간의 친밀감이 더 형성된다는 결과가 나왔다.

4. 원활한 커뮤니케이션의 기법

커뮤니케이션이 원활해야 갈등 없이 순조롭게 인간관계나 조직이 유지된다. 물 흐르듯 자연스럽게 소통이 되면 아무런 문제가 없을 것인데, 그렇지 못하여 어려움에 처하는 경우가 많이 있다. 하지만 엉클어진 실타래를 풀듯이 작은 것부터 의사소통을 할 수 있는 기법을 살펴보면 다음과 같다.

표 11-4 원활한 커뮤니케이션

원활한 소통과 동기부여
• 건강: 흐름이 좋아야 한다. 막히면 병이 나는 법 • 조직 내의 소통: 비전, 가치, 정보, 감정 등의 공유와 신뢰 • 효과: 송신한 양이 아니라 수신하여 받아들인 양이 중요

첫째, 원만한 인간관계를 구축한다.

평상시 사람들과의 관계가 좋지 않으면 상대방이 회피하여 대화가 성사되지 않는다. 그러므로 일상생활에서 올바른 언어사용과 예절을 잘 지켜 인간관계를 해야 한다. 아쉬울 때 찾아와서 부탁하는 자세가 아니라 평상시 관계를 맺은 사람들과 잘 교류해야 한다.

둘째, 정확하게 전달해야 한다.

어떠한 내용을 보고하거나 알리는 경우 정확하게 의미가 전달 되도록 한다. 6하원칙에 의해서 내용을 전달하면 상대방에게 전달이 정확히 된다. 내용의 앞과 뒤가 섞이고 전달하려는 내용의 요지가 무엇인지 분명하지 않으면 상대방의 동의를 이끌어내기 어렵다.

셋째, 전달하고자 하는 내용을 이해시킨다.

상대방에게 정확하게 전달을 했으나 왜 그러는지 이해를 하지 못하면 전달한 내용이 무용지물이 된다. 이것은 마케팅 활동에 특히 필요한 설명기술이다. 새로운 상품이 출시되어 상품의 이름과 기능에 대해 고객에게 설명하여 이해를 시켜야 하는 경우이다.

넷째, 이해한 내용을 실행하게 한다.

설명을 들은 상대방의 마음에 동기유발의 생각을 심어주는 설득단계다. 상품의 설명을 들은 고객의 마음에 이 상품을 구매한 후 누릴 수 있는 편리함과 만족감에 대해서 감성을 자극하는 것이다. 이것은 스토리텔링 형식으로 상품을 먼저 구입해서 사용한 고객의 사례를 들어 다른 고객에게 신뢰감을 심어주어야 한다.

표 11-5 커뮤니케이션 효과를 높이는 방안

1. 자신의 의사소통 스타일을 먼저 인식한다.
2. 송신자로서의 신뢰성과 전달능력을 높인다.
3. 단정하고 간명한 의사소통을 한다.(KISS: Keep It Simple & Stupid).
4. 비언어적 스타일을 개발하고 활용한다.
5. 상대방의 감정과 이해를 중요하게 생각한다. 자기중심성 탈피, i-message, 공감적 이해, 감정을 상하게 하는 표현 삼가, 상대방의 공감적 이해도 측정이 필요하다.
6. 적극적으로 경청한다.
7. 장애 요소를 제거한다.

5. 원활한 커뮤니케이션

1) 잘 듣기와 말하기

'말 한마디가 천냥 빚을 갚는다.'는 옛말은 이제 '말 한마디가 천억을 움직인다.'로 바뀌고 있다. 언어의 힘이 세상을 움직이는 시대가 되었다. 그만큼 CEO의 커뮤니케이션 능력도 중시되고 있다. 그만큼 CEO의 말은 그 파급효과가 크다. 경제성장기에 필요한 CEO가 워커 홀릭형이었다면 이제는 커뮤니케이션이 능한 CEO가 각광을 받는다. 성공적인 커뮤니케이션 사례들을 몇 가지 살펴보자.

로버트 케네디가 일본 와세다대학을 방문해 강연을 했을 때의 일이다. 반미감정이 높았던 당시 오쿠마 강당에서 케네디가 강연을 마치고 강단을 나서자 학생들은 욕설을 퍼부으며 "양키 고 홈"을 외쳤다. 그러자 케네디는 다시 강단으로 돌아와 마이크를 잡고 와세다대학의 교가를 부르기 시작한다. 학생들은 언제 야유를 퍼부었냐는 듯 케네디를 따라 교가를 불렀고 어느새 숙연한 분위기가 연출됐다. 로버트 케네디는 자신에게 맞서는 이들을 설득하려 들기보다 학생들의 공감을 이끌어내면서 위기를 넘겼다.

다음은, 소치 동계올림픽 유치에 나선 러시아의 푸틴 대통령은 국제올림픽위원회(IOC)에서 서툰 프랑스어로 "준비된 것은 없지만 IOC 위원들의 현명한 결정을 바란다."고 하였다. 소치의 승리를 보는 시각 중 푸틴의 깜짝 프랑스어 구사가 올림픽 유치 결정에 영향을 미쳤다고 보는 이도 적지 않다. 아프리카와 유럽의 부동표를 잡기 위한 전략적인 포석이라는 것이다. 결국 잘츠부르크에 쏠렸던 표의 대부분을 소치가 가져가면서 평창은 다시 한 번 고배를 마실 수밖에 없었다.

2) 원활한 의사소통자의 특징

기본에 충실하여 의사소통을 잘하는 사람들의 특징을 살펴보면 다음과 같다.[16]

첫째, 기승전결에 따라 이야기한다.

대화를 하기 전에 무슨 말을 어떤 순서에 맞게 할 것인가를 미리 준비한다. 설명할 내용을 이해하기 쉽게 전달해야 하고, 이를 위해서 실전처럼 설명하는 연습이 필요하다.

둘째, 이해하지 못한 내용은 반드시 확인하고 이해한다.

상품을 설명할 때 상품의 내용을 완전히 이해하지 못하면 고객을 설득하기 어렵다. 이해가 되지 않는 부분은 상품개발자나 담당 부서에 문의하여 완전히 이해해야 한다. 그리고 이해한 내용은 반복학습하고, 고객이 이해하기 쉽게 다시 구성한다.

셋째, 유머나 적절한 농담을 하며 설명한다.

대화를 사무적으로만 하다보면 분위기가 어색하고 딱딱하게 된다. 이야기의 주제에 맞는 유머나 농담을 구사하면 윤활유 역할을 한다. 그러나 유머의 내용이 선정적이거나 상대방의 오해를 불러올 내용은 주의해야 한다.

넷째, 사례를 효과적으로 활용한다.

사례나 예화는 이야기 내용을 더 풍성하게 하고 이해와 설득에 용이하다. 일상생활에서 조금만 관심을 가지면 소재를 쉽게 구할 수 있다. 인터넷, 신문, 방송, 사람들의 경험담, 책 등에서 인용하면 된다.

다섯째, 분명한 어조로 천천히 이야기한다.

중요한 내용이나 반드시 전달해야 할 내용은 약간의 힘을 주는 강조기법을 사용하여 천천히 이야기하면 듣는 사람의 관심이 집중된다.

여섯째, 상대방의 눈을 쳐다보며 이야기한다.

대화하면서 다른 방향을 보는 것은 상대방을 무시하는 태도이므로 반드시 눈을 쳐다보고 이야기한다. 상대방과의 깊은 교감과 이야기 주제에 대한 동질성이 필요하므로 눈을 보며 대화하면 공감대가 형성된다.

일곱째, 논리적으로 이야기한다.

논리적 화법은 이야기 순서를 잘 배열하여 설명하는 것이다. 설명이 체계적이지 못하고 산만하면 설득력이 없어진다. 먼저 논리적으로 글을 쓰고 나서 잘 다듬어 말하는 연습을 한다.

여덟째, 상대방의 입장과 마음을 헤아린다.

아무리 유익하고 고상한 이야기라도 듣는 사람의 눈높이와 입장을 고려하지 않는 일방향식 대화는 가치가 없다. 말하는 본래의 목적이 상대방을 이해시키고 공감대를 형성하는 것인데 잘못하면 무용지물이 되고 만다. 이야기를 듣는 사람들의 연령, 직업, 관심 분야, 수준 등을 사전에 미리 파악하여 준비한다.

앞에서 살펴본 커뮤니케이션 기법과 커뮤니케이션을 잘하는 사람들의 특징은 인간관계나 사회생활에 있어서 기본이 된다. 언어구사능력이 탁월한 사람은 많은 사람을 설득하고 이해시켜 각 분야에서 성공하고 있다. 말을 잘하는 사람은 처음부터 유창하게 잘 한 것이 아니다. 말을 잘하고 사람들 앞에서 공포증을 극복하기 위해서 미리 원고를 작성하여 반복해서 연습하고 몸에 익숙하게 했기 때문이다. 모든 것이 세상에 존재하는 재료들을 결합하고 다듬어 새로운 상품을 만드는 것이다.

이 능력이 뛰어나야 다른 사람과 구별되고 차별화된 자기만의 말하기와 커뮤니케이션 능력이 길러진다. 커뮤니케이션이 잘되는 조직과 기업은 건강하고 경쟁력이 향상되어 무한경쟁시대에 생존하는 원동력이 된다.

조직에서 공식적으로 의사소통이 가장 많이 이루어지는 것은 회의이다. 그러기에 회의 때 어떻게 구성원 간에 의사소통이 이루어지는지, 효과적인 회의 방법과 진행은 어떻게 이루어져야 하는지가 매우 중요하다. 효과적인 회의 방법은[17] 어떠한 것인가?

일반적으로 회의는 팀원들과의 소통을 통해 팀의 목표를 확인하고 업무에 필요한 정보를 공유하며, 의사결정을 빠르게 진행하는 중요한 업무이다. 회의의 중요한 본질은 회의에 참여한 모든 사람의 업무성과의 결과물이나 자원(resource)을 모으는 것이다. 하지만 잘못된 회의 때문에 목표 설정의 실패는 물론, 필요 없는 정보 때문에 정확한 의사결정을 내리지 못하고 시간 낭비가 되기도 한다. 따라서 목적에 맞는 회의의 목표를 확인하고, 정보를 공유하며 의사결정을 명확하게 내릴 수 있는 효과적이고 효율적인 회의를 위한 시스템이 필요하다.

첫째, 명확한 회의주제 공유이다. 회의목적의 중요성을 말한다.

회의 발의자는 회의를 주최하기 전에 회의목적에 대해 제대로 설정하고 진행할 수 있어야 한다. 회의목적에 맞는 범위 내에 아이디어를 공유하는 것이 시간과 팀원들의 에너지를 아낄 수 있다. 따라서 회의주제와 목적을 명확히 공고해서 팀원들이 정확하게 준비하도록 해야 한다.

둘째, 회의에 참여하는 인원에 대한 고려이다. 적합한 사람들을 초대해야 한다.

회의에 참석하고 싶은 모든 팀원을 모두 받아줄 경우, 활발한 회의가 진행될 수도 있지만, 회의주제에 맞는 배경지식이 없을 때는 정리되지 않은 의견들로 인해 의사결정의 어려움에 직면할 수 있다. 즉, 불필요한 정보전달로 인해 업무의 모호함을 일으킬 수 있고, 참여자는 왜 자신이 회의에 들어왔는지에 대한 의도 파악이 되지 않아 혼란을 야기할 수 있다. 그러므로 회의 발의자는 회의에 몇 명의 인원이 참여해야 할지 판단해야 한다. 발의된 내용에 의사결정을 할 수 있는 자, 배경지식에 대해 정확히 알고 있는 자, 해당 의사결정으로 업무에 영향을 미치는 자가 참석하도록 해야 한다.

셋째, 회의를 통해 얻을 산출물의 공유이다.

산출물을 얻어갈 수 없는 미팅은 회의의 목적과 다른 방향으로 흘러가 주제에 대한 논지를 흐리게 된다. 그러므로 발의자는 회의 시작 전에 회의를 통해 얻어내고자 하는 산출물을 공유해 참여자들에게 회의 배경과 과정에 대해 설명해주는 것이 좋다. 발의자뿐 아니라 참여자도 산출물에 대해 같이 고민할 수 있는 방향으로 진행하는 것이 좋다.

넷째, 의제(안건) 설정과 시간 선정이다.

회의를 효과적으로 진행하기 위해서 의제를 검토하고 정시에 시작하고 끝내야 한다. 안건설정과 시간 선정 없이 회의를 진행한다면 대화를 어떻게 시작하고, 어떻게 끝내야 할 것인지가 모호하고 정해진 시간보다 더 많은 시간이 소요된다. 이로 인해 목적과 결과에 벗어난 회의로 빠질 수밖에 없다. 회의진행자는 목적 달성과 산출물을 위해 회의 참여자들과 어떻게 소통하며 진행할 것인지를 미리 준비하고, 회의주제와 맞지 않는 이야기가 나오면 깔끔하게 정리해야 한다. 또한 모든 참여자가 회의에 집중할 수 있도록 환경(외부 요소, 잡담 차단)을 만들고, 회의 진행에 시간을 정해서 진행하는 것이 중요하다.

다섯째, 회의 참여자의 집중이다.

키보드 소리, 전화벨 소리, 기계소음, 소곤거리는 대화 등은 회의에 참여하는 사람들의 집중을 흐트러뜨리고, 한번 공유한 내용을 여러 번 다시 공지해야 하는 상황을 만들 수 있다. 중요한 사정이 있는 조직원일 경우, 회의에 참여하지 않거나 회의에서 나올 때 양해를 구하는 것이 모두에게 효과적이다. 회의는 다 같이 모여 목표와 실적을 회의하고 중요한 아이디어를 도출해내는 자리이기에 참여자들의 온전한 집중이 요구된다. 따라서 회의 진행 중에 필요한 상황이 아니라면 전화기와 노트북은 잠시 꺼두는 것이 좋다. 목적에 부합하는 의제에 집중해야 하는데 회의주제와 관련 없는 내용이 회의 도중 나오면 주제의 본질이 흐려지고, 집중을 해치고 시간까지 낭비하게 된다. 그러므로 모든 회의 참여자와 공유할 이야기가 아니라면 개인적인 이야기는 지양해야 한다.

여섯째, 후속 조치를 취해야 한다.

회의가 끝난 후에 해야 할 일이 생겼다면 회의목표를 달성할 수 있도록 적시에 조치를 취해야 한다. 또한 회의가 끝난 후 24시간 이내에 참석자에게 내린 결정, 수행할 업무, 누가 언제 수행할 것인지에 대한 요약자료를 보내어 결과와 기대치를 명확하게 해야 한다.

리더십 사례 탐구

의사소통을 잘하는 리더의 행태

미국의 작가인 스튜어트 체이스는 "우리는 커뮤니케이션의 바다에 살고 있다. 그러나 물속에 사는 물고기가 물속에 있는 것을 모르는 것처럼 우리도 이를 깨닫지 못하고 있다"라고 말했다. 이 말처럼 사람의 삶은 의사소통의 연속이며 사람이 세상을 살아가는 데 있어 필수 불가결한 요소이다. 피터 드러커는 기업에서 발생하는 문제의 60% 정도는 잘못된 커뮤니케이션에서 비롯되므로 리더는 의사소통에 많은 주의를 기울여야 한다고 강조했다. 의사소통을 잘하는 리더의 특성을 살펴보면 다음과 같다.

첫째, 의사소통을 잘하는 리더는 양보다 질을 중요시한다.

무수한 단어의 나열보다는 핵심적인 한두 마디의 압축된 메시지가 더 효과적이다. 알맹이 없이 말만 번지르르한 달변가와 진짜 달변가는 구분된다. 의사소통의 목적은 자기 생각을 상대방이 잘 이해할 수 있도록 전달하고 설득하며, 상대의 생각과 행동을 자신이 원하는 방향으로 끌고 가는 것이다. 말을 너무 많이 하는 것은 기대하는 효과를 얻는데 장애가 될 수도 있다.

캐나다 몬트리올 대학의 앨라인 고셀린 교수는 "커뮤니케이션에 많은 욕심을 가진 리더들은 한 번에 너무 많은 정보를 담으려 하는 경향이 있고, 지나치게 자주 커뮤니케이션을 한다"라고 이야기한다.

이럴 경우, 아래 사람들은 리더로부터 받는 정보의 양에 질려 버리고, 스트레스를 받게 될 수도 있다. 심할 때는 스트레스를 피하려고 의도적으로 리더를 피하거나, 리더의 말에 귀를 기울이지 않고, 한 귀로 듣고 흘려버리는 행동을 보이기도 한다.

둘째, 의사소통을 잘하는 리더는 자기 생각을 압축하여 핵심적인 내용만 간결하게 전달한다.

대표적인 예는 GE의 잭 웰치이다. 잭 웰치는 임직원 대상 강의나 GE를 이끌어갈 차세대 리더와의 대화를 즐겼다. 그러나 잭 웰치의 강점은 말을 잘하는 달변에 있다기보다는 간결하면서도 핵심적인 메시지를 담은 강력한 한 마디를 제대로 전달하는 데 있었다. 잭 웰치가 최고경영자의 위치에 있던 20여 년이란 긴 시간 동안 그는 크게 3가지의 핵심 메시지를 던졌다. 재임 초기는 '1등이나 2등이 아니면 하지 말라!', 중반에는 '6시그마와 워크아웃', 마지막에는 '다른 사람이 우리 사업을 파괴하기 전에 우리가 먼저 파괴하자!'가 바로 그것이다. 이 같은 단순명료한 메시지들이 잭 웰치가 GE라는 거대한 기업을 한 방향으로 일관되게 끌고 갈 수 있도록 한 것이다.

셋째, 때로는 '말'보다 '침묵'이 더 강력한 효과를 얻을 수 있다.

꼭 말을 해야만 의사소통이 이루어질 것이란 고정관념에서 벗어나야 한다. 세계적인 제약회사 Roche(로슈: 스위스의 바이오 제약 및 진단 분야 대기업)의 CEO 프란츠 허머의 사례를 보면 Roche사가 다른 유명 제약회사에 흡수 합병될 것이라는 소문이 시장에 돈 적이 있었다. 회사 구성원들은 불안감에 휩싸였고 조직 분위기도 어수선해졌다. 당연히 CEO인 허머에게 소문의 사실 여부를 확인하고자 언론의 인터뷰 요청이 쇄도했다. 직원들도 CEO가 무슨 말을 할지에 촉각을 곤두세우고 있었다. 그러나 허머는 주말에 스키를 타러 갔다. 주말 스키여행을 통해 허머가 전달한 메시지는 분명했다. 흡수합병설은 루머에 불과하며, 자신이 모든 상황을 효과적으로 통제하고 있다는 자신감을 말이 아닌 침묵으로 보여준 것이다. 언론을 통해 보도된 CEO의 스키여행은 루머를 금방 잠재워버렸고, 불안해하던 구성원들 역시 언제 그런 일이 있었냐는 듯 안정을 되찾았다.

넷째, 말이나 글 이외의 방법을 통해서도 의사소통할 수 있다.

대표적인 것이 바로 '몸짓(Body Language)'이다. 1960년대 메라비언과 페리스는 오랜 실험을 통해 '커뮤니케이션 = 말(10%) + 목소리(30%) + 표정(60%)'이란 공식을 제시한 바 있다. 상대방은 가장 먼저 시각적인 요소(표정)에 집중하고, 그다음에 음성적 요소(목소리)에 주의를 기울인다는 것이다. 말하는 사람의 입장에서 가장 중요하다고 생각하는 메시지(말)는 의외로 상대방이 가장 마지막에 주의를 기울인다는 것이다. 실제로 사람들은 상대방의 표정과 몸짓 속에서 표면적으로 말한 내용 이상의 의미를 발견한다.

예컨대 상대의 말이 '진심을 담은 말인지, 거짓된 말은 아닌지?', '얼마나 심각한 상황인지?' 등은 말 자체보다는 말과 함께 전달된 표정과 행동을 통해 더 잘 파악되기 때문이다.

리더들이 간과하는 것이 하나 있는데 본인이 의식하지 못하는 순간에도 의사소통이 이루어진다는 것이다. 메트 라이프 사의 CEO였던 로버트 벤모쉬가 어느 날 담당 직원으로부터 회의실의 의자 전체를 교체한다는 보고를 받았다. 갑작스러운 보고에 벤모쉬는 CEO인 자신의 의견을 왜 묻는 것인지 궁금해하다가 1주일 전 회의할 때 있었던 일을 기억해냈다. 벤모쉬는 회의 중에 앉아 있던 의자가 너무 높아 불편하자 이를 낮추려고 여기저기 만져보다가 방법을 찾지 못해 포기한 적이 있었다. 사소한 일이었기 때문에 벤모쉬는 이런 일이 있었다는 것을 곧 잊었다. 그런데 회의에 참석했던 임원중 한 명이 회의실의 의자가 CEO의 취향에 맞지 않는듯하니 교체하라는 지시를 내린 것이었다. 그래서 벤모쉬는 "리더는 자신의 행동을 사람들이 어떻게 해석하는지에 주의를 기울여야 한다."라고 조언한다. 그러므로 리더는 자신의 비언어적 행동과 몸짓이 구성원들에게 어떤 영향을 미치는지에 대해서도 관심을 가져야 한다.

이처럼 직접 '말'로 하지 않더라도 구성원들은 리더의 사소한 행동까지도 신경을 쓰고 관찰하며 나름대로 해석하려고 노력한다. 리더가 회사 복도를 걸어가다가 누구와 대화하기 위해 멈춰서고, 누구는 그냥 지나치는지 등의 행동도 아래 사람들에게는 매우 중요한 정보로 간주된다. 리더의 작은 행동으로 오해가 발생할 소지가 있고, 리더의 의도와는 전혀 다르게 해석하는 경우도 많다.

다섯째, 일상의 작은 의사소통이 중요하다.

신년사나 월례 회의와 같은 공식 커뮤니케이션에 구성원들은 크게 귀 기울이지 않는다. 대개 앞으로 회사가 나아가야 할 방향은 어떠하고, 동참을 바란다는 식의 거창한 이야기가 대부분이기 때문에 피부에 와 닿지 않는 경우가 많다. 또한 전체 구성원을 대상으로 하는 만큼 개인에게는 큰 의미로 다가오지 않기 때문이다. 반면, 회사의 복도나 엘리베이터에서 리더가 지나가면서 던지는 말 한마디가 오히려 더 큰 효과를 보인다. 리더가 말하는 상대가 '나'임이 분명하므로 자연스레 리더의 말에 대한 집중도도 높아진다.

톰 피터스는 현장을 끊임없이 돌아다니면서 관리하는 MBWA(Management By Walking Around)를 강조한다. '실행에 집중하라(Execution)'의 저자인 래리 보시디도 "샘 월튼이나 허브 켈러허 같은 이들이 뛰어난 리더로 평가받을 수 있었던 것은 현장에 가서 솔직한 대화를 자주 하고, 이 과정을 통해 리더 본인의 생각과 지식을 전파할 수 있었기 때문이다"라고 말한다. 구성원들로부터 편하게 다가갈 수 있는 CEO라는 평을 들었던 Pfizer의 전 CEO 맥킨은 엘리베이터를 타면 옆에 선 사람에게 어떤 일을 하고 있는지, 일이 어떻게 되어가고 있는지, 애로사항은 없는지를 질문하고 그에 대한 답을 듣기를 즐겼다고 한다.

여섯째, 의사소통의 절반은 듣는 것이다

커뮤니케이션은 '말하기'와 '듣기'라는 두 가지 행동의 결합이다. 즉, 의사소통의 50%는 듣는 것이다. 시대가 바뀌면서 구성원들의 가치관과 행동 성향이 바뀌어서 더는 일방적인 지시만으로 이끌어가기 어렵다. 쌍방향 의사소통을 위한 듣기연습과 듣는 사람이 어떻게 받아들이고 있는지를 파악해야 한다. 리더의 입장에서는 일방적인 지시를 하는 손쉬운 방법을 통해 조직을 이끌어가고 싶은 유혹에 빠지게 된다. 리더십 전문 컨설팅회사 Linkage Inc.의 CEO인 필립 하킨스는 뛰어난 리더는 다른 사람이 먼저 말하게 하고 자신은 듣는 '70–20–10의 규칙'을 따른다고 말한다. 즉, 대화의 시간 중 70%는 상대방의 이야기를 듣고 20%는 적절한 질문을 던지고, 나머지 10%는 지금까지의 대화 내용을 정리하고 향후의 방향을 제시하는 데 사용한다.

일곱째, 뛰어난 리더에게 행동보다 강한 의사소통은 없다.

뛰어난 리더는 '말한 것을 실천한다(Live your message)'라는 원칙을 가지고 있다. 메리어트 호텔의 창업자인 윌라드 메리어트와 그 뒤를 이은 아들 메리어트 주니어가 모범적인 사례다. 직접적인 행동으로 고객 만족을 실천한 메리어트 부자의 하루는 전날 묵었던 고객들이 남긴 메모를 읽는 것으로 시작하고 신속한 사후 조치가 취해진다. 이 같은 언행일치의 모습은 구성원들에게 명확한 메시지를 전달하고, 그 결과 구성원들 역시 고객의 불만 발생 시 신속하게 이를 해소하려는 노력을 기울이게 한다.

여덟째, 의사소통은 습관이다.

사람마다 자신만의 의사소통 스타일이 있다. 이 스타일은 경험을 통해 몸에 배어 잘 바뀌지 않는 일종의 습관과도 같다. 의사소통에서 실수가 많은 리더는 나쁜 습관을 지니고 있다. '대화의 기술(The Art of Communication)'의 저자이자 커뮤니케이션 컨설턴트인 폴렛 데일은 '커뮤니케이션을 하는 것도 외국어 회화나 바느질, 피아노를 배우는 것처럼 배워야 하는 또 하나의 기술'이라고 말한다. 처음부터 커뮤니케이션을 잘하는 타고난 리더는 그리 많지 않다. 모두가 배우고, 연습하고 익혀서, 좋은 커뮤니케이션 습관을 만든 것이다. 커뮤니케이션을 잘하는 리더가 되고 싶다면 좋은 커뮤니케이션 습관을 들이기 위해 부단한 노력을 기울여야 한다.

출처: 한상엽(2009). 커뮤니케이션을 잘하는 리더. LG Business Insight 1050호. LG 경영연구원.

토론 문제

01 의사소통 과정에서 중요한 요소인 전달자, 메시지, 매체, 잡음, 해석, 피드백에 대해서 각각 설명해보자.

02 의사소통의 장애 요인과 잘못된 언어습관에는 어떤 것들이 있는지 이야기해보고, 성공적인 의사소통을 위한 요소와 원활한 의사소통의 특징 8가지를 설명해보자.

03 의사소통의 유형에는 공식적 의사소통과 비공식적 의사소통이 있다. 두 가지 유형이 가지고 있는 내용을 구분하고 장단점에 대하여 설명해보자.

04 의사소통을 잘하는 리더의 행태 여덟 가지를 설명하고, 자신의 장점은 어떤 것들이 있는지 이야기해보자.

CHAPTER 12

리더십과 인간관계

I. 인간관계의 개념과 중요성

II. 인간관계의 유형과 올바른 인간관계

Leadership Story

먼저 대접하라

좋은 인간관계를 만들기 위해서 가장 먼저 해야 할 일은 대접받으려거든 남을 먼저 대접하는 것이다. 신약성경에서 황금률은 바로 "그러므로 무엇이든지 남에게 대접을 받고자 하는 대로 너희도 남을 대접하라(마태복음 7장 12절)"이다.

다산 정약용 선생이 말한 "내가 하는 대로 남이 나를 대접한다. 남이 내게 함부로 굴거든 남을 탓하지 말고 스스로 반성하라."라는 가르침에 귀를 기울여야 한다.

불교에서는 다음과 같은 무재칠시(無材七施) 이야기가 있다.

어떤 이가 석가모니를 찾아가 호소를 하였다.

"저는 하는 일마다 제대로 되는 일이 없으니 이 무슨 이유입니까?"

"그것은 네가 남에게 베풀지 않기 때문이다."

"저는 아무것도 가진 게 없는 빈털터리입니다. 남에게 줄 것이 있어야 주지 뭘 준단 말입니까?"

"그렇지 않으니라. 아무 재산이 없더라도 줄 수 있는 것은 일곱 가지는 있느니라."

첫째는, 화안시(和顔施): 얼굴에 화색을 띠고 부드럽고 정다운 얼굴로 남을 대하는 것이요.

둘째는, 언시(言施): 말로써 얼마든지 베풀고 있으니 사랑의 말, 칭찬의 말, 위로의 말, 격려의 말, 양보의 말, 부드러운 말 등이다.

셋째는, 심시(心施): 마음의 문을 열고 따뜻한 마음을 주는 것이다.

넷째는, 안시(眼施): 호의를 담는 눈으로 사람을 보는 것처럼 눈으로 베푸는 것이요.

다섯째, 신시(身施): 몸으로 때우는 것으로 남의 짐을 들어 준다거나 돕는 일이요.

여섯째, 좌시(座施): 자리를 내주어 양보하는 것이요.

일곱째, 찰시(察施): 굳이 묻지 않고 상대의 속을 헤아려 알아서 도와주는 것이다.

네가 이 일곱 가지를 진실하게 행하면 하는 일이 순조로워지리라.

아프리카 수단의 슈바이처 이태석 신부

예수님이라면 이곳에 학교를 먼저 지으셨을까, 성당을 먼저 지으셨을까? 아무리 생각해봐도 학교를 먼저 지으셨을 것 같다. 사랑을 가르치는 거룩한 학교, 내 집처럼 정이 넘치는 그런 학교 말이다. – 故 이태석 세례자 요한 신부의 저서 "친구가 되어 주실래요?" 中

everything is good, 기댈 곳도 없이 굶주림과 전쟁의 화염 속에 죽어가던 아프리카 수단의 수많은 영혼을 진정으로 위로하고 아픔을 같이했던 참된 신앙인, 인간 세상에 잠시 다녀간 천사. 대한민국의 의사이자 가톨릭 신부이며 세례명은 세례자 요한, 수단 현지에서의 애칭은 요한(John)과 성씨 이(Lee)의 합성어인 '쫄리'. 수단 아이들이 계속 "존 리", "존 리" 하면서 부르던 것이 '쫄리'라는 발음으로 굳어졌다.

이태석 신부는 1962년에 부산에서 10남매 중 9번째로 태어나 초등학교 2학년 때 아버지를 잃고, 홀어머니 슬하에서 어려운 어린 시절을 보냈다. 홀어머니가 삯바느질하여 생계를 유지하는 어려운 상황에서도 열심히 공부하여 특히 수학에 뛰어난 재능을 보였다. 게다가 음악에도 재능을 보여 어린 시절 성당에서 풍금을 독학으로 익혔고, 직접 작사 작곡을 할 정도였다. 초등학교 시절 동네 성당에서 보여 준 성 다미안 드 베스테르 신부의 일대기를 그린 영화를 보고 자신도 그와 같은 삶을 살겠다고 결심하였다. 이후 중학교 3학년 때 작곡 작사한 성가 '묵상'을 통해 자신의 삶을 그려내었다.

십자가 앞에 꿇어 주께 물었네
추위와 굶주림에 시달리는 이들
총부리 앞에서 피를 흘리며
죽어가는 이들을 왜 당신은 보고만 있냐고
눈물을 흘리면서 주께 물었네
세상엔 죄인들과 닫힌 감옥이 있어야만 하고
인간은 고통 속에서 번민해야만 하느냐고
조용한 침묵 속에서 주 말씀하셨지
사랑 사랑 사랑 오직 서로 사랑하라고
난 영원히 기도하리라 세계 평화 위해
난 사랑하리라 내 모든 것 바쳐

경남고등학교를 졸업하고 1981년에 인제대학교 의과대학에 입학하여, 1987년에 학사학위를 취득한 후 군에서 군의관으로 복무하면서 신부가 되고 싶은 꿈을 가졌다. 돈 보스코가 설립한 대표적인 자선 수도회인 살레시오 수도회에 제대 후인 1991년에 입회하였다. 그리고 광주가톨릭대학교에서 공부하여 2001년에 사제서품을 받았다. 보통 사람보다는 늦은 시작이었지만 그의 신앙과 덕행은 남달랐다. 2001년에 사제서품을 받음과 동시에 아프리카 케냐로 건너갔다가 얼마 안 되어 더 위험하고 어려운 지역인, 20년 동안 내전이 계속되었던 수단(현 남수단 지역)으로 건너가 의료활동을 시작하였다.

열악한 수단의 환경 속에서도 병원을 손수 만들었고, 나병 혹은 문둥병이라 불리는 한센병 환자들과 결핵 환자들을 보살피며 지속적인 예방접종 사업을 벌였다. 특히 발가락이 뭉그러진 한센병 환자들을 위해 그들의 발에 맞춰 특수 제작한 신발을 선물하기도 했다. 또한 일주일에 1번씩 오지 마을을 돌아다니며 이동진료를 하면서 8년을 지냈다. 여기에 내전으로 인해 가장 피해를 많이 받을 미래 세대들을 걱정하며, 손수 학교와 기숙사를 짓고 수학을 가르치기에 이른다. 거기다 아이들을 모아 악단을 만들고 지휘자를 맡기까지 했다. 이때 브라스밴드 악기를 연주할 줄 아는 사람이 당연히 없었기에 스스로 교본을 보고 배워서 아이들에게 가르쳤다.

의료활동을 해나가던 2008년 10월, 2년마다 한 번씩 들르는 한국에서 휴가차 건강검진을 받던 중 대장암 4기 판정을 받았다. 말기 암 선고를 받고도 돌아가겠다는 의지가 워낙 강해서 주변 사람들이 뜯어말리느라 고생하였다. 담당 의사에 따르면, 말기 암 선고를 받자마자 "톤즈에서 우물 파다 왔어요. 마저 다 해야 하는데……"라며 실의에 빠졌다. 본인이 암 판정을 받아서가 아니라 앞으로 봉사활동을 계속하지 못할 것에 대한 걱정이었다. 이후 투병 중에도 톤즈로 몇 번이고 다시 가려고 했는데 그때마다 주변에서 말렸다.

투병 중에도 자선 공연도 하고 각 지역의 성당을 직접 찾아가서 봉사활동과 지원을 호소하였지만, 결국 암이 간으로 전이되어 2010년 1월 14일 새벽 5시 35분, "Everything is good."이라는 유언을 남기고 47세를 일기로 돌아가셨다.

책 〈울지마 톤즈-그 후의 선물〉을 보면 여전히 열악한 남수단 내부 문제를 다루고 있는데 이태석 신부가 도왔던 현지인들은 하나님을 원망하면서 때론 욕까지 했다. "우리가 서로 싸우고 죽게 하곤 왜 쫄리 신부님을 데려가느냐"면서 울부짖으며 "그분만큼 우릴 돕던 분이 없어요."라며 눈물을 보였다. 이태석 신부가 자비를 털어가며 운영하던 병원은 이태석 신부와 같이 병원 일을 돕던 신부가 남아서 하고 있는데 "정말 이태석 신부님이 하던 일을 도저히 못 따르겠다."라고 한다.

이태석 신부의 사망 소식이 알려지고 톤즈를 비롯한 많은 현지 주민들이 이태석 신부를 애도하는 가두행진을 벌였는데, 워낙에 시국이 불안한 곳이라 시위나 행진 같은 집단행동이 엄격히 금지되고 있었음에도 군인이나 민병대원 누구도 제재를 가하지 않았다. 당연하지만 그들도 이태석 신부의 도움을 받았기 때문이었다. 생전 가톨릭인만이 아닌 무슬림, 토속신앙인, 개신교인 가리지 않고 모두 돌보았다. 민병대원도 치료하였기에 그들이 너무나도 고마워하며 이 병원 근처에는 스스로 전투를 벌이지도, 얼씬거리지도 않았다.

출처: http://bimage.interpark.com/milti/renewPark/evtboard/2011120618111566.jpg, http://web.pbc.co.kr/CMS/newspaper/2010/01/rc/323337_1.0_titleImage_1.jpg, 〈울지마 톤즈-그 후의 선물〉, 다큐멘터리 영화 〈울지마 톤즈〉.

Ⅰ 인간관계의 개념과 중요성

1 인간관계의 개념

1. 인간관계론의 배경

사람은 사회적 동물로 생의 전반에 걸쳐 많은 관계를 맺으며, 그 관계를 통해 교육되고 성숙하며 때론 상처받는 상호작용을 경험한다. 이처럼 삶의 다양한 영역에 영향을 미치는 인간관계는 조직의 리더와 구성원들의 삶에도 영향을 미치기 때문에 조직의 리더와 구성원들도 어떠한 관계를 형성하고 유지하느냐에 따라 스스로의 삶의 모습과 방향이 결정되는 중요한 부분이다.

인간(人間)이라는 단어의 뜻을 살펴보면 언어를 가지고 사고할 줄 알며 사회를 이루며 사는 고등동물이라는 뜻으로 '인간'이라는 단어 자체에 관계를 맺고 사는 사회적 동물이라는 뜻이 내포되어 있다. 즉, 인간은 태어남과 동시에 타인과 관계를 맺고 유지하면서 자신의 사회적 심리적 욕구를 실현하고 나아가 타인과의 관계를 통해 사상과 관념을 공유하며 공감하는 존재로, 인간관계는 사람의 본질적 성향이라고 정리할 수 있다.

인간관계란 사전적 의미로 "두 명 이상의 사람이 형성하는 개인적이고 정서적인 관계"로 인간관계이론은 1920년대부터 1930년대에 걸쳐 호손공장의 실험에서의 임금, 근로시간, 휴식, 조명, 온도 등의 근무환경보다 근로자의 감정 및 동기와 같은 심리적 조건이나 사회적 조건이 공장의 생산능률에 더 큰 영향을 미친다는 연구결과와 연계되어 인간관계가 조직의 역량과 나아가 조직의 목표달성에 영향을 미친다는 이론적 접근을 말한다.

따라서 최근 인간관계에 관한 연구들은 주로 조직 내의 개인과 집단 간의 관계를 체계적으로 분석하고 이를 기초로 하여 조직의 관리체제 유형설정 및 조직의 운영구조를 설정하기도 한다.

2. 호손공장의 실험과 새로운 발견

미국의 서부전력회사(Western Electric Company)의 시카고 호손(Hawthorne)공장에서 과학적 관리법이 과연 생산성을 증대시키는지 검증해보려는 시도가 있었다. 하버드대학의 메이요와 뢰슬리스버거를 중심으로 1927년부터 1932년까지 5년에 걸친 실험을 했다.

과학적 관리원칙에 따라 작업조건 개선과 작업방법 개선과 표준화를 실험했고, 조명, 휴식시간, 보상제도의 변형 등을 통해서 실험한 결과 생산성향상과 별 관계가 없음을 밝혀냈다.

의문이 생긴 실험자들이 심층 인터뷰로 질문한 결과 종업원들의 대답은 실험집단으로 선택되어 자부심으로 열심히 일했다는 답변이었다. 즉, 생산성 변화는 작업환경 등 외부에 있는 것이 아니라 작업자 자신의 심리적·내부적 요소와 더 밀접한 관계가 있음을 알게 된 것이다.
특히 작업자집단의 소속감과 공동체 의식도 매우 큰 영향 요인이었다. 이 실험을 통해 조직구성원들은 피동적이고 기계적인 인간이 아니라 자신들의 심리적인 만족을 얻기 위해 조직의 기계적인 통제와 규정에 따르기보다는 인간 서로 간의 관계에 신경을 쓰며 행동한다는 사실을 밝혔다. 그 후 이들의 주장은 인간관계론(Human Relations)이라는 명칭을 얻게 되고, 경제적 욕구충족에서 벗어나 인간의 사회적 욕구를 충족해 주어야 한다는 인사관리기법이 1950년대에 이르기까지 인간관계운동(HR Movement)이라는 이름 하에 조직체 경영에 많이 이용되었다. 이러한 분위기는 매슬로우 욕구충족이론 등이 출현하기까지 계속되었다(임창희, 2010:73).

3. 인간관계의 개념

앞서 논한바와 같이 인간은 관계적 존재이자 사회적 존재이기 때문에 사회와 떨어져 홀로 살아갈 수 없다. 그래서 인간은 출생부터 생을 마감할 때까지 타인과의 관계 속에서 생활한다. 따라서 인간에게 만남은 필수적이며 인간관계가 삶의 전반에 미치는 영향을 생각해볼 때 만남은 대단히 중요한 의미를 갖게 된다. 특히 인간은 사회 속에서 누군가와의 만남을 통해 자기 생명의 존재성에 대한 통찰을 하게 되며 타인과의 관계성에 대한 자각을 갖게 된다.[1]
또한 인간관계는 사람 간의 상호작용이기 때문에 성숙하고 올바른 인간관계를 형성하기 위해서는 자신에 대한 자각뿐만 아니라 타인에 대한 깊이 있는 이해가 필요하다. 즉, 나와 관계를 형성하는 타인은 어떠한 신념을 지니고 있으며, 어떠한 욕구를 지니고 있고, 어떻게 생각하고, 어떻게 반응하는지를 알고 이해해야 한다.
그런 후 자신의 말과 행동이 타인에게 어떻게 영향을 미치는 지를 깊이 고민하고 성찰할수록 인간관계는 더욱 효율적이고 원활하게 된다. 그리고 사회에는 다양한 특성의 사람들이 존재하고 1:1의 관계뿐만 아니라 개인 대 집단, 집단 대 집단 등의 다양한 관계 유형으로 인간관계는 생각보다 복잡하며 같은 노력으로도 다른 관계 형성이 맺어지기도 한다.
그래서 최근 인간관계에 관한 연구들은 인간관계를 통해서 인간이 경험하는 사회화 과정을 인간의 자아형성 및 자아실현에 매우 중요한 요소로 규명하고 있다. 특히 효과적인 인간관계가 그룹이나 집단 나아가 사회 전반에 미치는 영향을 고려하여 지속 가능한 사회의 발전 및 지속 가능한 기업의 발전 부분에서도 인간관계에 관한 연구가 활발히 진행되고 있다.

인간관계의 개념은 학자들마다 상이하지만 그 시작은 1930년 미국의 벨(Bell)식 전화기 제조회사인 웨스턴 일레트릭 회사의 호손공장의 실험에서 유래된 것으로 이 실험을 통해 인간관계론적 접근방법(Human Relations approaches)에서 인간관계라는 학문적 전문용어로 사용되기 시작하였다.

인간과 인간 사이의 신뢰와 화합을 통해 보다 나은 상호간 관계를 형성 및 유지시키기 위한 활동인 인간관계는 사람과 사람 사이에서 이루어지는 모든 상호작용을 말하기 때문에 인간관계의 의미는 매우 넓고 다양할 수 있다. 따라서 학자들도 인간관계의 연구중심을 인간의 상호작용, 대인관계, 집단구성의 요소 등에 서로 다르게 관심을 가짐에 따라 상이하게 접근하고 있다.

이처럼 다양한 학자들의 연구접근방법과 주요 이슈들을 종합하여 인간관계란 인간과 인간, 즉 인간 상호간에 일어나는 관계를 의미하는 것으로 집단을 구성하고 형성하는 구성원이 개인과 집단 속에서 개인의 사회적 욕구를 실현함과 동시에 다양한 유형의 의사소통을 통해 조직 또는 개인의 목표를 효과적이고 효율적으로 달성시키는 일련의 관계 형성 및 유지라고 정의할 수 있다.

아울러 인간관계에 관한 연구로 최인섭·초의수(2002)[2]는 인간관계를 사회복지 차원에서 접근하여 조직 내 인간관계 요인이 직무성과에 영향을 미치고 있음을 규명하였으며, 장신재·이희연(2003)[3], 유정희(2005)[4], 이건영(2009)[5]도 조직의 구성 요인 중 하나인 직원의 직무성과에 인간관계가 영향을 미침을 규명하였다. 이처럼 최근 인간관계에 관한 연구는 개인의 사회적 욕구 실현에서 나아가 조직의 지속 가능한 발전을 가능하게 하는 원동력으로 규명됨에 따라 다양한 차원에서 학자들의 인간관계 연구가 수행되고 있다.

4. 인간관계론의 특성과 한계

인간관계론의 출현으로 인간들의 상호작용이라는 시스템 사고가 적용되었으며, 조직운영의 초점이 비용중심에서 감정중심으로 이동된 것이 핵심이다.

첫째, 비공식집단의 중요성이다. 조직구성원의 행태는 규정과 제도에 의한 공식집단보다 비공식집단에 의해 정해지는 경우가 더 많다. 공식집단도 비공식집단과의 공존이 가능한지에 관심을 가졌다.

둘째, 사회적 욕구의 중요성으로 개인행동은 단순히 경제적 욕구뿐 아니라 사랑, 미움, 소속감, 자부심 등 사회적·인간적 욕구에 지배된다는 것이다.

셋째, 인간중심의 경영으로 합리와 능률보다는 직무만족, 자율권 부여, 인정을 해주는 관리가 조직 조직성과를 좌우하는, 즉 인간의 동기부여의 문제에 관심을 가졌다.

넷째, 참여의 경영이 중시되어 민주적 리더십, 하의상달적 커뮤니케이션은 인간중시 관리에 매우 효과적이므로 결국 의사소통과 리더십 등이 중요한 문제로 대두되었다.

그러나 인간관계론은 몇 가지 한계를 나타내기도 하였다.

공식조직은 무조건 무시하고 비공식조직 집단만을 지나치게 강조했으며, 합리적·경제적 요소를 등한시하고 감정의 충족과 인간관계 유지에만 관리력을 집중시키는 우를 범했다. 그래서 과학적 관리법이 인간 없는 조직이라고 비판받은 것처럼 인간관계론은 조직 없는 인간이라고 비판을 받았다.

또한 인간의 사회적·심리적 측면이 중요하다는 것을 인식했음에도 불구하고 인간 내부의 복잡하고 미묘한 상태를 밝혀낸 것도 별로 없으며 이에 대한 체계적 지식이 부족하므로 인간의 감정적 요소와 조직의 성과를 연결시키지 못했다는 비판도 받았다(임창희, 2010:75).

2 인간관계의 중요성

1. 인간관계의 중요성

사람은 태어난 순간부터 아이와 부모의 관계를 시작으로 혼자서는 살아갈 수 없는 존재이다. 즉, 사람은 어떠한 형태이든 어떠한 유형이든 인간관계를 맺게 되며, 이 가운데 어떤 사람은 보다 더 많은 사람과 인간관계를 형성 및 유지하고, 어떤 사람은 보다 깊은 인간관계를 형성 및 유지한다. 반면 어떤 사람들은 극소수의 사람과 인간관계를 맺고, 어떤 사람은 깊지 않은 인간관계를 형성하기를 원한다. 그리고 인간관계는 어떤 사람에게는 삶에 있어 기쁨과 즐거움, 사랑과 신뢰를 느끼게 하며, 어떤 사람에게는 좌절, 실망, 외로움을 느끼게 한다.

인간은 고독을 두려워하며 인간이 죽음 다음으로 두려워하는 것이 고독이다. 그래서 잘못을 저지른 사람들을 교도소에 감금해 타인과의 관계를 강제적으로 차단하고 고립시키는 것이다(박보식, 2014:263).

즉, 인간관계는 우리 삶에 있어서 따로 분류할 수 없는 불가분의 관계로 어떠한 인간관계를 맺고 어떠한 인간관계를 유지하느냐에 따라 우리의 삶이 달라지기도, 결정되기도 한다. 그럼에도 불구하고 사람은 평상시에 자신이 소중함을 잘 느끼지 못하던 것들이 삶 속에서 어려움을 느꼈을 때 소중함을 더욱 깊이 깨닫게 된다. 인간관계 또한 평상시에는 잘 깨닫지 못하다가 인간관계로 인한 어려움을 겪었을 때 인간관계가 우리 삶 속에서 얼마나 중요한지 깨닫게 된다.

아울러 인간관계는 개인 및 조직의 성장에 중요한 영향 요인으로 인간관계가 만족스럽고 효과적일 때는 개인과 조직의 역량향상 및 자아실현을 통한 자아발전 등 성장과 발전을 경험하게 된다. 하지만 반대로 인간관계에 어려움이 생길 때에는 업무의 효율이 떨어지고 개인의 역량을 제대로 발휘하지 못해 조직의 목표달성을 저해하기도 한다.

2. 바람직한 인간관계

사회적 존재로서 인간은 타인과 떨어져 살 수 없으며, 타인의 존재를 필요로 하며, 끊임없이 다른 사람들과 접촉을 통해 행동이나 사고 등이 변화된다. 그리고 인간관계는 인간의 건강한 삶을 위해서 영위되어야 할 중요 요인으로 인간이 사회적 존재로서 타인과 관계를 갖는 것은 당연하지만 바람직한 관계를 형성 및 유지하는 것이 자연스럽게 이루어지는 것은 아니다.

특히 인간관계의 형성 및 유지능력은 타고날 수도 있지만 요즘처럼 복잡하고 다양한 인간관계가 삶에 영향을 미치는 것을 고려할 때 바람직한 인간관계의 형성 및 유지를 위해서는 이에 관한 많은 경험과 학습이 필요하며 인간관계를 효율적으로 실행하기 위해서 끊임없는 노력이 동반되어야 한다.

인간관계에 관한 주요 연구들을 종합할 때 바람직한 인관관계를 다음과 같이 정의할 수 있다.[6] "서로가 기쁨과 슬픔을 함께 나눌 수 있는 관계, 희로애락을 같이하고 사랑하는 사람이 없는 삶을 영위할 가치가 없는 존재와의 관계, 타인이 깊은 슬픔과 좌절에 빠져있을 때 이를 위로하고 격려하여 타인이 슬픔과 좌절을 이겨내서 훌륭한 인물로 성장할 수 있도록 지원해주는 관계"를 바람직한 인간관계라 할 수 있다.

3 인간관계의 기능과 특징

1. 인간관계의 기능

인간은 인격과 인격의 만남 또는 상호관계 형성 및 유지를 통해 인격을 성숙해 나가는데, 인간관계의 주요 기능은 다음과 같이 5가지로 정의할 수 있다.

1) 인격의 성장 및 발달

가즈다(Gazda, 1973)[7]는 인간관계는 인간의 성장 및 발달에 중대한 영향을 미치는 요인으로 사람이 경험하게 되는 인간관계의 질과 양에 따라 사람의 자아가 형성 및 발달되며, 특히 개인의 정체성과 건전한 인격발달에 큰 영향을 준다고 강조하였다.

2) 올바른 정서 및 감정 발달

인간관계는 사람의 정서 및 감정 발달 면에서 중요하다. 과거부터 가정은 가족구성원들을 대상으로 여러 가지 교육, 정서, 사회화 등의 다양한 기능을 수행하여 왔다. 특히 가정은 일반 조직이나 기업에서 제공할 수 없는 정서 및 애정욕구를 충족시켜주는 주요 기능을 한다.

3) 생산성향상

인간관계는 조직의 목표달성 및 기업의 생산성향상에 중요하다. 원활한 인간관계의 조직은 그렇지 않은 조직보다 갈등이 적고 구성원 간에 조직 목표달성 및 조직의 비전에 대한 공감이 높다. 따라서 조직의 경영자들은 구성원들이 조직 내에서 원만한 인간관계를 통해 조직의 생산성을 높이기를 노력하며, 구성원들도 조직 내에서 직무 및 조직 만족을 향상시키기 위해 인간관계의 형성 및 유지를 매우 중요하게 여긴다.

4) 건강한 정신건강

인간관계는 구성원의 정신건강 측면에서도 중요하다. 원만하고 바람직한 인간관계는 사회적·심리적 문제를 해결해주기 때문에 구성원이 느끼고 있는 스트레스를 낮춰주며 어려움과 좌절에 빠져 있는 구성원들에게 위로와 격려를 통해 구성원이 이를 잘 이겨내어 조직의 목표달성에 긍정적인 영향을 미친다.

5) 교육의 질 향상

인간관계는 교육 현장에서도 중요한 영향을 미친다. 인간은 인간을 인격적으로 어떻게 대우하느냐에 따라 인간관계가 상이하게 형성되는데 특히 교육 분야의 경우 교육을 실시하는 교사와 교육을 받는 학생 간, 그리고 학생과 학생 사이에서의 바람직한 인간관계가 학업 성과 및 학교생활의 효과에 중요한 영향을 미친다.[8]

2. 인간관계의 특징

인간관계는 행복과 만족 및 성장을 위한 목표에서 시작하여야 하며, 인간관계 형성의 상대방은 서로 이러한 목적을 공감하여 바람직한 인간관계를 형성 및 유지하기 위해 노력해야 한다. 그러나 개인과 개인 또는 개인과 집단, 집단과 집단들은 때론 서로를 통해 달성하지 못하는 요구를 제시하거나 각자의 입장과 신념, 가치 등으로 인해 원활한 의사소통이 이루어지지 않을 때 인간관계가 악화되거나 심지어 갈등과 원망의 관계로 변화되기도 한다. 이러한 인간관계의 대표적인 특징은 다음과 같다.[9]

1) 다양성 및 개별성의 인정

사람은 태어날 때 가지는 천부적 기질과 후천적인 교육으로 인해 전 세계에 단 한사람도 완벽하게 똑같은 성향을 지니고 있지 않으며, 사람과 사람의 관계 또한 100% 일치하는 관계를 가질 수는 없다. 즉, 사람들은 자신이 마주하고 있는 다양한 환경에 따라 가족관계, 친구관계, 사제관계, 선·후배관계 등 다양하고 개별적인 관계를 형성하며 다양한 관계에 대한 관심 및 유지 노력 또한 사람마다 그 정도가 상이하다.

2) 대체 불가능성

인간관계는 사람마다 다른 특성과 상황을 마주하고 있기 때문에 인간관계의 형성 및 유지도 개별성을 지니고 있다. 따라서 다른 사람의 인간관계에서 오는 정서 및 감정을 공감할 수는 있어도 이를 대신하거나 대체해줄 수는 없다. 실제로 타인이 직장 내에서 상사로부터 받은 스트레스와 가족 내에서 받는 외로움을 위로하고 격려해줄 수는 있어도 이를 대신해서 스트레스를 해소해주거나 외로움을 극복해줄 수는 없으며 깊은 인간관계일수록 대체 불가능성이 높아진다.

3) 상호의존성

인간관계는 상호의존 또는 상호관계를 전제로 한다. 따라서 타인의 감정이나 정서를 공감하며 때론 문제를 해결하기 위해 타인보다 더 열심히 노력하기도 한다. 또한 어떤 문제들의 경우에는 혼자의 힘으로 해결하지 못하지만 자신 이외의 타인의 도움으로 이를 극복할 수 있는 구조적 문제도 있다. 즉, 인간관계는 관계의 형성 및 유지의 전 단계에 걸쳐 나타나는 특징이라 할 수 있다.

4) 개방성

인간관계를 하다보면 불가피하게 자신의 모습을 솔직하게 개방할 수밖에 없는 경우가 있다. 즉, 자신의 생각, 신념, 감정 심지어 약점까지도 상대방에게 내 보이게 된다. 물론 인간관계 형성 및 유지에서 상대방에게 조심하고 서로 거리감을 두는 인간관계도 있지만 이러한 비개방적 관계 형성 및 유지는 개방적 관계 형성 및 유지에 비해 친밀감이 상대적으로 낮으며, 피상적인 인간관계 형성으로 개인 및 조직의 발전에 실질적인 발전 기여도가 낮은 편이다. 따라서 자신의 모습에 대한 은폐가 아닌 솔직하고 자연스러운 개방은 상호 간의 신뢰감을 높게 해주며 바람직한 인간관계를 형성하는 기반이 된다.

3. 인간관계 구성 요소

인간관계의 중요성을 강조하면서 인간관계의 구성 요소를 학자들은 다음과 같이 정의하였다. 먼저 20세기 중반 그리피스(Griffiths, 1956)는 인간관계 구성 요소에 관한 초창기 연구로 "인간관계를 형성 및 유지하기를 원하는 동기, 타인 및 자신의 상황 이해, 원만한 인간관계 형성 및 유지를 위한 의사소통과 이 밖에도 권력구조, 권위, 사기, 의사결정, 지도성 등의 요소"를 인간관계 구성 요소로 정의하였다.

이후 국내 학자인 박연호(1962)는 인간관계의 구성 요소를 "인정감, 성공감, 소속감, 안정감" 4가지로 제시하였다. 백현기·김진웅(1963)은 "바람직한 인간관계의 형성 및 유지를 위해 서로 돕고 배려하며 공동의 목표를 달성하는 상호협조, 타인을 이해하고 존중하는 너그러운 태도와 신뢰 이외에도 의사소통, 친절, 친목회 형성 등"을 인간관계의 구성 요소로 규명하였다. 그리고 데이비스(Davis, 1972)는 "구성원들 간의 협동, 생산, 만족감"을 인간관계 구성 요소로 제시하였으며, 유기현(1974)은 인간관계의 구성 요소를 "동기부여, 개인의 특성, 상호이론, 안정감"으로 정의하였다.

표 12-1 인간관계 구성 요소

학자	구성 요소
Griffiths(1956)[10]	동기, 상황이해, 의사소통, 권력구조, 권위, 사기, 의사결정, 지도성
박연호(1962)[11]	인정감, 성공감, 소속감, 안정감
백현기, 김진웅(1963)[12]	상호협조, 너그러운 태도와 신뢰, 의사소통, 친절, 친목회 형성
Davis(1972)[13]	협동, 생산, 만족감
유기현(1974)[14]	동기부여, 개인의 특성, 상호이론, 안정감

이상의 학자들의 연구를 토대로 인간관계의 대표적 구성 요소를 설명하면 다음과 같다.

1) 개성

개성은 각각의 사람이 가진 특수한 특성 및 특징으로 개성은 유전적인 요인이나 후천적인 교육 또는 여러 경험을 통해 형성된다. 그리고 언어적 특성으로 나타나는 개성의 경우 상대방이 이를 이해하고 존중해주면 화목한 인간관계를 유지할 수 있지만, 이를 이해하지 못하고 수용하지 못할 경우에는 관계에 있어서 갈등이 발생되며 심각한 경우 관계가 파괴되기도 한다.

2) 환경

환경은 각각의 사람들이 저마다 처해있는 현 상황으로 일반인의 경우 문화, 경제, 정치, 종교, 교육 등 사람마다 마주하는 환경은 각기 상이하다. 따라서 바람직한 인간관계 형성을 위해서는 타인이 경험한 문화, 경제, 정치, 종교, 교육 등의 사회적 경험 및 지식 등의 환경적 요인에 대한 이해가 동반되어야 한다.

3) 시간성

인간관계와 밀접한 관계를 지니는 시간성은 인간관계의 형성 및 유지에 영향을 미치는 변수로 대체로 특별한 공감 기회가 없는 경우에는 주로 오랜 시간의 만남 및 접촉을 통해 인간관계가 돈독해진다. 그 예로 이웃사촌이라는 속담처럼 멀리 있어 자주 만나지 못하는 친척보다 가까이 사는 이웃과 많은 교류를 통해 더 돈독한 인간관계를 형성하는 경우가 있다.

4) 사회성

사회성이란 인간이 타인과 더불어 공동체사회를 형성하고 함께 생활하려는 성향으로 사람마다 주위환경에 적응하거나 다른 사람과 친밀해지는 능력은 서로 상이하며, 성공적인 인간관계는 타인에게 긍정적인 영향을 주고 타인으로부터 긍정적인 영향을 받는데서 종료되는 것이 아니라 이 영향이 조직 내에서 재사회화를 통해 조직 전체가 긍정적으로 발전하는 데 도움을 준다.

Ⅱ 인간관계의 유형과 올바른 인간관계

1 인간관계의 유형

사람은 일생 동안 수많은 사람들과 다양한 인간관계를 경험한다. 그리고 인간관계는 사람들 사이에 역동적이고 계속적인 상호작용으로 사람은 인생의 시기마다(학생: 선생님, 학교 친구, 직장인: 직장상사, 동료, 부하, 결혼: 배우자 집안 등) 새로운 인간관계를 형성 및 유지한다.[15]

1. 차원적 구분에 의한 인간관계 유형: 1차적 인간관계와 2차적 인간관계

인간관계 유형은 인간관계 형성 요인과 유지 요인에 따라 1차적 인간관계와 2차적 인간관계로 구분할 수 있다.

먼저, 1차적 인간관계는 혈연, 학연, 지연 등에 의해서 형성 및 유지되는 인간관계 유형으로 부모, 형제, 친척과 같은 가족, 선배 및 후배 등의 동문, 동향인들과의 관계가 1차적 인간관계에 해당한다. 아울러 1차적 인간관계는 주로 본인의 의사나 선택과는 무관하게 형성 및 유지되는 인간관계로 가입과 탈퇴가 자유롭지 못하며 대체로 한번 1차적 인간관계를 형성하면 이를 평생 동안 유지하게 된다.

다음으로 2차적 인간관계는 개인적인 매력 또는 니즈나 가치의 공유, 직업적 이해 등에 의해서 형성 및 유지되는 인간관계 유형으로 친구, 동호회, 동종의 종교인, 직장 상사, 동료, 부하 등이 여기에 해당된다. 2차적 인간관계는 주로 본인의 의사나 선택으로 형성 및 유지되기 때문에 가입과 탈퇴도 비교적 자유로우며 1차적 인간관계에 비해 관계의 형성 및 유지가 일시적인 경우가 많다.

2. 수직적 인간관계와 수평적 인간관계

인간관계 유형은 인간관계의 동등성 및 위계에 따라 구분되는데, 구체적으로 연령, 촌수, 학번, 계급, 직위, 권한 등에 의해서 수직적 인간관계와 수평적 인간관계로 구분할 수 있다.

먼저, 수직적 인간관계는 주로 상위구성원과 하위구성원 사이에서 형성 및 유지되는 인간관계로 가족에서는 부모-자녀, 학교에서는 선생-학생 또는 선배-후배, 직장에서는 상사-부하의 관계가 여기에 해당된다. 수직적 인간관계는 주로 상위구성원이 하위구성원에게 지휘, 통솔, 명령, 인도, 보호 등을 통해 관계를 유지 및 형성한다. 반면 수평적 인간관계는 상위구성원과 하위구성원이 별도로 존재하지 않는 인간관계로 주로 부부(남편–아내), 연인(남자친구–여자친구), 친구 및 동료 등의 유형이 여기에 속하며 이들이 가장 중요하게 여기는 가치는 평등이다.

3. 우호적 관계와 적대적 인간관계

인간관계 유형은 다른 사람과의 상호 작용으로 타인과 자신의 공감 및 이해수준과 이해관계에 따라서 우호적 관계와 적대적 인간관계로 구분할 수 있다.

먼저, 우호적 인간관계는 자신과 타인과의 관계가 쌍방 간에 우호적인 감정을 가지고 서로를 도우려는 협력 의지가 강하기 때문에 공동의 목표를 추구하기 위해서 서로 노력하며 이 노력을 통해 인간관계가 더욱 돈독해지는 선순환 과정을 경험한다. 반면 적대적 인간관계는 자신과 타인과의 관계 형성 및 유지에 있어서 서로에 대한 이해가 부족하고 서로의 입장을 이해하려는 배려가 부족하여 자신의 이익만을 강조하거나 상대방을 상호협력 관계가 아니라 경쟁상대로 인식함에 따라 상대방의 일을 비방하거나 비협조적으로 행동하며 심지어 타인의 성공과 행복을 자신의 실패와 불행으로 여기기도 한다.

4. 애정중심적 인간관계와 업무중심적 인간관계

인간관계를 형성하고 유지시키는 핵심가치에 따라 인간관계는 애정중심적 인간관계와 업무중심적 인간관계로 구분할 수 있다.

애정중심적 인간관계는 타인과의 관계 형성에 있어서 매력이나 호감을 통해 인간관계를 유지 및 형성하기 때문에 사랑, 우정, 인정 등의 가치를 중요시하는 반면, 업무중심적 인간관계는 상대 매력이나 호감과 같은 정서 및 감정적 요소에 관계없이 업무의 달성을 최우선 가치로 중요시함에 따라 이득과 성과에 따라 인간관계가 유지 및 형성된다.

2 인간관계 장애 요인

원활하고 원만한 인간관계를 저해하고 개인 및 사회에 부정적 영향을 미치는 인간관계의 장애 요인을 인간관계의 부적응 유형에 따라 다음과 같이 설명할 수 있다.[16]

1. 인간관계 회피형

인간관계 회피형은 인간관계를 스스로 회피하고 자신을 타인과의 관계에서 고립시키는 유형으로 인간관계에 대한 욕구가 다른 사람들보다 낮으며 주로 소극적이고 주변에 친구가 거의 없으며 인간관계의 폭도 매우 제한적이다. 따라서 인간관계 회피형은 인간관계 고립형이라고도 불리며 이 유형의 구성원들은 타인과의 만남이 없는 혼자 있을 때 가장 편안함을 느낀다.

따라서 인간관계 회피형의 경우 주로 독립적으로 업무를 하는 직무에 적합하며 혼자 하는 일에 있어서 대체로 직무몰입이 나타난다. 이러한 인간관계 회피형은 주로 2가지 하위 유형으로 나눌 수 있는데, 하나는 인간관계를 중요하게 여기지 않아 자발적으로 고립되기를 원하는 인간관계 경시 유형과, 타인과의 인간관계에서의 두려움으로 인해 인간관계를 회피하는 인간관계 불안 유형으로 구분할 수 있다.

1) 인간관계 경시 유형

인간관계 경시 유형은 업무의 수행에 있어서 인간관계보다 업무에 중점을 두기 때문에 인간관계 자체에 큰 의미를 부여하지 않는다. 따라서 이 유형의 구성원들은 주로 상호관계를 위해서 소요되는 노력과 시간을 헛된 낭비로 여기며 혼자 있는 것을 고독과 외로움으로 느끼기보다 휴식과 몰입의 기회로 판단한다.

그러나 인간관계 경시 유형이 장기화될 경우 삶에 대한 의미나 즐거움을 발견하는 것이 어려워져 이유 없는 권태감이나 무력감에 빠져 허무주의나 비판주의자로 변화되는 경우가 있다.

아울러 인간관계 경시 유형은 혼자만의 사색과 몰입을 통해 창의적이고 진취적인 창조물을 만들어내기도 하지만 타인에 대한 이해 및 공감이 부족하여 이들의 산출물이 성과로 인정받지 못하는 경우도 발생한다.

2) 인간관계 불안 유형

인간관계 불안 유형은 업무의 수행이 사람보다 항상 먼저는 아니지만 사람을 만나고 타인과 관계를 형성 및 유지하는 것을 불안해하고 두려워하여 인간관계를 회피하는 사람들이다. 따라서 인간관계 불안 유형의 사람들은 대체로 사람들을 사귀고 싶고 만나서 다양한 인간관계를 통해 기쁨과 즐거움을 누리고 싶어 하는 욕구를 지니고 있다는 점에서 인간관계 경시 유형과는 구별된다.

그럼에도 인간관계의 형성 및 유지에 대한 노력이 매우 어렵고 힘들기 때문에 이 두려움을 피하고 싶어서 인간관계를 회피하려 한다. 따라서 인간관계 불안 유형의 사람들은 자신을 이해해

주고 자신이 편안함을 느껴서 안심하고 만날 수 있는 가족 또는 소수의 친구들과 제한적 인간관계를 형성 및 유지한다.

2. 인간관계 피상형

인간관계 피상형 유형은 인간관계 회피형 유형과 다르게 인간관계는 의미가 있다고 판단하지만 인간관계를 유지 및 관리하는데 별도의 노력이 들어가는 것을 원치 않아 주로 피상적인 인간관계를 맺는 사람들이다.

인간관계 피상형 유형은 겉으로는 많은 사람들과 관계를 형성하고 그들과 상호 협력하는 것처럼 보이지만 실제로는 관계가 깊지 않고 진실 되지 않아 자신의 속내를 터놓고 본인이 담당하고 있는 어려움이나 문제를 함께 해결하기보다는 홀로 문제를 해결하기 위해 고민하다가 심한 외로움과 고독감에 빠져서 좌절하기도 한다.

무엇보다 피상적 인간관계 유형은 관계를 맺지 않으면 불안한 마음에 관계를 형성하기도 하지만 관계를 맺었어도 관계를 맺은 상대방에 대한 신뢰가 부족하여 타인과의 관계가 너무 가깝지도 너무 멀지도 않은 적당한 거리가 필요하다고 주장한다. 아울러 인간관계 피상형 유형은 인간관계의 주된 목적을 실리와 유희 중 어느 곳에 두느냐에 따라 인간관계 실리형 유형과 인간관계 유희형 유형으로 구분된다.

1) 인간관계 실리형 유형

인간관계 실리형 유형은 인간관계의 목적을 자신의 이익과 필요에 따라 형성 및 유지하는 유형으로, 이들은 인간관계를 현실적 이득을 위한 거래라고 생각한다. 따라서 자신의 이익에 도움이 될 타인과는 의도적으로 인간관계를 형성하고 그렇지 않은 인간관계는 더 이상 유지 및 관리하지 않는다.

특히 오늘날의 Give and Take라는 시장원리를 통해 인간관계를 형성 및 유지하기 때문에 일부 사회에서는 이들을 효율적인 인간관계 유형이라고도 정의하지만, 이들의 경우 실리에 따른 인간관계 형성 및 유지가 잘 되지 않을 때에는 심리적 혼란과 불안에 빠지게 된다.

2) 인간관계 유희형 유형

인간관계 유희형 유형은 인간관계를 통해 유희, 즉 기쁨과 즐거움을 얻는 사람들이다. 따라서 유희형 유형은 사람들과 어울리기를 좋아하며 타인과 인간관계를 형성 및 유지하는 데 있어서 무겁고 진중한 대화보다는 즐겁고 재미있는 농담으로 주로 관계를 유지하려고 한다. 따라서 다른 사람의 무거운 이야기를 회피하려고 하며 자신도 진짜 속내를 잘 터놓지 않아 인간관계의 깊이가 대체로 깊지 않는 특징을 지닌다.

3. 인간관계 미숙형

인간관계 미숙형은 인간관계에 관한 니즈는 있지만 인간관계를 원만하게 형성하고 유지하는 기술이 부족하여 인간관계가 원활하지 못한 사람들이다. 따라서 인간관계 미숙형 유형들은 주로 타인과의 깊은 인간관계의 형성 및 유지를 위해 타인에 대한 이해와 관심이 선행되어야 하며, 특히 다른 사람들과 친밀해지는 사교적 기술 등에 대한 교육이 절실하다.

인간관계 미숙형은 인간관계 부적응문제의 유형에 따라 인간관계 소외형 유형과 인간관계 반목형 유형으로 구분된다.

1) 인간관계 소외형 유형

인간관계 소외형 유형은 주로 미숙한 대인관계 기술로 인해 타인으로부터 소외되는 사람들로 이들은 인간관계 유지 및 형성을 위해 적극적이고 능동적인 태도를 보임에도 타인들에게 호감을 주지 못해 인간관계에서 소외되는 경우가 많다. 또한 이들은 인간관계 반목형 유형과 달리 인간관계에 대한 니즈가 있고 타인에 대한 관심이 높아 다른 사람들과 극심한 갈등을 겪지는 않는다.

2) 인간관계 반목형 유형

인간관계 반목형 유형은 인간관계에서 타인들에게 호감을 주기도 하며 매력을 주기도 하지만 상대방의 언행이나 의견에 쉽게 상처받고 쉽게 반대하는 유형으로 대체로 다툼과 대립을 반복적으로 경험한다.

즉, 강한 신념과 주장으로 다른 사람들이 자신의 기준에 벗어나거나 이를 위반하였을 때 이에 대한 강한 지적과 불만을 표출하면서도, 타인이 부적절한 자신의 행동을 지적하였을 때 이를 수정 및 보완하기보다 자신의 잘못을 지적한 행위에만 관심을 가지는 유형으로 대체로 정서적으로 불안하여 감정적인 통제가 부족한 사람들이다.

4. 인간관계 구속형

인간관계 구속형은 다른 사람들과의 인간관계를 강박적으로 추구하는 사람으로, 이들은 대체로 혼자 있으면 불안해하거나 허전하여 참지 못한다. 심지어 혼자 있을 때에는 사람들로부터 관심을 받지 못하는 원인을 자신의 잘못이라고 판단하며 타인으로부터 버림받았다고 여겨 괴로워한다. 반면 이들은 넘치는 애정과 관심으로 인간관계 형성 및 유지를 위해서 상당한 희생과 부담도 감수한다. 따라서 자신의 주변 사람들이 자신에게 관심과 애정을 가지기를 원하며 자신에게 관심과 애정을 주는 사람이 다른 사람에게도 관심과 애정을 표현하면 질투를 강하게 느낀다.

또한 인간관계 구속형은 매우 짧은 시간에도 깊은 관계를 형성하지만 오랜 기간 동안 관계를 지속하지 못하는 약점이 있다. 인간관계 구속형은 인간관계 구속의 주요 목적에 따라 인간관계 의존형 유형과 인간관계 지배형 유형으로 구분된다.

1) 인간관계 의존형 유형

인간관계 의존형 유형은 인간관계를 매우 중요하게 여기는 만큼 인간관계의 유지 및 형성에도 신중을 기한다. 따라서 인간관계의 유지 및 형성에 필요한 행동 및 의사결정을 쉽게 하지 못해 타인이 이를 결정 및 선택해주기를 바라며, 자신보다 유능하고 강한 사람들을 만나면 이들을 자신이 의지할 대상으로 선정하고 이들을 우상시하거나 과대평가하기도 한다. 따라서 조직 내에서 상대방에게 심리적 부담을 안겨 주어 인간관계가 불안하게 되는 경향이 있으며, 상대방이 부담이 커져 관계가 무너졌을 때에는 재빠르게 다른 의존 상대를 찾아 새로운 의존적 인간관계를 형성한다.

2) 인간관계 지배형 유형

인간관계 지배형 유형은 혼자서는 인간관계의 허전함과 불안함을 느끼는 유형으로, 이들은 인간관계 의존형과 반대로 누군가를 지배하고 누군가에게 지시 및 명령을 하였을 때 만족을 느낀다. 따라서 조직 내에서 자신의 의견에 순종하며 따라주는 사람들을 원하며 자신의 주장에 대한 확신이 강하고 자기주장이 강하여 자신의 주장에 순종하지 않거나 대립하는 구성원에게는 다소 공격적인 행동을 나타내기도 한다.

이처럼 인간관계 장애 요인인 인간관계의 부적응 유형은 인간이 완벽하지 못함을 보여주는 것이다. 그러므로 효과적이고 효율적인 인간관계 형성 및 유지를 위해서는 각 유형이 지니는 결점과 흠을 보완하여 인간관계를 유지 및 형성하는 전략을 세우는 것이 중요하다.

사람들이 이야기할 때 상대방을 왜곡하는 것에 집착하는 경우가 있다. 분노와 짜증의 대상이 되는 사람을 경멸하면서 쾌감을 느끼고, 자기가 도덕적으로 우월하다는 느낌도 받는다. 그러면서 상대방에 대한 자신의 시선이 왜곡되었다는 사실을 받아들이려고 하지 않는다.

5. 인간관계 갈등 유발 사례

인간관계 갈등을 유발하는 인지 왜곡 10가지 사례[17]는 다음과 같다.

① 전부 아니면 전무라는 사고: 갈등이 있거나 불편한 상대가 있을 때, 이를 철저히 흑과 백으로 극단화한다. 중간 지대는 존재할 수 없다. 나를 화나게 하는 사람이 있을 때, 저 사람은 인정할 만한 구석이 전혀 없는 빵점짜리라고 여긴다. 혹시 관계가 깨지면 전혀 복구할 수 없이 끝났다고 생각해버린다.

② 지나친 일반화: 어떤 문제가 생기면 이전의 분노, 갈등, 패배가 또다시 되풀이된 것으로 생각한다. '저 사람은 항상 저렇지'라고 생각한다.

③ 정신적 여과: 남의 잘못에 딱지를 붙인다. 지금까지 그 사람의 행동이나 말에 나타난 부정적 측면에만 골몰하고, 좋은 점은 걸러 내거나 무시해버린다. 배우자에게 이렇게 말한다. "제발 쓰레기 좀 버려달라고 말하는 게 벌써 열 번째야!" "더러운 양말을 바닥에 팽개쳐두지 말라고 몇 번이나 말해야 알아먹는 거야?"

④ 긍정적인 면을 낮게 평가하기: 남의 좋은 점이나 행동을 인정해 주지 않는다. 다툼을 벌이는 상대방이 긍정적인 일을 했을 때, "나를 조종하려는 거야"라고 여긴다.

⑤ 사실과 부합하지 않는 결론으로 비약한다. 세 가지 유형이 있다.

- 유형1은 독심술 오류: 자기에 대한 상대방의 생각과 감정을 다 알 수 있다고 생각한다.
- 유형2는 역(逆) 독심술 오류: 자기 생각과 느낌을 나타내지 않아도 남이 다 알아차려야 한다고 생각한다.
- 유형3은 점쟁이 오류: 사정이 최악이라고 믿으면서, 남이 나를 부당하게 대한다고 생각한다. "그 친구는 완전히 자기중심적이야. 내가 이용할 만한 구석이 있으니까 내가 필요한 것이지"라고 생각한다. 배우자에게 이렇게 말한다. "내 기분이 어떤지 스스로 느껴야 하는 거 아냐?" 내가 불편함을 느끼는 상대방은 절대로 변하지 않을 것이라고 단정한다.

⑥ 침소봉대 혹은 과소평가: 남의 흠을 실제보다 과장하고, 긍정적인 점의 가치는 축소한다. 논쟁 중에 이렇게 내뱉는다. "당신이 이렇게 멍청한 줄 정말 몰랐어!"

⑦ 감정적 추론: 자신의 감정을 근거로 현실을 판단한다. 상대방이 '인생 낙오자'라고 여길 뿐 아니라 실제로도 그렇다고 결론을 내려버린다.

⑧ 해야 한다는 사고: '해야 한다, 하지 말아야 한다.'라는 논리로 자기를 탓하거나 남을 비난한다. 두 가지 유형이 있다.

- 유형1은 남을 향한 '해야 한다'식 사고로 남이 '그런 식으로 느끼면 안 되고', 자기가 기대

하는 식으로 느껴야 한다고 생각한다.

- 유형2는 자기를 향한 '해야 한다'식 사고로 '내가 그런 실수를 하면 안 되는 것인데' 혹은 '그런 감정을 느끼면 안 되는데'라고 생각한다.

⑨ 낙인찍기: 상대방에게 고약한 낙인을 찍는다. 그 사람 인생 전체를 어떤 긍정적인 면도 없는 부정적 존재로 여긴다. "망할 자식!", "멍청한 자식!"

⑩ 탓하기: 문제를 구체적으로 분석하기보다는 누군가를 탓하기만 한다. 두 가지 유형이 있다.

- 유형1은 남 탓하기: 문제를 남 탓으로 돌리고 자신의 잘못은 거들떠보지 않는다.
- 유형2는 제 탓하기: 자기가 나쁘고 하찮은 사람이라는 느낌에 빠진다. 문제가 모두 자기 잘못이 아닌데도 자기 탓만 한다.

"모두 당신 잘못이야!" 그리고 분노로 속 끓이며 식식거린다. 자신에게 이렇게 손가락질한다. "모두 내 잘못이야!" 다른 사람의 감정을 살피고 문제를 해결하는 대신 자기 자신을 학대하는 데에만 힘을 소진한다.

인지 왜곡을 인식하고 남을 더 긍정적이고 현실적으로 바라보는 법을 배울 때 좋은 인간관계를 맺을 수 있다.

3 올바른 인간관계

사람들은 누구나 좋은 인간관계를 맺기를 원하지만 그리 쉬운 일이 아니다. 좋은 인간관계보다 인간관계를 손상시키는 경우가 더 많이 나타나기 때문이다. 먼저 인간관계를 손상시키는 습관에 대해서 살펴보고, 다음으로 좋은 인간관계를 만드는 행동과 방법에 대해서 설명한다.

1. 인간관계를 손상시키는 나쁜 습관 5가지

자신은 잘한다고 하는데 자신도 모르게 찬물을 끼얹는 나쁜 습관이라는 것이 있다. 더 무서운 것은 무의식적으로 하고 있다는 것이다. 인간관계를 손상시키는 나쁜 습관들은 무엇인지, 그리고 나의 습관과 비교하면서 점검해 보는 것도 좋을 것이다.[18]

1) 상대방을 간섭한다.

나와 다르다고 해서 상대에게 여러 가지 조언하거나 그 사람의 성격이나 라이프스타일에 대해 간섭하면 설령 선의의 마음일지라도 상대에게는 큰 곤욕일 수도 있다. 자신의 이상을 갈구하며 상대방이 나한테 맞추기만을 바라면 상대방은 나를 피하고 싶은 관계가 된다.

2) 언쟁을 피하고, 상대에게 맞추려한다.

좋은 게 좋다는 식으로 언쟁이 생기게 되면 이것을 현명하고 지혜롭게 대처할 방법을 찾기보다는 무조건 상대에게 맞추는 것이 더 편하다고 생각하는 것이다. 때로는 화가 나고 싸움이 될 수도 있지만 그것은 상대를 더 깊이 이해하기 위한 첫 걸음이 될 수도 있다. 그런데 미움 받는 것이 두려워 싸움과 의견충돌을 피하려는 것은 진정한 의미에서 신뢰를 쌓아 올릴 수 없다.

3) 내가 옳고, 상대의 실수는 용서할 수 없다.

"용서"라는 것은 말처럼 쉬운 일이 아니다. 하지만 특히 인간관계에서는 상대를 용서하는 것은 매우 중요하다. 가장 가까운 상대이기에 용서할 수 없다는 생각, "내가 옳다"고 강하게 생각할수록 상대를 용서하지 못할 수 있다. 하지만 만약 상대와의 관계를 무엇보다 소중하게 생각한다면 "용서"라는 스킬은 관계를 유지하는 데 있어서 큰 도움이 된다.

4) 상대의 이야기를 흘려버린다.

사람 사이가 원만해지면 긴장감도 떨어지고, 대화에도 신선미가 없어지고, 상대의 이야기를 대강 흘려듣게 되곤 한다. 언뜻 평범한 듯하지만, 지금의 관계를 소중히 하고 싶다 여긴다면 그런 습관은 그만 두어야 한다. 소중한 사이의 파트너가 지금 어떤 생각을 하고 있는지, 무엇에 흥미와 관심이 있는지 열심히 듣는 것이 중요하다.

그리고 자신이 어떤 반응을 하는가 하는 것은 관계 커뮤니케이션에 있어서 가장 기본적인 것이다.

5) 침묵과 넘어가기

기분이 나쁘거나 실망하고 자신의 마음속을 잘 표현하지 못하고, 그저 입을 다물어 버리는 습관은 상대를 무시하는 습관이기도 하다. 오히려 지금의 기분을 상대에게 솔직한 표현과 정확한 말로 냉정하게 전해야 한다. 사소한 것이라도 진지하게 생각해야 하며, 침묵으로 일관하는 습관은 정말 버려야 하는 습관 중의 하나이다.

사회생활을 하다보면 인간관계는 정말 중요하다. 나에게는 별 중요한 사항이 아닐지라도, 그런 습관들이 다른 상대방에겐 말 못할 고민이 될 수 있기 때문이다. 지금, 내게 있는 습관들을 잘 체크해 보고 인간관계의 질을 더 높여보자.

2. 좋은 인간관계를 위한 행동

인간관계 때문에 힘들어 하고, 인간관계 때문에 웃고, 인간관계 때문에 도움을 받고, 인간관계 때문에 배신을 당한다. 사람과 사람 사이, 내가 다가가고 마음을 열어야 상대도 나에게 다가오고 마음을 열어준다. 좋은 인간관계를 위해서는 다음과 같은 행동이 필요하다.[19]

① 순수한 관심을 표현하라. 내가 호감을 보이지 않는 한 누구도 관심을 가져주지 않는다.
② 상대방의 이름을 기억하라. 사람은 누구나 자신의 이름에 애착을 가진다.
③ 항상 미소를 가져라. 당신의 얼굴이 인격이다.
④ 진심으로 칭찬하고 아낌없는 찬사를 보내라. 인간은 누구나 칭찬받기를 원한다.
⑤ 상대방의 입장에서 생각하라. 얽힌 매듭도 쉽게 풀린다.
⑥ 상대방을 최고라고 생각하고 대하라. 그도 당신을 그렇게 대한다.
⑦ 기대를 거는 만큼 격려하라. 상대방은 당신을 위해 최선을 다할 것이다.
⑧ 끝까지 상대방의 말에 귀를 기울여라. 그것은 당신이 보여 줄 수 있는 최고의 경의이다.
⑨ 상대방의 실수를 지적하지 말라. 열심히 하던 일도 멈추게 된다.
⑩ 잘못이 있을 경우 스스로 인정하라. 비난의 소리를 듣는 것보다 마음이 편하다.

3. 좋은 인간관계를 이끌어가는 3가지 방법과 좋은 습관

사람들에게 세상을 살아가면서 가장 힘든 것 중의 하나가 무엇이냐 물으면 많은 사람들이 '인간관계'라고 대답한다. 어떻게 보면 세상은 인간들이 모여서 만들어가는 것인 만큼 모든 것의 중심에 이 인간관계가 있다고 해도 결코 과언은 아니다. 좋은 인간관계를 끌어나가는 것은 삶의 질을 높이고 행복한 인생을 영위할 수 있는 가장 중요한 덕목 중의 하나라고도 볼 수 있다. 좋은 인간관계를 맺어나가기 위한 세 가지 방법에 대해서 살펴본다.[20]

1) 진심으로 상대방의 말을 들어주기

좋은 관계를 끌어나가기 위해 첫 번째로 중요한 것은 바로 경청, 즉 진심으로 상대방의 말을 들어주는 것이다. 원만하면서도 깊이 있는 인간관계를 원한다면 상대방의 말을 잘 들을 줄 알아야 한다. 상대방의 말을 잘 듣는다는 것은 상대방에게 적극적으로 관심을 갖고 그의 내면 깊숙이 있는 마음의 소리를 귀와 눈과 가슴으로 듣고, 온몸으로 느끼는 것을 의미한다.
다른 사람과 진실한 관계를 맺길 원한다면 다른 사람의 말에 귀 기울이고 나의 시각으로 이렇다 저렇다 판단하지 말고 상대방의 눈을 보며 그가 하는 말에 집중해야 한다.

2) 다른 사람의 입장에서 생각하기

두 번째로 필요한 것은 나의 입장이 아닌 타인의 입장에서 생각해보는 것이다. 관계를 부드럽게 끌어가려면 상대방의 말을 듣고, 그의 입장에서 느낄 수 있어야 한다. 상대방이 겪은 일을 마치 내가 지금 겪고 있는 것처럼 생각하고 그 상황에서 느낄 수 있는 생각과 감정을 상상하면서 실제로 똑같이 느껴보는 것, 나를 버리고 다른 사람이 되어보는 것이 바로 감정이입이다.

3) 다른 사람의 마음을 헤아려라

다른 사람의 입장에서 생각했다면 그 사람의 입장에서 마음을 헤아려 주는 것이 무척 중요하다. 그런데 다른 사람의 마음을 헤아리기 위해서는 우선 나의 마음 상태부터 헤아려야 한다.

자신의 감정 패턴에 무딘 사람일수록 다른 사람의 감정을 헤아리고 조화로운 관계를 끌어가는데 어려움을 겪는다. 그러니 먼저 내 마음을 알아야 하고 내가 느끼는 감정을 알고, 내가 상황과 사람에 어떻게 반응하는지 그 패턴을 관찰해야 한다.

더불어 나에게 편견이 있음을 인정하는 것도 매우 중요하다. 내가 나를 감싸고 있는 편견에서 벗어나지 못한다면 결코 타인의 마음을 헤아리지도 못하기 때문이다. 더불어 '내가 옳다'는 고정관념에서도 벗어나야 한다. 겉으로 드러나진 않지만 어느새 속으로 굳어진 '내가 옳고 다른 사람은 틀리다', '이건 꼭 내 방식대로 해야 돼'라는 아집에서 벗어나야 한다. 틀린 것이 아니고 다른 것임을 인정해야 한다.

마음을 활짝 열고 상대방의 시각, 의견, 스타일을 받아들일 때 그의 진심을 알 수 있고, 비로소 그의 존재를 받아들일 수 있다. 좋은 인간관계의 출발점은 나를 벗어나서 타인을 인정하고, 그의 말을 듣고, 그의 입장을 이해하는 것에서부터 시작된다.

4) 좋은 인간관계를 위한 7가지 습관

① 자신을 잘 관리한다. 항상 최고의 컨디션을 유지하도록 노력한다. 최고의 컨디션은 기쁨과 감사하는 마음과 사랑스러움이다.

② '3비'를 절대 금한다. '3비'란 비난, 비판, 불평을 말한다. 링컨의 성공비결은 절대 비판하지 않고 불평하지 않는 것이다.

③ 정중한 예의를 갖춘다. 실력 없는 것은 용납이 돼도 예의 없는 것은 용납이 안 된다. 예절 있는 사람이 되도록 어렸을 때부터 체질화 시켜야 한다.

④ 상대방을 존중하고 세워준다. 사람에게는 인정받고 대접받고 싶은 욕구가 있다. 상대를 높여준다, 인정해 준다, 칭찬을 아끼지 않는다.

⑤ 상대방의 말을 잘 들어 준다. 마더 테레사는 기자들의 질문에 이렇게 대답했다. "내가 한 일은 사람들이 내게 와서 무언가 말할 때 그 이야기를 처음부터 끝까지 들어준 것뿐입니다."

⑥ 인색하지 않는다. 사람은 돈 쓰는 것을 보면 그 사람이 어떤 사람인지 알 수 있다. 인색한 사람은 부모라도 그 자식을 싫어한다. 돈을 잘 쓰면 그 돈이 그 사람을 빛나게 한다. 그러나 인색하면 사람들과 더 좋은 관계로 발전할 수 없다.

⑦ 상대방의 필요를 채워주고 배려한다. 낚시를 갈 때 아이스크림을 가져가지 않고 물고기가 원하는 미끼를 가져가는 것처럼 사람을 낚으려면 내 주장만 하지 말고 상대방이 원하는 것으로 채워준다.

가장 좋아하는 일을 하라. 그리고 그 일을 통해 다른 사람들을 즐겁게 하라. 이 즐거움은 당신도 행복하게 되고, 당신이 행복하면 이 세상은 행복한 사람들의 소유가 될 것이다.[21]

세상은 모두가 다 재능을 가지고 있다. 자신이 좋아하고 잘하는 것은 평생 직업을 가져도 즐겁기만 하다.

최근 인싸와 아싸라는 말을 흔히 듣게 된다. 인싸는 인사이더(insider)의 줄임말로 사람들과 잘 어울려 지내는 사람이라는 뜻이고, 아싸는 아웃사이더(outsider)를 줄임말로 사람들과 잘 어울리지 않거나 못하는 사람을 뜻한다. 이 인(in)싸와 아(out)싸를 구분하는 그 경계선에는 인간관계가 있다. 인싸는 인간관계가 원만한 사람들이다. 인간관계를 잘하는 사람이 상대방을 설득하는 12가지 방법은 다음과 같다.

1. 논쟁에서 최선의 결과를 얻을 수 있는 유일한 방법은 그것을 피하는 것이다.
2. 상대방의 견해를 존중하라. 결코 상대방이 틀렸다고 말하지 말라.
3. 잘못을 저질렀다면 즉시 분명한 태도로 그것을 인정하라.
4. 우호적인 태도로 말을 시작하라.
5. 상대방이 당신의 말에 즉각 "네, 네"라고 대답하게 하라.
6. 상대방이 많은 이야기를 하게 하라.
7. 상대방이 그 아이디어가 바로 자신의 것이라고 느끼게 하라.
8. 상대방의 관점에서 사물을 볼 수 있도록 성실히 노력하라.
9. 상대방의 생각이나 욕구에 공감하라.
10. 더 고매한 동기에 호소하라.
11. 당신의 생각을 극적으로 표현하라.
12. 도전 의욕을 불러일으켜라.

리더십 사례 탐구

빌 게이츠의 자선사업

빌 게이츠(Bill Gates)는 하버드대학교 2학년(1975년) 때 자퇴한 후 마이크로소프트(MS)를 설립하고 3년 뒤에는 사무실을 부모가 사는 시애틀로 옮겼다. 이때에만 부모가 빌 게이츠에게 조금 도움을 줬는데, 돈이 아니었다. 어머니는 아들이 일에 전념할 수 있도록 집안일을 도맡아 했고, 아버지는 변호사 경력을 바탕으로 마이크로소프트 이사회에서 일할 사람들을 찾는 데 도움을 줬다. 그 뒤에는 가족들이 절대로 MS 경영에 관여하지 않았다. 빌 게이츠가 1986년 MS 주식상장 후 억만장자에 등극한 이후에도 그의 가족은 각자의 길을 갔다. 암으로 투병하던 어머니가 1994년 죽고 6개월 뒤 빌은 자선사업을 시작했다. 어머니가 생전에 늘 아들에게 자선사업을 권유했지만, 빌은 사업에 바빠 자선사업에 선뜻 뛰어들지 못했었다. 아들은 어머니가 돌아가신 뒤 어머니의 권유를 빨리 시작하지 않은 것을 크게 후회했다고 한다.

아버지는 오랜 변호사 생활을 마무리한 뒤에야 비로소 아들의 일을 도왔다. 아들이 세운 '빌 & 멜린다 게이츠 재단'을 통해 자선가로 사는 삶을 살고 있다. 90세의 고령인데도 자선사업을 위해 자주 아프리카로 가곤 했다. 아버지처럼 딸 둘, 아들 하나를 둔 빌 게이츠는 자기 아이들이 자신의 힘으로 의미 있는 삶을 살기를 바란다. 그래서 자식들에게는 1,000만 달러(한화 약 130억 원)씩만 상속하고 자신의 자산 803억 달러(약 100조 원) 중 95%를 기부하기로 약속했다.

인생의 성패를 가늠하는 잣대는 인간관계다. 인간관계는 중심축이 무엇이냐에 따라 달라진다. 자기나 돈을 중심으로 인간관계를 맺는 사람은 나이가 들수록 초라해지고 인색해진다. 타인을 중심으로 인간관계를 맺는 사람은 자기가 남을 위해 존재하고 남을 위한 봉사와 희생에서 자기 존재 이유를 실현할 수 있다고 생각한다. 많은 사람이 그를 찾아오거나 따르게 된다. 풍부한 체험과 지식과 지혜를 축적한 사람들이 가장 값진 자산이다. 빌 게이츠(Bill Gates)가 한 말들을 몇 가지 소개한다.

"다른 사람이 나를 이해 해주길 바라지도 말라. 항상 먼저 다가가고 먼저 배려하고 먼저 이해하라."

"주는 만큼 받아야 한다고 생각지 말라. 아낌없이 주는 나무가 돼라."

"가는 말을 곱게 했다고 오는 말도 곱기를 바라지 말라."

"인생이란 절대 공평하지 않다. 이 사실에 익숙해져라."

"화목하지 않은 가정에서 태어난 건 죄가 아니지만, 당신의 가정이 화목하지 않은 건 당신의 잘못이다."

빌 게이츠는 어머니의 부탁대로 자기의 막대한 재산을 가난하고, 병들고, 소외된 사람들을 자기와 동일시하고 그들을 위해 쓰고 있다. 그가 세계 최고 부자로만 남아 있었다면 돈벌이의 귀재로는 인정받아도 인격적으로 존경을 받지는 못할 것이다.

토론 문제

01 인간관계의 유형에는 어떤 것이 있는지와 인간관계 장애 요인은 무엇인지에 대하여 설명해보자.

02 인간관계를 손상시키는 나쁜 습관 5가지와 좋은 인간관계를 위한 행동 10가지를 설명하고, 자신이 가지고 있는 습관과 행동에는 어떤 것이 있는지 이야기해보자.

03 좋은 인간관계를 이끌어가는 3가지 방법과 좋은 인간관계를 위한 7가지 습관에 대하여 이야기해보자.

04 빌 게이츠의 성장 과정은 어떠했는지? 사업 성공 후 자선사업을 하게 된 이유와 그가 미친 사회적 영향에 대하여 이야기해보자.

CHAPTER 13

리더십과 동기부여

I. 동기부여의 개념과 동기부여이론

II. 부하의 유형에 따른 동기부여와 리더십

Leadership Story

늙은 인디언한테 배우는 삶의 원칙

이 이야기는 감성 바이러스를 퍼뜨리라는 뉴리더의 마케팅전략을 제시한다.

'포타-라모'라는 인디언 노인은 매일 시장에 나와 좌판을 열고 양파를 판다. 어느 날 시카고에서 날아온 백인이 다가와 물었다. "양파 한 줄이 얼마입니까?" "10센트입니다." "두 줄에는 얼맙니까?" "20센트죠." "세 줄은요?" "30센트라오."

그러자 백인이 말했다. "별로 깎아주는 게 없군요. 세 줄을 25센트에 파시죠." "그렇게는 안 됩니다." 인디언 노인은 느리지만 단호한 어조로 대답했다. 다시 백인이 물었다. "그렇다면 여기 있는 걸 다 사면 얼맙니까?" 백인은 '떨이'로 사 보겠다는 속셈이었다. 인디언 노인은 그 백인을 물끄러미 쳐다보며 말했다. "그렇게는 팔 수 없습니다."

백인은 의아해 하면서 되물었다. "왜 못 파신다는 거죠? 양파를 팔러 나오신 것 아닙니까?" 늙은 인디언은 천천히 그리고 담담한 어조로 말했다. "나는 여기 양파만 팔려고 나와 있는 것이 아니라오. 난 지금 내 인생을 사려고 나와 있는 거라오."

늙은 인디언의 예상치 않은 대답에 백인은 매우 당황했다. 늙은 인디언은 굵게 팬 주름 사이로 흐르는 땀을 갈퀴같이 험해진 손으로 닦으며 말을 이어갔다. "나는 이 시장을 사랑합니다. 북적대는 사람들을 사랑하고, 붉은 서라피(어깨나 무릎 덮개 등으로 쓰는 색깔이 화려한 모포)를 좋아하지요. 나는 햇빛을 사랑하고 바람에 흔들리는 종려나무를 사랑합니다.

나는 친구들과 함께 담배를 태우고 시장통 아이들과 소란스레 얘기 나누는 것을 좋아합니다. 나는 여기서 사람들을 만나는 것이 얼마나 즐거운 일인지 날마다 느끼지요. 이게 바로 내 삶입니다. 그 삶을 살아내기 위해 나는 하루 종일 여기 앉아서 양파를 팔고 있는 거랍니다. 그러니 당신에게 이 양파들을 몽땅 팔아치운다면 내 하루도 그걸로 끝이 나지 않겠습니까? 그렇게 되면 나는 어디 가서 내가 사랑하는 것들과 함께 지낼 수 있을까요? 결국 다 잃게 되는 것 아닐까요? 그러니 그렇게 할 수는 없는 노릇이지요."

선글라스를 낀 채 거만하게 서 있던 백인은 더 이상 인디언 노인을 내려다 볼 수 없었다. 그는 선글라스를 벗어들고 양파 파는 인디언 노인을 물끄러미 쳐다보았다. 가을 해가 남겨 놓은 그림자 속에서 그 백인은 인디언 노인보다 한없이 작아만 보였다.

그 인디언 노인은 지금도 여전히 하루 스무 줄 안팎의 양파를 팔며 사랑하는 시장의 어느 한구석에서 자신의 삶을 꾸려가고 있을 것이다. 그는 우리에게 팔 수 있는 것과 팔 수 없는 것, 아니 팔 수는 있지만 결코 팔아서는 안 되는 것이 무엇인지를 일깨워 주고 있다. 사람들은 뭐든 팔 수 있다고 생각한다. 그렇다. 뭐든 팔 수는 있다. 그러나 결코 팔아서는 안 되는 것이 있다. 그것을 구분할 줄 아는 것이 진정한 '지혜'다. 그 인디언 노인에게는 지혜가 있었다. 그러나 그 지혜만으로는 부족하다. 팔아서는 안 되는 것을 알면서도 파는 사람들이 얼마든지 있기 때문이다. 따라서 팔아서는 안 되는 것을 팔지 않을 '용기'가 필요하다. 물론 인디언 노인에게는 용기가 있었다. 그러나 용기만으로는 부족하다. 용기는 팔기를 권하는 회유와 압박이 커감에 따라 얼마든지 사그라질 수 있기 때문이다.

결국 진정으로 팔아서는 안 되는 것을 팔지 않을 수 있는 것은 '원칙'에 따를 때다. 팔 수 있지만 팔지 않고 지켜내는 일은 원칙이 있을 때만 가능하다. 그래서 원칙이 중요하다. 원칙은 단순히 어느 순간 내거는 슬로건이 아니다. 그렇다고 고집이나 아집도 물론 아니다. 그것은 하나하나의 실전경험 속에서 차곡차곡 쌓이고 다져지는 마음의 진지(陳地) 같은 것이다. 마음의 진지로서 원칙의 힘은 바로 그 하나하나의 쌓여짐과 다져짐 속에서 우러나온다.

필요의 시장에 굴복하지 말고 욕망의 시장을 두드려라

"필요는 충족될 수 있지만 욕망은 결코 충족될 수 없다."

세일즈맨들 사이에서 오가는 에피소드 중에 에스키모에게 냉장고와 에어컨을 파는 이야기가 있다. 사막에 사는 유목민에게 모래주머니를 파는 것처럼 전혀 '필요'를 느끼지 않는 사람에게 그 물건을 파는 일이 세일즈맨의 최고 경지인 것처럼 여겨진 까닭에 생긴 이야기일 것이다.

그런데 과연 에스키모에게 냉장고와 에어컨을 팔 수 있을까? 물론 팔 수 있다. 에스키모에게 냉장고와 에어컨을 팔 수 있는 까닭은 시장이 더 이상 필요에 의해 움직이기보다 욕망을 따라 움직이기 때문이다. 사실 에스키모에게 냉장고와 에어컨은 필요하지 않은 물건일 수 있다. 그러나 사람의 욕망은 생활의 필요를 넘어서서 움직인다. 그 욕망을 자극하는 한 팔 수 있는 것이다.

이런 점에서 정신분석학자 자크 라캉의 이야기는 여전히 옳다. "필요는 충족될 수 있지만 욕망은 결코 충족될 수 없다!" 더불어 소비사회를 진단했던 장 보드리야르의 말처럼 "상품은 그 물질성이 아니라 '차이'를 드러내면서 소비된다."는 것이 확인되는 셈이다.

우리는 시장 안에서 산다. 그 시장은 고정불변의 시장이 아니고 유동하고 변화하는 시장이다. 우리가 마주하는 시장은 더 이상 '필요의 시장'이 아니라 '욕망의 시장'이다. 집집마다 컴퓨터가 있다. 그러나 또 업그레이드시킨다. 집집마다 자동차가 있다. 그러나 또 바꾼다. 집집마다 냉장고와 세탁기 등의 가전제품이 있다. 그러나 또 바꾼다. 단지 필요의 시장이라면 이미 포화 상태다. 더 팔 곳이 없기 때문이다. 그러나 시장은 끊임없이 새로운 수요를 창출한다. 그 까닭은 우리가 마주하는 시장이 '필요의 시장'을 넘어서 '욕망의 시장'으로 나아가고 있기 때문이다.

필요의 시장에만 집착해서는 안 된다. 필요의 시장은 이미 포화 상태다. 욕망의 시장으로 나아가야 한다. 소비자와 사용자들의 욕망을 읽고 그 욕망을 더듬으며 욕망의 시장으로 타고 들어가야 숨통이 트인다. 그러기 위해서는 소비자와 사용자들을 다시 만나야 한다. 다시 접촉해야 한다. 그들과의 인터페이스를 새롭게 해야 한다. 그들과 적극적으로 소통해야 한다. 그래야 욕망의 시장을 석권할 수 있다.

I 동기부여의 개념과 동기부여이론

1 동기부여의 개념

1. 동기부여의 의의

우리가 살고 있는 현 사회는 개인의 욕구부터 사회의 욕구까지 다양한 욕구의 활동이 표출되며 요구되는 사회이다. 따라서 개인과 집단 그리고 사회 나아가 국가에 이르기까지 모든 주체들은 각자의 목표와 규범을 가지고 있으며 목표, 즉 욕구에 따라 그 형태와 기능을 달리한다.
인간은 집단을 이루고 관리하며, 또 운용하기 때문에 인간이 조직에서 어떠한 가치와 신념을 가지고 어떠한 행동과 태도를 하느냐에 따라 그 조직의 성공과 실패가 결정된다.

표 13-1 동기부여의 정의

학자	정의
Mescon, Albert, Khedouri(1988)	조직의 목적 또는 목표를 달성하기 위해 자신과 타인을 움직이는 과정
Koontz(1988)	충동, 바람, 욕구 및 이들과 유사한 것들을 자극하는 것으로 관리자가 구성원들이 원하는 데로 유인하는 것
Pearce & Robinson(1988)	경영관리자가 자신의 개인적인 바람, 즉 욕구를 만족시키기 위한 수단으로 사람들로 하여금 조직목표를 달성하도록 유인하는 과정
Baron & Greenberg(1990)	조직구성원이 목표달성을 위해 인간의 행동을 자극하고 지시하고 유지하는 일련의 과정
Gibson(1991)	인간의 행동을 시작하고 방향을 정하도록 지시하는 힘
Daft(1991)	행동을 자극하고 지시하며 유지하는 과정

동기부여(motivation)는 조직행태론에서 중심적인 자리를 차지하는데 동기부여의 정의 및 특징에 대해 학자들은 다음과 같이 다양하게 정의하고 있다.
먼저 메스콘(Mescon), 알버트(Albert), 케두리(Khedouri, 1988)[1]는 그들의 저서 Management에서 동기부여란 "조직의 목적 또는 목표를 달성하기 위해 자신과 타인을 움직이는 과정"이라고 정의하였고, 쿤츠(Koontz, 1988)[2]는 "충동, 바람, 욕구 및 이들과 유사한 것들을 자극하는 것으로 관리자가 구성원들이 원하는 데로 유인하는 것"을 동기부여라고 정의하였다. 그리고 피어스(Pearce)와 로빈슨(Robinson, 1988)[3]은 "경영관리자가 자신의 개인

적인 바람, 즉 욕구를 만족시키기 위한 수단으로 사람들로 하여금 조직목표를 달성하도록 유인하는 과정"을 동기부여라고 정의하였다.

바론(Baron)과 그린버그(Greenberg, 1990)[4]는 "조직구성원이 목표달성을 위해 인간의 행동을 자극하고 지시하고 유지하는 일련의 과정"을 동기부여라고 정의하였다.

깁슨(Gibson, 1991)[5]은 "인간의 행동을 시작하고 방향을 정하도록 지시하는 힘"을 동기부여라고 정의하였고, 다프터(Daft, 1991)[6]도 "행동을 자극하고 지시하며 유지하는 과정"을 동기부여라고 정의하였다.

동기부여(motivation)는 '이동하기 위해'를 의미하는 라틴어 'movere'에서 유래하는데 행동이나 사고의 방향(direction), 강도(intensity), 지속성(persistence)의 기초가 되는 심리적 과정을 말한다. 방향은 주어진 시간에 개인이 어떤 일에 참여하고 있는지, 강도는 활동에 얼마나 큰 노력을 투자하는지를 나타내며, 지속성은 얼마나 오랫동안 주의를 지속하는지 나타낸다.[7]

이처럼 동기부여란 "인간이 목표달성, 즉 목표지향적인 방향으로 나아가기 위해 인간의 행동을 유발시키고 그 행동을 유지시키며 나아가도록 유도하는 것"이라고 정의할 수 있다.

마이크로소프트(MS) 창업자인 빌 게이츠(Bill Gates)는 동기부여 극대화 3대 원칙으로 동기부여의 핵심은 돈이 아닌 일의 질이다. 간섭이 아닌 독립성을 보장해서 성취감을 주어야 한다. 일만 나눌 뿐 권한을 나누지 않는 것을 경계해야 한다고 주장하였다.

2. 동기부여의 과정

인간은 욕구가 결핍되면, 그 욕구를 충족시킬 수 있는 방안을 모색하게 되고, 그 중 하나의 행동 방안을 선택하고 이를 수행하고, 이에 따른 성과를 평가하여 이를 바탕으로 보상 또는 벌을 주어 욕구의 결핍을 재판단 및 충족시키는 과정을 반복한다.[8]

그림 13-1 동기부여 기본 프로세스

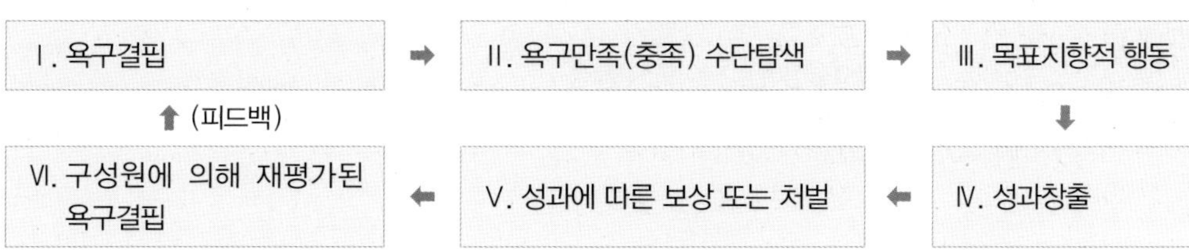

3. 동기부여이론의 종류

동기부여이론은 인간의 일에 대한 동기가 발생하는 유형을 연구하는 이론으로 내용이론, 과정이론이 있다. 내용이론(content theories)은 조직구성원들의 동기부여에 활력을 불어넣는 욕구와 만족과 같은 내적 요인을 파악하며, 과정이론(process theories)은 내적 요인과 상황 요인이 조직구성원의 동기에 영향을 미치는 과정을 설명한다.

내용이론은 욕구의 내용 하나하나를 확인하는 이론이고, 과정이론은 욕구가 유발되는 과정을 분석하는 것이다. 이러한 동기부여이론의 종류는 다음과 같다(표 13-2 참조).

표 13-2 동기부여 이론의 종류

내용이론	Taylor	합리적 경제적 인간
	Mayo	사회적 인간
	Maslow	성장이론: 욕구계층이론(생리, 안전, 소속, 존경, 자아)
	Murray	명시적 욕구이론–학습된 욕구(방향, 강도, 환경)
	Alderfer	생존, 관계, 성장(ERG)
	McClelland	성취동기
	McGregor	X이론, Y이론
	Herzberg	욕구충족이원론
	Likert	착취적 권위, 온정적 권위, 협의적 참여, 참여집단
	Schein	복잡한 인간
	Hackman, Oldham	직무특성이론(=잠재적 동기지수: 기술다양성, 직무정체성, 직무중요성, 자율성, 환류) → 의미성, 책임성, 결과에 대한 지식 → 만족도
과정이론	Adams	공정성이론: 준거인물 형평이론: 호혜주의 규범, 인지일관성 정향
	Vrooms	기대이론, 동기=f(유인가, 수단성, 기대) Porter와 Lawler 업적 → 만족
	Locke	목표설정이론: 난이도, 구체성

2 내용이론

동기부여의 내용이론(content theory)이란 동기를 유발하는 요인의 내용을 설명하는 이론을 말한다. 즉, 무엇이 개인의 행동을 유지 혹은 활성화시키는가, 혹은 환경 속의 무슨 요인이 사람의 행동을 움직이게 하는가에 관한 이론을 말한다. 내용이론은 조직구성원의 욕구가 자신의 동기부여에 영향을 미친다는 생각에 기반하고 있다.

내용이론의 핵심 대상은 대개 인간의 욕구이다. 즉, 인간이 경험하는 욕구의 유형에 관련하여 동기의 성격을 규명하려는 이론들이 내용이론의 주류를 이룬다. 사람들은 일정한 기본적 욕구를 지녔으며, 사람들은 욕구의 충족을 가져올 행동을 하려는 동기를 유발한다고 보는 것이 내용이론의 관점이다. 그러므로 내용이론은 욕구이론(Need Theories)이라고 할 수 있다(오석홍, 2005:153).

동기유발의 주요 내용이론으로는 매슬로우의 욕구단계이론, 앨더퍼의 ERG이론, 허즈버그의 2요인이론, 맥클레랜드의 성취동기이론 등이 있다(표 13-3 참조).

표 13-3 동기부여의 내용이론

McGregor	Maslow	Alderfer	Herzberg
X	생리적 욕구	생존욕구(E)	위생요인
	안전욕구		
Y	애정(사회적)욕구	관계욕구(R)	동기요인
	존경욕구		
	자아실현욕구	성장욕구(G)	

1. 매슬로우의 욕구단계이론

매슬로우의 욕구단계이론은 개인이 지닌 욕구와 동기부여에 관한 가장 보편적 이론으로 인간의 욕구는 타고난 것이며, 욕구를 강도와 중요성에 따라 5단계로 분류하였다.

심리학자인 에이브러햄 매슬로우(Abraham Maslow)는 1943년에 3가지의 가정을 전제로 욕구단계이론을 제시하고 있는데, 그 첫째 가정은 결핍의 존재인 인간은 다양한 욕구를 안전화시키려는 욕구에 의해 동기화되며, 둘째 인간의 욕구는 중요성에 따라 의식주와 같은 기본적인 욕구에서 자아실현과 같은 최상위욕구로 계층화되어 있다. 그리고 마지막으로 인간의 욕구는 하위 차원의 욕구가 충족될 때 그 상위단계의 욕구로 전환된다고 가정하였다. 매슬로는 인간의 욕구가 일반적으로 예측 가능한 계단식 방식으로 나타난다고 주장하였다.

즉, 매슬로우는 욕구가 하위단계에서 상위단계로 계층적으로 배열되어 한 번에 한 단계씩 증가하며, 하위단계의 욕구가 충족되어야 다음 단계의 욕구가 발생한다고 주장하였다. 그리고 욕구는 행동을 일으키는 동기요인이며, 인간의 욕구는 낮은 단계에서부터 그 충족도에 따라 높은 단계로 성장해간다고 주장하였다.

그림 13-2 매슬로우의 욕구 5단계 모형

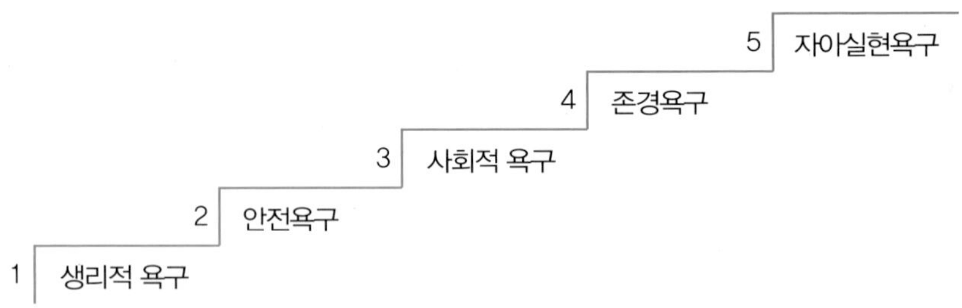

자료: 이창원 · 명승환 · 임영제(2005). 정보사회와 현대조직.

매슬로우의 욕구 5단계를 간략하게 설명하면 다음과 같다.

1단계 욕구는 생리적 욕구로 먹고, 자는 등 최하위단계의 욕구이다.

2단계 욕구는 안전에 대한 욕구로 추위, 질병, 위험 등으로부터 자신을 보호하는 욕구이다.

3단계 욕구는 애정과 소속에 대한 욕구로 어떤 단체에 소속되어 애정을 주고받는 욕구이다.

4단계 욕구는 자기존중의 욕구로 소속단체의 구성원으로 명예나 권력을 누리려는 욕구이다.

5단계 욕구는 자아실현의 욕구로 자신의 재능과 잠재력을 발휘해 자기가 이룰 수 있는 모든 것을 성취하려는 최고수준의 욕구이다.

아울러 매슬로우의 욕구단계이론은 초기 인간의 다양한 욕구를 설명하고 이를 통해 동기부여를 연구하였다는데 그 의의가 있지만 이후 욕구계층을 명확하게 설명할만한 논리적 근거 및 후속 연구의 부족과 인간의 욕구가 계단처럼 단계별로 충족되지 않아도 상위욕구가 충족되는 반증을 설명하지는 못하였다. 매슬로우의 욕구이론은 충족된 욕구는 동기부여의 잠재력을 잃는다는 교훈을 준다. 그러므로 리더나 관리자는 충족되지 않는 욕구를 충족시키는 것을 목표로 하는 프로그램이나, 충족된 구성원들을 위한 새로운 프로그램이나 제도를 고안해서 조직구성원들을 동기부여 하는 것이 필요하다.

그림 13-3 **매슬로우의 욕구단계설**

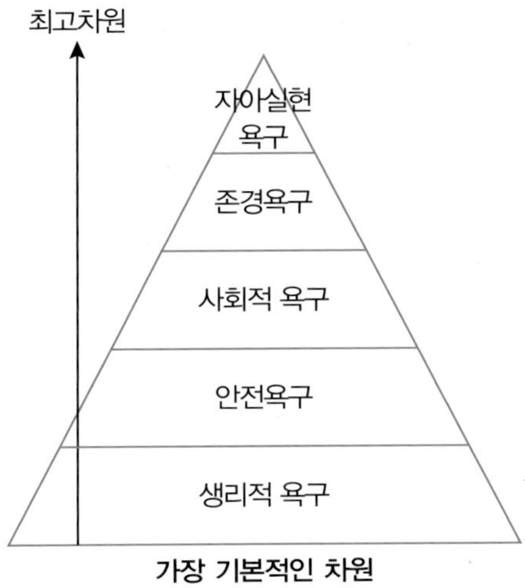

- 자신의 잠재적 역량을 최고로 발휘하여 자신의 일에서 최고가 되고 싶은 욕구(예 피아니스트가 완벽한 연주를 하고 싶은 욕구)
- 명성, 명예 그리고 타인으로부터 인정받고 싶은 욕구
- 어디엔가 소속하여 타인들과 사귀고 사랑하고 사랑받고 싶은 욕구
- 외부로부터 자신을 보호, 보장받고 싶은 욕구, 신체적 · 심리적 위협, 사회적 지위에 대한 위협에서 벗어나고 싶은 욕구
- 음식, 공기, 물, 섹스, 주거 등과 같이 생존에 필수적인 것들을 충분히 취하고 싶은 욕구

2. 맥그리거의 X · Y이론

맥그리거(Douglas McGregor)는 자신의 저서인 '기업의 인간적 측면(The Human Side of Enterprise)에서 이 이론을 주장했다. 맥그리거의 X · Y이론은 인간의 본질에 대한 가정을 두 가지, 즉 X와 Y성향으로 구별하여 하급욕구에 착안한 권위적 통제 및 전통적 관리전략을 활용하는 X이론과 인간의 고급욕구에 착안한 전통적 관리전략을 대신할 새로운 관리전략을 Y이론이라고 정의하였다.

1) X이론

X이론은 조직구성원들에 대한 비관적인 견해로 인간은 본래부터 일하기를 싫어하는 속성, 즉 게으르고 일을 싫어하며, 야망이 없고 책임감도 없으며, 변화를 싫어하며, 자기중심적이고, 금전적 보상이나 제재 등 외부의 유인에만 반응하기 때문에 조직의 목적을 달성하기 위해서는 인간을 강제로 통제하여 벌로 다스려야 하고, 평범한 인간은 지시받는 것을 좋아하고 책임을 회피하며 생의 안전만을 원한다고 바라보았다.

따라서 X이론은 조직구성원들에게 동기부여를 하기 위해서는 금전적 보상이나 제재를 유인전략으로 사용하고 강제와 위협, 철저한 감독을 통제전략으로 사용해야 한다고 주장하였다.

2) Y이론

Y이론은 현대적이고 긍정적인 가정에서 출발하는데 인간은 스스로 몰입하고, 헌신적이고, 책임감 있고, 창의적이라는 것이다. 인간을 자아실현적인 존재, 즉 여건만 잘 조성되면 일이란 놀이와 마찬가지로 즐거운 것으로 여기며, 적절한 상황 하에서 책임을 지고 스스로 노력에 의하여 조직의 목적을 수행하는 존재로 바라보았다. 즉, Y이론은 인간이 본성적으로 일을 즐기고 책임 있는 일을 맡기를 원하며 문제 해결에 있어서 창의력을 발휘하고 자율적 규제를 할 수 있기 때문에 인간은 잠재적 능력 및 적극적인 문제해결능력을 자극할 수 있는 관리전략이 필요하다고 주장하였다.

표 13-4 맥그리거의 X·Y이론에 의한 인간속성의 가설

X이론	Y이론
대부분의 사람들에게 일은 재미없고 싫증나는 것	조건에 따라 사람들은 일을 게임처럼 즐기는 존재
사람들은 야망이나 책임감이 없음	사람들은 목표를 달성하려고 함
사람들은 지시받은 대로 따르려고 함	사람들은 스스로 노력하는 존재임
대부분의 사람들은 조직의 문제를 해결하기 위한 창의성 부재	사람마다 잠재능력과 창의성을 보유하고 있음
생리적 욕구나 안전감 충족으로 동기부여 가능	생리적 욕구나 안전감뿐만 아니라 사회적 친밀감, 인정감, 자아실현욕구를 충족시킬 때 동기부여 가능
사람들은 통제되어야 하는 존재	사람들은 자율성과 주체성을 지닌 존재
통제를 위해 외부적 강압이 필요	내부 및 내적 통제를 통한 문제해결

자료: 이창원 · 명승환 · 임영제(2005). 정보사회와 현대조직의 내용을 수정 및 보완함.

3. 앨더퍼의 ERG이론

ERG이론이란 매슬로우의 5단계 욕구이론을 수정해서 개인의 욕구단계를 3단계로 단순화시킨 앨더퍼(Clayton Paul Alderfer)의 욕구이론을 말한다.

인간의 욕구를 생존욕구(existence needs), 관계욕구(relatedness needs), 그리고 성장욕구(growth needs)의 3단계로 구분한 앨더퍼는 사람들이 실제로 욕구단계를 어떻게 인지하고 있는지를 경험적으로 연구한 결과를 토대로 하여 좀 더 현실적인 관점에서 이론을 정립했다. 이러한 앨더퍼는 매슬로우와 달리, 욕구가 하급단계로부터 상급단계로만 진행하는 것이 아니라 반대의 방향으로도 이행한다고 주장한다. 즉, 생존욕구가 충족되어 상위욕구인 관계욕구를 추구하다 실패하면 다시 전 단계인 생존욕구로 이행한다는 것이다.

즉, 매슬로우가 욕구계층 간의 만족-진행(satisfaction-progression)의 요소만을 중시한 데 비해, 앨더퍼는 좌절-퇴행(frustration-regression)의 요소도 함께 포함해서 인간욕구의 발로를 설명하고 있다.

아울러 ERG이론은 매슬로우 이론이 기존 저차원적 욕구가 충족되어야 다음 단계의 고차원적 욕구가 나타난다고 했지만, ERG이론은 개인 및 사회문제에 두 가지 이상의 욕구가 함께 나타나며 이 두 가지 욕구를 동시에 충족할 수도 있다고 주장하였다.

1) E(존재욕구: Existence)

인간의 생존을 위한 기본적인 욕구로 배고픔, 목마름, 주거 등과 같은 생리적 욕구나 안전욕구와 같은 형태의 생리적·물리적 욕망들을 포함한다. 즉, 인간이 자신의 존재를 확보하는 데 필요한 욕구로 조직에 있어서는 급여, 육체적 작업에 대한 욕구, 안전한 작업환경 등이 여기에 해당된다.

2) R(관계욕구: Relatedness)

관계욕구는 작업장에서 타인과의 대인관계, 가정에서의 가족관계, 학교 또는 이웃에서의 친구관계, 직장에서의 상사 또는 부하, 동료와의 관계, 동호회 및 친목회의 회원관계 등을 포함하는 것으로, 매슬로우 이론의 안전욕구, 사회적 욕구, 존경욕구와 유사성을 띄는 욕구로 한마디로 개인이 주변 사람들과 의미 있는 인간관계를 형성하고 싶은 욕구를 말한다.

3) G(성장욕구: Growth)

성장욕구는 개인적인 성장 및 발전을 말하는 것으로 자신의 능력을 새롭게 개발하고 창의적으로 새로운 자아 성장을 성취하고자 하는 욕구를 말하며, 매슬로우의 일부 존경욕구와 자아실현 욕구를 뜻하는 것으로 개인의 잠재력 개발과 관련되는 욕구가 여기에 해당된다.

4. 허즈버그의 2요인이론

2요인이론이란 인간의 욕구 가운데는 동기요인과 위생요인의 두 가지가 있으며, 이 두 요인은 상호 독립되어 있다는 허즈버그(Frederick Herzberg)의 욕구이론을 말한다. 동기요인(動機要因, motivator) 또는 만족요인(satisfier)은 조직구성원에게 만족을 주고 동기를 유발하는 요인을 말한다.

위생요인(衛生要因, hygiene factor) 또는 불만요인(dissatisfier)은 욕구충족이 되지 않을 경우 조직구성원에게 불만족을 초래하지만 그러한 욕구를 충족시켜 준다 하더라도 직무수행 동기를 적극적으로 유발하지 않는 요인을 말한다. 동기위생이론(motivation–hygiene theory)이라고도 한다.

1) 위생요인

위생요인(hygiene factor)이란 개인의 욕구를 충족시키는 데 있어서 주로 개인의 불만족을 방지해 주는 효과를 가져오는 것을 말하며 위생요인은 '불만족요인'이라고도 한다. 무엇이 구성원들을 불만족스럽게 만드는가이다. 위생요인은 직무환경과 관련된 내용이기에 위생요인이 갖추어져 있지 않으면 조직의 구성원들에게 불만족이 증가하여 성과에 부정적인 영향을 미친다. 그러나 반대로 위생요인이 매우 충족된다고 하더라도 구성원들의 동기를 직접적으로 자극하지는 못하는 한계를 지닌다. 예를 들어, 기업의 정책과 관리, 감독, 작업조건, 동료와의 관계, 부하와의 관계, 지위, 안전, 책임, 개인생활 등 주로 '직무의 환경'과 관련된 요인을 말한다.

2) 동기요인

동기요인(motivation factor)은 직무에 대한 만족을 결정짓는 데 영향을 미치는 요인으로, 이는 직무내용과 관련되어 직무에 대한 만족을 결정짓는다는 의미에서 '만족요인'이라고도 한다. 무엇이 구성원들을 만족스럽게 하는가이다. 즉, 동기요인은 직무수행을 통하여 성취감, 인정감, 도전감 등의 요인들을 많이 얻을수록 구성원의 만족도는 높아지며, 위생요인과 반대로 동기요인은 만족도가 높아질수록 성과에 긍정적인 영향을 미쳐 조직의 성과가 높아지는 특징을 지닌다. 예를 들어, 성취감, 인정, 책임감, 성장과 발전, 직무 그 자체 등이다.

표 13-5 Herzberg의 위생요인과 동기요인

위생요인(불만족요인) (직무환경) (직무와 관련된 다음 요인들은 아무리 호의적이라도 불만족을 줄이지만 만족을 주지는 못한다)		동기요인(만족요인) (직무내용) (직무 수행을 통하여 다음 요인들을 많이 얻을수록 만족도가 높아지며 그럴 때 성과가 높아진다)	
회사정책과 관리 감독 작업조건	개인상호 간의 관계 임금 · 보수 지위 · 안전	성취감 인정감 도전감	책임감 성장과 발전 일 그 자체

자료: 백기복(1999). 조직행태연구를 재구성함.

아울러 허즈버그의 2요인이론은 만족과 불만족을 연속선상의 단일 차원에서 파악하던 기존 연구의 한계를 극복하여 만족과 불만족이 별개의 독립된 차원이고, 각각의 차원에 미치는 요인 또한 별개라는 제시를 통해 동기부여이론을 한 층 더 발전시키는 데 의의가 크다. 특히 보편적인 인간의 행동에 관한 이론이 아니라 경영을 염두에 두고 개발된 작업 모티베이션 이론으로 실제 산업의 경영자들이 쉽게 응용하여 실 경제에 활용하였다는 데 그 의의가 있다.

다만 이후 2요인이론은 직무만족 이외에 성과에 미치는 영향요인들이 규명됨에 따라 직무만족이 성과에 반드시 영향을 미친다는 논리를 증명하지 못하였다. 특히 만족한 동기요인에서 만족한 근로자들이 반드시 열심히 일하고 이에 따라 성과가 높게 나타나야함에도 불구하고 만족한 근로자가 열심히 일하지 않는 경우와 열심히 일하더라도 성과가 높게 나타나지 않는 현상을 설명하는 데 한계가 노출됐다.

미국에서 코로나19 변이 바이러스인 오미크론 확진자 수가 폭증하면서 유급병가를 낼 수 없는 수백만 명의 노동자들이 건강과 급여 중 하나를 선택해야 하는 상황으로 내몰렸다. AP통신은 2022년 1월 9일 코로나19 국면 초기에 유급병가를 제공했던 회사들이 확진자 수가 늘어나자 휴가를 폐지하거나 휴가 일수를 줄이고 있다고 보도했다.

식료품 체인점인 트레이더 조스는 2021년 봄까지 위험수당과 유급휴가를 제공했지만, 지금은 이러한 혜택을 없앤 상태다. 미국에서 가장 큰 식료품 체인점인 크로거도 지난해엔 백신 미접종 직원들이 코로나19에 감염됐을 때 2주 유급휴가를 제공했지만 최근 확진자 수가 다시 증가하면서 이러한 제도를 없앴다. 월마트는 코로나19 관련 유급휴가를 2주에서 1주로 단축시켰다.

연방 차원에서 노동자들에게 유급휴가 제공을 의무화하는 법안이 더는 유효하지 않다는 점이 문제로 거론된다. 미국은 국가 차원에서 유급휴가 제도를 강제화하지 않은 11개국 중 하나다. 연방의회는 2020년 봄 코로나19 관련 질환이 있는 노동자들에게 유급병가를 의무적으로 제공하도록 하는 법안을 통과시켰지만, 해당 법안의 효력은 2020년 12월 31일에 만료됐다. 연방의회는 이후 자발적으로 유급병가를 제공하는 고용주들에 대한 세액 공제를 연장하는 안을 마련했지만, 이 역시 지난 9월 말 효력을 다했다. 조 바이든 정부는 아프거나 가족 간호가 필요한 노동자에게 20일의 유급휴가를 주는 방안을 추진 중이지만 상원에서 해당 법안이 통과될지는 불투명하다.

이런 현상은 저소득 시간제 노동자에게 더욱 큰 부담을 지게 한다. 지난해 3월 노동부 통계에 따르면 소득 하위 10% 중 유급병가를 받은 이들은 10%에 불과했지만, 상위 10%는 95%나 유급병가를 받고 있었다. 대니얼 슈나이더 하버드대 교수는 "사람들이 아파서 결근할 수밖에 없는 상황에 내몰리면서 일손이 부족해지면 출근한 이들에게 더 많은 업무가 부과되고, 이는 아파도 병가를 내는 걸 주저하게 만든다."라며 이를 "악순환"이라 분석했다.

3 과정이론

동기부여의 과정이론은 인식절차이론(cognitive process theories of motivation)이라 부르기도 한다. 내용이론은 관리자가 근로자를 동기부여 하는 요인들을 보다 잘 이해시켜 주었다. 그러나 왜 사람들이 목표를 달성하기 위하여 특정 행동방식을 선택하는지에 대해서는 설명을 하지 못한다. 이러한 선택이라는 측면에 초점을 맞춘 것이 과정이론이다.

어떤 과정을 통해 어떻게 동기가 유발되는가를 설명하려는 이론들을 과정이론(Process Theories)이라 한다. 과정이론은 동기유발의 요인들이 교호작용하여 행동을 야기하고 그 방향을 설정하며 지속 또는 중단하는 과정을 설명하려는 것이다(오석홍, 2005:153).

동기부여의 내용이론이 행동을 일으키는 욕구의 내용과 충동에 초점을 둔 이론이라면, 과정이론은 정보처리(information processing)나 인식(cognition) 혹은 직무환경요인과 상황 등에 초점을 두어 어떻게 개인의 행태가 나타나며, 지속되고 멈추는가 하는 문제를 설명하려고 한다.

그리고 과정이론은 이러한 인식요인들이 서로 어떻게 관련되어 있는가를 분석하는 데 관심의 초점을 둔다. 다시 말하면 인식변수(cognitive variables)가 동기유발에 '어떻게' 그리고 '왜' 영향을 미치는지에 많은 관심을 두며, 이러한 변수를 확인하는 것 외에 그러한 변수 간의 관계나 교류절차에 대해 연구한다. 과정이론에는 브룸의 기대이론과 포터 및 롤러의 업적만족이론 그리고 애덤스의 공정성이론 등이 있다.

1. 애덤스의 공정성이론

공정성이론이란 조직구성원은 자신의 투입에 대한 결과의 비율을 동일한 직무상황에 있는 준거인(準據人)의 투입 대 결과의 비율과 비교해 자신의 행동을 결정하게 된다는 애덤스(J. Stacy Adams) 등의 동기이론을 말한다. 내가 공정하게 대우받고 있는가의 관점이다.

다시 말해서 조직구성원은 자신의 편익/투입을 준거인(referent person)의 그것과 계속적으로 비교해, 양자의 투입/산출비가 일치하면 만족하고, 자신의 것이 작으면 편익증대를 요구하거나 생산량을 감축하는 등 투입을 감소시킨다. 한마디로 공정성이란 개인의 투입과 산출의 비율이 타인의 투입과 산출의 비율과의 비교와 관계된 개념이다.

반면에 자신의 투입/산출비가 크면 노력을 더하는 등 투입증대를 꾀한다는 것이다. 이 이론은 사회적 비교이론(social comparison theory), 분배의 공정성이론(distributive justice theory), 균형이론(balance theory), 교환이론(exchange theory)이라고도 한다.

이러한 공정성이론의 핵심은 사람들의 행동이 타인들과의 관계에서 자신의 공정성을 유지하는 쪽으로 동기부여가 된다는 것이다. 공정성이론은 인간행동에 관한 기본적인 가정으로서 개인들이 자신의 사회적 관계를 타인들과 비교하여 평가한다는 전제를 가지고 출발한다.

이 이론의 기본원리는 개인 자신의 투입(input) 대 산출(output)의 비율을 동일한 작업 상황하에 있는 타인의 투입 대 산출과 비교(comparison)하고, 그 결과가 크거나 작을 때는 불공정성(inequity)을 지각한다는 것이며, 결과가 동일한 경우에는 공정성을 지각하게 된다고 한다.

조직 공정성이론의 3가지 요소로는 분배적, 절차적, 상호작용적 공정성이 있다. 분배적 공정성(distributive justice)은 자원과 보상의 분배 또는 할당 방식에 대한 지각된 공정을 의미한다. 절차적 공정성(procedural justice)은 분배 결정을 내리는 과정과 절차에 대한 지각된 공정성을 의미한다. 상호작용적 공정성(interactional justice)은 절차가 실행될 때 사람들이 받은 대인관계적 대우의 질을 말한다.

불공정성을 느낄 때 나타나는 현상은 다음과 같다.

첫째, 투입의 양을 조절한다. 과대보상을 지각하면 투입물을 증대시키고, 과소보상을 지각하면 투입물을 감소시킨다.

둘째, 보상을 조정한다. 직무에 대한 보상으로서 산출물을 증대시키거나 감소시키기 위해 노력한다.

셋째, 상이한 비교기준을 동원한다. 월급 등 경제적 보상을 비교의 기준으로 삼다가 불공정성을 지각하면 만족감 등 다른 비교기준을 동원함으로써 불공정성을 제거하려고 한다.

넷째, 불공정을 인정하고 합리화한다. 현실을 왜곡하고 불공정성을 합리화한다.

다섯째, 불공정성이 끝내 해결되지 않을 것이라고 생각되면 상황을 바꾼다. 다른 직장을 찾는 것이 그러한 예가 된다.

여섯째, 비교의 대상을 바꾼다. 같은 조직의 구성원과의 비교를 중지하고 다른 조직의 구성원을 비교의 대상으로 삼는다. 이처럼 공정성이론은 조직에서 공정한 보상이 얼마나 중요한가를 인식시키는 데 의의가 크다(박보식, 2010: 308~309).

2. 브룸의 기대이론

브룸(V. Vroom)의 기대이론(expectancy theory)은 개인의 동기는 그 자신의 노력이 어떤 성과를 가져오리라는 기대와 그러한 성과가 보상을 가져다주리라는 수단성에 대한 기대감의 복합적 함수에 의해 결정된다는 이론이다. 기대이론은 사람들이 원하는 결과의 조합을 만들어 내는 방식으로 행동하도록 동기를 부여한다는 것이다.

이 이론을 VIE이론이라 부르기도 하는데, 이는 곧 사람의 동기를 유발하는 데 미치는 요인이 행위의 결과로 얻게 되는 보상에 부여하는 가치(V: valence)와, 행위의 1차적 결과가 2차적 결과로서의 보상을 초래할 가능성, 즉 수단성(I: instrumentality)과, 자신의 행동을 통해 1차적 결과물을 가져올 수 있으리라는 자신감, 즉 기대(E: expectation 또는 expectancy), 이 세 가지라는 것이다.

즉, 동기부여(motivation)는 가치(V: valence)×기대감(E: expectancy)×수단성(I: instrumentality)으로 나타낼 수 있다. 이때 확률이 높은 것을 선호한다는 것이다.

motivation=(V: valence)×(E: expectancy)×(I: instrumentality)

다시 말해서 사람이 조직 내에서 어떠한 행위 또는 일을 수행할 것인가의 여부를 결정하는 데는 그 일이 가져다줄 가치와 그 일을 함으로써 기대하는 가치가 달성될 가능성, 그리고 자신의 일처리능력에 대한 평가가 복합적으로 작용한다는 것이다. 이를 M=f(V, I, E)와 같이 간략한 식으로 표시할 수 있을 것이다. 여기서 M은 일을 하고자 하는 심리적 힘, 즉 동기의 강도를 뜻한다. 이러한 동기부여의 기대이론은 레빈(Kurt Lewin)과 톨먼(Edward Tolman)의 인지개념(cognitive concepts) 및 고전적 경제이론의 선택행동과 효용개념에 이론적 근거를 두고 있다.

3. 포터와 롤러의 동기유발모형

포터와 롤러(L. W. Porter and E. E. Lawler)는 앞에서 언급된 브룸의 이론을 기초로 몇 개의 작업 관련 변수들을 첨가하여 포괄적인 동기모델인 확장기대이론(또는 업적만족이론)을 제시하였다. 이는 동기유발모형이라고도 한다.

이 확장기대이론은 개인의 동기유발의 강도, 즉 노력의 수준은 그가 시도하고 있는 것을 달성할 수 있을 것인가를 어느 정도로 믿고 있느냐에 달려 있다는 것에서 출발한다. 그리고 그가 그 같은 목표를 달성하면 그 업적에 대해 적절하게 보상받을 수 있을 것인가에 대한 기대의 강도가 동기유발에 영향을 미치게 되고, 만약 조직에 의해 보상받게 된다면 그 보상이 개인적인 목표를 충족시킬 수 있을 것인가에 대한 기대의 정도가 그 사람의 노력과 행동에 영향을 미친다고 한다.

이 이론은 직무성취(업적)와 거기에 결부된 보상(rewards)에 부여하는 가치, 그리고 어떤 노력이 보상을 가져다 줄 것이라는 기대가 직무수행 노력을 좌우한다. 노력에 의한 직무성취는 개인에게 만족을 줄 수 있는데 직무성취가 만족을 주는 힘은 거기에 결부되는 내재적 및 외재적 보상에 의하여 강화된다. 이때의 보상은 공평한 것이라고 지각되는 것이라야 한다. 즉, 내재적 및 외재적 보상이 있더라도 그것이 불공평하다고 지각되면 개인에게 만족을 줄 수 없다(오석홍, 2005:176~177).

이처럼 포터와 롤러의 확장기대이론이 브룸의 단순기대이론과 다른 점은 브룸이 노력에 의해 성과가 주어지며 성과가 보상을 가져온다는 인과적인 설명방식을 제시한 데 비해, 포터와 롤러는 외부의 관찰 가능한 행동에 의해 노력 자체가 변화될 수 있다는 것을 강조하고 있다. 또한 이 이론은 보상을 내재적 보상과 외재적 보상으로 나누어 설명함으로써 동기유발의 내용이론과 연결하여 통합모델을 제시하고 있다. 그리고 공정성이론을 모델에 도입함으로써 보상과 만족과의 관계에 인지적으로 관련된 변수를 도입한 점 등이 단순기대이론과 차이가 있다.

리더십 사례 탐구

유한킴벌리의 4일 일하고 4일 쉬는 파격적인 교대근무제

30년 전 현재와는 전혀 다른 기업환경이었을 때 유한킴벌리는 독특한 '4조 2교대 방식'을 시행하였다. 4일 주간 근무(12시간) 후 3일 휴식, 1일 교육, 다시 4일 야간 근무 후 4일 휴식의 총 16일 단위의 순환근무방식이다. 1993년부터 대전 제3공장에서 이 제도를 운용하였다. 사회적으로는 일자리가 33% 늘어나는 효과가 있고 근로자들은 근무량은 같지만 7일을 쉴 수 있다. 회사로서도 1인당 3백 시간 이상 교육 시간이 확보되기 때문에 근로자들을 체계적으로 교육해 생산성을 높일 수 있었다. 군포와 김천공장의 경우 4조3교대 방식을 운영하였다.

고용 인원 증가에 따라 인건비 부담이 커진 부분은 불필요한 토지와 건물 등을 최소화하고 시설과 장비의 가동률을 극대화하는 등 고정비를 감축해 보완했다. 그 결과 시간당 생산량은 98년 1만 5,000개에서 2000년 1만 7,000개, 2002년 1만 8,000개, 2003년에는 2만 2,000개로 급증했다. 600일 가까이 무재해를 기록했으며 매출액도 96년 3천4백47억 원에서 2002년 7천98억 원으로 급증했고, 순이익도 1백44억 원에서 8백44억 원으로 뛰었다.
난이도가 높고 구체적인 목표일수록 수행이 어려워지고 높은 목표를 달성하기 위해서 노력의 수준이 높아지게 된다. 단순히 '열심히 하자, 최선을 다하자'라는 것보다는 구체적인 목표를 설정해야 한다. 유한킴벌리에서는 사원들의 성과측정과 인재 육성을 시스템적으로 관리한다. 년 초에 사원들은 상사와 함께 한 해 동안 직무목표와 달성 방법, 평가 기준을 결정하며 수행 후 결과를 검토한다.
종합평가 시 개발할 직무능력과 지식의 실행계획을 세운다. 사원은 이런 과정을 통해 자신의 능력과 성과를 명확히 알게 되고, 어떤 능력을 개발해야 할지 분명한 목표 의식을 갖게 된다. 또 상사의 협조와 지원을 통해 자신의 능력을 개발해 나간다. 년 초에 구체적이고 도전적인 목표를 세움으로써 더 높은 수행 수준들을 산출하게 된다.
유한킴벌리는 사원들의 공정한 처우를 위해 직무성과급에 기초한 연봉제를 운용한다. 급여는 학력과 근무연수를 토대로 획일적으로 정해지기보다는 개인의 수행직무, 직무능력, 성과를 반영해 결정되며 회사는 개인의 성과를 최대한으로 끌어낼 수 있도록 시간뿐 아니라 교육적 환경에 투자하고 있다.
또한 승진은 자신의 수행직무보다 상위수준의 직무를 수행할 수 있을 때 이루어진다. 근속연수에 의한 자동 승진이 아닌 자질과 직무능력, 현 직무의 업무성과, 잠재력 등을 종합적으로 고려하는 승진제도를 도입함으로써 사원들에게 충분한 수단성과 유의성의 강화로 동기유발을 촉진한다.

Ⅱ 부하의 유형에 따른 동기부여와 리더십

1 리더의 조직구성원의 사기 높이기

사람의 힘은 어디에서 나오는가? 사람의 힘은 체력(신체의 힘), 지력(두뇌의 힘), 심력(마음의 힘)에서 나온다. 사기(士氣)는 마음의 기운이 충만하여 자신감이 있는 심리적 상태로서 기(氣)가 살아있으면 용기, 배짱, 자부심, 추진력, 집념 등이 증진하게 된다. 리더가 구성원의 사기를 높이기 위해서는 다음과 같은 행동을 해야 한다.
첫째, 구성원들의 장점을 찾아서 인정하고 칭찬한다.
둘째, 조직의 대외적인 자랑거리를 만들어준다.
셋째, 구성원들이 가족들에게 자부심을 가지게 한다.

넷째, 구성원이 발전하고 있다는 성장감을 갖도록 돕는다.

다섯째, 리더는 조직활동의 중심에서 구성원들을 격려한다.

구성원들에게 동기를 불어넣기 위해서는 내적·외적 동기부여가 필요하다. 과연 어떤 동기부여가 더욱 힘이 있을까? 외부로부터의 동기부여가 힘을 주지만 너무 기다리거나 매달리지는 말아야 한다. 그러나 리더의 역할을 할 때에는 구성원들에게 동기를 부여해 주어야 한다. 하늘은 스스로 돕는 자를 돕는다고 했다. 내가 나를 먼저 북돋우고, 남도 북돋을 줄 아는 사람이 되어야 한다. 내가 스스로 선택한 것이 힘이 있고 오래 가는 법이다. 팔로워나 부하직원의 기를 살리는 리더의 행태는 다음과 같다.[9]

리더십의 정의

- Listen(명령보다 경청하라)
- Express(관심과 기대를 표현하라) 예) 피그말리온 효과[10]
- Applaud(잘못의 질책보다는 잘한 것을 칭찬하라)
- Depend on(믿고 맡겨라)
- Educate(일하는 방법을 가르쳐라)
- Rear(약점의 보완보다는 강점을 육성하라)

2 부하의 유형별 동기부여 방법

앞서 제3장의 상황이론에서 일부 설명하였듯이 허시(Paul Hersey)와 블랜차드(Kenneth Blanchard)는 리더십 유형을 인간관계지향적 리더십과 과업지향적 리더십을 동일선상에서 바라보지 않고 별개의 축으로 바라봄과 동시에 여기에 효율성이라는 축을 추가하여 삼차원적 모형으로 리더십을 연구하였다.

여기서는 부하의 유형에 따라 어떤 리더십이 적합한지에 대해 Hersey & Blanchard는 리더십 상황이론을 응용하여 그림 13-4처럼 설명하였다. 즉, 부하들의 유형에 따라 리더가 업무를 지시하고 동기부여를 한다는 논리이다. 부하의 유형은 부하들의 성숙도(readiness)에 따라서 상황을 4가지로 구분한다. 성숙도란, 구성원들이 목표를 설정하고 이를 달성하고자 하는 일에 대한 의욕과 담당하고 있는 업무를 수행하는데 필요한 능력과 지식의 수준이다.

① Ⅰ 유형 – 의욕 낮음, 지식 낮음

② Ⅱ 유형 – 의욕 높음, 지식 낮음

③ Ⅲ 유형－의욕 낮음, 지식 높음

④ Ⅳ 유형－의욕 높음, 지식 높음

그림 13-4 허시와 블랜차드의 부하의 유형과 요구되는 리더십

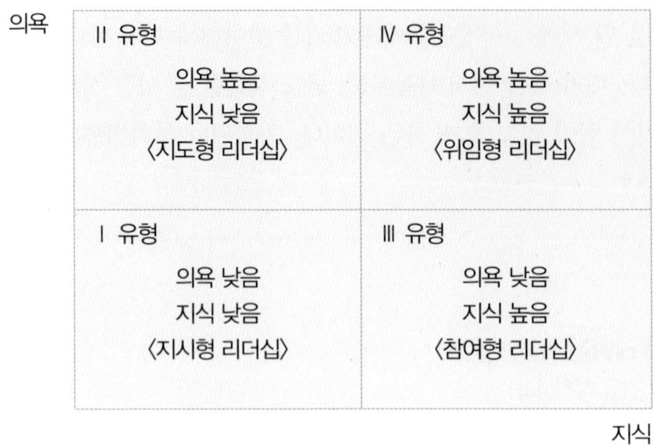

허시와 블랜차드의 상황대응 리더십(Situational Leadership)은 리더가 어떤 리더십을 발휘할 때 그와 조직이 처해 있는 제반 상황적 요소를 고려하여 그에 적합한 리더십을 발휘해야 한다는 것이다.

그 중에서도 부하의 특성(부하의 성숙도)을 가장 중요하게 고려해야 한다는 이론이다. 원래는 '리더십의 일생적 주기이론: Life cycle theory of leadership'이라고 했으나 후에 '상황적 리더십 이론'이라 개명했으며, 일반인들에게는 '상황대응 리더십'으로 널리 알려져 있다.

이 이론은 '부하 성숙도'라는 하나의 상황조정 변인과 '관계적 행동'과 '과업적 행동'이라는 2가지 리더 행동을 다루고 있는데, 부하 성숙도가 리더 행동의 효과를 어떻게 조정하는가를 주 핵심으로 다루고 있다.

다시 말해 리더와 부하 사이의 상호조화관계를 중시하고 부하의 성숙도에 따른 효과적인 리더십 행위를 분석한 이 이론은 아그리스(Argyris)의 '성숙이론'과 맥클레랜드(McClleland)의 '성취동기이론'을 기초로, 부하는 미성숙 단계에서 성숙상태로 나간다고 가정하고, 리더십을 '과업적 행동'과 '관계적 행동'의 2분면에 부하의 성숙도를 상황 요인으로 추가하여 분류한 것이다.

표 13-6 부하의 유형과 요구되는 리더십 내용

구분	I 유형 의욕 낮음, 지식 낮음	II 유형 의욕 높음, 지식 낮음	III 유형 의욕 낮음, 지식 높음	IV 유형 의욕 높음, 지식 높음
요구되는 리더십	지시형 리더십	지도형 리더십	참여형 리더십	위임형 리더십
설명	과업과 목표를 설정해주고 모든 일처리를 통제, 지시하는 리더십이 필요	의욕은 있으나 지식이 낮으므로 구체적인 설명과 설득으로 구성원을 이끌어가는 리더십	구성원들의 동기를 유발하기 위하여 민주적인 방법으로 인간적인 요소를 자극하고 참여를 이끄는 리더십	구성원들의 성숙도가 높은 경우에는 리더의 간섭이 오히려 역효과를 미칠 수 있으므로 구성원들에게 대부분의 권한을 위임하고 그들의 서포터로서 지원해주는 역할이 필요

그림 13-5 관리격자 리더십 행동 유형

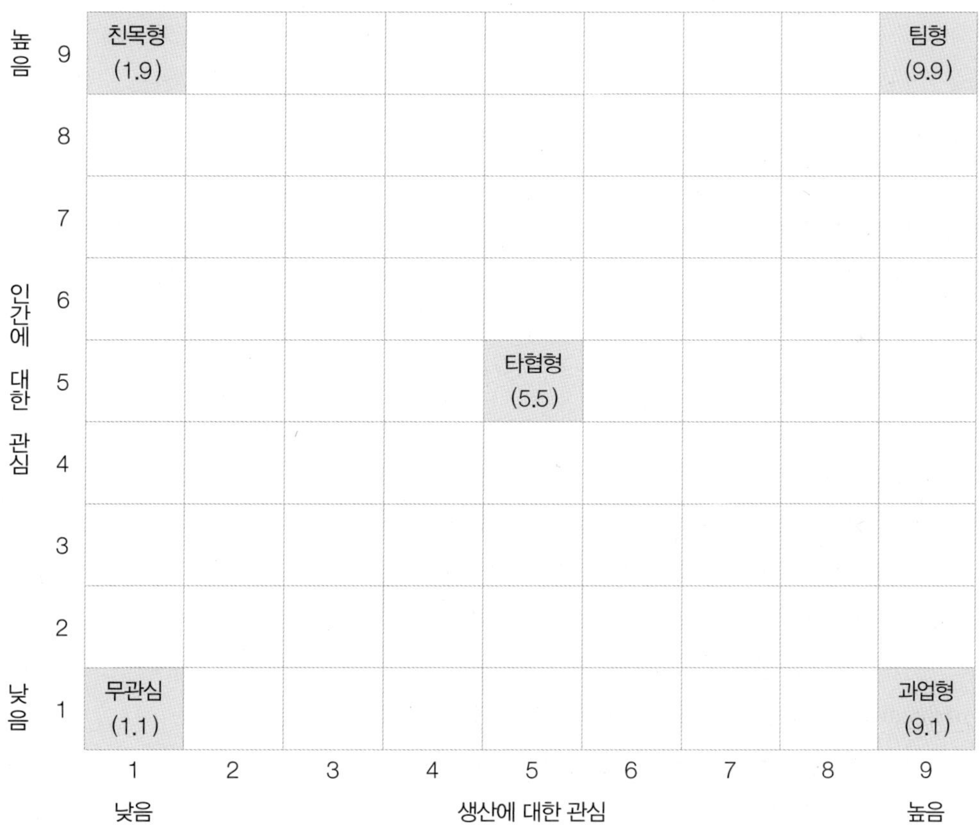

이 상황대응 리더십을 보다 잘 이해하기 위해서는 그 이전에 학계에서 큰 반향을 일으켰던 Maslow의 욕구계층설과 관리격자이론(Managerial Grid)을 먼저 이해하는 것이 좋다. 관리격자이론은 1973년에 Texas대학 교수였던 블레이크(Blake) & 무톤(Mouton)이 발표한 이론으로, 리더에게 필요한 역량을 크게 (관계에 대한 관심: 부하에 대한 감정적 배려)와 (생산에 대한 관심: 과업달성에 대한 관심)의 2가지 영역으로 나누었다.
하지만 그 후 제이 홀(Jay Hall)이 (9.9형, 팀형 리더)가 반드시 이상적인 유형은 아니라는 이론을 제시했고, 이어서 Hersey & Blanchard 역시 (9.9형, 팀형 리더)가 항상 바람직한 유형은 아니며 제반 상황, 그 중에서도 부하의 특성을 고려하여 그에 적합한 리더십을 발휘하는 것이 최상이라는 상황대응 리더십(Situational Leadership) 모델을 발표했다.
이 상황대응 리더십 이론은 부하의 성숙도에 따라 상황을 크게 다음과 같은 4가지로 구분한다.
첫째, Ⅰ유형은 의욕이 낮고 지식도 낮은 상황으로, 부하가 성숙도가 낮은 신입직원과 같은 상태를 전제로 하여 지시형이 적합하다는 것이다. 과업과 목표를 설정해주고 모든 일처리를 통제하는 것이 효과적이며 지시하는 리더십이 필요하다. 신입직원과 같은 부하는 생리적 욕구에 기초하여 능력과 의욕이 모두 낮은 상태이기 때문에 구체적인 지시와 밀착감독을 위주로 한 (9.1형 리더)의 리더십을 발휘해야 한다는 것이다.
둘째, Ⅱ유형은 의욕이 높고 지식이 낮은 유형으로, 의욕은 있으나 지식이 낮으므로 구체적인 설명과 설득으로 구성원을 이끌어가는 리더십이 필요하다. 근무경력이 2~3년 정도 지난 부하는 이제 안전의 욕구를 추구하고, 조직에 대한 실망감과 이탈감을 느낄 수 있기 때문에 리더는 관계에 대한 관심과 생산에 대한 관심을 모두 높게 보여야 하는 (9.9형 리더)가 되어야 한다.
셋째, Ⅲ유형은 의욕이 낮고 지식이 높은 유형으로, 구성원들의 동기를 유발하기 위하여 민주적인 방법으로 인간적인 요소를 자극하고 참여를 이끄는 리더십이 필요하다. 부하가 근무경력이 5~6년 정도 지나면 업무능력은 높아지지만 그와 반대로 의욕은 떨어지기 마련이기 때문에, 따라서 이런 상황에서는 지원은 많이 해주고 반대로 지시는 가급적 자제하는 (1.9형 리더)가 되어 정보공유를 통한 공동결정의 형태로 리드해 가는 것이 바람직하다.
넷째, Ⅳ유형은 의욕도 높고 지식도 높은 유형으로, 구성원들의 성숙도가 높은 경우에는 리더의 간섭이 오히려 역효과를 미칠 수 있으므로 구성원들에게 대부분의 권한을 위임(delegating)하고 그들의 서포터로서 지원해주는 역할이 필요하다.
부하의 근무경력이 많고 성숙도가 높아지게 되면 리더는 지원과 지시를 가급적 적게 하고, 임파워먼트를 바탕으로 한 책임과 결정을 위임하는 (1.1형 리더)의 리더십을 발휘하는 것이 바람직하다는 것이다.

이상과 같이 살펴본 대로 Ⅰ유형과 Ⅱ유형은 부하와 리더의 관계에서 리더가 주도하는 형태이지만, Ⅲ유형과 Ⅳ유형에서는 반대로 부하가 주도하는 형태로 바뀌게 된다. 이처럼 상황대응적 리더십(situational leadership) 이론에서는 획일적이고 일률적인 리더십 스타일보다는 제반 상황적 변인 요소, 그중에서도 부하의 성숙도를 고려하여 그에 적합한 리더십을 발휘해야 함을 강조하고 있다.

부하의 동기부여와 관련하여 이 상황대응 리더십 이론이 비판이 있음에도 공헌한 바는 다음과 같다.

첫째, 융통성 있고 적응력 있는 리더 행동을 강조하여 제시했다.

둘째, 부하가 현재의 상태에서 변하지 않는 존재가 아니며, 부하의 능력과 자신감이 언제라도 변할 수 있다는 사실을 인식하고, 또 이것들을 변화시켜야 할 때가 언제인가에 대해 리더는 항상 주의를 기울이고 있어야 한다는 것을 강조했다.

셋째, 리더의 행동을 하나의 기술로써 파악했다.

리더십 사례 탐구

Netflix(넷플릭스) CEO 리드 헤이스팅스

Netflix(넷플릭스) CEO Reed Hastings(리드 헤이스팅스)가 공유한 '자유와 책임의 조직문화'에 대한 가이드에서 넷플릭스 문화의 일곱 가지 관점을 살펴보면 다음과 같다.

1. 우리가 가치 있게 여기는 것이 우리의 가치다(Values are what we Value)

회사의 실제 가치는 로비에 걸린 그럴듯하게 보이는 구호가 아니라 회사와 동료 직원들이 가치 있게 여기는 행동과 능력 속에 있는 것이다. 넷플릭스는 아래의 아홉 가지를 만족하는 사람을 고용하고 승진시키며, 이 아홉 가지 가치가 내재된 직원들과 일하기를 바란다고 한다. 그리고 이 가치들은 채용, 평가, 연봉, 승진의 핵심 기준이 된다.

Judgement(판단력), Communication(소통), Impact(임팩트), Curiosity(호기심), Innovation(혁신), Courage(용기), Passion(열정), Honesty(정직), Selflessness(이타적 행동)

2. 높은 퍼포먼스(High Performance)

훌륭한 일터란 많은 복지 혜택, 고급 사무실이 아니라 멋진 동료들이 있는 곳이다. 우리는 멋진 동료들이 가득한 환경을 만들고 유지하려고 애쓴다. 다른 회사가 그렇듯 잘 채용하려 애쓴다. 여느 회사와 다른 점은 어지간한 성과를 내는 사람들을 퇴직금을 많이 주면서 내보낸다. 우리는 가족이 아니고 '팀'이다. 고용과 성장, 해고를 현명하게 수행함으로써 모든 직위에 스타급 플레이어를 앉혀 놓을 수 있다.

또한 넷플릭스는 사무실에 얼마나 오래 있었는지 따지지 않는다. 노력이 아닌 효율성의 문제다. A급의 충성과 노력을 보였다 하더라도 B급의 성과가 지속되면 퇴직금을 많이 주고 회사를 떠나도록 권한다. 최소한의 노력으로도 A급의 성과가 계속되면, 권한을 더 주고 급여를 높인다.

3. 자유와 책임(Freedom & Responsibility)

책임감 있는 사람은 자유 속에서 성장하고, 자유를 누릴 가치가 있다. 우리의 모델은 직원의 자유를 늘려서 창의적인 사람들을 계속 키워가는 것이다. 우리는 이를 통해 지속적인 성장의 기회를 얻는다. 왜 대부분의 회사는 성장하면서 자유가 줄어들고, 관료적으로 변할까?

대부분의 기업은 성장할수록 뛰어난 직원의 비율이 줄어든다. 혼돈을 줄이기 위해 규칙과 절차들이 만들어지지만, 규칙은 재능을 소진시킨다. 그래서 우리는 가능할 때마다 규칙을 없애려 했다. 넷플릭스에는 복장에 관한 규칙이 없지만 아무도 발가벗고 출근하지 않는다. 효율성보다 유연성을 갖는 것이 장기적으로 더 중요하다.

4. 통제가 아닌 맥락의 전달(Context, Not Control)

배를 만들고 싶다면 사람들을 시켜 나무를 모으고 역할을 나누고 명령을 내리면서 북을 칠 것이 아니라, 거대하고 끝없는 바다를 갈망하게 만들어라(앙투안 드 생텍쥐페리). 훌륭한 매니저는 사람들을 통제하는 대신 맥락을 적절하게 전달함으로써 좋은 결과를 이끌어낸다.

맥락이란 올바르게 결정하는 데 필요한 통찰과 이해를 제공한다. 좋은 맥락이란 Link to Company/Functional Goals(회사/직무목표와 연결된), Relative Priority(우선순위와 관련된), Level of Precision & refinement(완성 수준에 대한 정보), Key metrics/definition of success(핵심 지표와 성공의 정의)이다. 맥락을 통해 소통해야 하는 이유는 퍼포먼스가 뛰어난 사람들은 맥락을 이해하고 행동할 때 일을 더 잘 해내기 때문이다. 그래서 우리는 신입직원 연수 과정을 만들고, 부서 모임을 하며, 전략과 결과를 늘 내부적으로 공유한다.

5. 동종 업계 최고 임금으로 대우(Pay Top of Market)

시장에서 가장 높은 보상을 지급하는 것이 최고의 성과를 내는 문화의 핵심이다. 일반적인 두 명의 직원보다 한 명의 월등한 직원이 더 많은 성과를 거두면서 비용은 더 적게 든다. 넷플릭스는 뛰어난 직원만을 찾기 위해 노력한다. 임금 책정에 직함은 전혀 중요하지 않다.

고액 연봉은 복지 방식 중 가장 효율적이다. 대부분 동기부여는 연봉 수준에 의해 이루어진다. 넷플릭스에는 상여금도 없고 경조사 지원금도 없다. 대신 모든 비용을 고액 연봉으로 집중적으로 투자하여 사람들이 자기 연봉을 알아서 쓸 수 있는 자유를 준다.

6. 강하게 연결되어 있지만 느슨하게 짝지어진 조직(High Aligned, Loosely Coupled)

전략과 목표가 구체적이며, 구성원 전체가 이해하고 있다. 팀 간 상호작용은 구체적인 행위(tactics)보다는 전략과 목표에 집중한다. 간결하고, 명확하며, 통찰력 있는 조직을 위해서는 관리에 많은 시간을 들여야 한다.

각 그룹은 서로의 행동을 검토하거나, 승인하지 않고 신뢰한다. 그러면 더 빨리 움직일 수 있다. 리더는 상황에 맞는 협동과 적절한 시각으로 상황을 주도해야 한다. 행동에 대한 주기적인 사후검토(postmortems)는 연결성을 높이는 데 필요하다.

7. 승진과 자기 계발의 기회(Promotions & Development)

넷플릭스의 특정 기간, 특정 팀에는 특별한 기회와 성장이 있을 것이다. 야구를 통한 비유는 마이너에서 메이저이다. 아주 재능 있는 사람들은 일반적으로 메이저로 올라간다. 다만 아주 재능 있는 사람만 그렇다. 어떤 마이너 리그 선수들은 메이저로 올라가지 못하더라도 야구를 사랑하기 때문에 경기를 계속한다. 넷플릭스가 평생직장이 될 필요는 없다. 넷플릭스는 구성원 스스로 성장할 기회를 제공한다. 주위에 뛰어난 동료들을 채우고, 도전적인 업무를 계속해서 제공한다. 넷플릭스는 사람들이 각자의 커리어를 관리하길 원하며, 경력에 대한 계획을 회사에 의존하지 않길 원한다. 구성원의 경제적 안정은 실력과 명성에 기반한다. 넷플릭스는 구성원들이 훌륭한 동료들 사이에서 함께 성장할 기회를 꾸준히 제공하기 위해 노력한다.

넷플릭스는 성장하면서도 우리만의 문화를 향상시키고 있다.

넷플릭스는 탁월함(Excellence)을 더욱 추구하고자 노력한다.

토론 문제

01 동기부여의 내용이론(content theory)에서 매슬로우(A. H. Maslow)의 5단계 욕구단계이론에 대하여 설명하고 이 이론의 한계가 무엇인지 서술하라.

02 동기부여의 과정이론(process theories of motivation)은 인식절차이론(cognitive process theories of motivation)이라고도 한다. 과정이론 중 애덤스(J. Stacy Adams)의 공정성이론(equity theory)에 대하여 설명해보자.

03 허시(Paul Hersey)와 블랜차드(Kenneth Blanchard)가 리더십 유형을 인간관계지향적 리더십과 과업지향적 리더십을 3차원적 모형으로 분류한 4가지 유형에 대하여 설명해보자.

04 Netflix(넷플릭스)의 CEO인 Reed Hastings(리드 헤이스팅스)가 공유한 '자유와 책임의 조직문화'에 대한 가이드에서 넷플릭스 문화의 일곱 가지 관점에 대하여 설명해보자.

CHAPTER 14

자기주도적 리더십 계발

I. 리더십 계발의 트렌드와 의의

II. 리더십 계발 전략

Leadership Story

크로노스와 카이로스

그리스 헬라어에서는 시간(때)을 '크로노스(chronos)'와 '카이로스(kairos)' 두 가지로 표현한다. 하나는 물리적인 시간을 지칭하는 크로노스이고, 다른 하나는 때, 기회를 의미하는 카이로스이다.

크로노스(chronos)는 일반적 의미의 시간으로 1초, 1분, 1시간, 하루, 한 달, 일 년 등 시계나 달력으로 계산되고 기계로 측정할 수 있는 물리적 · 객관적 시간이다. 반면에 카이로스(kairos)는 사람이 어떻게 관리 · 운용하느냐에 따라 달라지는 주관적인 시간이며 결정적인 때나 기회를 뜻한다. 한 개인에게 있어서나 역사에 있어서 어떤 결정적인 사건이나 기회가 임했을 때 바로 이때를 카이로스라고 한다.

크로노스는 단순히 시계로 표시되는 흘러가는 시간이요, 일련의 불연속적인 우연한 사건들이 지나가는 시간을 뜻하고, '카이로스'는 때가 꽉 찬 시간으로 구체적인 사건의 특별한 의미가 있거나 중요한 뜻이 담긴 시간을 의미한다.

카이로스의 어원을 보면 "활시위를 당기다"라는 뜻이 있다. 그런데 활시위를 당기다의 뜻 안에는 화살이 목표에 맞았다는 의미가 내포돼 있다. 쉽게 말해서 미래(종말)에서 바라보기 때문에 그렇다. 미래(종말)에 대한 확증을 가지고 시간개념을 바라보기 때문에 활시위를 당길 때 이미 목표를 맞추었다는 전제가 가능한 것이다.

기원 전 4세기 그리스 조각가 리시포스가 만든 카이로스 조각상을 보면 앞머리는 머리카락이 무성한 반면 뒷머리는 대머리인 우화적 형상을 하고 있다. 왼손에는 저울을 들고 있고, 오른손에는 칼을 쥐고 있으며, 어깨에는 커다란 날개가 달려 있고 발에도 작은 날개가 달려 있다.

이를 바라보는 관광객들은 너무 우스꽝스러워 처음에는 웃고 말지만 그 아래 어느 시인이 설명해 놓은 글을 읽고 나면 저절로 옷깃을 여미게 된다. "시간은 쉼 없이 달려야 하니 발에 날개가 있고, 시간은 창끝보다 더 날카롭기에 오른손에 칼을 잡았고, 시간은 만나는 사람이 잡을 수 있도록 앞이마에 머리카락이 있으나 시간이 지난 후에는 누구도 잡을 수 없도록 뒷머리가 없다." 참으로 숙연해지는 말이다.

원래 그리스 신화에 나오는 '시간의 신'은 '크로노스'(Chronos)다. 제 자식은 물론 이 세상 모든 것을 먹어치운다는 신으로 묘사돼 있다. 그래서 연대기(Chronology) 등 시간을 나타내는 영어는 모두 이 신의 이름에서 나왔다. 올림푸스 신전에 크로노스의 상이 세워져 있다.

제우스의 아들 카이로스는 '기회의 신'이다. 앞에서는 누구나 쉽게 머리털을 움켜쥘 수 있지만 한번 지나가면 뒤에서는 잡아챌 머리털이 없다. 기회는 다시 돌이킬 수 없다는 뜻이다. 기회가 앞에 있을 때 저울을 꺼내들어 신속히 분별하고 판단한 후 칼같이 결단해야 한다. 기회 앞에서 우물쭈물하는 사람은 결코 카이로스의 머리털을 움켜쥘 수 없다. 왼손의 저울은 그가 왔을 때 그 옳고 그름을 형량토록 함이고, 오른손의 칼은 옳다 판단할 때 칼같이 결단할 것을 촉구하기 위함이다. 그의 이름은 바로 기회(opportunity)이다. 지금도 기회의 신은 우리 옆을 그렇게 바람처럼 지나가고 있다.
크로노스는 가만히 있어도 똑딱 똑딱 흘러가지만 카이로스는 염원과 갈망에 의해 흘러가는 것이 다르다. 특별한 의미가 있는 시간이 바로 카이로스인 것이다. 어떤 사람들은 카이로스적 시간 속에서 참으로 의미 있는 생활을 하고, 어떤 사람들은 크로노스적 시간에 맡긴 채 무의미한 하루하루를 보내다가 인생의 애절한 최후를 맞이하기도 한다. 카이로스적 시간 속에서 사느냐 아니면 크로노스적 시간 속에서 사느냐는 각자의 생각과 노력에 달려 있다.
때와 선택! 카이로스와 크로노스는 언제나 우리에게 있다. 크로노스는 유한하지만 카이로스는 무한하다. 크로노스 시간은 쉼 없이 흘러가지만 카이로스 시간은 갑작스럽게 일어나며 자신을 변화시키는 의미 있는 시간을 말한다.
선택은 자신에게 있으며 기회는 바로 지금이다. 시간은 곧 바로 행할 수 있는 기회를 우리에게 제안한다. 따라서 지금 나는 이 순간을 어떻게 선택할 것인가?

출처: http://blog.daum.net/findtreasure/14221121, 이뉴스투데이, 2013.11. 8. 사랑밭새벽편지.

I 리더십 계발의 트렌드와 의의

1 리더십 계발의 트렌드[1]

지식정보화시대에서 인적자원은 조직의 목표달성 및 조직의 생존을 결정하는 지속 가능한 발전에 있어 가장 중요한 핵심 자원이다. 또한 무한경쟁 패러다임 속의 오늘날 우수한 인재 확보와 구성원들의 역량개발의 중요성은 더욱 증대되고 있다.

성공하는 리더는 부지런히 자기 계발을 하고, 대부분 부지런한 공붓벌레에 가깝다. 특히 사람과 지식에 대한 욕심이 타의 추종을 불허하고, 늘 부족하다는 겸손한 생각으로 집요하게 배우기에 사람들에게 존경받고 성공하는 리더가 된다.

1990년대 미국 최대 항공회사 중 하나인 United Airlines(UAL)은 경쟁사인 South West Airlines에게 캘리포니아 항공시장의 50%를 잠식당하는 심각한 기업문제에 봉착했다. 그리고 회사는 위기를 극복하고자 경쟁회사인 South West Airlines의 경영시스템을 벤치마킹하여 상대방처럼 항공요금을 대폭 할인하고 최첨단 운영시스템을 도입하였음에도 참담한 실패로 끝났다. 왜 그랬을까? 그것은 경영전략이나 시스템은 벤치마킹하였지만 가장 중요한 이 모든 것을 운영하고 추진하는 사람을 벤치마킹하지 않았기 때문이다.

기업 및 경영 성공의 베스트셀러 저자인 짐 콜린스는 세계에서 가장 위대한 회사들의 특징을 'first who, then what'이라는 단어로 표현했다. 즉, 기업의 성공과 실패는 모두 사람으로부터 출발하며 사람이 기업의 경쟁력을 결정하는 가장 중요한 요소인 것이다.

이처럼 성공하는 조직에는 조직을 운영하고 조직을 이끌어가는 핵심에 리더가 있으며, 구성원들에게 비전과 목표를 부여하고 열정을 불러일으켜 성과를 창출하게 하는 리더가 기업의 경쟁력을 결정한다고 강조하였다.

그렇다면 United Airlines(UAL)이 모방하지 못하였던 South West Airlines의 리더와 리더십, 오늘날 국내·외 일류기업들이 기업의 성장을 위해 투자를 아끼지 않았던 리더의 개발 및 교육은 다음과 같이 7가지 원칙을 준수하고 있다.

21세기의 7가지 리더십 계발 트렌드

- 핵심가치에 기반을 둔 리더육성
- 비즈니스 역량의 중시
- 핵심리더 육성에 과감한 투자
- 일선관리자의 리더십 중시
- 리더십 파이프라인의 개발
- 인사제도와 연계
- 최고학습경영자가 주도

1. 핵심가치에 기반을 둔 리더 육성

리더십에도 유행이 있다. 과거 전통적 리더십이었던 특성이론, 행동이론, 상황이론 그리고 현대사회의 카리스마 리더십, 변혁적 리더십, 감성 리더십, 서번트 리더십 등 사회는 새로운 리더십이 소개될 때마다 마치 그동안의 풀지 못하였던 모든 문제를 해결할 수 있는 만능 키를 찾은 것처럼 기업에, 교육에, 정치에 이를 활용하려고 하며 수많은 노력과 투자를 한다. 그러나 세계 일류 기업들은 어떤가?

초일류 다국적기업인 Johnson & Johnson을 보자. 이 회사는 그들만의 신조(Credo)를 중심으로 남들이 따라할 수 없는 리더십을 발휘하는 회사로 유명하다. 특히 Johnson & Johnson

에는 핵심가치라고 할 수 있는 '우리의 신조(Our Credo)'가 있다.

그리고 1982년 이 회사가 생산하는 두통약인 타이레놀 약병에 누군가가 독극물을 넣어 미국 시카고지역에서 일곱 명의 사망자를 내는 큰 사건이 발생했고, 이때 회사는 시카고지역에서만 타이레놀을 회수하면 되는 상황이었다. 그러나 고객의 건강과 생명을 존중한다는 자신들의 핵심가치를 담아 놓은 'Our Credo'에 충실하게 입각하여 Johnson & Johnson는 1억 달러라는 비용을 들여 미국 전역에서 타이레놀을 회수하였다. 자그마치 1억 달러라는 비용을 지불했다. 그러나 이로 인해 오히려 Johnson & Johnson은 어떠한 비용이 들더라도 옳은 일이라면 반드시 하고야 만다는 기업 이미지를 소비자에게 굳게 심어 주었고, 그 명성은 오늘까지 계속되고 있다.

2. 비즈니스 역량의 중시

어떤 조직이든지 핵심목적이 있는데 기업의 핵심목적은 사업을 통해 성장하고 수익을 창출하는 것이다. 이런 면에서 리더십은 조직과 사람관리만 하는 것이 아니라 사업을 이끌어갈 수 있는 비즈니스 역량까지도 포함하여 리더십 계발을 이끌어야 한다.

실제로 GE는 매우 구체적으로 리더의 비즈니스 역량을 계발하고 있다. 사업과 관련되어 돈이 어떠한 과정을 거쳐 제품이나 서비스로 전환되고, 다시 수익으로 창출되어 회사로 흘러들어오는지(회계), 제품이나 서비스가 어떻게 만들어지고 어떻게 고객을 끌어들이는지(생산, 마케팅), 회사의 재정상태를 어떻게 분석하고 어떤 의미로 해석해야 하는지(재무), 회사를 성장시키는데 핵심적인 사업을 어떻게 구성하고 성과를 극대화시키며 평가해야 하는지(전략경영) 등과 관련된 교육 프로그램을 만들어 지속적으로 리더의 비즈니스 역량을 개발시키고 있다.

3. 핵심리더 육성에 과감한 투자

선진 일류기업일수록 핵심리더를 육성하는 데 과감한 투자를 한다. 많은 리더들 중에서도 회사에서 특별히 신경을 써서 키워내야 할 인재는 핵심리더로 육성한다는 것이다. 왜냐하면 핵심리더는 향후 최고경영자가 되어 회사를 이끌어갈 잠재력이 있는 인재로 이들은 장차 회사의 핵심가치인 DNA를 계승하여 지속적인 성장을 창출할 역량을 가진 사람이기 때문이다.

국내 일류기업인 삼성 역시 핵심리더 육성에 과감한 투자를 실시하고 있는데 세 가지 리더십 개발 과정이 대표적이다.

첫째로, 삼성의 DNA인 핵심가치를 교육의 핵심내용으로 하면서 각 계층별 리더로서 마땅히 확보해야 할 역량을 개발하는 과정인 SVP(Samsung Shared Value Program)

둘째로, 직원들의 글로벌 역량개발을 목적으로 한 SGP(Samsung Global Expert Program)

끝으로, 핵심리더 양성과정인 SLP(Samsung Business Leader Program)

4. 일선관리자의 리더십 중시

기업은 단지 최고경영자나 임원, 또는 직급이 높은 부서장으로만 운영되지 않는다. 실제는 현장에 가장 가까이 있는 일선 관리자들에 의해 돌아간다. 즉, 유기체의 말단의 신경조직이 제대로 살아 있어야 생물체가 건강한 것과 마찬가지이다. 일반적으로 일선관리자의 교육은 주로 생산성이나 품질관리에 초점을 두고 있다. 그러나 생산성이나 품질을 포함한 대부분의 문제가 사람 간의 관계에서 발생한다는 점을 감안하면 직원들과 가장 많이 접촉하는 일선관리자에게 정말 필요한 것은 조직관리 리더십 역량이다.

D사는 신입사원들의 조기 퇴직률이 골칫거리였다. 그리고 일선관리자의 리더십 중시 차원에서 해결책을 찾던 중 멘토링제도를 도입하였다. 그리고 일선관리자인 현장의 중견사원들을 대상으로 또래 상담가 프로그램을 도입하여 상담가로 양성한 후 신입사원과 1:1 또는 1:2의 후견인제도를 운영하였다.

이처럼 멘토링을 통해 활동상 어려운 점이나 우수사례를 공유하도록 하였다. 상담전문가에게 올바른 상담기법을 지속적으로 교육받음으로써 일선관리자들의 상담 역량을 더욱 보완하고 발전시켰다. 결과는 D사의 신입사원의 조기 퇴직이 급격히 감소하였고, 멘토들의 관리 역량뿐 아니라 현장부서의 분위기 자체도 밝아지는 성공적 효과를 거두었다.

5. 리더십 파이프라인의 개발

리더십 파이프라인이라는 개념을 제일 먼저 만든 회사는 바로 앞에서도 소개했던 GE이다. GE는 '세션(Session C)'이라는 평가 과정을 운영하면서 젊은 관리자들로 하여금 그들의 잠재력을 충분히 개발하고 미래의 계획을 세울 수 있도록 투자를 하였다.

그리고 그 결과 젊은 관리자들은 이후 더 높은 상급관리자의 역할을 계속 맡을 수 있는 기회를 가질 수 있게 되었다. 뿐만 아니라 승계계획(succession plan)을 도입하여 경영자들이 자신을 이어 리더가 될 후보군을 미리 정하고 이들을 체계적으로 육성하여 기업의 미래를 이끌어갈 리더십 파이프라인이 끊어지지 않게 함으로써 탁월한 경영자가 지속적으로 계승되도록 하고 있다.

6. 인사제도와 연계

리더십의 계발은 단순히 교육 프로그램만으로 해결되는 것은 아니며 인사제도와 연계되어야 더 큰 효과를 발휘할 수 있다. 따라서 인사고과 시에는 직무 및 리더십에 대한 역량평가를 실시하며 그 결과를 다음의 교육에 반영하고 필요에 따라서는 직무 재배치도 과감하게 실시해야 한다.

또한 상위 직급으로 승진하는 데 필요한 역량을 도출하여 그 중 꼭 필요한 것들은 필수교육 과정에서 이수하게 하고, 그 결과를 평가하여 인사고과 및 승진 시에 반영해야 한다. 즉, 인사고과 항목과 육성해야 할 역량 항목을 동일하게 사용하여 '교육 따로, 인사 따로'가 되지 않도록 노력해야 한다.

7. 최고학습경영자가 주도

리더십 역량이 기업의 경쟁력수준을 결정한다는 사실을 인정하고 기업들은 최고학습경영자(CLO: Chief Learning Officer)를 두고 이들에게 교육훈련 전략수립 및 모델개발, 실행의 교육기회를 제공해야 한다. 구체적으로 기업의 전략과 핵심역량을 정확히 이해한 후, 이에 적합한 인재를 어떻게 만들 것인지에 대한 전략수립교육, 리더십 파이프라인 각각에 대해 어떤 역할과 역량이 필요한지를 정의, 리더의 비즈니스 역량모델을 개발 및 육성 등 회사의 인적자원관리 전반에 리더십 계발이 통합되고 시스템적으로 연결되도록 이끌어야 한다.

2 리더십 계발의 의의

1. 리더십 계발의 정의

브링가르트(Brungardt, 1996)[2]는 리더십의 계발을 "어떤 리더가 지니고 있는 잠재력과 리더십의 결과를 최적화하기 위해 요구되는 지식과 행동 및 태도의 발전을 촉구하고 지원하는 생활방식 분야의 계발 및 성장"이라고 정의하였고, 맥클레이(McCauley)와 브루투스(Brutus, 1998)[3]는 리더십의 계발을 "리더가 효과적인 리더십 역할과 과정을 수행할 수 있도록 리더의 능력을 확장시키는 것"이라고 정의하였다.

그리고 데이(Day, 2000)[4]는 과거 20세기의 리더십 계발이 리더 개인의 역량 향상에만 치우친 것을 비판하면서 보다 바람직한 리더십의 계발, 즉 리더의 지식 및 기능적 역량 향상 이외에 사회적 관계 향상에 초점을 맞출 것을 제안하면서 리더의 계발과 리더십의 계발에 대해서 표 14-1과 같이 구별하였다.

자카로(Zaccaro, 2007)[5]는 리더십 계발은 인생경험이 많은 시니어와의 상호작용을 통해 이루어지는 과정으로 리더십 계발에 있어서 리더십 교육 주체의 신뢰성과 리더와 교육 주체 사이의 관계성이 중요하다고 강조하였다.

표 14-1 리더 계발과 리더십 계발의 차이점

<table>
<tr><th rowspan="2">구분</th><th colspan="4">리더십 계발 대상</th></tr>
<tr><th colspan="2">리더(Leader)</th><th colspan="2">리더십(Leadership)</th></tr>
<tr><td>자산유형</td><td colspan="2">인적 자산</td><td colspan="2">사회적 자산</td></tr>
<tr><td>계발 역량 기반</td><td colspan="2">개인 내면</td><td colspan="2">대인관계</td></tr>
<tr><td>리더십 모델</td><td colspan="2">개인</td><td colspan="2">관계</td></tr>
<tr><td>주요 가치</td><td colspan="2">• 개인능력
• 지식
• 신뢰성</td><td colspan="2">• 관계에 대한 몰입
• 상호 존중
• 신뢰</td></tr>
<tr><td rowspan="3">발전 역량</td><td>자아 인식</td><td>• 감정 인식
• 자신감
• 정확한 자아 이미지</td><td rowspan="2">관계 인식</td><td rowspan="2">• 인식
• 감정이입
• 서비스 지향성
• 정치적 성향</td></tr>
<tr><td>자기 규제</td><td>• 자기통제
• 신뢰성
• 개인적 책임감
• 적응력</td></tr>
<tr><td>자기 동기 부여</td><td>• 주도성
• 몰입
• 낙관성</td><td>관계 기술</td><td>• 유대강화
• 팀 지향성
• 변화촉진
• 갈등관리</td></tr>
</table>

출처: David V Day(2000). "Leadership development: A review in context."The Leadership Quarterly. Volume 11, Issue 4, Winter.

즉, 리더십 계발이란 리더로서의 역할수행과 리더십 발휘에 있어서 요구되는 역량을 향상시키는 일련의 과정이라고 정의할 수 있으며, 20세기 후반까지의 리더십 계발에 관한 연구들은 대체로 리더십의 계발을 리더가 구성원들을 리드하는데 있어서 필요한 지식의 교육 또는 습득을 중요시하였다. 그리고 리더십 계발 과정도 각 분야의 우수사례를 발굴하고 특정 리더의 역량을 벤치마킹하는 수준이었다. 따라서 훌륭한 리더의 리더십을 모방하였다고 하더라도 해당 조직에 있어서 리더십이 활용되지 못해 오히려 조직의 목표달성을 저해하는 사례들도 쉽게 찾아볼 수 있었다.

따라서 21세기의 리더십 계발은 기존의 기능적 지식 위주의 리더십 계발이 아니라 먼저 상황 및 환경 요인을 파악하고 조직의 특성 변화에 고려한 리더십 계발을 제안하고 있다. 특히 특정 사례를 벤치마킹 및 모방하는 리더십 계발이 아닌 리더십 스스로가 변화하고 발전할 수 있는 역량 차원의 리더십 계발을 중요하게 생각한다.

따라서 리더십의 계발 주체도 기존에는 리더 개인의 노력만을 강조하였지만, 오늘날의 리더십 계발은 리더가 속한 조직의 구성원뿐만 아니라 리더가 관계를 맺고 있는 주변 사람들까지도 리더십 계발의 대상으로 바라본다.

2. 리더십 계발의 유형

콘거(Conger, 1992)[6]는 리더십 계발 프로그램을 개인적 성장 중점의 프로그램, 성공한 리더에 대한 이해 프로그램, 피드백 중심의 리더십 분석 프로그램, 리더십 기술 향상 프로그램 4가지로 유형화하였다.

1) 개인적 성장 중점의 프로그램

개인적 성장 중점의 프로그램은, 사람은 후천적 교육을 통해 자기 발전을 하는 존재이기 때문에 리더십 교육 대상자들로 하여금 자신의 리더십 이전에 자신의 삶에 대해서 스스로 책임을 지는 자세와 의지를 개발하는 데 초점을 둔다.

2) 성공한 리더에 대한 이해 프로그램

성공한 리더에 대한 이해 프로그램은 조직 내 또는 타 조직에서 성공한 리더들의 특징을 분석하여 성공한 리더의 효과적인 리더십 행동 및 과정을 교육함으로써 리더의 리더십 역량을 한층 더 발전시키는 것으로 리더는 미래를 창조해 나간다는 취지 아래 리더는 다른 사람들(타 리더 포함)의 길도 열어주는 존재라고 정의하였다.

3) 피드백 중심의 리더십 분석 프로그램

피드백 중심의 리더십 분석 프로그램은 성공한 리더들의 효과적인 리더십 행동 및 과정의 벤치마킹뿐만 아니라 리더십 계발 대상인 리더를 대상으로 설문조사를 실시하여 리더가 그 결과를 보고 스스로 개선점을 찾아가는 프로그램이다

4) 리더십 기술 향상 프로그램

리더십 기술 향상 프로그램은 가장 보편적으로 활용되는 리더십 계발 프로그램으로 성공한 리더들이 가지고 있는 역량을 파악하고 리더들로 하여금 리더십 계발을 위해 필요한 역량들을 사전에 조사하고 이러한 필요 및 수요에 따라 리더십을 계발하는 프로그램이다.

아울러 Conger는 네 가지 유형의 프로그램 중에서 개인적 성장 중점의 프로그램이 상대적으로 효과가 가장 크다고 주장하였다. 따라서 특수한 개인적 경험을 제공하여 리더로 하여금 스스로 새로운 의지 및 열정을 가지고 스스로 변화해가는 리더십 계발 프로그램을 강조하였다. 다만 리더십 계발의 환경뿐만 아니라 리더십 계발의 주체인 리더들의 경우 다양한 내·외적 특징을 지니고 있기 때문에 특정 리더십 계발 프로그램만을 고수하기보다 4가지 유형의 리더십 계발 프로그램을 종합적이고 입체적으로 사용하는 것이 가장 이상적인 리더십 계발 프로그램이라고 정의하였다.

3 리더십 계발의 습득과 요소

1. 리더십 계발과 습득

1) 리더십은 계발된다.

대부분의 사람들은 탁월한 사람이 되려는 열망보다는 자신이 탁월하지 못한 이유를 찾아 변명하는 경향이 있다. 지금 당신은 어떤 수준의 리더십을 발휘하고 있는가? 효과적인 리더십은 당신의 성공뿐 아니라 당신과 함께 일하는 사람들의 성패 여부까지 결정한다.

효과적인 리더십의 중요성을 말해주는 재미있는 일화가 있다. 영업회의에서 한 간부가 매우 저조한 실적으로 직원들을 심하게 나무라고 있었다.

"지금까지 여러분이 남긴 초라한 실적과 변명만으로도 충분합니다. 여러분이 이 일을 할 수 없다고 할지라도 우리 제품을 판매할 사람들은 얼마든지 있습니다. 지금도 기회만 닿으면 뛰어들 사람들이 줄을 섰습니다." 이어 그 간부는 자신의 말을 확인이나 하려는 듯 과거 프로축구선수였던 신입사원에게 물었다.

"축구 팀 성적이 좋지 않을 때는 어떻게 합니까? 선수를 교체하지요? 그렇죠?"

그 질문은 잠시 어색한 분위기를 자아냈고, 잠시 후 그 은퇴한 축구선수가 입을 열었다. "팀 전체에 문제가 있을 경우 보통은 코치를 갈아치우지요."

2) 리더십은 습득된다.

리더십은 선천적으로 타고난 사람들의 전유물이 아니다. 리더십의 기초가 되는 원리는 후천적으로 습득될 수 있다. 이러한 원리와 더불어 지도자가 되고자 하는 열망만 있다면 당신은 충분히 좋은 리더가 될 수 있다. 만일 당신이 지금 속한 지위에서만 리더십을 발휘할 수 있다고 믿는다면 그것은 초보적인 수준이다. 만일 지금 당신의 사고가 이 상태에 머물러있다면, 당신이 가지고 있는 유일한 영향력은 당신의 직함에서 나오는 것뿐이며 기존의 기득권, 의례, 전통 등에 의존하게 되며 이것은 리더십의 기술로 대체되기에는 부적합하다.

사람은 어떤 지위에 임명됨으로써 통제력을 가질 수 있으며 권위 역시 누릴 수 있다. 그러나 진정한 리더십이란 권위를 능가하는 그 무엇이다. 진정한 리더십은 다른 사람들이 신뢰감을 가지고 기꺼이 따르게 하는 힘이 있다. 두려움보다는 열정을 불어넣고 '내가'가 아닌 '우리가'라고 말하는 사람, '네가 가라'가 아닌 '함께 갑시다.'라고 말하는 사람이 바로 리더이다. 진정한 지도자는 보스와 다르며 다른 사람을 인도할 때 얼마나 즐거워하고 성공할 수 있느냐는 우리가 지속적으로 리더십 수준을 얼마나 높일 수 있느냐에 달려있다.[7]

2. 리더십을 구성하는 요소

리더십은 고대나 현대를 살아가는 우리들에게 있어 영원한 화두이며, 관심사이다. "리더십이란 무엇일까?"라는 질문을 던졌을 때, 우리는 선뜻 답을 내리기가 어렵다. 리더십의 대가인 존 가드너(John Gardner)는 "리더십은 설득이나 예시를 통해 개인이나, 조직이 제시하는 공유된 목표를 추구하도록 조직을 인도하는 것"이라고 정의했다. 또한, 인권운동가로 잘 알려진 제시 잭슨(Jesse Jackson)은 "리더십은 다양한 의견을 하나로 묶어내는 것이며, 도전적인 기회 속에서 비전을 명확히 세워 현실을 돌파하기 위해 조직과 사회를 동원하는 활동"이라고 정의했다.

동양에서는 리더의 자격을 신언서판(身言書判), 즉 외모, 말하는 것, 글 쓰는 것, 판단하는 것으로 평가했다. 현대에서의 리더는 일반적으로 인격(character), 판단력(judgement), 직관력(intuition)을 핵심자질로 평가한다. 하버드대학 케네디스쿨에서는 리더십을 구성하는 요소를 다음과 같이 강조하고 있다.[8]

첫째, 명확한 비전 설정이다. 비전은 성장의 원동력이며, 미래의 그림이기 때문이다. 사람들이 미래를 창조하기 위해 노력하는 이유를 명시적으로 언급해야 하며, 상상이 가능해야 하며, 바람직해야 하며, 실행 가능하고 유연해야 하며, 이해할 수 있어야 한다.

둘째, 목표설정이다. 목표는 공동체 조직원을 뛰게 하는 힘이다. 따라서 비전에 따라 목표가 설정되어야 한다. 목표를 세우는 것과 이를 달성하기 위해 동기를 부여하는 일이 리더의 역할이다. 또한 목표는 공유되어야 하며, 함께 설정하는 것이 바람직하다.

셋째, 확실한 전략을 세우는 것이다. 전략은 목표에 도달하는 방법 중의 하나이다. 무엇(what)이 아니라 어떻게(how)에 관한 것이다. 중·장기 비전을 달성하기 위해서는 이에 맞는 전략이 요구된다.

넷째, 공동체 조직원들과의 유기적인 연합이 필요하다. 리더(leader)와 팔로워(follower)는 대등한 위치에 놓인 동반자다. 단지 역할이 다를 뿐이다. 성공적인 동행을 위해서는 서로 협력해야 한다.

다섯째, 환경의 적응과 이용이다. 환경이란 맥락(context)과 상황(situation)을 포함하는 것으로 리더십의 발휘에 많은 영향을 미친다.

3. 리더십 향상 방법과 함정

1) 리더가 되기 위한 6가지 방법

'리더십은 타고나는 것일까 아니면 만들어지는 것일까'에 대한 질문을 하게 된다. 한 가지 분명한 것은 리더는 훈련을 통해 향상될 수 있는 것과 리더가 되기 위해서는 오랜 기간 준비가 필요하다는 것이다. 따라서 준비된 자만이 리더로 성공할 수 있고 존경을 받을 수 있다. 리더십의 전문가인 미국의 제임스 쿠제스(James Kouzes)와 배리 포스너(Barry Posner)의 리더가 되기 위한 6가지 방법은 다음과 같다.

첫째, 모델(model)을 설정한다. 자신이 처한 상황을 고려하여 닮고 싶은 리더를 정한다.

둘째, 현재의 도전과 변화를 피하지 말고 의미 있게 받아들인다. 도전은 시련이지만 잘 극복하면 미래를 향한 기회가 된다.

셋째, 도전과 시련을 겪으면 심리적으로 강해진다. 인내와 끝없는 정진(精進)이 필요하다.

넷째, 신뢰를 쌓는다. 먼저 스스로에 대한 신뢰를 구축하고 꾸준하고 성실한 노력으로 타인으로부터 신뢰를 쌓아야 한다.

다섯째, 대인관계를 발전시킨다. 리더십은 기본적으로 인간관계인 만큼 다른 사람을 이해하고 설득하고 소통할 수 있어야 한다.

여섯째, 리더십을 계발(啓發)한다. 목표를 설정하고 습관화될 수 있도록 한다.

2) 리더를 파멸시키는 함정의 유형

리더를 파멸시키는 함정의 유형은 다음과 같다.

첫째, 자만심의 함정이다.

다른 사람의 의견을 듣기도 전에 자기 의견이 옳다고 생각하며, 자신이 내놓은 전략이나 아이디어가 채택되지 않으면 책임지기를 거부하고 모든 상황을 자기식대로 해석한다.

둘째, 스타의식의 함정이다.

다른 사람의 주목을 항상 받고 싶어 하며, 말이 앞서기도하고, 남에게 보이기 위한 멋진 약속을 남발하며, 남이 말할 기회를 주지 않고 자신에게만 관심이 집중되도록 중점을 둔다.

셋째, 다혈질의 함정이다.

사소한 실수에 대해 분명치 않은 이유로 화를 내고, 동일한 행동에 대해 어느 날은 칭찬을 하고 어느 날은 심한 꾸짖음을 하곤 한다. 즉, 감정기복이 심하고 기분에 따라 결정을 번복하는 일이 잦다.

넷째, 신중함의 함정이다.

뭔가 잘못되지 않을까하는 염려, 다양한 의견을 들어보지 않고서는 결정을 내릴 수 없다는 불안감이 감싸고 있고, 쉽게 약속을 하지 않으며, 명확하게 결정을 내리지 못한다.

다섯째, 불신의 함정이다.

다각적으로 분석하고 재검토를 반복하면서 늘 부정적인 면만 보고 비판적인 피드백을 주며, 타인은 늘 개인적인 이익만을 따라 움직인다고 생각한다.

여섯째, 무관심의 함정이다.

독자적인 업무에 능한 사람의 모습이며, 스스로를 고립시켜 중요한 정보를 얻지 못하기도 한다. 자신의 약점을 보이기 싫어하며, 감정표현을 잘하지 않음으로 위기상황이나 장애물이 있을 때, 후퇴하거나 우회하는 경향이 있다.

일곱째, 예스맨(yes-man)의 함정이다.

갈등을 싫어하며, 늘 다른 사람을 기쁘게 해줘야 한다는 강박관념이 있다. 불협화음이나 갈등의 소지가 있는 내용이나 아이디어는 바로 삭제하려는 경향이 있어 늘 뻔한 아이디어만 맴돌기도 한다. 모든 사람을 지지하고 편드는 것에 익숙하며, 자기 생각이나 감정을 강하게 드러내는 경우가 없으며, 인기라는 유혹에 잘 빠진다.

이처럼 리더에게는 늘 도처에 많은 함정이 도사리고 있다. 잘 나가던 리더가 하루아침에 곤경에 빠지고, 승승장구하던 개인과 조직이 갑자기 어려워지는 결정적 이유는 함정을 극복하지 못했기 때문이다. 하지만 함정은 잘 극복하면 더 이상 걸림돌이 아니라 디딤돌이 될 수 있다.
따라서, 항상 자신의 약점을 잘 보완하고 강점을 최대한 부각하면 리더로 성장할 수 있다. 그리고 리더는 비전(vision)을 잘 설정하고 그것을 실현할 수 있도록 조직을 인도해가는 것임을 주목할 필요가 있다.

Ⅱ 리더십 계발 전략

1 리더십 유형

자신의 리더십을 계발하기 위해서는 가장 먼저 자신의 리더십 유형이 무엇인지 알 필요가 있다. 이 책의 앞부분에서 소개한 여러 유형의 리더십이 있었지만 참고로 이 외에도 다음과 같이 리더십 유형으로 분류하기도 한다(이원희 외, 2006: 661~664).

1. 권위형, 민주형, 방임형 리더십

첫째, 권위형 리더십은 모든 방침과 작업과제를 독자적으로 결정하며 추종자의 개인적 실책에 대해 직접 비판하고 과업성취에 주된 관심을 갖는 리더십이다.
둘째, 민주형 리더십은 집단활동에 참여하지만 이를 압도하지 않도록 조심하며, 인간관계 중심적이고 추종자의 참여와 자율성을 강조하는 리더십이다.
셋째, 방임형 리더십은 추종자 개개인 또는 추종자 집단의 자유로운 의사결정을 허용하고 정보제공이나 집단활동은 요청받았을 때만 행동하는 수동형 리더십이다.

2. 변혁적 리더십

변혁적 리더십이란 변화를 지향하는 리더십을 말한다. 이러한 변혁적 리더십은 조직의 노선과 문화를 변동시키려고 변화추구적 또는 개혁적 성향을 지닌다. 그리고 조직을 위해 새로운 비전을 창출하고 그러한 비전이 새로운 현실이 되도록 적절한 지지를 확보함으로써 조직의 문화를 개조할 수 있는 리더십이다.
또한 변혁적 리더십은 조직에 대한 사람들의 인식과 신념을 변화시켜 변동을 실천한다. 그리고 사람들 사이에 신뢰를 구축하고 다양성과 창의성을 존중하며, 지속적 학습을 지원한다.

3. 발전적 리더십

발전적 리더십이란 항상 변동을 긍정적인 기회로 받아들이고 변동에 유리한 조건을 만드는 데 헌신하는 리더십이다. 이러한 발전적 리더십의 기본정신은 종복의 정신이다. 즉, 변혁적 리더십과 유사하지만, 리더의 봉사정신과 추종자중심주의가 특별히 더 강조된다.

이러한 발전적 리더십의 요건은 표 14-2와 같이 요약된다.

표 14-2 발전적 리더십의 요건

내재적으로 지향된 원칙	• 개인적 책임의 원칙 • 신뢰의 원칙
직원 지향의 원칙	• 직원 옹호의 원칙 • 직원자긍심 향상에 관한 원칙
업무성취 지향적 원칙	• 업무수행 파트너십의 원칙 • 직무수행개선의 원칙 • 효율적 의사전달의 원칙
조직 지향적 원칙	• 조직 일관성에 관한 원칙 • 총체적 사고의 원칙 • 조직 종속의 원칙

출처: 이원희 외(2006). p. 662.

4. 카리스마 리더십

카리스마 리더십은 리더의 특출한 성격과 능력에 의하여 추종자들의 특별히 강한 헌신과 리더와의 일체화를 이끌어내는 리더십이다.

이러한 카리스마 리더십은 초인적이거나 적어도 보통사람과 구별되는 특출한 능력을 가진 사람들이다. 그렇기 때문에 카리스마 리더들은 독특하고 강력한 성격과 비전의 힘으로 추종자들의 존경, 신뢰, 충성 그리고 헌신을 이끌어낸다.

5. 영감적 리더십

영감적 리더십은 리더가 향상적 목표를 설정하고 그 목표를 성취할 능력이 있다는 데 대한 자신감을 갖도록 만드는 리더십이다. 이러한 영감적 리더십의 핵심 요소는 미래에 대한 구상이다.

6. 촉매적 리더십

촉매적 리더십은 정부 부문의 리더십을 준거로 삼는 개념으로 연관성이 높은 공공의 문제들을 다루는 데 촉매작용을 할 수 있는 리더십이다.

7. 분배된 리더십

분배된 리더십은 리더십의 책임을 단일의 명령계통에 집중시키지 않고 여러 사람에게 분배한 공유의 또는 공동의 리더십이다. 이러한 분배적 리더십은 위임된 리더십, 공동의 리더십, 동료의 리더십으로 구분된다.

8. 문화적 리더십

문화적 리더십이란 문화와 의식을 통하여 구성원들에게 모범을 보이는 성직자와 같은 지도력을 의미한다. 즉, 문화적 지도자들은 규범, 가치, 그리고 신념 등의 강화를 통하여 리더십을 행사한다.

이러한 문화적 리더십은 변혁적 리더십이 진보한 것으로 볼 수 있으나, 문화적 리더십의 초점은 지도자와 추종자 간의 관계의 본질에 두는 것이 아니라 사회문화적 맥락에 두고 있다.

2 리더십 발전과 훈련

1. 리더십의 상황적합성 제고

리더십은 상황적 조건에 적합해야 그 효율성이 높아질 수 있다. 그러므로 리더십의 상황적합성을 높이도록 해야 하며 네 가지 방안을 제시할 수 있다.

첫째, 임무와 상황적 요청에 적합한 속성과 행태를 지닌 리더를 선발하고 배치한다.

둘째, 리더와 훈련을 통해 리더십 유형을 임무의 요청과 상황적 조건에 적합하도록 변화시킨다.

셋째, 리더의 훈련을 통해 리더가 자기의 리더십 유형에 맞게 상황을 변화시킬 수 있는 능력을 기른다.

넷째, 조직이 상황적 조건을 변화시켜 리더십 발휘에 유리한 상황을 만든다.

2. 리더십 발전을 위한 훈련

효율적인 리더의 육성을 위한 훈련 프로그램(leadership development)에서 사용할 수 있는 훈련기법은 다양하다. 그리고 리더십 발전을 위한 훈련 프로그램이 구비해야 할 효율화와 조건은 다음과 같다.

먼저, 훈련 프로그램은 단편적이고 일시적 행사가 아니라 지속적 과정이어야 한다. 다음은 능동적 학습을 강조해야 하며, 행동지향적 학습이 언제 어디서나 이루어질 수 있게 해야 한다. 또한 훈련 실시자는 넓은 시야와 지식을 가진 사람이어야 하며, 피훈련자와 파트너십을 설정해야 하며, 과거의 사례보다는 미래지향적 시나리오를 더 많이 연구하게 해야 한다(오석홍, 2005:594~595).

1) 다면적 환류

다면적 환류는 리더가 자기의 리더십이 지닌 강점과 약점에 관한 환류를 여러 사람들로부터 받아 반성과 학습의 자료로 삼게 하는 방법이다. 리더십의 균형 있고 종합적인 평가를 위해서는 다방면에 걸친 관련자들의 의견을 들어보아야 한다.

2) 네트워킹 훈련

네트워킹 훈련(networking training)은 리더가 정보획득과 문제해결을 위해 조력을 받아야 할 사람들과 연계를 발전시키는 방법을 훈련시키는 기법이다.

3) 개인지도

개인지도(코칭: executive coaching)는 리더십 발전을 위한 일대일의 개인화된 훈련기법이다. 개인지도에서는 훈련을 받는 리더의 강점과 약점을 총괄적으로 평가하고 포괄적인 발전계획을 세운다.

4) 후견인에 의한 지도

후견인에 의한 지도(mentoring)는 상급관리자 등 특정한 후견인이 피훈련자와 긴밀한 관계를 유지하면서 리더십에 관해 포괄적으로 조언하고 지도하게 하는 기법이다.

5) 현장훈련

현장훈련은 리더가 임무수행의 현장에서 경험을 통해 상관과 동료들의 도움을 받아 스스로 리더십 역량을 기르도록 하는 기법이다.

6) 실험실 훈련

실험실 훈련(laboratory training)이란 리더십 발전을 위해 감수성 훈련, 역할연기 등을 사용하여 시간적으로 압축된 경험을 할 수 있게 하는 기법이다.

3 리더십 계발 전략

조직의 목표를 달성함과 동시에 조직구성원들의 자아실현과 같은 사회적 욕구를 달성하고 나아가 사회 전반의 지속 가능한 발전을 선도하는 리더의 리더십을 발전시키는 리더십 계발은 개인적 차원의 리더십 계발과 집단 차원의 리더십 계발로 분류할 수 있다.

1. 개인 차원의 리더십 계발

1) 자기갱신

자기갱신은 개인 차원의 리더십 계발 방법 중 하나로 먼저 자신의 역량을 파악하고 바람직하고 이상적인 리더십 발휘를 위해 먼저 스스로 변화하는 리더십 계발 방법이다. 자기갱신은 자신에 대한 깊이 있는 성찰과 면밀한 분석을 전제로 하는데 훌륭한 리더십을 발휘하는 리더는 자기갱신을 통해 자신의 가치관, 신념, 행동, 선택 등의 리더십 행위가 변화되어 자연스럽게 타인의 행동도 변화시켜 다른 사람들의 발전을 도모하게 된다.

자기갱신을 잘하는 리더들은 대체로 위기를 성장의 기회로 전환시키며, 자신에 대한 진지한 성찰 및 자신의 성향과 기능에 평가능력이 뛰어나다.

2) 강의

강의는 리더에게 필요한 다량의 지식을 체계적이고 효율적으로 전달할 수 있고, 리더십 계발 내용의 수준 및 분량을 적절하게 조정할 수 있으며, 또한 다양한 매체를 통하여 보다 효과적으로 활용하여 리더십을 계발시키는 방법이다. 또한 강의는 전체적이고 종합적인 시각을 유지하며 진행할 수 있기 때문에, 리더십 계발 방식의 가장 일반적인 방식으로, 리더들이 토의와 같은 학습방법의 리더십 계발보다 더 효율적이고 효과적으로 리더의 역량을 향상시키는 데 신속하고 명확하다. 특히 리더가 스스로 고민하고 성찰하여 자신의 역량을 발전시키는데 소요되는 시간 및 자원보다 상대적으로 절약할 수 있다는 장점이 있다.

3) 역할 놀이

리더십 계발의 프로그램으로 역할 놀이는 일반적으로 특정한 공간을 하나의 연출장으로 설정하고 역할 놀이에 참여하는 사람들에게 별도의 역할을 부여하여, 리더가 이들의 행동을 관찰하고 건설적으로 비판함으로써 리더 자신의 행동이나 사고를 숙고하는 방법이다.

역할 놀이의 일차적인 목적은 리더십 계발에 필요한 역량을 조직상황에서 실제로 생길 수 있거나 리더에 필요한 역량을 함양하기 위하여 다양한 실험 및 경험을 통하여 여러 인간관계 및 갈등구조에 있어서의 체험을 통해 리더십 계발에 필요한 역량을 함양하는 것이다.

아울러 역할 놀이는 리더가 함양하고자 하는 리더십 계발 목적 이외에도 자신에 대한 반성과 타인에 대한 이해를 통하여 계발 이후에도 리더에게 자신의 행동을 반성하고 성찰하는 태도를 함양시켜 리더의 다양한 리더십 발휘에 있어서 타인의 관점 및 감정이나 정서를 보다 친밀하게 공유하게 하는 장점이 있다.

4) 감수성훈련

감수성훈련은 자신의 감정 및 정서를 서로 공유하고 상호 피드백 하는 리더십 계발 프로그램으로 1차적으로 자신의 경험을 타인에게 전달함으로써 타인으로부터 공감 또는 위로를 통해 스트레스 완화 및 심신의 건강을 회복하게 된다. 또한 2차적으로 자신이 경험하지 못한 감정 및 정서를 타인의 경험으로 경험함에 따라 타인에 대한 공감 및 이해능력을 함양할 수 있게 된다.

이처럼 감수성훈련의 주요 목적은 자기자신의 행동과 자기행동이 타인에게 주는 다양한 영향에 대한 경험적 이해를 통해 자기자아에 대한 인식을 높이고, 타인 및 집단의 행동, 집단 간 상호작용에 대한 이해를 증진시켜준다. 아울러 대인관계에서 자기자신의 행동을 다른 사람의 행동이나 정서에 반영하여 자신의 행동을 개선할 수 있는 능력을 길러준다.

5) 시뮬레이션 및 게임

시뮬레이션 및 게임은 리더가 자신에게 필요한 역량을 함양하는데 있어서 별도의 스트레스를 받지 않거나 덜 받으면서 리더십을 계발하는 프로그램으로 직접적으로 경험하는데 있어서 인적·물적자원에 한계가 있거나 주어진 환경에서 직접적인 경험을 하기 어려운 경우에 효과적이다. 특히 역량을 함양하는데 있어서 실패한다고 하더라도 리더십 계발 참여자들이 받는 부담감이 적다는 장점이 있다. 반면 리더십 계발에 대한 자율성에 비해 시뮬레이션과 게임을 통해 얻으려는 기대치가 낮기 때문에 리더십 계발 참여자들의 역량 함양 및 자기계발 의지가 낮아 책임감이 결여되기도 한다.

6) 집단 상호간 대면기법

집단 상호간 대면기법은 조직 내에 다양한 집단이 있는 리더들에게 효과적인 리더십 계발 프로그램으로 역할 놀이가 주로 리더 개인적 차원의 리더십 계발 접근이었다면, 집단 상호간 대면기법은 리더가 혼자가 아니라 자신과 유사한 상황 및 환경에 놓여 있거나 비슷한 유형의 문제를 해결해야하는 리더들과 집단을 이루어 스스로 리더와 구성원의 입장을 경험하거나 리더가 다른 구성원들과 함께 자신이 속한 집단 이외의 집단과의 접촉을 통해 1차적으로 리더와 2차적으로 구성원들의 역량을 향상시키는 기법이다.

2. 집단 차원의 리더십 계발

1) 과정 컨설팅

과정 컨설팅은 개인적 행동이나 집단 내 인간관계 등 조직 내의 운영 과정에서 나타나는 문제 또는 과제를 분석할 수 있는 능력과 그 해결능력을 향상시키는 리더십 계발 프로그램이다.
따라서 과정 컨설팅은 외부 전문 상담자의 도움을 받으며 리더 혼자가 아닌 리더와 조직구성원들이 함께 리더십을 계발하는 과정으로 주로 조직이나 조직 내 집단 간에 발생하는 문제를 개선하려는 방법으로 활용된다.
아울러 과정 컨설팅은 리더뿐만 아니라 구성원들과 함께 리더십을 발전시키기 때문에 구성원들에게 조직의 당면문제를 인식시키고 구성원들이 자기자신에게 바람직한 변화를 가져올 수 있도록 자신의 능력을 개발하도록 도움을 주어 리더와 구성원 나아가 조직 자체의 역량이 향상된다는 점에서 그 의의가 있다.

2) 설문조사에 의한 피드백

설문조사에 의한 피드백은 구성원들을 대상으로 조직이나 구성원 사이의 문제에 대한 설문조사를 실시하고 이를 통하여 얻은 자료를 리더십의 계발 피드백 자료로 활용하여, 궁극적으로 구성원들로 하여금 자신과 자신이 속한 집단과 조직 차원의 문제를 해결하도록 하는 리더십 계발기법이다.
설문조사에 의한 피드백은 일반적인 설문방법과 달리 리더와 관련된 모든 단계에 걸친 조직 내 다양한 팀의 적극적인 참여를 전제한다는 것이다. 따라서 효과적이고 바람직한 설문조사에 의한 피드백을 위해서는 전 과정에 걸친 구성원들의 관심과 참여가 있어야 한다.
아울러 많은 인적·물적자원이 설문조사에 투입되기 때문에 실제로 설문조사에 의한 피드백

효과가 얼마인지를 예측하고 이를 적극적으로 활용하여 리더십을 계발시키겠다는 확신을 가지고 수행되어야 한다.

3. 리더십 계발의 핵심

리더십 계발의 핵심은 리더 스스로가 리더십 계발의 필요를 명확하게 인식하는 것이다. 즉, 리더가 조직의 목표달성뿐만 아니라 자신과 구성원들의 개인 차원적 목표를 달성하기 위해 리더십을 발전시키겠다고 하는 의지가 확고할 때 리더는 리더십 발전과 관련된 계발전략이 보다 효과적이고 효율적으로 적용된다.

따라서 리더는 항상 자신의 한계가 무엇인지를 자아성찰과 자기판단을 통해 깨달아야하며 더불어 스스로의 경력과 성장에 책임을 가지고 좋은 기회가 있을 때 이를 활용하는 능력을 지니고 있어야 한다.

4 올바른 성공을 위한 자기계발

사람은 운명을 스스로 개척한다. 운명은 바깥에서 오는 것 같지만 나쁜 운명이란 약한 마음, 게으른 습관, 성급한 버릇에서 비롯된다. 어진 마음, 부지런한 습성, 남을 돕는 태도, 이것이야말로 좋은 운명을 여는 열쇠이다. 운명은 용기 있는 사람에게는 약하고 비겁한 사람에게는 강하다. –세네카–

1. 상대방에 대한 배려와 영향력

Easy Come Easy Go! 쉽게 얻는 것은 쉽게 나간다. 성현들의 교훈은 인격과 능력을 갖추며 성실하게 노력하는 사람에게 더 값진 기회와 성공의 열매가 주어지고 오래 지켜질 것이라 한다.

세상에는 힘이 되는 사람과 짐이 되는 사람이 있다. 누구를 가까이하고 싶은가?

세상에는 함께 있는 게 나은 사람과 차라리 없는 게 나은 사람이 있다. 어떤 사람이 되겠는가?

함께 시너지(synergy)를 만드는 사람이 되어야 한다. 그러기 위해서 스스로가 먼저 노력하는 자립노력이 우선이다. 내가 남들을 배려하고 먼저 돕지 않으면 남도 나를 돕지 않는 것이다.

리더의 팔로워에 대한 권력기반도 중요하지만 행사하는 방법에 따라 영향력이 달라진다. 리더가 어떤 방법으로 영향력을 행사할 것인지가 중요한 것이다.

표 14-3 영향력 행사의 효과적인 방법의 예

영향력 방법	권력기반	리더조건	부하특성	몰입가능성
합법적 지시	권한	합법지위, 엄정	합법 수용태도	보통
보상 제시	권한, 보상권력	보상능력, 신뢰	보상욕구	보통
처벌 압력	권한, 강제권력	처벌수단, 신뢰	처벌회피 심리	낮음
합리적 설득	전문권력	논리, 설득력	이성적 태도	높음
교환적 협상	보상 · 전문권력	협상, 판단력	양보적 태도	보통
감화적 호소	준거권력	호소력, 존경	감성적 민감성	높음
동일시 촉진	전문 · 준거권력	매력, 모범	리더 수용태도	높음
연합 압력	준거 · 배경권력	연합 협조력	압력자 수용성	낮음
정보 통제	권한, 정보권력	정보력, 신뢰	정보의존상황	보통
상 담	준거, 정보, 전문	상담기술, 정직	문제해결욕구	높음

2. 비전 세우기

올바른 성공을 위해서는 자기 자신과 조직의 비전을 세워야 한다. 비전(vision)은 더 나은 미래에 대한 희망과 그것이 언젠가는 달성될 것이라는 신념을 제공해준다. 비전에 대해서 하버드대학 존 코터(John P. Kotter) 교수는 다음과 같이 설명하고 있다. “비전은 미래의 그림으로서 그 미래를 창조하기 위해 노력해야 하는 이유를 명시적이거나 묵시적으로 나타낸 것이다. 다음은 미래의 지향점이자 좌표이며, 자신의 삶에 대한 에너지를 부여하고 조직의 핵심가치에 생명을 불어 넣는 리더십의 핵심 요소”라고 했다(이상혁, 2006).

개인 차원의 비전과 정립단계에서 희망과 비전의 메시지 예를 보면 다음과 같다.

① 나폴레옹 – 리더란 희망을 파는 사람이다. 어렵고 힘들수록 미래에 희망을 고취해야 한다.

② 생떽쥐베리 – 배를 타고 항해를 하고 싶은 사람이 있다면 배를 만드는 법을 가르치기보다 저 넓고 끝없는 바다에 대한 동경심을 심어주어야 한다.

③ 이건희 삼성회장 – 절망 속에서도 희망을 잃지 말라. 희망만이 희망을 키운다.

④ 로버트 기요사키 – 부자 아빠는 이렇게 말한다. “위대한 사람들은 위대한 꿈을 가지고 있고, 평범한 사람들은 평범한 꿈을 가지고 있지. 만일에 자신을 변화시키고 싶다면 제 꿈의 크기를 바꾸는 일부터 시작하여라.”

⑤ 윌리엄 제임스-심리학에는 한 가지 법칙이 있다. 이루고 싶은 모습을 마음속에 그린 다음 충분한 시간 동안 간직하고 있으면 그대로 실현된다는 것이다.

다음은 비전을 조직구성원들과 어떻게 공유할 것인가? 하는 문제이다. 비전을 조직구성원들과 공유하기 위해서는 비전실천에 장애가 되는 요소를 제거하고, 비전을 공유할 수 있는 다양한 방법과 행동을 해야 한다.

표 14-4 조직비전의 공유

구분	내용
비전실천의 장애 요소	• 현재 생활에 적응하여 변화를 싫어하는 인간의 심리 • 변화에 필요한 능력구비 불안으로 비전을 기피 • 리더의 확고한 신념 결여로 구성원들의 동참 미흡
비전공유의 방법	• 구성원과의 커뮤니케이션, 비전의 효익을 인식하도록 반복 • 비전동조 인력선발과 비전동조의 변화를 위한 교육훈련 • 비전실현에 따른 대가 제공, 경제보상, 정서활력, 성장기회 • 리더의 신념과 정열, 구성원들의 비전에 확신을 갖도록 선도 • 일과 삶의 균형, 개인적인 사람의 희생에 대한 과감한 보상

3. 자신의 리더상 정립

나 자신의 리더상을 정립하기 위해서 다음과 같은 순서로 생각을 정리한다.

첫째, 내 삶의 사명(mission)은 무엇인가? 내가 이 세상에 무엇 때문에 존재하는가? 내 삶의 존재이유(존재목적)를 생각해본다.

둘째, 내 삶의 비전(vision)은 무엇인가? 내가 이루고 싶은 일들은 무엇인가? 행복하고 멋진 나의 미래를 구상해본다.

셋째, 구체적 목표들(goals)은 무엇인가? 내 삶의 비전을 실현하기 위해 필요한 구체적인 목표들을 생각해본다.

넷째, 나의 리더상(my leader image)은 무엇인가? 위와 같은 삶을 살기 위해서 나는 어떤 모습의 리더가 되어야 할 것인가를 생각한다.

먼저, '이 세상에서 나의 존재 이유는 무엇일까?'라는 질문이 필요하다. 예를 들어보면 어느 음악인은 "나는 음악을 통해 스스로 기쁨을 찾고 가족과 지인, 이웃과 사회에 즐거움을 주는 것을 사명으로 추구한다."라고 했다.

표 14-5 나의 사명에 대한 준비상태

준비 수준	상태	나의 상태?	보완방향
A	상당히 명확, 문장화 정립, 남에게 분명하게 설명 가능		발전 및 보완점은?
B	어느 정도 명확, 문장화 미흡, 남에게 분명하게 설명 가능		보완점을 찾아보고 문장으로 만들자
C	어느 정도 생각, 문장화 미흡, 남에게 어느 정도 설명 가능		좀 더 명확히 문장으로 구성
D	어렴풋이 생각, 문장화 미흡, 남에게 설명하기 곤란		삶의 가치를 명확히 정립하고 문장으로 구성
E	아직 생각이 없음, 막연함, 남에게 설명할 수 없음		삶의 목적과 방향을 정립하여 하나씩 찾아 문장으로 구성

어느 장애인은 "나는 스스로 장애를 인정하며 이를 극복하여 시와 그림을 통해 나의 삶을 의미 있게 성취해 나감으로써, 장애인들에게 희망과 긍정의 용기를 주는 것을 사명으로 산다."고 했다.

다음은 나의 리더십 성향과 리더상은 무엇인가?에 대한 질문이 필요하다.

리더상의 의미는 내가 어떤 집단에서 리더가 되었을 때 내가 발휘하고 싶은 리더십의 모습이며, 뛰어난 리더는 각자 자기의 장점과 개성으로 자신의 능력을 발휘한다. 피터 드러커(Peter Drucker)의 리더십 개성론에 따르면 "리더십 스타일이나 특성이란 것은 존재하지 않는다고 생각한다. 리더들마다 그 특징이 너무나 다르다는 사실이다."고 한다.[9] 자신의 리더상 정립의 방법은 나의 성격, 장점, 특성 등을 바탕으로 미래의 이상형을 정립하는 것이다.

표 14-6 리더상 정립의 방법(사례)

주요 요소	외향적·도전적 성격, 언변력, 끈기, 작은 체구
전체적 이미지	체구는 작지만 야무지고 통 큰 사나이 작은 거인(Little Giant)
리더상	한번 내린 결단은 여건이 어렵더라도 끈질긴 집념으로 추구하며, 설득력 있는 대화와 언변으로 구성원들을 감동으로 이끌어가는 시원시원하고 대범한 리더

리더십 정립을 위해서 자신의 리더 본능은 어느 정도인지, 자기자신의 내면에서 끓어오르며 타오르는 기질 정도에 대해서 파악할 필요가 있다.

표 14-7 나의 리더십 본능 진단

리더 본능
• 남들과 어울리는 것을 즐기는 개방적 성격 (어울림의 즐김) • 타인에게 영향을 미치고 지배하려는 욕구 (지배욕구) • 미래의 상황을 잘 예측하는 통찰의 본능 (통찰력) • 더욱 나은 미래를 창출하고 싶어 하는 욕구 (개혁적 성향) • 난관이나 갈등을 두려워하지 않고 돌파하는 배짱 (담력, 추진력) • 두렵거나 불확실한 상황에도 뛰어들고 싶어 하는 욕구 (모험심) • 사람들의 강·약점이나 감정을 간파하는 센스 (감수성, 감성지능) • 상황의 본질이나 흐름을 간파하는 능력 (직관력) • 한 번 시작한 일은 끝까지 물고 늘어지는 끈기 (집념, 열정)

또한 자신의 리더십 자질과 역량을 진단하기 위해서 먼저 리더십 발휘의 자신감 진단을 한다.

표 14-8 리더십 발휘의 자신감 진단

구분	리더십 발휘의 자신감 진단
1	나는 효과적으로 리더십을 발휘할 수 있다고 자신한다. (　)
2	나는 다른 사람들을 효과적으로 이끌어갈 수 있을 것 같다. (　)
3	나는 마음만 먹으면 다른 사람들보다 리더십을 잘 발휘할 수 있다. (　)
4	문제 있는 집단도 열정을 가지고 성공적으로 이끌 자신이 있다. (　)
5	나는 나쁜 여건에서도 사람들을 설득하여 한 방향으로 나가도록 만들 수 있다. (　)
6	나는 리더로서 어려움이 닥치더라도 차분하게 극복해 낼 자신이 있다. (　)

다음은 자신의 리더 자질과 역량 진단을 위해서 리더에게 요구되는 주요 자질들 중에 내가 생각하는 현재는 어느 수준인가?에 대한 질문과 답변을 한다.

표 14-9 나의 리더 자질 진단

리더에게 요구되는 주요 자질의 현재 수준	
1. 성실성 ( )	11. 도덕성 ( )
2. 지배성 ( )	12. 책임감 ( )
3. 주도성 ( )	13. 존 중 ( )
4. 개방성 ( )	14. 리더십 식견 ( )
5. 성취욕 ( )	15. 업무지식 ( )
6. 정신력 ( )	16. 창의성 ( )
7. 모험심 ( )	17. 판단력 ( )
8. 감수성 ( )	18. 열 정 ( )
9. 집 중 ( )	19. 집 념 ( )
10. 자신감 ( )	20. 자율성 ( )

다음으로 리더가 현실에서 발휘할 역량들에서 내가 판단하는 현재의 리더로서의 역량은 어느 수준인가?에 대한 질문과 답변을 한다.

표 14-10 나의 리더 역량 진단

리더가 현실에서 발휘할 현재 나의 역량 수준	
1. 솔선수범 ( )	11. 포용력 ( )
2. 의사소통능력 ( )	12. 친화적 행동 ( )
3. 감정조절능력 ( )	13. 동기부여 ( )
4. 침착성 ( )	14. 담력, 배짱 ( )
5. 결단력 ( )	15. 겸양, 겸손 ( )
6. 구성원 개발 ( )	16. 융통성 ( )
7. 용기, 용맹 ( )	17. 글로벌 역량 ( )
8. 조정능력 ( )	18. 적응력 ( )
9. 협력적 행동 ( )	19. 통찰력 ( )
10. 엄정함 ( )	20. 체력, 지구력 ( )

5 올바른 성공을 위한 자기혁신과 원칙

1. 자기혁신

올바른 성공과 자기계발을 위해서는 반드시 자신의 생활방식의 점검과 자기혁신이 필요하다. "솔개의 자기혁신"의 예를 통해 나는 어떻게 혁신해야 할 것인지 정리하고 결단해보자.

솔개는 장수하는 조류인데 약 70여 년까지 수명을 누릴 수 있다고 한다. 다만 그렇게 장수하려면 약 40년이 되었을 때 매우 고통스럽고 중대한 결심을 해야만 한다. 솔개는 40여년쯤 살면 발톱이 노화하여 사냥감을 제대로 잡아챌 수 없게 된다. 부리도 길게 구부러져 가슴에 닿을 정도가 되고 깃털은 두꺼워지고 날개는 무거워져서 하늘로 날아오르기가 힘들게 된다.

이즈음이 되면 솔개에게는 두 가지 선택이 있다.

그대로 죽을 날을 기다리든가 아니면 약 반년에 걸친 매우 고통스런 갱생의 과정을 수행해야 한다. 갱생의 길을 선택한 솔개는 산 정상 부근에 둥지를 짓고 고통스런 수행을 시작한다. 먼저 부리로 바위를 쪼아 부리가 깨지고 빠지게 만든다. 그러면 서서히 새로운 부리가 돋아나는 것이다. 그런 후 새로 돋은 부리로 발톱을 하나하나 뽑아낸다. 새로 발톱이 돋아나면 날개의 깃털을 하나하나 뽑아낸다. 이리하여 새 깃털이 돋아난 솔개는 새롭게 변신하게 된다. 그리고 다시 힘차게 날아올라 30년의 수명을 더 누리게 되는 것이다.

또한 철새는 계절이나 환경이 바뀌면 끊임없이 새로운 도전을 시작한다. 대부분의 철새는 안주하지 않고 환경을 탓하지도 않고 도전해 새로운 환경을 찾아낸다. 그러나 텃새들은 자신에게 주어진 환경에서 일생을 보낸다. 철새의 생존의 법칙을 배워야 한다.

"변신하지 못하면 병신 된다."라는 말이 있다. 성공하는 사람들은 변화를 기꺼이 수용하고 기존의 사고에 얽매이지 않는다. 오늘날 과학기술의 급속한 발전 덕분에 우리가 익숙해 있던 상황은 시시각각 변화하고 있다. 변화의 흐름을 읽고 적극적으로 대처하지 못하는 사람은 도태되고 만다. 외부적 상황이 변했을 때 우리들 역시 변화하지 않으면 좌절, 우울, 절망만이 있을 뿐이다. 변화란 무엇의 끝이 아니라 새로운 시작으로 보는 법을 배워야 한다. 이처럼 변화란 현재 상황에서 바라는 상태로 옮겨가는 과정을 말하는데 이 과정에서 해빙–변화–재결빙의 과정을 거치면서 목표에 근접해 간다. 이제 자신의 변화 추진을 위해 버려야 할 것들, 줄여야 할 것들, 더 해야 할 것들, 새롭게 만들어야 할 것들을 찾아보고 성공적인 변화를 위한 실천방안들을 찾아보아야 한다.[10]

2. 자신의 꿈을 이루기 위한 10가지 원칙[11]

자신의 리더십 계발과 또는 자신의 꿈을 이루기 위해서 자기계발을 실행하는 원칙을 열 가지로 제시할 수 있다.

① 하고 싶은 일보다 꼭 해야 하는 일을 먼저 하라.
② 그 일이 끝날 때까지 시간과 관심을 최대한 집중하라.
③ 당장 변화가 없다고 포기하지 말라.
④ 실패했으면 다시 시도하라. 또 실패하면 원인을 찾아라.
⑤ 같은 목표를 가진 사람들과 만나라.
⑥ 날마다 그 일의 진행상황을 기록하고 목표를 확인하라.
⑦ 나쁜 상황에서도 기대하는 마음을 버리지 말라.
⑧ 자신이 얻은 정보와 지식을 활용하라.
⑨ 옳다고 생각한 일을 끝까지 고수하라.
⑩ 요청한 것보다 더 많이 일하라.

3. 성공적인 리더십의 10가지 특성[12]

현재 많은 유럽의 기업들에서 실패한 리더십 사례들이 빈번히 목격됨에 따라 성공적인 리더십 원칙들에 대한 관심이 더욱더 높아지고 있다. 최근 롤프 원더 스위스 갤런대 명예교수는 수년간 수행되어진 매니지먼트 연구결과들을 토대로 성공적인 리더십을 위한 10가지 가이드라인들을 소개하고 있다.

영어권에서는 매니지먼트와 리더십을 구분하고 있는데 여기서는 이 두 차원들을 통합시켜 리더십 개념을 "구조화된 업무 상황 속에서 공동 과제들의 성공적인 수행을 위해, 가치·목표·결과 지향적으로 통제되어지고 상호적인 방식으로 이뤄지는 사회적인 영향"으로 정의한다. 이를 중심으로 성공적인 리더십의 10가지 특성들을 요약해 본다.

1) 업무맥락과 결과지향성이 주의 깊게 고려되어야 한다.

전략적인 관여가 없거나, 결과에 대한 평가 없는 목표들은 리더십 실무에 전혀 도움이 되지 않는다. 또한 많이 수행되고 있는 과거 가치들과의 비교는 성공적인 리더십을 이끌기에 충분하지 않다.

따라서 MBO(Management by Objectives)의 성공적인 수행은 미래지향적인 전략들과 이들을 측정할 수 있는 결과들이 해석될 수 있을 때 가능하다. 이때 핵심적인 사회적 원칙들로 상호의존성, 조직에서의 공동업무수행 그리고 보완성이 지적되고 있다.

2) 두 가지 리더십 차원들이 구별되고 이들이 통합되어 수행돼야 한다.

첫째, 구조적인 혹은 간접적인 리더십(management)은 업무맥락의 네 가지 구성 요소들(문화, 전략, 조직, 질적인 인사구조)에 집중한다. 이 구성 요소들은 개인, 팀, 전체 조직, 사회의 수준들을 포함한다. 특히 문화는 일찍 사회화되어지고 안정된 가치들 및 행동방식을 의미하기 때문에 인력교체 없이 단기적으로 변화되는 것은 사실상 어렵고 제한되어있다.

둘째, 상호적인 혹은 직접적인 리더십 관계는 구조적인 리더십을 보완하고 수행하는 데 도움이 된다. 이 리더십 관계는 주로 개인적인(비공식적이고 비언어적인) 상호작용을 통해서 이뤄진다. 이는 개인과 관련된 기대들 및 이와 결합된 행동들(예: 분석, 투영, 해석, 결정, 협력, 승인)과 관련된다. 결국, 성공적인 리더십은 리더십의 두 차원들이 상황에 적합하게 결합될 때 가능하다.

3) 리더십은 기업가적인 역량들에 집중해야 한다.

점점 크게 요구되는 기업가적 지향성은 통제, 행동방식들, 핵심자질들 및 모티베이션·가치구조와 관련된다.

첫째, 기업가적인 통제를 위해선 사회적 네트워크를 가진 내부의 시장협력(coopetition)이 계층적이고 관료적인 경영구조보다 더 중요한 역할을 수행한다.

둘째, 기업가적인 행동방식들은 코피티션(예: 공동지식, 공동결정, 공동책임)을 통해서 장려·촉진된다.

셋째, 조직구성원들은 기업가적인 핵심자질들(전략지향적인 창의적 문제해결, 자율적이고 협력적인 사회행동, 적극적인 수행)을 토대로 선발, 배치, 장려, 평가되어져야 한다.

4) 리더십은 차별화된 모티베이션 기능으로 이해되어져야 한다.

연구결과, 모티베이션의 핵심적인 다섯 가지 구성 요소들로 셀프 모티베이션(self motivation), 커밋먼트(commitment), 상황 모티베이션, 모티베이션 저해 요인들의 감소, 실행을 위한 노력이 지적되었다. 많은 유럽 기업들은 모티베이션의 향상을 위해, 주로 재무적 인센티브와 부가급부에 집중하고 있다. 이때, 윤리적·감정적인 커밋먼트의 장려가 소홀히 다뤄지고 있으며, 특히 모티베이션 저해 요인들(예: 부족한 업무 협조, 일관적이지 못한 기업정책 및 인사정책, 적합하지 못한 조직문화)이 간과되고 있다.

5) 변형적인 리더십이 강화돼야 한다.

변형적인 리더십은 기업구성원들에게 가치 있고 긍정적인 변화(예: 모티베이션 및 성과의 향상)를 가져오는 리더십 스타일을 의미한다. 변형적 리더십을 가진 협조적인 매니저는 기존에 확립된 사고 패턴을 깨고, 새로운 통찰력을 제공하며, 기업구성원들에게 영감과 모티베이션을 주면서 업무의욕을 충만하게 한다. 변형적인 리더십은 소수의 탁월한 매니저들로부터 전형적인 행동으로 평가되어져왔다.

6) 리더십은 개별적 및 목표그룹 지향적으로, 도구적인 것에 기초해 장려·촉진돼야 한다.

자질과 모티베이션에 대한 지속적인 분석들은 매니저들에게 기업구성원의 잠재력을 개별적 및 목표그룹에 특수적으로 투입하고, 보완하며 개발하는 데 도움을 준다. 또한 리더십은 포텐셜·행동·결과 평가, 이와 연결되는 포트폴리오 분석들, 성과에 적합한 보상 및 목표·결과지향적인 평가 인터뷰를 통해 지원되어진다. 특히 리더십은 기업구성원들의 역량 및 셀프 모티베이션에 기초를 둬야하며, 업무맥락과 리더십 관계들 및 협력관계들에 있어서 모티베이션 저해 요인들을 감소시켜야 한다.

7) 리더십의 성공은 영향을 미치는 요소들의 결과로 이해되어야 한다.

리더십 성공은 경제적·사회적 측면에서 주로 다뤄지며, 특히 모티베이션, 상황, 리더십의 산물로 이해된다. 이 세 가지 요소들 중 하나라도 부족하면 리더십의 긍정적인 결과는 위태로워진다. 따라서 리더십의 성공을 위해선 분리되어진 접근법 대신, 통합된 접근법이 반드시 요구되고 있다.

8) 현실의 매니저들과 이상적인 매니저들이 구별되어져야 한다.

기업구성원들이 가장 바라는 매니저들의 리더십 특성들로 잠재력 인식 및 장려, 비전들의 의사소통, 신뢰 창출 및 코칭, 네트워크 사고의 개발 등을 지적했다. 특히 스위스 중간매니저들은 '성실성, 영감, 비전, 성과지향성, 결정능력'을 가장 선호하는 리더십 속성들로 밝혔으며, '악의, 독재, 자기중심적인 성향'을 가장 비선호하는 리더십 속성으로 기술하고 있다. 이때 리더십 실무는 이상적인 리더십 속성들과 현저한 차이가 있음을 인식해야 한다.

9) 리더십 관계들의 인구통계학적인 측면들이 과대평가되어져서는 안 된다.

연령, 교육수준, 성별은 개인적인 성격과 기질, 전문적인 역량 및 업무맥락보다 리더십에 덜 영향을 미친다. 연령에 따른 리더십이 20년 전과는 현저하게 다르다는 것과 여성들의 리더십이 원칙적으로 다르다는 것은 실증연구에서 확인된 것보다 더 빈번히 실무에서 주장되고 있다.

10) 성공적인 리더십의 황금률 대신 대안적인 개념들이 수행되어야 한다.

성공적인 리더십의 대안적인 개념들로 예를 들어, 가치들 및 사고 패턴의 안정화, 변화의 주도, 일관적인 통찰력과 안목의 확립, 내부의 경쟁지향성과 공정한 협력의 결합, 목표지향적인 사고와 행동, 셀프 리더십의 장려·촉진 등이 지적되었다.

4. 효과적인 리더십을 발휘하기 위한 기술

리더십 기술에 관한 연구를 살펴보면 특성(trait)과 달리 기술(skill)은 효과적으로 과업을 수행할 수 있는 능력을 뜻하며, 특성과 마찬가지로 유전과 학습에 의해 결정된다. 기술은 전문적 기술(technical skills), 개념적 기술(conceptual skills), 대인기술(interpersonal skill)의 세 가지로 분류할 수 있다.

표 14-11 전문적 기술, 개념적 기술, 대인기술의 특징

구분	내용
전문적 기술	전문화된 활동을 수행하는 방법, 공정, 절차 및 기법과 그러한 활동에 적절한 도구와 장비를 사용할 수 있는 능력
개념적 기술	일반적인 분석능력, 논리적 사고, 개념을 형성하고 복잡하고 애매한 관계를 능숙하게 개념화할 수 있는 능력, 아이디어 창출과 문제해결의 창의성, 사건을 분석하고 추세를 인식하고 변화를 예상하며 기회와 잠재적 문제점들을 인식할 수 있는 능력(귀납 및 연역 추리)
대인기술	인간행동과 대인 과정에 대한 지식, 다른 사람들의 말과 행동에 대한 동기, 감정 및 태도를 이해할 수 있는 능력, 명확하고 효과적으로 의사소통할 수 있는 능력(언어 유창성, 설득력), 효과적이고 협력적 관계를 구축할 수 있는 능력(재치, 외교적 수완, 경청기술, 수용 가능한 사회행동에 대한 지식)

자료: G. Yukl(2006). Leadership in Organizations, 6th ed., Pearson Prentice–Hall, pp. 183~185.

1) 전문적 기술

전문적 기술은 관리자가 맡고 있는 조직활동들을 수행하기 위한 방법, 과정, 장비에 대한 지식이 포함된다. 전문적 기술에는 조직에 대한 지식(규칙, 구조, 경영관리체계, 종업원 특성)과 조직에서 생산되는 제품과 서비스에 대한 지식이 포함된다. 이러한 유형의 지식은 공식교육, 훈련, 직무경험 등을 통해서 학습된다.

전문적 지식은 기술을 신속하게 학습하는 능력과 세부사항에 대한 뛰어난 기억에 의해 보다 쉽게 습득된다. 효과적인 관리자는 많은 곳으로부터 정보와 아이디어를 얻을 수 있으며, 필요할 때 사용하기 위해 이것들을 기억에 저장할 수 있다. 전문적 기술이 특히 하위 관리계층에서는 일반기업의 리더뿐만 아니라 군대 리더의 효과성에도 관련되는 것으로 확인되었다. 그리고 하위 관리계층에서 제품과 업무 과정에 대한 지식이 효과성과 승진에 관련됨을 발견했지만, 상위 관리계층에서는 비교적 덜 중요한 것으로 밝혀졌다.

부하들의 업무를 감독하는 관리자들은 업무를 수행하기 위해 부하들이 사용하는 기법과 장비에 대해 폭넓은 지식을 가질 필요가 있다. 제품과 공정에 대한 전문적 지식은 업무운영 계획을 세우고 조직화하기 위해서, 부하들을 지도하고 훈련하기 위해서, 그리고 부하들의 업무수행을 점검하고 평가하기 위해서 필요하다. 기술에 대한 전문성은 장비의 가동중단, 품질결함, 사고, 자재부족, 조정문제들에 기인한 업무상 혼란에 대처하는 데 필요하다.

전문적 지식은 창업가적 관리자에게 특히 필요하다. 신제품과 서비스에 대한 비전은 갑자기 나타나는 것처럼 보이지만 실제로는 오랜 기간의 학습과 경험의 결과로 나타난다. 성공적으로 기업을 시작하거나 안정된 회사에서 중요한 신제품을 출시한 창업가에 대한 연구들을 살펴보면 그들의 전문적 지식은 혁신제품을 산출하기 위해 영감을 발휘하고 있다.

2) 개념적 기술

개념적 기술은 분석력, 논리적 사고, 개념 형성, 귀납추리, 연역추리 등을 포함하고 있다. 일반적으로 개념적 기술은 훌륭한 판단력, 선견력, 직관, 애매하고 불확실한 사건들에서 의미와 질서를 발견하는 능력에 관계된다. 개념적 기술은 적성검사, 상황검사, 면접, 중요사건을 포함한 다양한 방법을 사용하여 측정한다.

지필검사를 사용하여 개념적 기술을 측정한 특성연구들은 특히 상위 관리층의 직위에서 개념적 기술이 관리의 효과성에 관련됨을 지적하고 있다. 중요사건 면접을 사용하여 측정한 보이애치스(Boyatzis, 1982)의 연구에서는 개념적 기술이 효과적인 관리자와 비효과적인 관리자를 구별했다.

개념적 기술은 효과적인 계획수립, 조직화 및 문제해결을 위해 매우 중요하다. 관리의 주요 기능은 조직의 분리된 요소들을 조정하는 것도 포함된다. 효과적으로 조정하기 위해서 관리자는 조직의 다양한 요소들이 서로 어떻게 관련되는지, 그리고 한 부분의 변화가 다른 부분들에 어떻게 영향을 미치는지 이해할 필요가 있다. 인지복잡성이 높은 관리자는 조직에 대한 보다 체계적인 모형을 수립함으로써 가장 중요한 요소들과 이들 요소 사이의 관계를 이해하고 있다.

정신모형은 지도와 같아서, 지역에 대한 지형을 묘사하고 어떤 것들이 어느 곳에 위치해 있는지를 보여주고 한 장소에서 다른 장소로 옮아가는 방법을 결정하는데 도움을 준다. 개념적 기술이 취약한 관리자는 조직 내에서 일어나는 사건들의 역동적 흐름과 복잡한 과정들을 이해할 수 없기 때문에 쓸데없는 단순화된 정신모형을 수립하는 경향이 있다.

또한 관리자는 외부환경의 변화들이 조직에 어떻게 영향을 미치는지를 이해할 수 있어야 한다. 경영자가 전략계획을 수립하기 위해서는 사건들을 분석하고 동향을 인식하며, 변화를 예상하고, 기회와 잠재적 문제점들을 인식하는 능력을 갖추어야 한다.

효과적인 관리자들은 자신들이 직면한 의사결정 상황에 대해 직관과 의식적인 추론을 적절하게 결합하여 사용한다. 직관은 통찰 또는 예감이며, 의식적인 추론 없이 갑자기 나타나는 것처럼 보인다. 그러나 사이몬(Simon)에 따르면, 직관은 유사한 문제에 대한 초기의 폭넓은 경험의 결과로 얻어진다는 것이다. 이러한 경험으로부터 얻은 지식은 필요할 때 의식적으로 인식하지 않고도 나올 수 있다. 정보가 제한되어 있고 불확실성이 높은 애매한 상황에서 결정을 내릴 때 직관은 특히 유용하다. 그러나 직관에 의한 결정이 성공하기 위해서는 조직과 제품 그리고 조직환경에 대해 폭넓게 알아야 한다.

3) 대인기술

대인기술은 인간의 행동과 집단 과정에 대한 지식, 타인의 감정, 태도, 동기를 이해하는 능력, 분명하고도 설득력 있게 의사소통할 수 있는 능력이 포함된다. 특성연구들은 대인기술이 관리 효과성과 승진에 중요하다는 것을 일관되게 밝혀 주고 있다. AT&T의 연구에서는 대인기술이 승진을 예언했다. CCL의 연구에서는 실패한 관리자들의 주된 이유가 대인기술의 부족에 있었다는 연구결과가 있다.

공감, 사회적 통찰, 매력, 재치와 외교술, 설득력, 구두 의사소통능력과 같은 대인기술들은 부하, 동료, 상사와 협력적 관계를 발전시키고 유지하는 데 필수적이다. 사람을 잘 이해하고 호감을 받고 세련되고 외교적 수완이 능한 관리자는 둔감하고 방어적인 관리자보다 더 협력적인 관계를 맺을 것이다. 대인기술은 사람들에게 영향을 미치는 데 또한 필수적이다. 공감과 사회적 통찰은 어떤 사람의 동기, 가치, 정서를 이해하는 능력을 의미한다. 사람들이 무엇을 원하고 있으며 사물을 어떻게 지각하고 있는지를 이해하는 일은 그들에게 사용할 적합한 전략을 선택하는 데 필요하다. 설득력과 구두 의사소통기술은 관리자가 전략을 보다 효과적으로 실행할 수 있게 만든다.

자기감독(self-monitoring)은 최근에 많은 주목을 받아온 대인기술이다. 자기감독이란 개인이 자기자신의 행동과 그러한 행동이 다른 사람에 미치는 효과를 이해하기 위해 다른 사람들에게서 오는 단서들을 사용할 수 있는 정도를 의미한다. 자기감독자들은 피드백으로부터 학습할 수 있으며 상황의 요구조건에 적합하도록 자신의 행동을 조정할 수 있다. 자기감독 점수가 높은 사람들은 소집단에서 리더로 출현할 가능성이 더 높으며, 다른 사람들과의 갈등을 보다 효과적으로 해결할 수 있다.

대인기술은 관계지향 행동의 효과성을 또한 증대시킨다. 관리자가 강력한 대인기술을 가지고 있으면 개인적인 문제, 불만 또는 비판거리를 가지고 있는 사람에게 주의 깊고도 공감적이며 판단을 하지 않는 식으로 경청하는 데 도움이 된다. 과제지향적인 관리행동(예, 업무할당과 지시)조차도 과제목표뿐만 아니라 사람에 대한 관심을 반영하는 방식으로 실행되기 위해서는 상당한 대인기술이 요구된다.

5. 효과적인 리더십 기술

모든 조직원들이 조직을 위해서 100% 기여하지는 않는다. 대다수는 "전혀 기여하지 않거나" 또는 "적극적인 모습을 띠지만 실제적으로는 기여하지 않는" 직원들이다. 세계적 불황에 따른 직원해고는 결국 남아있는 직원들의 의욕을 꺾고, 환멸을 느끼게 하며 사기를 꺾게 만들었다.

조직원들의 기여도가 높은 유명 기업(스타벅스, 구글, 리츠칼튼 등)을 운영하는 리더들을 연구·분석해 본 결과 조직원들의 기여도를 높이기 위해 누구나 적용할 수 있는 7개의 특성이 발견되었다. 리더로 돋보일 수 있는 효과적인 리더십 기술인 성공하는 리더들의 7가지 비밀[13]을 살펴본다.

1) 당신의 열정에 불을 붙인다.

당신 스스로 고취되어 있지 않으면 조직원을 고취시킬 수 없을 것이다. 열정이 전부다. 리차드 타잇(Richard Tait)은 마이크로소프트사에서 높은 직급의 관리직이었으나, 보드게임 사업을 시작하기 위해 모든 것을 버렸다. 그의 아버지가 "만약 내 친구들이 물으면 내가 뭐라고 대답해야 하니?"라고 물었을 때, 그는 "내 아들 자신의 심장이 원하는 대로 따를 뿐이다. 지금 그는 자신의 역사를 만들고 있다고 대답해 주세요."라고 말했다. 타잇(Tait)은 현재 가장 빠른 속도로 보드 게임이 판매되고 있는 크래니엄(Cranium)의 설립자이다. 그의 지인은 이렇게 얘기한다. "그와 5분만 함께 있어 보면, 5분 이내로 당신은 그를 위해 일하고 싶다고 느끼게 될 것입니다."

리차드 타잇은 자신의 열정을 드러내놓고 있었지만 절대 보드 게임 기업을 설립하는 것에 대한 열정이 아니었다. 자신의 자부심을 세우는 것에 대한 열정이었다. "우리 회사의 브랜드가 상징하는 것은 무엇인가?", "고객의 생활과 편의를 향상시킬 수 있는 방법은 무엇입니까?"와 같은 질문을 스스로에게 던지는 것만으로도 자신의 열정에 대해 알 수 있다. 당신이 정말 열정을 갖고 있는 것이 무엇인지 확인한 뒤, 당신의 모든 말 속에 "열정"을 포함하여 커뮤니케이션 하도록 한다. 열정은 전염되는 것이다.

2) 행동방침의 방향을 제시한다.

이상적인 리더라면 간단하고 간결하며 대담하고 성취 가능한 비전을 조직원들에게 분명히 설명한다. 열정이 로켓의 연료라면, 비전은 로켓이 도착할 최종 목적지로 안내하는 것이다. 인간이 처음 달에 착륙한 1969년 7월 20일은 John F. Kennedy가 1961년에 언급한 비전에 정점을 찍는 날이었다. "우리는 인간을 달로 보낼 것이며, 10년 내로 안전하게 지구로 돌아올 것이다." 비록 대부분의 학자들은 Kennedy의 시대에는 결코 실행될 수 없을 것이라 하였지만, 멀지 않은 미래에 충분히 성취 가능한 목표라는 것은 인정하였다. 이는 이전에 단 한 번도 실행된 적이 없었기에 실로 대담한 목표였다. 또한 간결하였다. 성취하기 간단하다는 의미가 아니라 모든 사람이 내면화하기 간단해야 한다는 것을 의미한다.

3) 이점을 판매한다.

조직원들이 비전에 도달했을 경우 그 너머에 있는 혜택, 이점들에 대해 충분히 어필한다. 당신의 조직원들은 회사에 대해 당신만큼의 큰 관심은 없다. 또한 주주 가치를 높이기 위해 월요일 아침에 출근을 하지도 않는다. 그들은 자신의 기대, 꿈과 야망만을 생각하고 초점을 맞춘다. 그들이 꿈꾸는 것들을 성취할 수 있도록 도움을 준다면 분명 그들은 당신을 위해 벽을 뚫고 걸어갈 것이다.

4) 그림을 그린다.

이상적인 리더라면 직장에서의 스토리텔링을 포함하여 그림을 그린다. 리츠칼튼은 의료산업에서 고객서비스에 모든 초점을 맞추고 있다. 매일 모든 부서의 모든 직원들은 전체 회의에 참석하여 고객의 기대를 초월한 실제 직원의 특출한 고객서비스 스토리인 "와우 스토리"를 서로 공유한다. 리츠칼튼의 대표 사이몬 쿠퍼(Simon Cooper)는 이 회의에 2가지 목적이 있다고 한다. 첫 번째는 교육적 목적이다. 이러한 실제 이야기는 직원들이 유지했으면 하는 서비스 가치를 강화하는데 도움이 된다. 두 번째는 동기부여 목적이다. 사람은 누구나 모델이 되고 싶어 한다. 다시 말해, 사람은 누구나 자신의 동료들로부터 인정받고 싶어 한다.

5) 참여를 요청한다.

이상적인 리더는 피드백을 얻으려하고, 피드백을 듣고 그 내용들을 포함하여 행동하려 한다. 구글사의 부사장 마리사 메이어(Marissa Mayer)는 조직원들의 활발한 참여가 그 조직의 성패를 좌우할 만큼 중요하다고 얘기한다. 매일 오후 4시부터 6시까지 자신의 조직원들과의 대화시간을 갖고 자신의 의견을 얘기하거나 새로운 아이디어를 제안할 수 있도록 독려한다. 현재 구글 사이트의 특징이 된 몇몇 베스트 아이디어는 바로 이 즉흥적인 시간에서 비롯된 것이다. "대부분의 직원은 특히 젊은 직원들은 더 많은 월급을 원하고 있다. 그만큼 그들이 가진 영향력, 능력에 대해 감사받길 바라는 것이다."라고 메이어(Mayer)는 얘기한다.

6) 긍정주의를 강화한다.

성공하는 리더는 평균적인 리더들보다 좀 더 낙천적이다. 즉, 경제위기가 닥쳐도 고객을 위해 가치 있는 브랜드를 창조할 수 있는 장기적 관점에 초점을 맞춘다는 것이다. 포드의 CEO인 뮤랄리(Mulally)는 외부고객, 직원들과 소통하는데 언제나 변함없이 긍정적이다. 이러한 그의 낙천주의는 전염되었다. 그의 조직은 그의 태도를 반영하고 있다. 한창 자동차 위기가 찾아왔을 때 그의 말과 메일에는 미래에 대한 기대, 긍정, 희망의 단어들로 가득 차 있었다. 대부분의 조직원들이 어두운 앞날을 볼 때, 성공하는 리더들은 희망의 단어들을 얘기한다.

7) 조직원들의 잠재성을 북돋아준다.

온라인의 신발, 의류 소매상인 자포스는 직원들의 높은 기여도와 특별한 고객서비스로 유명하다. 이 회사에는 "목표 코치"라는 특별한 직책이 있다. 이 사람의 역할은 조직원들의 목표가 무엇이든 그 목표를 그들이 달성할 수 있도록 도움을 제공하는 것이다. 한 사람은 책을 쓰고 싶어 하고, 또 다른 한 사람은 기타를 배우고 싶어 한다고 하자. 이게 이 회사와 무슨 관련이 있을까라는 의문을 가질 수 있다. 당연히 관련이 있다. 당신이 조직원들의 개인으로서의 성장을 돕는다는 것을 그들이 깨닫는 순간 존경과 충성, 헌신의 모습을 보여줄 것이기 때문이다.

만일 당신이 조직원들을 고무시킬 수 없다면 진정한 리더로 보일 수 없다는 것을 명심해야 한다. 당신이 노력하고 실천하자마자 마법과 같은 일이 발생할 것이다. 고객이 당신의 기업이 생산하는 제품을 사고자하고, 투자자들이 다시 당신의 기업으로 발길을 돌리며 모든 조직원들이 당신을 위해 일할 때, 당신의 기업은 어떤 모습이 될지 상상해보자. 깜짝 놀라게 해라. 모두를 열광시켜라. 당신의 조직과 조직의 브랜드를 위해 그 주인이 되어라.

성공한 리더가 되려면 다양한 리더십 기술과 전략뿐만 아니라 필요한 것이 있다. 바로 '인내'이다. 능력도 중요하고 전략과 기술도 필요하지만 끝까지 견디는 사람이 성공한다. "인내(patience)야말로 헤라클레스의 강철봉보다도 더 많은 일을 할 수 있다."라고 그라시안(Balthasar Gracian)은 그의 저서 〈세상을 보는 지혜〉에서 강조한 바 있다. 성공한 리더는 기다리는 법을 안다. 성공의 정상에 오른 사람들은 대부분 평탄한 길을 걸어오지 않았다. 보통 사람들보다 훨씬 더 힘든 고난과 시련을 경험했을 것이지만, 미래에 대한 희망을 품고 자신에게 주어진 고난과 시련을 묵묵히 견뎌냈기 때문에 성공의 정상에 오를 수 있었던 것이다.[14]

밤바다를 항해하는 배의 선장이 항해 중에 전혀 예상 못한 엄청난 폭풍우를 만났다고 상상해보자. 살기 위해서는 어떡해야 할까? "파도를 피하자! 암초를 피하자! 반드시 살아남자!"라고 외치고만 있으면 될까? 폭풍우를 뚫고 나가 배가 나아가야 할 방향을 알려주는 등대를 먼저 찾아야 한다. 이것이 바로 '비전'이다.

'To Where?(어디로 갈 것인가)'가 비전이고, 'How to?(어떻게 할 것인가)'는 전략이다. 비전이 먼저 나와야 전략이 나온다.

성공하는 사람과 실패하는 사람의 10가지 차이점[15]을 살펴보면 다음과 같다.

첫째, 성공하는 사람은 잘못을 저지르면 "제 잘못입니다."라고 하고, 실패하는 사람은 "제 잘못이 아니에요."라고 핑계를 댄다.

둘째, 성공하는 사람은 일이 잘되면 운이 좋았다고 말한다. 운이 아니었더라도 말이다. 실패하는 사람은 재수가 없어서 실패했다고 생각한다. 물론 재수하고는 상관없는데도 말이다.

셋째, 성공하는 사람은 실패하는 사람보다 더 열심히 일하고도 여유가 있다. 실패하는 사람은 항상 눈코 뜰 새 없이 바쁘기만 하다. 실패하느라 바쁜 것이다.

넷째, 성공하는 사람은 문제를 정면에서 부딪친다. 실패하는 사람은 이를 비껴가려 한다.

다섯째, 성공하는 사람은 잘못에 대한 책임을 지며 사과한다. 실패하는 사람은 미안하다고 하면서도 같은 잘못을 되풀이한다.

여섯째, 성공하는 사람은 쟁취해야 할 것과 타협해야 할 것이 무엇인지 잘 알고 있다. 실패하는 사람은 하지 말아야 할 것에 타협하고, 싸울 가치도 없는 일에 목을 맨다.

일곱째, 성공하는 사람은 자기가 나아갈 방향에 시선을 두고, 실패하는 사람은 아직 자신의 지위에 오르지 못한 사람을 무시한다.
여덟째, 성공하는 사람은 자기보다 나은 사람을 존중하며 그에게서 교훈을 얻으려고 하고, 실패하는 사람은 자기보다 나은 사람을 못마땅해하며 꼬투리를 잡으려고 애쓴다.
아홉째, 성공하는 사람은 자기 업무 이상의 책임을 감당하는 데 실패하는 사람은 이 일만 하겠다고 말한다.
열째, 성공하는 사람은 좀 더 나은 방법이 있을 거라고 말하고, 실패하는 사람은 "왜 바꿔? 늘 그런 식으로 해왔잖아"라고 말한다.

리더십 사례 탐구

자기 계발과 구글의 인재상

많은 사람이 자기 계발을 위해 무엇을 할지 고민하며, 영어와 외국어 학습은 물론 취업에 도움이 될 만한 자격증 취득을 위해서도 엄청나게 노력한다. 좋은 기업은 스펙만을 보는 것이 아니라 기업의 업무 연관성에 따른 전문성도 함께 평가하기에 취업을 위한 자기 계발은 끝이 없는 현실이다.
구글(Google)의 에릭 에머슨 슈미트(Eric Emerson Schmidt) 회장은 구글의 인재상에 대해 다음과 같이 말한다. 구글은 고용인을 대하는 가장 좋은 방법은 그들은 단순한 노동자가 아닌 똑똑한 동료로 생각하는 것이다. 우리는 면접 질문에 항상 'LA 공항' 문항을 넣는다. 구글의 아주 어려운 테스트인데 면접자와 LA 공항에 6시간 동안 남아 있는데 6시간 후에도 얘기할 기분이 드느냐가 기준이다. 많은 사람이 이 테스트를 꽤 어려운 테스트로 꼽고 있다. 우리는 똑똑하고 흥미롭고 열정적이며 우수한 사람을 찾으려고 매우 노력한다. 무엇에 대한 관심을 두고 열정을 가지고 활동하는 사람들이 성공하는 사람들이라 생각한다. 성공은 열정과 인내로부터 온다. 그런 사람들은 무언가에 관심을 두고 포기하지 않으며 인내하고 열정을 다한다.
에릭 슈밋 회장은 "구글 구성원이 되기 위해서는 검증된 리더십, 강력한 업무능력, 창의적 사고, 능동적인 협업 능력이 가장 요구된다."라고 말한다.
첫째, 현재 잘하는 사람보다 앞으로 잘할 사람을 중요하게 생각한다. 현재 잘하는 것도 중요하지만 앞으로의 발전 가능성을 더욱 중요하게 여기기 때문이다.
둘째, 한 가지에 몰두해 깊게 설명할 줄 아는 사람을 열정이 있는 사람으로 평가한다. 끊임없이 배우는 사람은 변화를 즐기고, 변화에 능동적으로 대처할 수 있기 때문이다.
셋째, 창의성과 전문성이 있는 인재를 원한다. 이러한 자질이 갖추어져 있다면 과거의 경험보다 앞으로 발생하는 문제를 잘 해결할 수 있다고 생각하기 때문이다.
넷째, 적극적으로 참여하고 원만한 성품을 가진 인재를 원한다. 혼자보다는 팀으로 일할 때 더욱 좋은 성과를 낼 수 있다고 여기며, 타인의 문제를 지적하기보다는 행동으로 보여주는 진정한 인재를 기대한다.

자기 계발을 위해 시간을 들이고 노력하는 것은 매우 중요하다. 그러나 진정으로 자신이 좋아하는 일이 무엇인지 알고 열정적으로 매달린다면 그것 하나만으로도 구글에서 원하는 인재상이 될 수도 있다. 자신이 진정으로 좋아하는 일을 찾아서 열정을 가지고 노력하는 인재가 구글이 진정으로 원하는 인재일 것이다. 또한 자기 자신만을 아는 것이 아닌 타인을 배려하고 협력하면서 더욱 좋은 성과를 만들어 가는 인재가 되어야 할 것이다.

군주론을 쓴 마키아벨리(Niccolo Machiavelli)

이탈리아 피렌체의 니콜로 마키아벨리(Niccolo Machiavelli, 1469–1527)는 근대정치학의 효시로 불리며, 실체적 진실을 좇았던 군주론을 쓴 르네상스 시대의 사상가이며 정치철학자다. 마키아벨리는 악덕과 미덕의 도덕적 경계를 허물고 현실 정치 세계의 실제적 진실을 탐색했던 정치학자였으며, 당위보다 권력 자체에 천착(깊이 살펴 연구)하며 반도덕주의 화신이라는 오명도 가진 사람이다.

마키아벨리를 통해 리더의 입지를 강화하여 인사와 조직을 관리하는 법을 배울 수 있다.

마키아벨리즘(machiavellism)이라고도 부르는 마키아벨리주의는 일반적으로 국가의 발전과 국민의 복리증진을 위해서는 어떠한 수단이나 방법도 허용된다는 국가 지상주의적인 정치이념을 뜻한다. 옥스퍼드 영어사전에서는 "국가의 운영이나 일반적인 행위에서 속임수와 표리부동한 방법을 동원하는 것"이라 설명하고 있다.

마키아벨리즘은 윤리의 규범으로부터 현실정치의 해방을 지향하는 사고방식으로, 이 사상은 근대적인 국가관이나 정치학의 출발점이 된다. 절대왕정 시대에 군주나 정치가가 목적달성을 위해서 수단을 가리지 않고 권모술수를 다하는 것을 마키아벨리즘이라고 부르게 되면서 그와 같은 정치이념 · 체계 · 방법을 가리키게 되었다. 한편, 심리학의 하위 학문인 성격심리학, 사회심리학 등에서는 개인적인 욕구의 충족을 위해 남을 속이거나 조종하려는 욕구를 가리키는 용어로 사용되기도 한다.

마키아벨리 군주론의 많은 부분은 오늘날 현대경영학에서 이야기하는 인사관리, 즉 직원 다루기에 관한 내용도 있다. 마키아벨리의 직원 다루는 방법은 첫째, 잘하는 직원을 칭찬한다. 둘째, 일을 잘하지 못하고, 회사에 기여하는 바가 크지 않으면 그를 야단치지 말고 차라리 해임하라. 셋째, 실제로 달성하고자 하는 것보다 더 많은 것을 직원들에게 요구한다.

군주론에서 조직관리와 용인술, 조직에서의 리더의 역할도 배울 수 있다. 먼저, 리더는 자신을 따르는 구성원을 거느리고 있다. 리더십 발휘는 리더 본인뿐 아니라 조직원과의 관계 속에서 이해가 이뤄진다는 것이다. 리더의 업무영역과 업무내용으로는 대인업무영역 측면에서 조직의 대표와 관계 연결을 하며, 리더는 자신의 조직을 성장시키기 위해 조직 외부의 네트워크를 최대한 효과적으로 활용할 수 있는 활동을 담당해야 한다. 정보업무영역으로는 정보수집자, 보급자, 대변인 역할이 있다. 의사결정

업무영역으로는 기업경영, 문제 처리자, 자원분배자, 협상자 역할이 있다.

리더는 효율적인 조직관리를 위해 통합적 운영의 핵심이 되어야 한다. 첫째는 계획화(Planning)로 리더 자신이 속해있는 조직의 업무목표를 수립하는 것과 업무목표달성을 위한 업무지침을 결정하는 과정이다. 둘째, 조직화(Organizing)로 목표지향적인 임무 부여뿐만 아니라 그 임무를 수행하는데 필요한 방법이나 권한과 정보공유까지 포함한다. 셋째, 지휘(Directing)로 조직구성원이 조직 및 집단목표를 달성하는 데 적극적으로 참여하도록 영향력을 행사한다. 넷째, 통제(Controlling)로 현재 시점에서의 과업 달성 내용을 계획화 단계의 설정목표와 일치시켜나가기 위해 측정과 수정작업을 한다.

리더가 부하직원 활용과 관리 시 주의할 점이 있다.

첫째, 인재에 대한 선입관을 버리는 것이다. 구성원들에 대한 지속적인 관심으로 개개인의 장점을 파악하고, 업무의 특성을 살려 그에 맞는 인원을 배치하고 인재를 선입관 없이 판단할 수 있어야 한다.

둘째, 관습과 격식을 철폐하고 혁신하는 것이다. 변화를 이끄는 것은 가장 중요하면서도 어려운 리더의 책임 중 하나이다. 변화에 대한 주요 저항 원인을 파악하고 보완하면서 변화를 이끌어야 하며, 조직의 변화를 유도하는 접근 방식을 선택하여 사용해야 한다.

셋째, 단호히 처신해야 한다. 리더의 미지근한 태도는 조직구성원과의 관계 형성에 치명적 요인이 되며, 자발적으로 움직이게 하는 가장 효율적인 수단은 동기를 부여하는 것이다. 능력을 제대로 평가받지 못한다고 생각해서 쉽게 이직을 결심하거나 맡은 업무를 대충 처리하는 경우가 많기 때문이다.

넷째, 모든 일을 직접 하지 않는 것이다. 리더는 전체를 총괄 관리하고, 실무는 부하직원들이 하도록 조직을 기능별로 구조화해야 한다.

다섯째, 모두의 힘을 모아야 한다. 마키아벨리 사상 속의 좋은 부하와 동료에 대한 시사점은 좋은 부하와 동료는 성공의 원천이므로 성공하고자 하는 사람은 능력 있는 부하들을 주변에 많이 두거나 좋은 동료들과 연합해야 한다. 자신의 목적을 달성하기 위해서는 사심이 없거나 야망이 없는 동료나 부하를 고르는 것이 중요하다.

마키아벨리의 경쟁 키워드는 '변화'이다. 글로벌 사회는 모든 것이 늘 변하고 있으며, 미래를 대비하지 않는 지도자들은 위험하다. 시대와 상황의 변화에 적합하지 않은 옛날 방식을 고집하지 않고 조직에 변화의 바람을 불어 넣어야 한다. 조직이 변화를 추진하면 팀원들이 신뢰의 결여, 변화 성공에 대한 불신, 기득권 상실의 우려로 저항하게 된다. 변화를 위한 경영을 하기 위해서는 변화를 일으키는 작업은 가능하면 빨리 추진하고, 변화를 가져오려면 어느 정도 인심을 잃을 각오를 하고, 커뮤니케이션을 매우 중요하게 생각해야 한다.

리더가 명확한 역할 분담 제시를 위해서는 중요한 직무 책임은 상세히 설명하고, 담당업무에 대한 부하직원의 권한 범위를 명확히 해두며, 부하직원의 담당업무와 전체 조직의 미션과의 상관관계를 이해시켜야 한다.

토론 문제

01 21세기의 7가지 리더십 개발 트렌드에 대하여 이야기해보자.

02 리더 계발과 리더십 계발의 차이점은 무엇인지와 리더십 계발의 4가지 유형에 대하여 설명해보자.

03 리더십 계발전략에서 개인 차원의 리더십 계발과 집단 차원의 리더십 계발에 대하여 설명해보자.

04 효과적인 리더십을 발휘하기 위한 기술인 전문적 기술(technical skills), 개념적 기술(conceptual skills), 대인기술(interpersonal skill)에 대하여 설명해보자.

05 성공하는 리더와 실패하는 리더의 차이점은 어떤 것이 있는지 이야기해보자.

부록
(Enneagram)

Enneagram[1] 성격분석을 통한 9개 리더십 유형 진단

우리는 늘 같은 문제를 안고 살아가며, 동일한 실수를 반복하고 같은 장소에서 실패를 경험한다. 전형적인 어려움에 접하게 될 상황이 되면 그런 일이 발생하지 않도록 신중한 전략을 세워 대처해야 한다. 이것을 도와주는 것이 특정 행동 양식을 갖고 있는 9가지 성격분석이론이다. 이를 잘 활용하면 자신이 9가지 리더십 유형 중에 어디에 속하는지 어떤 장단점이 있는지 무엇을 보완하고 주의해야 하는지 알게 될 것이다.

이 이론은 그리스어로 '9개의 점'을 의미하며, 인간은 9가지 성격 유형으로 분류되고 사람은 그 가운데 하나를 갖고 태어난다는 것이다. Enneagram에 의한 검사는 2000년간의 실증적 검증과 20세기 후반 '융' 심리학을 중심으로 한 과학적 검증을 받았고, 지금도 연구되고 있는 '인간학'에 바탕을 두고 있기 때문에 성격분석 이상의 의미를 제공한다.

그림 1 Enneagram 유형

성격분석을 통해서 당신이 어느 유형에 속하는지를 아는 게 필요하다. 당신의 약점에 당신의 장점이 숨어있는 것을 알면 당황하게 될 것이다. 삶의 목표는 동전의 양면과도 같아서 긍정적인 면과 부정적인 면을 동시에 갖고 있으며, 한 면이 없으면 다른 면은 존재할 수가 없다. 자신의 유형이 갖는 긍정적인 면은 더욱 발전시키고, 부정적인 면을 줄이는 시도를 할 수 있다. 누구도 결점이 없는 완전한 사람이 될 수는 없다. 중요한 것은 자신의 성격 유형을 파악해서 남이 아닌 자신이 속한 유형의 장점을 발전시킬 때 보다 행복하고 만족스러운 삶을 살 수 있는 것이다. 이것은 사랑하는 사람과의 관계에도 도움을 주며 리더십 향상에도 큰 영향을 줄 것이다.

I 평가방법

질문 각 문항에 써놓은 점수를 합한다.

성격 유형 가운데 한 가지에 가장 많은 점수를 받았다면 당신의 성격은 그 유형에 속한다. 예를 들어, 9번 유형과 1번 유형에서 50점 이상의 점수가 나왔는데 다른 유형에서는 총점이 30점 이하로 나왔다면, 9번 유형과 1번 유형의 성격분석을 주의 깊게 읽어 보아야 한다. 당신이 긍정적인 대답을 가장 많이 한 유형이 당신의 성격적 특성을 말해주고 당신의 본래 모습을 보여준다.

점수를 확인하다 보면 다음과 같은 상관관계가 있다는 것을 알게 된다.

1. 원의 양쪽, 즉 가장 많은 점수가 나온 유형의 오른쪽과 왼쪽에 있는 유형에도 점수가 많게 나온다. 예를 들면, 점수가 제일 높은 9번의 경우에는 8번과 1번에도 점수가 높게 나온다.
2. 가장 점수가 높은 유형과 선으로 연결된 다른 2가지 유형에도 총점이 높게 나온다. 예를 들어, 최고 점수가 5번에 나왔다면 7번과 8번에도 맞는 것들이 몇 개 있다.

그림 2 Enneagram에 의한 리더십 유형

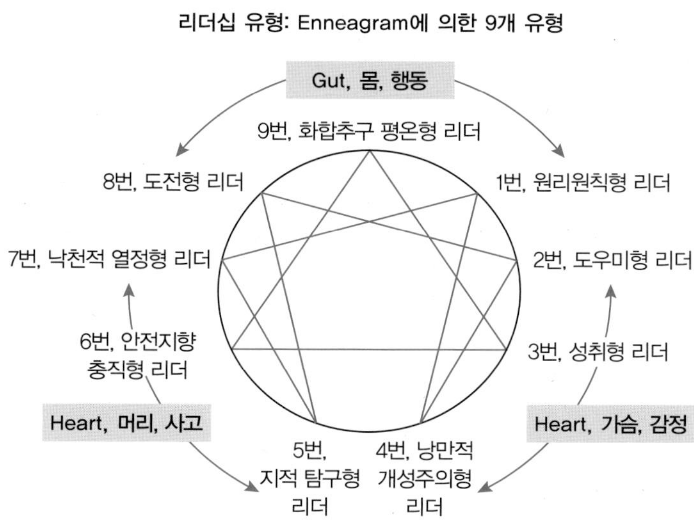

에니어그램의 세 가지 주요 요소는 〈Gut, 몸, 행동〉, 〈Heart, 가슴, 감정〉, 〈Head, 머리, 사고〉이다.

그림 3 에니어그램의 세 가지 주요 요소

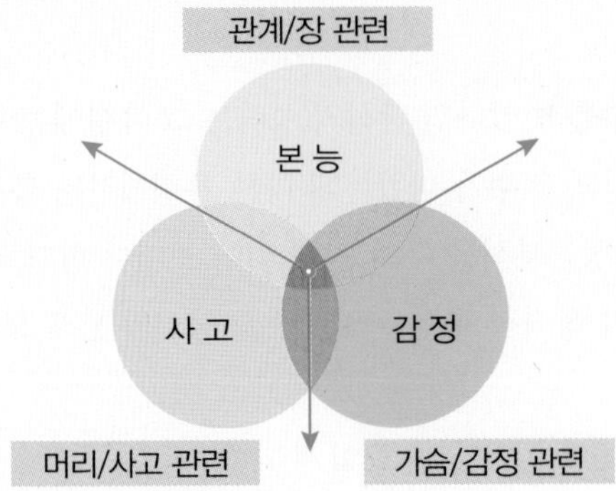

- 본능은 주로 사람과의 관계와 관련된 부분을 말한다. 관계, 장중심의 유형이라고도 한다.
- 감정은 주로 개인과 다른 사람 간의 감정, 정서 부분을 말한다. 심장, 가슴중심의 유형이라고도 한다.
- 사고는 행동과 관련된 부분으로서의 개인의 사고나 생각(think)을 말한다. 행동, 머리중심의 유형이라고도 한다.

표 1 에니어그램의 세 가지 주요 요소와 9가지 유형

요소	유형	요소 내용
본능	8번 유형 지도자	지나치게 발달된 본능
	9번 유형 조정자	관계와 대부분 관련
	1번 유형 개혁자	덜 발달된 관계
감정	2번 유형 조력자	지나치게 표현된 감정
	3번 유형 성취인	대부분 감정과 관계
	4번 유형 예술가	덜 표현된 감정
사고	5번 유형 탐구자	덜 발달된 행동
	6번 유형 충성인	대부분 행동과 관련
	7번 유형 열정인	지나치게 발달된 행동

출처: 한국상담개발원

유형별 성격

1. 완벽을 추구하는 사람 (원리원칙형 리더)
2. 타인에게 도움을 주려는 사람 (도우미형 리더)
3. 성공을 추구하는 사람 (성취형 리더)
4. 특별한 존재를 지향하는 사람 (낭만적 개성주의형 리더)
5. 지식을 얻고 관찰하는 사람 (지적 탐구형 리더)
6. 안전을 추구하고 신중한 사람 (안전지향 충직형 리더)
7. 즐거움을 추구하고 계획하는 사람 (낙천적 열정형 리더)
8. 강하며 도전적이고 자기를 주장하는 사람 (도전형 리더)
9. 조화와 평화를 바라는 사람 (화합추구 평온형 리더)

Ⅱ 9가지 성격분석에 대한 이해

1. 유형: 완벽을 추구하는 사람 (원리원칙형 리더)

이 유형의 사람들은 삶의 목표에 대해 진지하게 생각한다. 매사에 완벽을 기하고 스스로의 이상을 건설적인 자세로 추구하며, 이를 위한 노력을 아끼지 않는다. 항상 공정함과 정의를 염두에 두고 정직하고 신뢰할 수 있는 성품으로 자신의 윤리관에 자신감을 갖고 있다. 인상이 깔끔하고 항상 절제하는 자세를 잃지 않고 '해야 한다'라는 말을 자주 한다. '올바른 길을 걷고 있다' '매사를 정확하게 파악하고 있다'는 생각에 만족감을 느낀다. 여기에 속한 사람은 바른 생활자다.

모든 것을 완전하게 하려고 하고, 자기 자신이나 주변환경(집, 인간관계, 직장)도 완벽하기를 바란다. 이 유형의 사람은 가치기준이 매우 높고, 세상을 개선하고 싶어 한다. 또한 일을 진지하게 하고, 쾌락을 별로 좋아하지 않는다. 그리고 어떤 일이 너무 쉽게 풀리면 의심부터 한다. 모든 일이 다 그만한 값을 치러야 한다는 것을 알고 있기 때문이다. 실수와 무질서는 그들에게 부담을 주고, 그들을 화나게 만든다. 이 유형의 장점은 인내심과 끈기와 여유다.

리더십 특성으로는 원칙중심의 리더십(Steven Covey)으로 개혁지향, 완벽추구, 양심의 소리, 동료나 부하의 잘못을 서슴없이 지적한다. 과업(task)지향으로 높은 공식성, 철저한 계획과 구체적 지침을 통한 리더십을 발휘한다. 책임(업무경계)을 분명히 하며 명확한 업무배분과 책임할당, 보고와 통제체계를 명확하게 한다.

■ **장점**

- 자기단련이 잘 되어 있고 많은 것을 성취해낼 수 있다.
- 세상을 더 나은 곳으로 만들기 위하여 열심히 일한다.
- 표준이 높고 윤리 의식을 갖고 있으며 자신과 잘 타협하지 않는다.
- 이성적이고 책임감이 있으며 모든 일에 헌신적이다.
- 종합적인 사고를 하고, 이해를 잘 하며, 현명한 해결책을 잘 생각해낸다.
- 내 자신과 다른 사람들 안에서 최상의 모습을 끌어내려 한다.

■ **단점**

- 기대에 못 미칠 때 내 자신과 다른 사람에 대해 실망한다.
- 책임져야 할 너무 많은 일들로 인해 부담을 느낀다.
- 내가 하는 일들이 충분히 괜찮다고 생각한 일이 별로 없다.
- 내가 다른 사람들을 위해 행한 것을 제대로 인정하려고 하지 않는다.
- 다른 사람들이 나만큼 노력하지 않는다는 것에 대해 당황한다.
- 과거에 내가 했던 것 혹은 앞으로 내가 행해야 할 것에 지나치게 사로잡혀 있다.
- 긴장되어 있고, 걱정하거나, 사물을 지나치게 여길 정도로 심각하게 여긴다.

2유형: 타인에게 도움을 주려는 사람 (도우미형 리더)

이 유형의 사람들은 남을 진심으로 도와준다. 다른 사람을 잘 이해하고 기꺼이 도움이 되려고 한다. 달콤한 칭찬과 애정으로 그들은 사람들로부터 신뢰와 인정을 받는다. 그들의 약점은 자부심이다. 다른 사람을 위해 온전히 봉사할 수 있다는 태도 뒤에는 고맙다는 인사를 듣고 싶어 하는 생각이 있고 그런 일은 반드시 자기가 해야 된다는 이기주의적인 성격을 가지고 있다. 2번 유형은 돈 관리도 잘한다. 그들은 다른 사람을 자기에게 의존하도록 만들기 위해 돈을 쓴다. 그들의 장점은 남의 마음을 잘 헤아릴 줄 아는 마음과 겸손함이다. 복지원이나 교회 봉사 단체는 2번 유형의 사람이 없었다면 잘 운영되지 못할 것이다. 2번 유형의 인생목표는 끈끈한 선으로 사람들을 서로 묶어 놓는 것이다. "나는 사랑을 주고 싶고, 또 받고 싶어." 이 유형의 특징은 대부분 모성애가 강한 어머니에게서 찾아볼 수 있다. 전통적이고도 이상적인 어머니 상은 자기를 돌보지 않는 전형적인 2번 유형이다.

도우미형 리더의 일반적 특성은 사람들과 잘 어울리고 원만한 대인관계(붙임성), 사람의 needs를 읽는 센스(동화)와 돕는 행동, 사람의 좋은 면을 보고 격려와 칭찬, 베푸는 만큼 그에 상의하는 관심과 배려를 기대, 나와의 특별한 관계, 애정의 조건, 사람의 주의를 유도하고 세심한 관심과 배려를 한다.

리더십 특성은 Servant leadership(섬김의 리더십)으로 serving and supporting, 사람, 배려, 관심지향형이며, 다른 사람의 인정과 존중욕구가 강하고, 대중적 인기, 인간관계 중시, 고객지향으로 고객의 욕구에 맞춰 탄력적으로 적응, 공식성을 낮추고 구성원의 상호작용을 중시한다.

■ 장점

- 사람들과 쉽게 관계를 맺고 친구가 될 수 있음
- 사람들이 필요로 하는 것을 알아내고 그들의 삶을 더 낫게 만들 수 있음
- 관대하고 남을 돌보는 따뜻한 성격을 지님
- 다른 사람들의 느낌에 예민하고 지각력이 있음
- 열정적이고 장난을 즐기며 유머 감각이 발달함

■ 단점

- '아니요'라고 잘 말하지 못함
- 자존감이 낮음
- 다른 사람을 위해 지나치게 일을 많이 해서 지쳐버림
- 이기적이 될까봐 두려워서 자신을 위해 정말 하고 싶은 것을 하지 못함
- 남들에게 충분한 애정을 나타내지 못하고 있다고 자책함
- 내가 그들에게 신경 써주는 만큼 남들이 나에게 배려해 주지 않을 때 당혹감을 느낌
- 너무 솜씨 있고 사려 깊게 일하느라고 나의 진짜 감정을 억누름

3유형: 성공을 추구하는 사람 (성취형 리더)

이 유형의 주된 관심사는 능력과 성공이다. 3번 유형은 남과 경쟁을 잘하고, 이득도 챙긴다. 그들은 항상 '내가 어땠었는가?'를 자문하며 행동한다. 외모에 신경을 쓰고, 성공이 자기자신만의 것이 아니라 사회적인 영향력도 행사할 수 있는 것이 되기를 바란다. 3번 유형은 성공도 하고 재산도 모아서 다른 사람으로부터 인정받고, 사람들도 많이 사귀고 싶어 한다. 그들의 약점은

거짓말이다. 다른 사람에게만 거짓말을 하는 것이 아니라 자기자신까지도 속인다. 제법 그럴듯해 보이는 성공담을 지어내서 자기도 그 말을 믿을 때까지 수없이 반복한다. 대인관계는 별로 좋지 못하다. 소유욕 때문에 어느 누구와도 진정한 친구가 되기 어렵다. 장점은 실력 있고, 낙천적이고, 집요하고, 공상을 구체적으로 실현시킬 수 있는 능력을 갖고 있다는 점이다.

3번 유형이 속해 있는 팀은 난관에 봉착해도 문제를 해결하고, 다른 사람도 함께 헤쳐 나가게 도와준다. 그래서 3번 유형은 타고난 사업가이다. 3번 유형의 인생목표는 상상을 현실로 만들고, 내면적으로 충실하게 만드는 것이다 "나는 뭔가 이룩하고야 말겠어." 3번 유형의 특징은 다른 사람이 물어보지도 않았는데 자기 아내에 대해, 집에 대해, 별장에 대해, 자기의 수입이나 재정상태에 대해 떠벌리며 고급 자동차를 타고 다니는 허풍쟁이에게서 찾아볼 수 있다.

성취형 리더십 특성은 목표, 성과, 결과지향의 리더십으로 과업, 성취, 생산성지향에 관심을 둔다. 일이 시작 되면(모멘텀이 붙으면) 가속도를 내며 터널 비전, 중간의 방해 불용, Just Do It, 질보다 양, 세세함보다 전체적인 것, 과정보다 결과를 중시한다. 전진하기 위한 모든 전술이나 수단을 동원하는 Let's go, I can do it. Why are you tired?, 미식축구에 있어서의 쿼터백 유형이다. 창의적이고 혁신적 사고나 비전의 개발에 약하고 기존 아이디어를 실용적으로 적용하는 데 탁월하며 칭찬에 인색하다.

■ 장점

- 낙천적이고, 우호적이며, 의기양양함
- 내 가족을 잘 부양함.
- 패배로부터 재빨리 회복하여 다시 도전함
- 상황 파악이 빠름
- 유능하고 일을 효율적으로 처리함
- 사람들에게 의욕을 불어넣을 수 있음

■ 단점

- 비효율성과 무능을 참지 못함
- 성공하지 못할까봐 혹은 성공하지 못한 것으로 보여질까봐 두려워함
- 일을 더 잘 하는 사람과 자신을 비교함
- 성공에 너무 집착함
- 남에게 인상적으로 보이기 위해 옷을 잘 입음
- 항상 무엇인가 '계속' 되어야 하기 때문에 남을 지치게 만듦

4유형: 특별한 존재를 지향하는 사람 (낭만적 개성주의형 리더)

4번 유형은 자기마음에 따라 움직인다. 그들의 인생목표는 뭔가 특별하고 다른 사람과는 다른 개성이다. 그들에게는 아름다움과 태초의 자연스러움과 특별한 것을 알아보는 눈이 있지만 많은 것을 쟁취할 수 없다는 사실에 대해 고통스러워한다. 그들은 예민하게 반응하고, 우울증에 시달리며 감정의 기복이 잦다. 그들의 단점은 다른 사람의 아름다움을 인정하고 싶어 하지 않는 질투심이다. 다른 사람과 다르게 보이고 싶은 마음 때문에 늘 다른 사람과 자신을 비교해야 한다. 4번 유형의 장점은 창의력과 특별한 것을 알아내는 예술적인 측면이다. 그래서 남들과 다르다는 것과 '다르게 생각하기'에 두려움이 없는 4번 유형의 사람들이 과학과 문화 발전에 많은 공을 세웠다. 그들의 인생목표는 원조가 되고 싶어 하는 욕구다. "나는 뭔가 독보적인 것을 만들고 싶어."

낭만적 개성주의형 리더십 특성은 창의적이고 영적인 리더십이다. 평범하고 일상적인 것보다 특이하고 위험이 있는 것에 더 관심과 에너지가 발동, 가슴에서 우러나는 애착과 열정, 누구도 하지 못하는 자기만의 기여와 능력, 특수 분야의 특이한 전문가를 우대한다. 경쟁관계에 놓이게 하는 것에 민감하여 심리적 안정의 근무 분위기를 조성한다. 3번의 성취지향성과는 구분되는 것은 인정과 물질적 보상에 의한 동기부여, 지기 싫어서가 아니라 남들과 다르다는 것을 확인하기 위해서(3번과 차이)이다.

■ 장점

- 인생의 의미를 발견하고 마음속 깊은 곳에 있는 감정을 이해하는 능력을 소유.
- 다른 사람과 따뜻한 유대관계를 맺는 능력이 있음.
- 인생에서 고귀하고, 진실하고, 아름다운 것을 찬미함.
- 창조성, 직관 및 유머 감각이 우수함.
- 독특하고 다른 사람들의 눈에도 독특하게 비침.
- 심미적인 감각을 지님.
- 주변에 있는 사람들의 감정을 쉽게 헤아림.

■ 단점

- 공허하고 절망스러운 어두운 기분을 경험함.
- 사랑 받을 만한 자격이 없다고 자신을 미워하고 부끄럽게 느낌.
- 사람들을 실망시켰을 때 죄책감을 느낌.

- 어떤 사람이 나를 오해할 때 상처를 입거나 공격을 당했다고 느낌.
- 내 자신과 인생에 대해 기대가 너무 큼.
- 버려질까봐 두려워함.
- 분노에 사로잡힘.
- 내가 소유하지 못한 것을 갈망함.

5유형: 지식을 얻고 관찰하는 사람 (지적 탐구형 리더)

이 유형은 사생활을 중시하고 외부의 압력이나 강요에 강하게 반발한다. 그들은 학문을 연구하고, 분석하고, 체계화시키지만 그런 태도는 상황이나 사람에 따라 다르게 나타난다. 그들의 단점은 인색함이다. 재정적인 면만 그런 것이 아니라 학문과 자기자신에 대해서도 그런 태도를 취한다. 5번 유형의 사람은 시간을 내서 다른 사람을 만나는 것도 별로 좋아하지 않고, 감정을 잘 드러내지도 않는다. 5번 유형의 장점은 지혜로움, 명료함, 객관성과 친절함이다. 그들의 인생목표는 이제까지 아무도 탐색하지 않았던 부분을 다루는 것이다. "나는 문제의 근원을 캐고 싶어." 전형적인 5번 유형의 모습은 안경을 쓰고 책과 컴퓨터로 가득 찬 연구실에서 학문을 연구한다. 5번 유형은 수줍음이 많아 주로 인터넷을 통해 외부와 접촉한다. 그들은 여행을 떠나 다양한 볼거리를 카메라에 담아 오려고 할 때만 연구실을 빠져 나온다.
지적 탐구형 리더십 특성으로는 전문성과 정보력을 활용한 리더십이다. 아이디어, 전문지식, 정보지향적으로 과업지향을 인간지향보다 더 중시하는 성향이다. 커튼 뒤에서 전화나 메모로 리드하는데 3번과 같은 공격형 성격의 인물을 앞세워서 일하며 대중 앞에 나오는 것을 꺼려하고 충분한 리허설(준비)을 하고 자기 확신이 들 때 등장한다. 프라이버시(Privacy), 사적 영역을 중시하며 매니저와 1:1 관계로 미션을 전달하는 리더십이다.

■ 장점

- 뒤로 물러서서 인생을 객관적으로 바라볼 수 있음
- 철저하게 이해하려고 함
- 어떤 일의 인과관계를 지각함
- 나 자신이 고결하다고 느낌
- 내가 옳다고 생각하는 것을 행하며 사회적 압력에 별로 영향을 받지 않음
- 물질적 소유나 지위에 사로잡히지 않음
- 위기가 발생해도 침착함을 유지함

■ **단점**

- 내 지식과 통찰력을 세상에 보이는데 느림
- 방어 태세를 취하거나 아는 척하고 나서 후회함
- 원치 않을 때 사람들과 함께 있어야 하면 스트레스(압력)를 받음
- 지식이나 기술이 부족한데도 사교술이 뛰어나 직업에서 성공한 사람들을 지켜보지 못함
- 나의 생각을 간단명료하게 표현하지 못함

6유형: 안전을 추구하고 신중한 사람 (안전지향 충직형 리더)

이 유형은 성실하고, 집단의식이 강하고, 충직하고, 신뢰성이 있고, 인자하지만 조심성도 많다. 위협이 느껴지면 평소에는 비판적으로 생각해 왔던 힘 있는 사람의 도움을 받아 몸을 숨긴다. 그들은 불안해하거나 억눌려 있는 사람들과 연대감을 느끼며 권력의 서열에 대해 민감하고, 자기 밑에 누가 있고, 위에는 누가 있는지 계속 궁금해 한다. 그들의 단점은 두려움이다. 그들은 대화를 하다가 "그렇게 하면 위험하지 않을까?"라고 종종 묻는다. 늘 안정을 추구하고, 잘못된 행동을 하지 않으려고 노력한다. 그들이 느끼는 두려움은 머리를 통한 이성적인 것이 아니라 가슴을 통한 감성적인 것이다. 그들의 불안은 아주 드물게 나타나는 위험을 미리 예상함으로써 생겨난다.

6번 유형의 장점은 성실함, 신뢰감과 용기다. 6번 유형의 사람들은 두려움을 잘 극복하고 나면 그 누구보다 용감한 사람이 된다. 큰 전쟁이나 위기 상황에 자기를 희생하며 나라를 구했던 영웅들이 대부분 6번 유형이다. 그들의 인생목표는 전체를 위해 뭔가 할 수 있도록 늘 깨어 있고, 신중해지는 것이다. "내가 다시 안정을 되찾게 해야지." 6번 유형의 특징은 긴장감을 늦추지 않은 채 주변을 예의 주시하고, 어두운 색의 옷을 즐겨 입고, 상대를 오랫동안 주시하지 않는다는 점이다. 그들은 일단 말을 시작하면 끝낼 줄 모른다. 그리고 사람들이 생각하는 것과 전혀 다른 모습으로 살아가는 이중생활을 즐긴다.

안전지향 충직형 리더십 특성으로는 사람과 신뢰구축, 공동체지향, 협동형 리더십으로 대화를 통한 이견 조정과 합의를 도출하고 공동책임, 자기책임 희석, 결정은 신중하게, 집행은 책임을 분명히 한다. 업무는 시스템 구축, 업무 프로세스 공식화하는 스타일이다. 책임에 대한 두려움(자기확신 부족)이 있어서 분명한 책임과 재량의 경계, 기존의 방식, 선례, 권위(전문가, 규정집)에 의존, 집단의사결정, 근거를 남기는 문서보다 구두 지시나 명령할 때 애매한 표현을 사용하며, 새로운 가능성(변화)을 배제한다.

■ **장점**

- 가족들과 친구들에게 헌신적이고 충실함
- 책임감이 있고 열심히 일함
- 다른 사람에 대한 동정심을 가짐
- 지성과 재치가 있음
- 순응주의자가 아님
- 위험에 용감하게 맞섬
- 솔직하고 자기주장이 강함

■ **단점**

- 결정을 내릴 때 우유부단함
- 실패할까봐 두려워 일을 미루고, 자신감이 없음
- 버려질까봐 혹은 이용당할까봐 두려워함
- 어떤 위험이 있을지를 면밀히 조사하고 걱정하느라고 자신을 지치게 만듦
- 모든 일에 정해진 규칙이 있어서 그에 따라 했으면 하고 바람
- 기대에 따라 살지 못할 때 자신에 대해 너무 비판함

7유형: 즐거움을 추구하고 계획하는 사람 (낙천적 열정형 리더)

이 유형은 낙천적이고, 미래지향적이고, 열정적이고, 민첩하다. 그들의 인생목표는 행복이다. 그들은 현실의 어두운 면을 피해 가고, 그 대신 심금을 울리는 긍정적인 면에 더 집중한다. 7번 유형은 모든 것이 필요 이상으로 넘쳐나는 것을 좋아한다. 자기주변 사람들이 모두 행복하기를 바라고, 싫다는 말을 잘하지 못하며 다른 사람에게 분명한 한계를 지어 주지 못한다. 그들의 단점은 과도함이다. '무엇이든 남는 것이 모자란 것보다 더 낫다'는 것이 신조다. 그들은 자기가 좋아하는 것을 지나치게 많이 하려는 경향이 있어, 음식도 많이 먹고, 일도 많이 하고, 모든 것이 더 이상 편안하지 않을 때까지 지나치게 과도한 욕심을 낸다.

7번 유형의 장점은 명랑함과 생각하는 바를 어떻게 현실화시키고, 경비는 어떻게 조달할지도 미리 생각해두면서 전체적이고, 혁신적인 사고를 한다는 점이다. 7번 유형의 인생목표는 행복하게 살아가고, 인간으로 살아가는 삶의 아름다움을 다른 사람에게도 나누어 주는 것이다. "나는 더 많은 사람이 행복을 느끼게 하고 싶어." 7번 유형은 장난기가 있고, 즐겁게 지내면서 책임지는 일은 가능한 맡지 않으려고 하는 유형이다. 그들은 삶을 모든 음식을 다 올려놓을 수 있

고, 한 가지로 정해져 있지 않은 풍성한 뷔페라고 생각한다. 직업적으로도 그들은 꾸준한 변화와 새로운 자극을 필요로 하고, 한곳에 푹 눌러 앉으려고 하지 않는다. 그렇게 하려면 새로 발견해야 할 것이 세상에 너무나 많이 있다고 생각하는 것이다.

낙천적 열정형 리더십의 특성으로는 Visionary Leadership으로 미래지향의 비전을 추구하는 리더이다. 사람중심으로 광범위한 인적 네트워크를 추구한다. Team 리더십을 선호하는데 원만한 대인관계 유지를 원하기 때문이다. 1:1관계에서 거절이 곤란할 때 팀에서 해결하며, 변화는 성장이라고 믿는다. Planner(기획자)에게는 관리자나 집행자 Implementer(Manager)가 중요하며 구체적·실제적 관리는 위임하며, 유머, 창의력, 인적 네트워크로 매니저를 지원하고, 초기 결정단계에서 매우 효과적이다.

■ **장점**

- 낙천적이어서 인생의 문제들이 나를 힘들게 하지 못함
- 자연스럽게 살아가고 자유로운 정신을 지님
- 할 말이 있으면 말하고, 하고 싶은 대로 행동하며 그것에서 재미를 느낌
- 관대하고 세상을 더 나은 곳으로 만들려고 노력함
- 위험을 감행하는 배짱이 있고 흥분을 주는 모험을 시도함
- 다양한 관심과 능력을 소유

■ **단점**

- 내가 하고 싶은 일을 다 할 만큼 시간이 없음
- 시작한 일을 끝맺지 못함
- 전문직의 이점을 누릴 수 없는 데 한 우물을 파지 못하기 때문이다
- 비현실적인 것, 헛된 계획이나 공상에 빠짐
- 일대일 관계에서 속박을 느낌

8유형: 강하며 도전적이고 자기를 주장하는 사람 (도전형 리더)

이 유형의 인생목표는 강인함이다. 힘이 장사고, 도전적인 그들은 남을 겁먹게 하는 당당한 태도로 다른 사람의 존경을 받는다. 그러나 그들의 강인함 뒤에는 마음의 상처를 쉽게 받는 나약함이 숨어 있다. 8번 유형의 단점은 둔감한 저돌적 성격이다. 그들은 자기들이 다른 사람의 마음에 상처를 주었다는 것을 잘 느끼지 못한다. 그들의 장점은 책임감과 힘을 적절하게 잘 사용

할 수 있는 능력이다. 8번 유형은 자기가 보호해 주어야 할 사람은 끝까지 철저하게 보호해 주고, 그 어떤 어려움도 꿋꿋하게 이겨 내며, 불의를 보면 가만히 있지 못한다. 그들의 인생목표는 나약함, 억압받음, 아무 일도 하지 않고 허송세월 하는 짓을 그만두는 것이다. "나는 올바른 사회를 위해 싸우겠어." 이 유형의 특징은 체격이 건장하다는 점이다. 그들은 적에게 자기몸을 과시하는 것처럼 꿋꿋한 모습을 보이고 싶어서 추운 겨울에도 짧은 셔츠를 입는다. 또한 처음 보는 사람에게 안색이 나빠 보인다고 큰 소리로 말하면서 상대에게 심리적 부담을 안겨 준다. 도전형 리더십의 특징으로는 지시적·권위적·카리스마적 힘의 리더십이다. 과업은 "Can Do It" 정신, 열정, No detail한 특징이다. 전진, 추진형이며 장애물을 정면 돌파한다. 집권형(권한, 힘의 집중)으로 권한을 위임하기보다 자기에게 집중하고 힘의 통 큰 정치를 추구한다. 안정적이고 일상적인 관리에는 흥미가 미약하다. 대인관계가 좋으며 의리, 충성심, 복종관계이며 '내 사람' 챙기기, "Follow me"식의 솔선수범형이며, 통제와 감시는 하나하나 시험을 거쳐 능력과 충성심을 확인하는 스타일이다.

■ **장점**

- 독립적이고 자기를 신뢰함
- 책임을 지고 계속해서 앞으로 전진할 수 있음
- 용기가 있고 직선적이며 정직함
- 인생에서 찾을 수 있는 모든 즐거움을 얻음
- 나와 가까운 사람을 지지하고 힘을 주며 보호해 줌
- 정당한 명분을 지지함

■ **단점**

- 이 유형의 특징인 힘과 대담성은 모두 '남성적인' 특성으로 간주되기 때문에, 이 유형의 여성들은 종종 사회생활에서 곤란을 겪음
- 무뚝뚝해서 사람들을 질리게 함
- 의도하지 않았는데도 무섭게 해서 사람들을 달아나게 함
- 다른 사람들을 위해 위험을 감수하고도 그것에 대해 정당한 평가를 받지 못함
- 다른 사람의 무능력을 침착하게 참아내지 못함
- 모욕이나 부당한 대접 받은 것을 결코 잊지 못함
- 자신에게 너무 많은 압력을 줌
- 사람들이 규칙을 지키지 않거나 일이 제대로 되지 않을 때 열이 오름

9유형: 조화와 평화를 바라는 사람 (화합추구 평온형 리더)

이 유형의 관심사는 평화와 만족이다. 그들은 조화와 편안함을 추구하고, 그들에게는 고착화된 버릇이 있고, 게으름을 피우려는 경향이 있다. 9번 유형은 마음이 느긋하고, 이해심이 깊어서 어떤 책임을 맡는 결정을 내리기가 무척 어렵다. 그들은 나태하다는 약점을 이용해 자기변명을 하기도 한다. "난 아무 짓도 하지 않았단 말이에요!" 이것은 9번 유형의 사람들이 흔히 하는 주장이다. 그들의 장점은 쉽게 용서하고, 평화롭게 지내고 만족하는 것이다. 9번 유형이 편안한 환경을 벗어나면 엄청난 에너지를 발산할 수 있다. 대부분의 9번 유형 사람들은 취미가 많고, 지루함을 달래기 위해 뭔가 새로운 것을 찾으려고 한다. 그들의 인생목표는 조용하고, 편안한 마음으로 느긋하게 있을 수 있는 주변환경을 확보하는 것이다.

화합추구 평온형 리더십의 특징으로는 포용, 화합추구의 리더십이다. 자연의 순리를 따르는 리더십이며 일보다 사람을 중시(배려, 관심, 이해, 지지)한다. 거시적 목표, 큰 그림에 초점을 맞추며 작은 일은 권한위임, 미시적·구체적 사안에는 갈등과 이견을 초래할 수 있다. 구체적 실행 안에 정교하지 못하며 '원칙을 물러섰다' '양보했다' '줏대 없다'는 비난에 직면한다. 내적 평온(평정심)을 추구하여 미지의 새로운 프로젝트에 대한 도전이 미약하고 기존의 방식을 답습하려는 경향이 있다.

■ 장점

- 판단하지 않고 수용함
- 다른 사람들을 돌보고 염려해 줌
- 긴장을 풀고 재미있게 지낼 수 있음
- 대부분의 사람들이 나와 함께 있는 것을 좋아하고, 내가 함께하기 편한 사람이라 생각함.
- 문제의 다양한 측면을 볼 줄 알아서 중재를 잘하고 일을 순조롭게 진행시키는 능력을 가짐
- 감각과 심미안이 특히 발달했고, 현실을 잘 깨달음
- 순리에 따라서 우주와 하나 됨을 느낄 수 있음

■ 단점

- 온순하고 우유부단해서 비판이나 오해를 받음
- 솔선수범과 절제가 부족해서 자책하게 됨
- 비판에 너무 민감해서 남들이 눈썹을 치켜올리거나 입술을 실룩거리는 것에 일일이 신경을 씀

- 내가 정말로 무엇을 원하는지 몰라서 고민함
- 다른 사람들이 나에 대해 어떻게 생각할지 너무 많이 신경을 씀
- 남들이 내 말을 잘 들어주지 않거나 대수롭지 않게 여김

Enneagram에 의한 성격분석 테스트[2]

유형별 문항에 대해 일상생활에서의 당신을 기준으로 편한 마음으로 답을 작성한다.

종이를 한 장 준비하고 유형별 문항에 대해 0점, 1점 그리고 2점 가운데 하나를 준다.

당신의 생각과 완전히 일치하면 2점을 준다.

당신의 생각과 전혀 맞지 않으면 0점을 준다.

당신의 생각과 일정 부분 일차하면 1점을 준다.

각 유형마다 30개의 질문이 준비되어 있다.

Sample: 유형 7

1. 책임 때문에 어쩔 수 없이 해야 하는 일과 반복되는 일을 지겨워한다. (　　)
2. 부정적인 면은 의욕을 상실케 하고 기분을 가라앉히기 때문에 긍정적인 면을 강조하고, 다른 사람의 기분도 유쾌하게 만들려고 노력한다. (　　)
3. 재주가 많고, 여러 가지 일을 한꺼번에 수행한다. (　　)
4. 새로운 아이디어를 개발하는 것을 무척 좋아한다. (　　)
5. 삶을 즐기지만 가끔은 쾌락을 즐기는 도가 지나치다. (　　)
6. 다른 사람을 위해 큰 희생도 감수할 수 있다. (　　)
7. 쉽게 감동하고, 그 안에 있는 좋은 점을 잘 발견한다. (　　)
8. 즉흥적이고 임기응변에 능하고 낙천적인 사람을 좋아한다. (　　)
9. 편안한 미래를 위한 계획을 세우는 것을 좋아하지만, 그것을 실행할 때 나 자신의 한계를 느낀다. (　　)
10. 어느 것에도 얽매이지 않는 자유를 갈망한다. (　　)
11. 다른 사람들과 비교하면 자신은 남을 의심하거나 타인의 의도를 파헤치거나 하지 않는 편이다. (　　)
12. 무엇이든지 즐거운 것이 좋다. (　　)
13. 모든 일은 항상 좋은 방향으로 가기 마련이다. (　　)
14. 다른 사람들도 나처럼 밝은 마음을 갖고 있으면 좋겠다. (　　)

15. 다른 사람들이 어떻게 생각하는지는 별로 관심이 없으며 나는 항상 행복하다. (　　)

16. 항상 모든 사물의 밝은 측면을 본다. 인생의 어두운 부분에는 관심이 없다. (　　)

17. 만나는 사람에게 적대감을 느끼는 적은 별로 없다. (　　)

18. 농담이나 밝은 이야기를 좋아하고 어두운 이야기는 듣고 싶지 않다. (　　)

19. 나는 어린애 같고 명랑하다. (　　)

20. 모임 등에서 튀고 싶어 하는 편이다. (　　)

21. 나무를 보고 숲을 못 보면 안 된다. 넓은 시야를 가지고 모든 것을 봐야 한다. (　　)

22. 좋은 것은 더욱 좋게 만들어야 한다. (　　)

23. 슬픈 일은 빨리 잊어버리려고 한다. (　　)

24. 어두운 현실을 덮어두고서라도 즐겁게 지내고 싶다. (　　)

25. 고생 속에서 맛볼 수 있는 깊이 있는 인생보다는, 즐거움으로 가득한 인생을 살고 싶다. (　　)

26. 미래에 대해 항상 열정을 갖고 있다. (　　)

27. 사람들을 즐겁고 기쁘게 해주는 일을 좋아한다. (　　)

28. 무리를 해서라도 싫은 일은 되도록 피하고 싶다. (　　)

29. 한 가지 일에 집중하기보다는 관심 분야가 계속 바뀐다. (　　)

30. 행복한 어린 시절을 보냈다. (　　)

출처: 한국적성교육진흥원; 에니어그램 성격 유형 이해와 나의 진로, 나의 직업; Enneagram에 의한 성격분석, braincare; Enneagram of Personality–Wikipedia; 유민봉. 리더십 유형과 나의 선택(비전); 한국상담개발원

주석

CHAPTER 01

1) B. Nanus(1992). ***Visionary Leadership: Creating a Compelling Sense of Direction for Your Organization***. San Francisco : Jossey-Bass.

2) Thomas J. Neff and James M. Citrin(2001). ***Lessons from the Top***. New York : Currency / Doubleday.

3) Chuck Lucier, Eric Spiegel, and Rob Schuyt(2002). ***strategy+business, Issue 28***, originally published by Booz & Company; 정영철(2004). 주간경제 793. LG경제연구원.

4) Stogdill(1974). ***Handbook of Leadership : A Survey of Theory and Research***. New York : Free Press.

5) Daniel Katz and Robert L. Kahn(1978). ***The Social Psychology of Organizations***. New York : John Wiley.

6) A. G. Jago(1982). "Leadership: Perspectives in theory and research." ***Journal of Management Science***. 28(3) 315~332.

7) G. Yukl(1989). ***Leadership in Organizations***. Englewood Cliffs, NJ: Prentice-Hall.

8) 백기복(2005). 리더십리뷰 : 이론과 실제. 서울 : 창민사.

9) P. Selznick(1957). ***Leadership in Administration: a Sociological Interpretation***. Evanston, IL: Row, Peterson.

10) D. A. Laird & E. C. Laird(1956). ***The new psychology for leadership***. New York : McGraw-Hill.

11) 김남현(2007). 리더십. 경문사. pp. 5~7.

12) 박보식(2012). 리더십. 대영문화사. pp. 54~63.

13) 김재득(2008). 리더십. 대영문화사. pp. 30~35.

CHAPTER 02

1) O. Tead(1935). *The art of leadership.* New York: McGraw-Hill. Google Scholar.

2) Bernard M. Bass(1974). *BASS & STOGDILL'S Handbook of Leadership*. New York: Free Press.

3) R. M. Stogdill(1974). *Handbook of leadership: Survey of theory and research*. New York: Free Press. Google Scholar.

4) 오석홍(2008). 조직이론. 박영사. pp. 559~561.

5) 과업지향적 행동: 조직과 집단의 공동목표달성에 포커스를 둔 행동으로 계획수립, 역할과 목표의 명료화, 운영 및 성과 평가의 3가지 측면으로 점검함.

6) 관계지향적 행동: 상호 신뢰, 협력, 직무만족이 조직의 공동목표달성에 핵심 요인으로 판단하며 효과적인 관계지향적 행동을 위해 지원, 계발, 인정의 측면에서 점검함

7) 이 유형은 이 후 현대 리더십 이론과 함께 발전하여 리더십 유형의 대표적인 이론으로 본 장에서는 리더십 행동이론을 중심으로 간략하게 설명하기로 한다.

CHAPTER 04

1) J. M. Burns(1978). Leadership. New York: Harper & Row.

2) B. M. Bass(1985). Leadership and performance beyond expectations. New York: Free Press.

3) 이한검(2001). 인간행동론. 형설출판사.

4) 김창규(2009). 변혁적 리더십이 직무만족과 조직몰입에 미치는 영향. 경희대학교 박사학위 논문.

5) N. M. Tichy & D. O. Ulrich(1984). "The leadership challenge-a call for the transformational leader." *Sloan Management Review*, 26(1), 59~68.

6) Sergiovanni(1990). *Value-Added Leadership: How to get Extraordinary Performance in Schools*.

7) J. M. Kouzes and B. Z. Posner(1995). *The Leadership Challenge: How to Keep Getting Extraordinary Things Done in Organizations*, Jossey-Bass, San Francisco, CA.

8) 최연인(2005). 교사가 지각한 학교장의 변혁적 지도성과 교사집단의 임파워먼트 및 학교조직 효과성과의 관계. 건국대학교 대학원 박사학위 논문.

9) B. M. Bass(1985). *Leadership and performance beyond expectations*. New York: Free Press.

10) K. Leithwood & D. Jantzi(1999). "Transformational school leadership effects: A replication." *School Effectiveness and School Improvement,* 10(4), 451~479.

11) 노종희(1996). "학교행정가의 변혁지향적 리더십의 진단 및 육성방안 연구." 교육행정학연구, 14(3), 265~284.

12) 신재흡(2002). "교사가 지각한 학교장의 변혁적 지도성과 학교 조직문화 및 학교 조직효과성 간의 관계." 교육행정학연구, 20(3), 91~115.

13) 최연인(2005). 교사가 지각한 학교장의 변혁적 지도성과 교사집단의 임파워먼트 및 학교조직 효과성과의 관계. 건국대학교 대학원 박사학위논문.

14) 이정로 · 박세훈(2006). "학교장의 변혁적-거래적 리더십과 조직가치의 결합유형, 조직효과성의 인과관계 분석." 교육행정학연구, 24(3), 79~98.

CHAPTER 05

1) Max Weber(1947). *The theory of Social and Economic Organization.* T. Parsons, trans. & eds. New York, N.Y. : The Free Press.

2) A. Eizioni(1961). A comparative analysis of complex organizations. 2nd ed. New York: The Free Press.

3) R. J. House(1977). "A 1976 theory of charismatic leadership." In J. G. Hunt & L. L. Larsen (eds.) *Leadership: The cutting edge.* Southern Illinois University Press.

4) J. A. Conger & R. N. Kanungo(1987). "Toward a behavioral theory of charismatic leadership in organizational settings." *Academy of Management Review*, 12: 637~647.

5) B. M. Bass(1990). ***Bass & Stogdill's handbook of leadership: Theory, research, and managerial applications*** (3rd ed.). New York: Free Press.

6) R. J. House(1995). ***Leadership in twenty-first century: A speculative inquiry***. In A. Howard(Ed.), pp. 411~450.

7) B. M. Bass(1997). "Does the Transactional–Transformational Paradigm Transcend Organizational and National Boundaries?." *American Psychologist*, vol. 52.

8) R. J. House(1977). "A 1976 Theory of Charismatic Leadership." In J. G. Hunt & L. L. Larson (Eds.), *Leadership: The cutting edge* (pp. 189~207). Carbondale, IL: Southern Illinois University Press.

CHAPTER 06

1) 일반지능(General Intelligence)은 인간의 다양한 지적 능력과 상호 교류하여 인간의 의사 및 행동을 결정하는 보편적인 지능을 말한다.

2) M. Beldoch(1964). "Sensitivity to expression of emotional meaning in three modes of communication." in J. R. Davitz *et al*., *The Communication of Emotional Meaning*, McGraw–Hill, pp. 31~42.

3) B. Leuner(1966). "Contributions to social interactions: Social Encounters" Editor: Michael Argyle, reprint online on Google Books "Emotional intelligence and emancipation." Praxis der Kinder psychologie und Kinder psychiatrie 15: pp. 193~203.

4) 개인 내 지능(Intrapersonal Intelligence) : 자신의 감성과 동기 등 마음의 내면을 잘 살필 수 있는 지능으로, 개인 내 지능이 높은 사람은 자신의 정서를 보다 정확하고 명확하게 볼 수 있는 능력을 가짐

5) 개인 간 지능(Interpersonal Intelligence) : 타인의 기분과 의도 등 타인의 감정을 잘 파악하는 사람으로, 이 지능이 높은 사람은 타인의 정서를 보다 정확하게 파악하고 타인과 공감을 잘하기 때문에 타인과 좋은 관계를 유지하여 서로 협동하여 일하는 능력을 가짐

6) J. D. Mayer, P. Salovey, D. L.Caruso, and G. Sitarenios(2001). "Emotional intelligence as a standard intelligence." Emotion 1: 232~242. doi:10.1037/1528-3542.1.3.232

7) D. Goleman(1995). *Emotional Intelligence.* New York, NY, England: Bantam Books, Inc.

8) *Ibid.*

9) R. Bar-On(1997). *Bar-On emotional quotient inventory : User's manual.* Toronto : multi?health systems.

10) J. D. Mayer, P. Salovey, D. L. Caruso, and G. Sitarenios(2001). "Emotional intelligence as a standard intelligence." *Emotion* 1: 232~242. doi:10.1037/1528-3542.1.3.232

11) D. R. Caruse, J. D. Mayer, & P. Salovey(2002). "Relation of an ability measure of emotional intelligence to personality." *Journal of Personality Assessment*, 79(2), 306~320.

12) C. S. Wong & K. S. Law(2002). "The effects of leader and follower emotional intelligence on performance and attitude: An exploratory study." *The Leadership Quarterly*, 13(3), 243~274.

13) 변상우(2014). 글로벌 리더십. 서울 : 청람.

14) 고부섭(2016). 감성 리더십과 직무태도 간 관계에서 적합성의 조절효과 분석. 호서대학교. p. 28.

15) J. D. Mayer & P. Salovey(1997). "What is emotional intelligence?" In P. Salovey & D. Sluyter (Eds.), *Emotional development and emotional intelligence: Implications for educators*. pp. 3~31. New York: Basic Books.

16) D. Goleman & R. Boyatzis(2000). "Leadership that gets results." *Harvard Business Review*. March-April. pp. 82~83.

17) Neff, Citrin & Brown(1999). *Lessons from the top⊠ The search for the best business leaders In Americas*. New York : Doubleday.

18) 신정길(2004). 감성경영 감성 리더십. 넥스비즈.

19) 이석열(2006). 교장의 감성 리더십 진단척도 개발, 한국교육행정학회. 24(3). 51~77.

20) 홍계훈 · 조윤형 · 이창준(2009). "직무특성이 팀 성과에 미치는 영향에 대한 감성적 리더십의 조절효과 : 콜센터 조직구성원을 대상으로." 인사?조직연구. 17(3). pp. 1~39.

21) 하준호(2011). 한국적 감성 리더십. 서울 : 미래문화사.

CHAPTER 07

1) 전국경제인연합회(2004). 기업윤리와 기업가치 및 성과 간의 관계 분석.

2) 김성수(2007). 21세기 윤리경영론. 서울 : 삼영사.

3) 김성수(2007). 21세기 윤리경영론. 서울 : 삼영사. 65쪽의 표를 수정 및 보완함.

4) D. G. Zauderer(1992). "Integrity: An essential executive quality." *Business Forum*, 17(4): 12~16.

5) L. T. Hoamer(1994). *Moral Leadership in Business*. Irwin.

6) J. B. Ciulla(2004). *Ethics, the heart of leadership*(2nd ed.). Westport, CT: Praeger.

7) L. K. Trevino, M. Brown, & L. P. Hartman(2000). "Moral person and moral manager: How executives develop a reputation for ethical leadership." *California Management Review*. 42, 128~142.

8) L. K. Trevino, M. Brown, & L. P. Hartman(2003). "A qualitative investigation of perceived executive ethical leadership: Perceptions from inside and outside the executive suite." *Human Relations*, 55, 5~37.

9) M. E. Brown, L. K. Trevino, & D. A. Harrison(2005). "Ethical leadership: A social learning perspective for construct development and testing." *Organizational Behavior and Human Decision Processes*, 97(2): 117~134.

10) M. E. Brown & L. K. Trevino(2006). "Ethical leadership: A review and future directions." *Leadership Quarterly*, 17: 595~616.

11) R. Kanungo & M. Mendonca(1996). *Ethical dimensions of leadership*. Thousand Oaks, CA: Sage.

12) L. K. Trevino, M. Brown, & L. P. Hartman(2000). "Moral person and moral manager: How executives develop a reputation for ethical leadership." *California Management Review*, 42, 128~142.

13) L. K. Trevino, M. Brown, & L. P. Hartman(2003). "A qualitative investigation of perceived executive ethical leadership: Perceptions from inside and outside the executive suite." *Human Relations*, 55, pp. 5~37.

14) Guillen & Gonzalez(2001). "The Ethical Dimension of Managerial Leadership Two Illustrative Case Studies in TQM." *Journal of Business Ethics*, Volume 34, December, Issue 3, pp. 175~189.

15) W. Zhu, D. R. May, & B. J. Avolio(2004). "The Impact of Ethical Leadership Behavior on Employee Outcomes: The Roles of Psychological Empowerment and Authenticity." *Journal of Leadership & Organizational Studies* Vol.11, No.1, pp. 16~26.

16) M. E. Brown, L. K. Trevino, & D. A. Harrison(2005). "Ethical leadership: A social learning perspective for construct development and testing." *Organizational Behavior and Human Decision Processes*, 97(2): 117~134.

17) 조경훈(2008). 윤리적 리더십이 조직몰입과 직무몰입에 미치는 영향. 인하대학교 대학원 박사학위논문.

18) R. K. Greenleaf(1970). *The servant as leader*. Indianapolis : The Robert K. Greenleaf Center.

19) Greenleaf는 AT & T에서 근무하고 경영연구부서의 부서장을 거쳐 1964년 퇴직 후에 Greenleaf Center를 설립하였다. 그리고 1960년대 미국 사회의 혼란과 불안 속에서 새로운 리더십의 필요성을 강하게 느끼고 서번트 리더십을 새로운 연구 분야로 대두시켰다.

20) A. E. Schwartz(1991). "How the new leaders will manage in the '90s." *Nonprofit World*, 9(3), 22~24.

21) Peter Drucker(1992). *Managing for the Future*. New York: Harper Collins.

22) L. C. Spears(1995). (Ed.). *Reflections on leadership: How Robert K. Greenleaf's theory of servant-leadership influenced today's top management thinkers*. New York: John Wiley & Sons, Inc.

23) B. J. Sims(1997). *Servant hood: Leadership for the third millennium*. Boston: Cowley Publications.

24) G. B. Boyer(1999). "Turning Point in the Development of Male Servant Leaders." Unpublished Doctoral Dissertation of The Fielding Institute.

25) R. F. Russell & A. G. Stone(2002). "A review of servant leadership attributes: Developing a practical model." *Leadership and Organization Development Journal*, 23, 145~157.

26) A. G. Stone, F. R. Russell, & K. Patterson(2004). "Transformational versus servant leadership : A difference in leadership focus." The Leadership and Organization Development Journal 25(4): 349~361.

27) A. G. Stone *et al*. "Transformational leadership and servant leadership : a difference in leader focus." *The Leadership & Organizational Development Journal*, Vol. 25 No. 4, 2004. pp. 349~361.

28) B. M. Bass(1990). *Bass and Stogdill Handbook of Leadership*. New York: The Free Press.

29) L. C. Spears(1995). *Insight leadership : service stewardship, sprit and servant leadership*. New York: John Wiley and Sons, Inc.

30) Hunter(1998). *The Servant: A Simple Story About the True Essence of Leadership*.

31) G. B. Boyer(1999). "Turning points in the development of male servant-leader." Un published doctoral dissertation, The Fielding Institute.

32) A. J. Laub(1999). "Assessing the Servant Organization : Development of the Servant Organizational Leadership Assessment(SOLA) Instrument." Unpublished Doctoral. Dissertation, Florida Atlantic University.

33) C. E. Wheaton(1999). "Servant Leadership & the public school superintendent." Doctoral Dissertation, The University of Gonzaga.

34) S. K. Adjibolosoo(2000). *The Human Factor in Shaping the Course of History & Development*, University Press of America, Inc.

35) F. Hardin(2003). "Impacting Texas public schools through a student servant leader model: a case study." Dissertation Abstracts International, UMI No. 3033365.

36) K. Patterson(2003). *Servant Leadership ? A Theoretical Model. Servant Leadership Roundtable*. Regent University, Virginia Beach.

37) 이소희(2004). 4RL(The 4 Role of Leadership)모델에 기반한 유아교육기관장 리더십의 평가 척도개발 연구. 한국가족복지학.

38) 최남례(2005). "유아 서번트 리더십 교육프로그램 개발 연구," 숙명여자대학교 대학원 박사학위 논문.

39) L. C. Spears(Ed)(1995). I*nsight on leadership : Service, stewardship, spirit and servant-leadership*. New York : John Wiley & Sons Inc.

40) E. Barbuto, John JR. & W. Wheeler, Daniel(2006). "Scale Development and Construct Clarification of Servant Leadership." *Group & Organization Management*, 31(3). p. 305.

41) J. M. Graham(1991). "Servant Leadership in Organizations." *Leadership Quarterly*, 2(2). pp. 107.

42) 김안드레아(2022). 실용적 접근 방식의 경영학 원론, 한빛아카데미. p.649.

CHAPTER 08

1) 김재득(2012). 리더십, 대영문화사. p.105.

2) 박진숙(2011). "전통적 리더십과 최근 리더십에 대한 탐색적 고찰 ?윤리적 리더십을 중심으로." 한국행정학회 추계학술발표논문집.

3) C. C. Manz and H. P. Sims(1989). Super leadership : Leading Other to Lead Themselves. NY: Berkely Books.

4) 크네이트, 뉴 슈퍼 리더십(new super leadership).

5) 아멜. 리더십의 유형 정리, 칼라 리더십.

6) 늘보맨. 슈퍼 리더십.

7) 칭기즈 칸(Genhis Khan)은 "전 세계의 군주"라는 뜻.

CHAPTER 09

1) R. E. Kelley(1988). *In praise of followers*. Harvard Business Review Case Services.

2) R. E. Kelley(1992). *The power of followership: How to create leaders people want to follow and followers who lead themselves*. New York: Currency Doubleday.

3) M. S. Wortman(1986). "Strategic Management and Changing Leader-followers Roles." *Journal of Applied Behavioral Science*. 18: 371~383.

4) Gary A. Yukl(1998). *Leadership in Organizations*, Prentice-Hall.

5) 최광신(2001). 팔로워십-리더십 유형 간의 짝이 조직유효성에 미치는 영향에 관한 연구-부서 문화, 임파워먼트, 성취욕구를 조절변수로 하여-박사학위논문, 전남대학교 대학원.

6) C. L. Pearce & C. C. Manz(2005). "The new silver bullets of leadership: The importance of self- and shared leadership in knowledge work." *Organizational Dynamics*, 34(2), 130~140.

7) 백기복 외(2009). 리더십 이해, 창민사. pp. 29~30, 인하트감성연구소, 감성코칭리더십: 켈

리의 팔로워십 유형.

8) I. Chaleff(2003). ***The Courageous Follower***. Berrett-Koehier.

9) Barbara Kellerman(2007, 12.). "What Every Leader Needs to Know About Followers." ***Harvard Business Review***, pp. 84~91.

10) G. M. Spreitzer, M. W. McCall, Jr. & J. D. Mahoney(1997). "The early identification of International Executives." *Journal of Applied Psychology*, 82, 6~29.

11) M. J. Gessner, V. Arnold, & W. H. Mobley(1999). A*dvances in global leadership. Stamford*, CT: JAI Press.

12) W. Dekker, P. G. W. Jansen, & C. J. Vinkenburg(2005). ***Dimensions of an individual global mind set***. Unpublished manuscript.

13) P. Caligiuri(2004). "Global leadership development through expatriate assignments and other international experiences. Paper presented Symposium: Expatriate Management: New Directions and Pertinent Issues" at the *Academy of Management*, New Orleans.

14) V. Pucik and T. Saba(1998). "Selecting and Developing the Global versus the Expatriate Manager: A Review of the State-of-the-Art." ***Human Resource Planning***, 21, 40~54.

15) Morgan W. McCall Jr. and George P. Hollenbeck(2002). ***Developing Global Executives Hardcover***. January.

16) Maznevski & Lane(2003). ***The Blackwell Handbook of Global Management***.

17) 차동옥(2007). 이제는 글로벌 리더십이다, 2007, 인재경영.

18) K. J. Lokkesmoe(2009). A grounded theory study of effective global leadership development strategies : Perspectives from Brazil, India, and Nigeria. Unpublished doctoral dissertation, University of Minnesota.

19) 송영수(2010). 국내 기업의 인적자원개발(HRD)을 위한 글로벌 리더십 역량 도출. 한국

HRD연합회(편.), 2010년 한국 HRD연합회 연합학술대회, 한국HRD연합회. pp. 71~88.

20) S. H. Rhinesmith(1993). *A manager's guide to globalization : Six keys to success in a changing world*. Alexandria, Va.; Homewood, Ill.: American Society for Training and Development; Business One Irwin.

21) 송영수(2010). 국내 기업의 인적자원개발(HRD)을 위한 글로벌 리더십 역량 도출. 한국HRD연합회(편), 2010년 한국 HRD연합회 연합학술대회, 한국HRD연합회. pp.71~88.

CHAPTER 10

1) 매경시사용어사전.

2) 차동옥(2011). "중간관리자의 임파워링 리더십과 직무몰입, 조직몰입, 조직시민행동 간의 관계." 조직과 인사관리연구 제35집 1권. pp. 171~198.

3) J. Conger & R. Kanungo(1988). "The Empowerment Process: Integrating Theory and Practice." *Academy of Management Review*, 13(3), 475.

4) K. Thomas & B. Velthouse(1990). "Cognitive Elements of Empowerment: An 'Interpretive' Model of Intrinsic Task Motivation." *Academy of Management Review*, 15(4), 670.

5) J. Vogt & K. Murrell(1990). *Empowerment in Organizations: How to Speak Exceptional Performance*. San Diego, CA: Pfeiffer Company.

6) G. Spreitzer(1995). "Psychological Empowerment in the Workplace: Dimension, Measurement and Validation." *Academy of Journal*, 38(5), 1442~1465.

7) 박원우(1997). 임파워먼트(개념정립 및 실천방법 모색). 經營學硏究, 26(1), 115~138.

8) D. Eylon & K. Au(1999). "Exploring empowerment cross-cultural differences along the power distance dimension." *International Journal of Intercultural Relations*, 23(3), 373~385.

9) 윤방섭(2001). 임파워먼트. 연세경영연구, 38(1), 71~111.

10) 박계홍 · 김학준(2010). "상사에 대한 신뢰가 혁신행동과 조직시민행동에 미치는 영향: 임파워먼트와 커뮤니케이션의 매개효과를 중심으로." 商業教育研究, 24(2), 105~129.

11) D. Eylon(1993). ***Empowerment: A Multi-Level Process. Dissertation***, The University of British Columbia.

12) D. Corsun & C. Enz(1999). "Predicting psychological empowerment among service workers: The effect of support-based relationships." ***Human Relations***, 52(2), 205~224.

13) B. L. Kirkman & B. Rosen(2000). "Powering up teams." ***Organizational Dynamics***, 28(3), 48~66.

14) R. Bolger & A. Somech(2004). "Influence of teacher empowerment on teachers' organizational commitment, professional commitment and organizational citizenship behavior in schools." ***Teaching and Teacher Education***, 20, 277~89.

15) R. M. Kanter(1988). "When a thousand flowers bloom: Structural, collective, and social conditions for innovation in organization." In B. M. Staw & Cummings, L. L.(Eds.), ***Research in Organizational Behavior***, Greenwich, CT: JAI Press, 10, 169~211.

16) O. Harari(1994). "Stop Empowering Your People." ***Small Business Reports***, 19(3).

17) 신유근(1997). 인간존중의 경영. 다산출판사, p.202의 임파워먼트의 중요성을 수정 및 보완함.

18) J. Conger & R. Kanungo(1988). "The Empowerment Process: Integrating Theory and Practice." ***Academy of Management Review***, 13(3), 475.

19) K. Thomas & B. Velthouse(1990). "Cognitive Elements of Empowerment: An 'Interpretive' Model of Intrinsic Task Motivation." ***Academy of Management Review***, 15(4), 670.

20) 우공이산. 임파워먼트의 7가지 실행 방법.

CHAPTER 11

1) 이선미 스피치랩, "세계적인 사내 커뮤니케이션 문화 사례."

2) 박기찬, IGM 세계경영연구원.

3) 신호창(서강대 영상대학원 광고PR학과교수).

4) http://www.medicompr.co.kr, 귀사의 사내 커뮤니케이션은 안녕하십니까? 미디컴.

5) C. I. Barnard(1938). *The function of Executives*. Cambridge. Harvard University Press, p. 89.

6) Herbert A. Simon(1976). *Administrative Behavior*, 3rd ed. New York: The Free Press, 1976.

7) E. M. Rogers(Ed.)(1976). *Communication and development: Critical perspectives*. Beverly Hills, CA: Sage.

8) R. John(1977). *Mass Communication: An Introduction*. Englewood Cliffs, New Jersey. Prentice-Hall.

9) D. Katz & R. Kahn(1978). *The social psychology of organizations*, 2nd ed. New York: John Wiley and Sons.

10) David K. Lewis(1979). "Attitudes De Dicto and De Se." *Philosophical Review* 88: 513~543. Reprinted in Lewis 1983b, 133~159. Page references to are to the 1983 reprint.

11) S. B. Roseblatt, T. R. Cheathman, and J. T. Watt(1982). *Communication in Business*. Prentice-Hall Inc.

12) H. A. Simon(1957). *Administrative Behavior*, 2nd ed. New York: Macmillan, p. 154.

13) C. E. Redfield(1985). *Communication in Management*, rev. ed. Chicago: Univ. of Chicago Press, pp. 11~12.

14) 황상재(2006). 조직커뮤니케이션 이해. 파주, 법문사.

15) 백지연(2005). 〈자기설득파워〉 중에서.

16) 이홍규, 농촌사랑운동본부 홍보위원, (칼럼) “성공적인 의사소통의 방법.”

17) 사례뉴스(http://www.casenews.co.kr)

CHAPTER 12

1) 이재호 · 유수현 · 오수희 · 길귀숙 · 이재령(2009). 인간관계론. 서울 : 양서원.

2) 최인섭 · 초의수(2002). “사회복지전담공무원의 직무만족과 직무성과에 미치는 요인에 대한 연구.” 사회복지정책, 13, pp. 282~311.

3) 장신재 · 이희연(2003). “사회복지전담공무원의 직무성과에 영향을 미치는 요인–내외통제성의 조절효과를 중심으로.” 한국사회복지행정학, 10, pp. 63~93.

4) 유정희(2005). “사회복지공무원의 직무성과에 관한 연구 – 읍 · 면 · 동장의 평가를 중심으로.” 이화여자대학교 사회복지대학원 석사학위논문.

5) 이건영(2009). “학교사회복지사의 직무성과에 영향을 미치는 요인에 관한 연구.” 계명대학교 대학원 석사학위논문.

6) 이재호 · 유수현 · 오수희 · 길귀숙 · 이재령(2009). 인간관계론. 서울 : 양서원.

7) George M. Gazda(1973). *Message to the Association*, Volume 12, Issue 3 March.

8) 안영호(1982). 학교와 인간교육. 서울 : 주류.

9) 설기문(1999). 인간관계와 정신건강. 서울 : 학지사.

10) Daniel E. Griffiths(1956). *Human Relations in School Administration*. New York.

11) 박연호(1962). 인간관계의 이론과 실제. 서울 : 한국생산성본부.

12) 백현기 · 김진웅(1963). “학교경영에 있어서의 인간관계 연구.” 조사연구, 23. 78~101.

13) K. Davis(1972). *Human relations at work*. New York: McGraw–Hill Book Co, Inc..

14) 유기현(1974). 인간관계론. 서울 : 무역경영사.

15) 서상택(2012). 인간관계 회복을 위한 대화훈련 프로그램 연구. 장로회신학대학교 목회전문대학원 목회상담학 전공. 박사학위 논문.

16) 권석만(1997). 젊은이를 위한 인간관계 심리학. 서울 : 학지사.

17) 출처 : 관계 수업. 데이비드 D. 번즈 지음, 차익종 옮김/흐름출판

18) 인간관계를 손상시키는 나쁜 습관, 건강 전문가.

19) http://www.heartsaying.com/archives/1646, http://gonggamsoksok.tistory.com/31[공감쏙쏙]

20) 건강 이야기, 마음의 평화를 부르는 법. (2011.4.)

21) 혼다 켄, 돈과 인생의 비밀 중.

CHAPTER 13

1) Mescon, Albert, Khedouri(1988). *Management*, New York: Harper & Row.

2) H. Koontz(1988). *Toward a Unified Theory of Management*. McGraw-Hill.

3) J. A. Pearce & R. B. Robinson(1988). *Management*. McGraw-Hill.

4) R. A. Baron & J. Greenberg(1990). *Behavior in Organization*, Allyn & Bacon.

5) J. L. Gibson(1991). *Organization theory and Nature of man*.

6) R. L. Daft(1991). *Management*. Dryden press.

7) 김 안드레아(2022). 조직행동론, 한빛아카데미. p.189.

8) J. L. Steers and L. W. Porter(1979). *Motivation and Work Behavior*, 2nd ed. McGraw-Hill.

9) 조범상(2006). "직원의 기를 살리는 리더."

10) 그리스 신화에 나오는 피그말리온은 키프로스 왕의 이름이다. 그는 자기 왕궁에 있는 미녀 조각상을 보고 그 아름다움에 반해 버렸다. 그는 그 여인상이 마치 살아있는 사람인 것처럼

생각하면서 사랑을 했다. 하늘에 있는 신이 그 모습을 보고 감동을 받아서 그 조각상에 생명을 불어 넣었다. 그래서 실제로 사람이 되게 했다는 것이다.

CHAPTER 14

1) 류지성(2006). 기업의 리더십 개발 트렌드. 대한병원협회.

2) C. Brungardt(1996). "The making of leaders: A review of the research in leadership development and education." *Journal of Leadership Studies*, 3, 81~95.

3) C. D. McCauley & S. Brutus(1998). *Management development through job experiences: An annotated bibliography*.

4) David V. Day(2000). "Leadership development:: A review in context." *The Leadership Quarterly*, Volume 11, Issue 4, Winter.

5) Stephen J. Zaccaro(2007). "Trait-based perspectives of leadership." *American Psychologist*, Vol. 62, No. 1. 6~16.

6) J. A. Conger(1992). *Learning to Lead*. San Francisco: Jossy-Bass.

7) 존 맥스웰, '리더십의 법칙' 참조.

8) 한광식. 리더십(Leadership)을 계발(啓發)하자! 기고원문 : 미래신문 http://www.gimpo.com/news/articleView.html?idxno=35474

9) 이재규. 리더십엔진.

10) 김재득(2012). 리더십, 대영문화사. pp. 135~136.

11) 자기계발 리더십, 나의 꿈을 이루기 위한 10가지 원칙. PAMICA.

12) 리더십론, 시그마 프레스.

13) 시너지 인사이트 25. 효과적인 리더십 기술 : 성공하는 리더들의 7가지 기술|작성자 맹지.

14) 김재득(2012). 리더십. 대영문화사. p.121.

15) 출처 : 성공하는 사람과 실패하는 사람의 10가지 차이점

부록

1) 에니어그램(ENNEAGRAM)의 어원은 그리스어의 ennea(아홉) + gramma(문자, 점, 모형)란 단어의 조합으로 9개의 "선"과 "점"으로 이루어진 모형을 말한다. 에니어그램 역사의 기원은 정확하진 않으나 기원전 4500년 전 중동에서 시작되어 BC 2500년 전 철학자, 수학자, 과학자들 집대성하였고, 수피 신비가들은 인간의 성격을 9가지 유형으로 보았다.

2) 1900년대에 들어서면서 크게 두 가지의 학파(연구가)에 의해 1913년경 구르지예프가 그 원리를 적용하기 시작한 계보와 오스카 이카조에 의한 계보학파가의 의해 형성되기 시작했다. 조지 이바노비치와 구르지예프(1887~1949년)에 의해 모스크바 그룹이 본격적으로 형성되었고, 1970년 미국의 스탠포드 대학교의 돈 리소와 허드슨에 의해 에니어그램 성격 유형 검사지가 완성되었다. 본서에서는 9가지 유형의 성격분석 테스트 중에 7번 유형의 테스트 문항만 샘플로 제시하였다.

참고문헌

- 고부섭. 2016. 감성리더십과 직무태도 간 관계에서 적합성의 조절효과 분석. 호서대학교. 28.
- 권석만. 1997. 젊은이를 위한 인간관계 심리학. 서울 : 학지사
- 김남현. 2007. 리더십. 경문사.
- 김성수. 2002. 글로벌 리더십론. 기업경영종합연구원.
- 김성수. 2007. 21세기 윤리경영론. 삼영사.
- 김재득. 2008. 리더십. 대영문화사.
- 김창규. 2009. 변혁적 리더십이 직무만족과 조직몰입에 미치는 영향. 경희대학교 박사학위 논문.
- 노종희. 1996. 학교행정가의 변혁지향적 리더십의 진단 및 육성방안 연구. 교육행정학연구. 14(3).
- 류지성. 2006. 기업의 리더십 개발 트렌드. 대한병원협회
- 박계홍 · 김학준. 2010. 상사에 대한 신뢰가 혁신행동과 조직시민행동에 미치는 영향 : 임파워먼트와 커뮤니케이션의 매개효과를 중심으로. 商業敎育硏究. 24(2).
- 박보식. 2012. 리더십. 대영문화사.
- 박연호. 1962. 인간관계의 이론과 실제. 서울 : 한국 생산성 본부.
- 박원우. 1997. 임파워먼트(개념정립 및 실천방법 모색). 經營學硏究. 26(1).
- 변상우. 2014. 글로벌 리더십. 서울 : 청람.
- 백기복. 1999. 조직행태연구.
- 백기복. 2005. 리더십리뷰 : 이론과 실제. 서울 : 창민사.
- 백현기 · 김진웅. 1963. 학교경영에 있어서의 인간관계 연구. 조사연구.
- 서상택. 2012. 인간관계 회복을 위한 대화훈련 프로그램 연구. 장로회신학대학교 목회전문대학원 목회상담학 전공. 박사학위 논문.
- 설기문. 1999. 인간관계와 정신건강. 서울 : 학지사.
- 송영수. 2010.국내 기업의 인적자원개발(HRD)을 위한 글로벌 리더십 역량 도출. 한국HRD연합회. 2010년 한국 HRD연합회 연합학술대회.
- 신유근. 1997. 인간존중의 경영. 다산출판사.
- 신재흡. 2002. 교사가 지각한 학교장의 변혁적 지도성과 학교 조직 문화 및 학교 조직효과성 간의 관계. 교육행정학연구. 20(3).

- 신정길. 2004. 감성경영 감성리더십. 넥스비즈.
- 안영호. 1982. 학교와 인간교육. 서울 : 주류.
- 오석홍. 2008. 조직이론. 박영사.
- 유기현. 1974. 인간관계론. 서울 : 무역 경영사.
- 유정희. 2005. 사회복지공무원의 직무성과에 관한 연구 – 읍·면·동장의 평가를 중심으로. 이화여자대학교 사회복지대학원 석사학위논문.
- 윤방섭. 2001. 임파워먼트. 연세경영연구. 38(1).
- 이건영. 2009. 학교사회복지사의 직무성과에 영향을 미치는 요인에 관한 연구. 계명대학교 대학원 석사학위논문.
- 이석열. 2006. 교장의 감성리더십 진단척도 개발. 한국교육행정학회. 24(3).
- 이소희. 2004. 4RL(The 4 Role of Leadership)모델에 기반한 유아교육기관장 리더십의 평가 척도 개발 연구. 한국가족복지학.
- 이정로·박세훈. 2006. 학교장의 변혁적–거래적 리더십과 조직가치의 결합유형. 조직효과성의 인과관계 분석. 교육행정학연구. 24(3).
- 이재호·유수현·오수희·길귀숙·이재령. 2009. 인간관계론. 서울 : 양서원
- 이진규. 2006. 현대경영학. 법문사.
- 이한검. 2001. 인간행동론. 형설출판사.
- 임창희. 2010. 조직론. 학현사.
- 장신재·이희연. 2003. 사회복지전담공무원의 직무성과에 영향을 미치는 요인–내외통제성의 조절효과를 중심으로. 한국사회복지행정학.
- 전국경제인연합회. 2004. 기업윤리와 기업가치 및 성과간의 관계분석.
- 정영철. 2004. 주간경제 793. LG경제연구원.
- 조경훈. 2008. 윤리적 리더십이 조직몰입과 직무몰 입에 미치는 영향. 인하대학교 대학원 박사학위논문.
- 조정철. 2015. 서번트 리더십이 개인성과 및 행동에 미치는 영향에 관한 연구 – 임파워먼트의 매개효과와 성장욕구 및 부하성숙도의 조절효과 중심으로. 숭실대학교 박사학위 논문.

- 차동옥. 2007. 이제는글로벌리더십이다. 인재경영.
- 최광신. 2001. 팔로워십-리더십 유형 간의 짝이 조직유효성이 미치는 영향에 관한 연구-부서 문화, 임파어먼트, 성취 욕구를 조절변수로 하여. 박사학위논문. 전남대학교 대학원.
- 최남례. 2005. 유아 서번트 리더십 교육프로그램 개발 연구. 숙명여자대학교 대학원 박사학위 논문.
- 최연인. 2005. 교사가 지각한 학교장의 변혁적 지도성과 교사집단의 임파워먼트 및 학교조직 효과성과의 관계. 건국대학교 대학원 박사학위 논문.
- 최인섭·초의수. 2002. 사회복지전담공무원의 직무만족과 직무성과에 미치는 요인에 대한 연구. 사회복지정책.
- 최형천. 2000. 카리스마 리더십이 부하의 성과에 미치는 영향에 관한 연구. 전남대학교.
- 하준호. 2011. 한국적 감성리더십. 서울 : 미래문화사.
- 황상재. 2006. 조직커뮤니케이션 이해. 파주 : 법문사
- 홍계훈·조윤형·이창준. 2009. 직무특성이 팀 성과에 미치는 영향에 대한 감성적 리더십의 조절효과 - 콜센터 조직구성원을 대상으로. 인사·조직연구. 17(3).
- Adjibolosoo. 2000. The Human Factor in Shaping the Course of History & Development. University Press of America. Inc.
- Baron & Greenberg. 1990. Behavior in Organization Allyn & Bacon.
- Bar-On. 1997. Bar-On emotional quotient inventory : User's manual. toronto : multi - health systems.
- Bass. 1974. BASS & STOGDILL'S Handbook of Leadership. New York: Free Press.
- Bass. 1985. Leadership and performance beyond expectations. New York: Free Press.
- Bass. 1990. Bass & Stogdill's handbook of leadership: Theory. research. and managerial applications (3rd ed.). New York: Free Press.
- Bass. 1997. Does the Transactional-Transformational Paradigm Transcend Organizational and National Boundaries?. American Psychologist. vol. 52
- Beldoch. 1964. Sensitivity to expression of emotional meaning in three modes of communication. in J. R. Davitz et al. The Communication of Emotional Meaning. McGraw-Hill. pp. 31~42.

- Barnard. 1938. The function of Executives. Cambridge. Harvard University Press. p. 89.
- Bolger & Somech. 2004. Influence of teacher empowerment on teachers' organizational commitment. professional commitment and organizational citizenship behaviorin schools. Teaching and Teacher Education. 20.
- Boyer. 1999. Turning Point in the Development of Male Servant Leaders. Unpublished Doctoral Dissertation of The Fielding Institute.
- Brown, Trevino & Harrison. 2005. Ethical leadership: A social learning perspective for construct development and testing. Organizational Behavior and Human Decision Processes. 97(2): 117~134.
- Brown & Trevino. 2006. Ethical leadership : A review and future directions. Leadership Quarterly. 17. 595~616.
- Brungardt. 1996. The making of leaders : A review of the research in leadership development and education. Journal of Leadership Studies. 3. 81~95.
- Burns. 1978. Leadership. New York: Harper & Row
- Caligiuri. 2004. Global leadership development through expatriate assignments and other international experiences. Paper presented Symposium: Expatriate Management : New Directions and Pertinent Issues" at the Academy of Management. New Orleans.
- Caruse, Mayer & Salovey. 2002. Relation ofan ability measure of emotional intelligence to personality. Journal of Personality Assessment. 79(2). 306~320.
- Chaleff. 2003. The Courageous Follwer. Berrett-Koehier.
- Chuck Lucier, Eric Spiegel. and Rob Schuyt. 2002. strategy+business. Issue 28. originally published by Booz & Company.
- Ciulla. 2004. Ethics. the heart of leadership(2nd ed.). Westport. CT: Praeger.
- Clutterbuck. 1994. The Power of Empowerment. Kogan Page. p. 24.
- Conger. 1992. Learning to Lead. San Francisco: Jossy-Bass.
- Conger & Kanungo. 1987. Toward a behavioral theory of charismatic leadership in organizational settings. Academy of Management Review. 12: 637~647.

- Conger & Kanungo. 1988. The Empowerment Process: Integrating Theory and Practice. Academy of Management Review. 13(3). 475.
- Corsun & Enz. 1999. Predicting psychologicalempowerment among service workers: The effect of support-based relationships. Human Relations. 52(2). 205~224.
- Daft. 1991. Management. Dryden press.
- Davis. 1972. Human relations at work. New York: Mc Graw-Hill Book Co. Iac.
- Day. 2000. Leadership development:: A review in context. The Leadership Quarterly. Volume 11. Issue 4.
- Dekker, Jansen & Vinkenburg. 2005. Dimensions of an individual global mindset. Unpublished manuscript.
- Drucker. 1992. Managing for the Future. New York : Harper Collins.
- Etzioni. 1961. A comparative analysis of complex organizations. 2nded. New York: The Free Press.
- Etzioni. 1965. Dual Leadership in Complex Organizations. American Sociological Review. 30.
- Eylon. 1993. Empowerment: A Multi-Level Process. Dissertation. The University of British Columbia.
- Eylon & Au. 1999. Exploring empowerment cross-cultural differences along the power distance dimension. International Journal of Intercultural Relations. 23(3). 373~385
- Gazda. 1973. Message to the Association. Volume 12. Issue 3 March.
- Gessner, Arnold & Mobley. 1999. Advances in global leadership. Stamford. CT: JAI Press.
- Gibson. 1991. Organization theory and Nature of man.
- Gibson, Ivancevich & Donnelly. 1991. Organization. (7th ed) Irwin. Homewood. 541.
- Goleman. 1995. Emotional Intelligence. New York. NY. England: Bantam Books. Inc.
- Goleman & Boyatzis. 2000. Leadership that gets results. Harvard Business Review. March-April. 82~83.

- Graham. 1991. Servant Leadership in Organizations. Leadership Quarterly. 2(2).
- Greenleaf. 1970. The servant as leader. Indianapolis : The Robert K. Greenleaf Center.
- Griffiths. 1956. Human Relations in School Administration. New York.
- Guillen & Gonzalez. 2001. The Ethical Dimension of Managerial Leadership Two Illustrative Case Studies in TQM. Journal of Business Ethics December 2001. Volume 34. Issue 3. 175~189.
- Harari. 1994. Stop Empowering Your People. Small Business Reports. 19(3).
- Hardin. 2003. Impacting Texas public schools through a student servant leader model: a case study. Dissertation Abstracts International. UMI No. 3033365.
- Hoamer. 1994. Moral Leadership in Business. Irwin.
- House. 1977. A 1976 theory of charismatic leadership. In J. G. Hunt & L. L. Larsen (Eds.) Leadership: The cutting edge. Southern Illinois University Press.
- House. 1995. Leadership in twenty-first century: A speculative inquiry. In A. Howard(Ed.). pp. 411~450.
- Hunter. 1998. The Servant : A Simple Story About the True Essence of Leadership.
- Jago. 1982. Leadership : Perspectives in theory and research. Journal of management science 28(3) 315~332.
- John, Barbuto & Daniel. 2006. Scale Development and Construct Clarification of Servant Leadership. Group & Organization Management.
- John. 1977. Mass Communication : An Introduction. Englewood Cliffs. New Jersey. Prentice-Hall.
- Kanter. 1988. When a thousand flowers bloom: Structural. collective. and social conditions for innovation in organization. In Staw. B. M.. & Cummings. L. L.(Eds.). Research in Organizational Behavior. Greenwich. CT: JAI Press. 10. 169~211.
- Kanungo & Mendonca. 1996. Ethical dimensions of leadership. Thousand Oaks. CA: Sage.
- Katz and Kahn. 1978. The Social Psychology of Organizations. New York: John Wiley.

- Kelley. 1988. In praise of followers. Harvard Business Review Case Services.
- Kelley. 1992. The power of followership: How to create leaders people want to follow and followers who lead themselves. New York: Currency Doubleday.
- Kelley. 1994. The Power of Followership, New York: Doubleday Dell. p. 97.
- Kirkman & Rosen. 2000. Powering upteams. Organizational Dynamics. 28(3). 48~66.
- Kootz. 1988. Toward a Unified Theory of Management. McGraw−Hill
- Kouzes & Posner. 1995. The Leadership Challenge: How to Keep Getting Extraordinary Things Done in Organizations. Jossey−Bass. San Francisco. CA.
- Laird. & Laird. 1956. The new psychology for leadership. New York: McGraw−Hill.
- Laub. 1999. Assessing the Servant Organization : Development of the Servant Organizational Leadership Assessment(SOLA) Instrument. Unpublished Doctoral. Dissertation. Florida Atlantic University.
- Leithwood & Jantzi. 1999. Transformational school leadership effects: A replication. School Effectiveness and School Improvement. 10(4). 451~479.
- Lewis. 1979. Attitudes De Dicto and De Se. Philosophical Review 88: 513~543. Reprinted in Lewis 1983b. 133~159. Page references to are to the 1983 reprint.
- Lokkesmoe. 2009. A grounded theory study of effective global leadership development strategies : Perspectives from Brazil. India. and Nigeria. Unpublished doctoral dissertation. University of Minnesota.
- Maznevski & Lane. 2003. The Blackwell Handbook of Global Management.
- Mayer & Salovey. 1997. What is emotional intelligence? In P. Salovey & D. Sluyter (Eds.). Emotional development and emotional intelligence: Implications for educators New York: Basic Books. pp. 3~31.
- Mayer, Salovey, Caruso & Sitarenios. 2001. Emotional intelligence as a standard intelligence. Emotion 1: 232~242.
- McCauley & Brutus. 1998. Management development through job experiences: An annotated bibliography.

- Mescon, Albert & Khedouri. 1988. Management. New York: Harper & Row.
- Morgan, McCall Jr & Hollenbeck. 2002. Developing Global Executives Hardcover. January.
- Burt. 1992. Visionary Leadership : Creating a Compelling Sense of Direction for Your Organization. San Francisco: Jossey–Bass.
- Neff, Citrin & Brown. 1999. Lessons from the top : The search for the best business leaders In Americas. New York: Doubleday.
- Patterson. 2003. Servant Leadership – A Theoretical Model. Servant Leadership Roundtable. Regent University. Virginia Beach.
- Pearce & Manz. 2005. The new silver bullets of leadership: The importance of self– and shared leadership in knowledge work. Organizational Dynamics. 34(2). 130~140.
- Pearce & Robinson. 1988. Management. McGraw–Hill.
- Pucik & Saba. 1998. Selecting and Developing the Global versus the Expatriate Manager: A Review of the State–of–the–Art. Human Resource Planning. 21. 40~54.
- Rhinesmith. 1993. A manager's guide to globalization : Six keys to success in a changing world. Alexandria. Va.; Homewood. Ill.: American Society for Training and Development; Business One Irwin.
- Redfield. 1958. Communication in Management. rev. ed.. Chicago: Univ. of Chicago Press.
- Rogers. 1976. Communication and development: Critical perspectives. Beverly Hills. CA: Sage. Rogers. E. M.
- Roseblatt, Cheathman & Watt. 1982. Communication in Business. Prentice–Hall Inc.
- Russell & Stone. 2002. A review of servant leadership attributes: Developing a practical model. Leadership and Organization Development Journal. 23.
- Selznick. Philip. 1957. Leadership in Administration: a Sociological Interpretation. Evanston. IL: Row. Peterson.
- Sergiovanni. 1990. Value–Added Leadership: How to get Extraordinary Performance in Schools.

- Shamir, House & Arthur. 1993. The motivational effects of charismatic leadership : A self–concept based theory. Organization Science. 4(4).
- Shannon & Weaver. 1949. The mathematical theory of communication. University of Illinois press.
- Sims. 1997. Servant hood: Leadership for the third millennium. Boston: Cowley Publications.
- Simon. 1957. Administrative Behavior. 2nd ed. New York: MacMillan.
- Simon. 1976. Administrative Behavior. 3rd ed. New York: The Free Press.
- Schwartz. 1991. How the new leaders will manage in the '90s. Nonprofit World. 9(3). 22~24.
- Spears. 1995. Reflections on leadership: How Robert K. Greenleaf's theory of servant–leadership influenced today's top management thinkers. New York: John Wiley & Sons. Inc.
- Spreitzer. 1995. Psychological Empowerment in the Workplace: Dimension. Measurement and Validation. Academy of Journal. 38(5). 1442~1465.
- Spreitzer, McCall. Jr. & Mahoney. 1997. The early identification of International Executives. Journal of Applied Psychology. 82. 6~29.
- Steers & Porter. 1979. Motivation and Work Behavior. 2nd ed.. McGraw–Hill.
- Stogdill. 1974. Handbook of Leadership : A Survey of Theory and Research. New York : Free Press.
- Stone, Russell & Patterson. 2004. Transformational versus servant leadership : A difference in leadership focus. The Leadership and Organization Development Journal 25(4): 349~361.
- Tead. 1935. The art of leadership. New York: McGraw–Hill. Google Scholar
- Neff and Citrin. 2001. Lessons from the Top. New York: Currency / Doubleday.
- Tichy & Ulrich. 1984. The leadership challenge – a call for the transformational leader. Sloan Management Review. 26(1). 59~68.
- Thomas & Velthouse. 1990. Cognitive Elements of Empowerment: An "Interpretive" Model of Intrinsic Task Motivation. Academy of Management Review. 15(4). 670.

- Trevino, Brown & Hartman. 2000. Moral person and moral manager: How executives develop a reputation for ethical leadership. California Management Review. 42. 128~142.
- Trevino, Brown & Hartman. 2003. A qualitative investigation of perceived executive ethical leadership: Perceptions from inside and outside the executive suite. Human Relations. 55. 5~37.
- Vogt & Murrell. 1990. Empowerment in Organizations: How to Speak Exceptional Performance. San Diego.
- Weber. 1947. The theory of Social and Economic Organization. T. Parsons. trans. & eds.. New York. N. Y.: The Free Press.
- Wheaton. 1999. Servant Leadership & the public school superintendent. Doctoral Dissertation. The University of Gonzaga.
- Wong & Law. 2002. The effects ofleaderand follower emotional intelligence on performance and attitude: An exploratorystudy. TheLeadership Quarterly. 13(3). 243~274.
- Wortman. 1986. Strategic Management and Changing Leader–followers Roles. Journal of Applied Behavioral Science. 18: 371~383.
- Yukl. 1989. Leadership in Organizations. Englewood Cliffs. NJ: Prentice–Hall.
- Zaccaro. 2007. Trait–based perspectives of leadership. American Psychologist Vol. 62. No.1: 6~16.
- Zauderer. 1992. Integrity: An essential executive quality. Business Forum. 17(4): 12~16.
- Zhu, May & Avolio. 2004 The Impact of Ethical Leadership Behavior on Employee Outcomes : The Roles of Psychological Empowerment and Authenticity Journal of Leadership & Organizational Studies, Vol. 11. No. 1. pp. 16~26.

INDEX